“十二五”普通高等教育本科国家级规划教材

高等学校公共体育通用教材

U0771864

体育与健康教程

（第 6 版）

孙麒麟　毛丽娟　田祖国　主编

中国教育出版传媒集团

高等教育出版社·北京

内容提要

本书为"十二五"普通高等教育本科国家级规划教材。本教材第五版曾获首届全国教材建设奖全国优秀教材一等奖(高等教育类)。全书内容包括领悟体育真谛、维护健康法则、知晓人体运动奥秘、把握科学健身要义、感受体育文化魅力、开发人类潜能 昭示回归自然——田径运动、品味球场激情 体验多姿生活——球类运动、舞动青春活力 炫出自我风采——操舞类运动、传承文化精髓 演绎中华神韵——传统体育运动、引领健身潮流 彰显个性魅力——时尚休闲运动、跨越水上天堑 挑战水上障碍——水上运动、逆战千里冰雪 感悟生命活力——冰雪运动、超越身体对抗 启智增慧润心——智力运动等上、下两篇13章内容。

本书可作为普通高等学校和高职院校大学生体育必修课或选修课教材,也可作为体育教育工作者、体育健身爱好者的学习参考书。

图书在版编目(CIP)数据

体育与健康教程 / 孙麒麟,毛丽娟,田祖国主编.
6版. -- 北京:高等教育出版社,2024.8(2025.8重印).
ISBN 978-7-04-062553-0

Ⅰ. G807.4

中国国家版本馆CIP数据核字第2024983LD6号

体育与健康教程(第6版)
Tiyu Yu Jiankang Jiaocheng

策划编辑	范 峰	责任编辑	王 曼	封面设计	李树龙	版式设计	李树龙
责任绘图	于 博	责任校对	胡美萍	责任印制	耿 轩		

出版发行	高等教育出版社	咨询电话	400-810-0598
社 址	北京市西城区德外大街4号	网 址	http://www.hep.edu.cn
邮政编码	100120		http://www.hep.com.cn
印 刷	山东百润本色印刷有限公司	网上订购	http://www.hepmall.com.cn
			http://www.hepmall.com
开 本	787mm×1092mm 1/16		http://www.hepmall.cn
印 张	24	版 次	2024年8月第6版
字 数	400千字	印 次	2025年8月第6次印刷
购书热线	010-58581118	定 价	49.00元

本书编委会

前　言

党的二十大报告指出，加强教材建设和管理，加快建设高质量教育体系，全面提高人才自主培养质量。教材建设是国家事权，体现国家意志，是解决培养什么人、怎样培养人、为谁培养人这一教育的根本问题的重要载体。党的十八大以来，习近平总书记就教材建设作出一系列重要指示，为加强新时代教材建设提供了思想武器和行动指南。为此，党中央再次明确了新时代党的教育方针：落实立德树人根本任务，培养德智体美劳全面发展的社会主义建设者和接班人。坚持以人民为中心发展教育，加快建设高质量教育体系，发展素质教育，促进教育公平。

少年强则中国强，体育强则中国强。体育是实现立德树人根本任务、提升学生综合素质的基础性工程，是加快推进教育现代化、建设教育强国和体育强国的重要工作，对于弘扬社会主义核心价值观，培养学生爱国主义、集体主义、社会主义精神和奋发向上、顽强拼搏的意志品质，实现以体育智、以体育心具有独特功能。大学体育作为高等教育的重要组成部分，是学校体育教育的最后阶段，肩负着"强健体魄、健全人格、磨炼意志、激发潜力、促进人的全面发展"的责任使命，对于大学生终身体育思想的形成也起着非常重要的作用。

教材是育人育才的重要依托。30多年来，我们始终把大学体育教材作为推进大学体育教学改革与发展、培养全面发展人才的关键载体，坚持守正创新，不断对教材进行修订完善。本教材自第三版始先后获评"十五""十一五""十二五"国家级规划教材，第五版教材还被评为首届全国教材建设奖全国优秀教材一等奖（高等教育类）。基于这些认识和实践，我们在第五版教材的基础上，以习近平新时代中国特色社会主义思想为指导，根据《全国普通高等学校体育课程教学指导纲要》《关于全面加强和改进新时代学校体育工作的意见》《高等学校课程思政建设指导纲要》等文件精神，认真总结一线公共体育教学实践经验，融入新时代新思想新理念，对教材进行了全面的修订。

本教材融知识传授、能力培养、价值引领于一体，上篇从科学与人文视角概述体育、健康及人体的奥秘与真义，下篇分门别类地对不同类别的运动项目进行介绍。本教材的主要特点有：

1. **凸显价值引领，突出育人功能**。教材以"立德树人"根本任务为宗旨，落实课程思政建设要求，深度挖掘体育课程中蕴含的真善美思想政治教育资源，用心打造培根铸魂、启智增慧的精品教材。

2. **坚持问题导向，注重体系建构**。教材以学生为中心、以实用为导向，聚焦"教会、勤练、常赛"，打破教材、课程、资源之间的边界，构建一体化体育教学平台，让大学生在体育锻炼中享受乐趣、增强体质、健全人格、锤炼意志。

3. **借助数字技术，创新教材形式**。根据新时代学生个性化学习需求，大力推进教育数字化，运用视频、音频、动画、富文本等多种媒介，打造可视、可听、可练的新形态教材，以增强教材表现力与吸引力。

4. **传承民族文化，彰显中国特色**。本书在编写过程中，突出强调中华优秀传统文化特色，努力做到中华传统体育文化与西方体育文化的融合，体现文化自信。

本教材凝聚了国内众多高校资深专家和教授的辛勤劳动和智慧，也有多位技术娴熟、学有所长、思维敏捷、追求卓越的研究生参与。本教材由孙麒麟教授、毛丽娟教授、田祖国教授担任主编，参与编写的人员有：孙麒麟教授、毛丽娟教授、田祖国教授、王坤教授、樊莲香教授、赫忠慧教授、代永胜教授、张建新教授、傅建教授、张秀丽教授、李新文教授、郑贺教授、夏俊彪教授、陈刚副教授、陈慧副教授、李平教授、孙远教授、丁松副教授、陈伟伟博士、姜玉洪教授、汪宇峰教授等。此外，华南理工大学李菪、刘冬笑、宋波、吴永钧、张瞻铭、郑戴娜等老师也参与了本书部分章节的编写工作。全书最后由孙麒麟教授、田祖国教授统稿。

在本书编写过程中，参考了许多专家、学者的研究成果，以及许多同类教材和专著，在此，对原作者们一并深表感谢！本书的出版也得到了业界同人的热忱指导和帮助，衷心感谢上海交通大学、上海体育大学、湖南大学、北京大学、武汉大学、华南理工大学、南京师范大学、电子科技大学、扬州大学、郑州大学、上海工程技术大学、上海外国语大学、徐州工程学院、湖北工业大学、哈尔滨体育学院的大力支持，特别感谢高等教育出版社范峰编审和王曼编辑的指导和帮助！

由于编写时间仓促，加上本书在结构体系及内容编排等方面做了大胆探索，书中难免有缺漏，恳请同行专家和广大读者批评指正。

2024 年 3 月 10 日

目　录

上 篇

体育一道，配德育与智育，而德智皆寄于体，无体是无德智也。

——毛泽东

第一章　领悟体育真谛

体育作为一种人类所共同承认、拥有和普遍热爱的社会文化活动，在当今世界已经发展到了相当高的程度。体育作为一种复杂而宏大的社会实践，有着独特的功能和深刻的内涵，对经济、社会和文化等有着重要影响。正如南非前总统曼德拉所说："体育拥有改变世界的力量。"今天，体育的功能与价值正不断地被开发和利用，并影响和改变着人类社会和人们的日常生活，成为一笔珍贵的社会财富。

第一节　体育的渊源

体育是人类社会一种特殊的文化现象，是人类有目的、有意识地通过身体活动作用于人自身的实践活动，它存在于人类社会的方方面面。

一、体育的产生

体育的形成是一个漫长的历史过程。它是应社会生产、生活的需要产生和发展起来的，并随着社会的发展而逐渐完善。

在漫长的原始社会，人类在极其艰苦的条件下生活，只能靠采集、狩猎等方法来获取各种食物，维持生存。人们在繁重的生产劳动过程中，在与野兽搏击的过程中及部落之间的争斗中，不断提高自己的体力和智力，并逐渐发展了走、跑（图1-1-1）、跳跃（图1-1-2）、投掷（图1-1-3）、攀爬和涉水，以及攻防、格斗等生存、生活技能。这些按求生本能从事的身体运动，是由人类的自然属性决定的。通过不断重复这些最初以劳动手段形式出现的肢体活动，人类逐渐将其改造成为表现体育最初形态的身体活动方式与技能。人类最初的这些活动，正是最初的体育形态。

图 1-1-1　跑　　　　　　图 1-1-2　跳跃　　　　　　图 1-1-3　投掷

人类生存与生活技能的演进

150万年前，人类由树栖动物变为地栖动物，随着生活的变迁，最终变为直立行走的人；4万年前，人类发明了"飞石索"用来投掷狩猎；3万年前，人类又发明了弓箭用来射击禽兽……在长期的历史发展进程中，人类逐渐习得了多种生存与生活技能。

为了适应整个社会生活的需要，使社会物质生产和社会生活能够延续发展，年长者会向下一代传授各种生活经验和技能，这便是人类最初的教育。原始社会的教育主要是以身体活动为主要手段的教育，其中也含有体育的元素。有材料显示，1945年，在我国大兴安岭西北麓森林中的鄂温克人还处于原始社会末期，过着原始狩猎生活。为了适应这种狩猎生活，孩子在五六岁时就常玩狩猎游戏，经常练习射箭和打靶。可见，原始的教育活动与体育是很难截然分开的。这是人类教育的萌芽，也是体育活动的萌芽。

关于体育起源的几种观点

此外，在原始社会条件下，体育萌芽的产生与人类当时的各项社会活动，如劳动、教育、军事、娱乐、医疗和卫生等都有着十分密切的联系。为了对付野兽的袭击和防卫部落之间的各种冲突，出现了各种格斗活动；为了表达和抒发内心的各种感情，出现了一些集体的舞蹈和游戏；为了益寿延年，人们逐渐认识到通过一定的身体活动具有防治疾病的作用，从而产生了原始的医疗体操，如在我国原始社会末期就出现了阴康氏的"消肿舞"。人类的这些活动都与体育的起源有着紧密的联系，是之后体育运动发展和演变的基础。在现代体育运动中，仍然可以寻觅到人类早期活动的踪迹。

体育是生存需要的产物

"需要"是促进人类活动的基本动力，人正是受"需要"的激励才得以生存、生活和参与社会活动的。而在现实生活中，"生存需要"作为人类的主体需要，实质是受生理规律支配的一种机能反应。如常言所说的"饥思食，困思寝，久卧思动，久动思静"就表明人类出于最低生存本能的要求，为谋生和防卫去从事一些有意或无意的肢体活动，即通过各种生产劳动技能和防卫手段，为自己获取生存物质创造最起码的条件，从而使体育也得以在人类求生存的本能活动中萌生。

二、体育的发展

体育的发展是随着社会的发展而发展的。随着社会的进步，人类的目光逐渐从人体之外的自然转向人体自身，从最初由对自然物的需要逐渐过渡到对增强自身征服、改造自然能力的需要。体育的发展，也正是随着人类社会需要层次的不断提高而不断发展的。

在原始社会初期，由于社会生产力水平十分低下，人们在极其艰苦的环境中生活，因而还不可能形成专门的体育，体育也无法成为一项专门的社会活动。到了原始社会末期，人类生产力水平有了较大的提高，智力水平也有了较大的发展，人们逐步认识到通过体育活动可以强身健体，培养更好的劳动力和优秀的勇士。这在很大程度上推动了体育的发展。

奴隶制的建立，拉开了人类文明史的序幕。特别是工具的运用，极大地提高了生产力水平，同时引起了生产关系的变革，这为体育的初步形成提供了物质条件和社会条件。由于生产方式和生活条件的改变，人类社会对体育的需要也发生了变化，形成了对体育广泛而具体的需要，体育的运动形式相对独立和日益丰富起来，民族传统体育初步形成。随着社会的发展，战争此起彼伏，军事斗争成为推动体育发展的重要动力，体育也成为最重要的教育内容。体育在为军事、文化、教育和奴隶主阶级的享乐生活服务等方面，显现出了它的社会职能。

到了封建社会，体育有了长足的进展。这一时期，体育活动项目日趋多样化和规范化，参加体育活动的人日益增多，体育活动的范围逐渐扩大，体育竞技规模空前兴盛，运动技术水平有了很大提高。尤其是养生术和养生思想有了很大发展，文武双全也成为封建社会衡量人才的重要标准。军事武艺在社会活动中越来越显露出它的重要性。因此，体育备受统治阶级的重视，这对当时体育的发展起到了很大的推动作用。

到了近代，生产力的飞速发展给人类社会生活带来了深刻的影响和变化。随着人们物质生活水平的极大提高，体育具有广泛的社会需要并得到了迅速的发展。体育科学开始形成独立的学科体系，体育成为学校教育的重要组成部分。体育是培养全面发展人才的重要内容与手段，社会对体育也不断提出新的要求。正是这种不断丰富发展的社会需要，使体育从早期的增强生存能力逐渐发展到丰富、美化人们的生活，培养全面发展的人的功能上来。

第二节　体育与社会发展

社会发展是一个多指标的综合概念，主要表现为经济、政治、教育、科技、观念和社会生活质量等诸多方面的发展。体育是社会发展的产物，体育的发展与社会发展息息相关。

一、社会发展决定体育的发展

社会发展本身就是个长期的、艰苦的历史过程，所以体育的发展也必然遵循这一历史过程。在人类社会发展的不同历史阶段，体育在其中都发挥着不可或缺的重要作用。

（一）不同社会形态下的体育

原始社会是人类社会的初级阶段，也是体育的萌芽时期。原始人在生产水平极低的情况下，不可能有明确的社会分工，许多社会活动之间还没有清晰的界限。人们当时的跑、跳跃、投掷、攀爬等既是劳动活动，也是生活技能。这些活动是现代体育的前身，现代体育正是从这些活动中脱胎而来的。

奴隶制的产生给社会带来的一个重大变化是出现了学校，这为教育的产生提供了可能。教育作为一种独立现象，是从生产劳动和社会生活的其他领域中分离出来的，并逐步形成了专门的体系。在古希腊斯巴达教育体系中，体育被列为教育的主要内容。公元前6世纪至公元前4世纪的雅典教育体系规定，十二三岁的少年要进入体操学校学习"五项竞技"[①]、游泳和舞蹈。教育的发展，对体育的内容和组织方法不断提高要求，从而促进了体育的发展。体育在其发展过程中，不仅与教育的发展紧密联系在一起，同时还与军事、医学、艺术、宗教和休闲娱乐等活动的发展有着密切关系。体育正是在与这些活动相互影响和相互作用的过程中才成为具有自身体系的独立形态。

自公元2世纪开始，亚洲的多数国家陆续进入了封建社会。亚洲各国文化逐渐发展，东方体育在这一沃土里得以充分发展并趋于成熟。18世纪60年代在欧洲兴起的工业革命，既是生产技术的巨大革命，又是生产关系的深刻变革。它促进了资本主义生产力的迅速发展，提高了生产社会化程度，为近现代体育的发展奠定了基础。在英国，由于生产技术的提高，使得人们工作时间的缩短余暇增多，而且英国气候温和，人们有条件和有兴趣参加户外丰富多彩的体育活动，如射箭、羽毛球、板球、保龄球、曲棍球、橄榄球、足球、游泳、网球、划船、田径赛、高尔夫球、登山、滑冰和滑雪等。随着英国殖民主义的扩张，其户外运动、娱乐和竞技运动，逐渐在美国、欧洲及其他许多国家传播开来。而19世纪相继出现的德国体操和瑞典体操，不仅受到本民族的欢迎，也慢慢流传到欧洲、亚洲和美洲。

第二次世界大战后，奥运会一度成为冷战时期社会主义和资本主义两大阵营力量对比的重要舞台。20世纪六七十年代以来，世界各国纷纷重视发展大众体育。为了促进民众参加体育活动，许多国家致力于完善体育活动所需要的条件，如建设体育设施、培养社区体育指导员、扶持体育俱乐部、组织开展各种体育活动等，使体育活动在民众中蓬勃发展。20世纪80年代以来，随着体育商业化和职业化步伐的进一步加快，奥运会允许商业赞助，允许职业运动员参加。政治的介入和体育的商业化、职业化，极大地促进了竞技运动水平的提高。现代科学技术的迅速发展和广泛应用，大大提高了劳动生产率，生产和生活实现了机械化、自动化，人们劳动时间逐渐减少。但是，经济发展也给人类健康带来了诸多不利的影响，伴随经济发展而出现的运动不足、营养过剩、人际交往减少、精神压力加大等问题，以及由此

---

① 五项竞技即赛跑、角力、跳跃、掷铁饼和投标枪。

诱发的文明病、精神疾患等，严重地威胁着人类健康。

（二）体育的发展有赖于社会发展

经济的发展为体育的发展提供了财力、物力、人力上的支持，在很大程度上促进了体育的发展。例如，1896年，在雅典举行的第1届现代奥林匹克运动会（简称为奥运会）上，比赛仅设有9个大项，参赛的只有13个国家和地区的311名运动员（图1-2-1）。而到了2024年巴黎奥运会，比赛设32个大项，329个小项，参赛的有206个国家和地区的10 500名运动员。再如，1949年中华人民共和国刚刚成立时，由于经济落后，我国体育事业的发展规模较小，1953年全国体育事业经费不足1 000万元，专业运动员不足2 000人。20世纪六七十年代以后，体育活动逐渐在民众中普及。改革开放后，随着经济的迅速发展，体育事业也发生了翻天覆地的变化，取得了举世瞩目的伟大成就，各领域体育工作改革全面推进，竞技体育发展基础更加牢固，体育产业实现跨越式发展，体育对外交往更加活跃。国家体育总局统计数据表明，2022年全国体育产业总规模（总产出）为33 008亿元，体育产业实现较快增长；全民健身意识极大增强，我国经常参加体育锻炼的人数已超过4亿人；全民健身设施遍布城乡，我国体育场地已超过459.27万个，人均体育场地面积达到2.89平方米；全民健身组织广泛建立，截至2023年底，全国共有体育社会组织6.59万个，城市社区全民健身站点平均已达每万人3个；全民健身活动蓬勃开展，全民健身指导日益普及。

图1-2-1　第1届现代奥林匹克运动会
田径百米比赛

体育发展离不开政府的扶持。在当今社会，世界各国都在不同程度上对体育的发展给予扶持。世界许多发达国家和许多发展中国家都投入巨资用于体育基础设施建设，促进大众体育的发展。

教育、科技和大众传媒等也对体育的发展起到了积极的推动作用。在体育发展的过程中，学校教育功不可没。一个国家体育的发展，不论是体育活动的普及还是竞技运动水平的提高，都与学校体育密切相关。首先，学校教育促进了体育活动的普及。由于世界各国普遍实行了义务教育，体育又是学校教育的重要组成部分，所以，人人都有在学校长期系统接受体育教育的机会，在学校期间接受良好的体育教育，养成喜爱运动的态度和习惯，这为学生走向社会后继续参加体育活动奠定了基础。一个国家教育的普及程度与体育活动的普及程度密切相关，学校体育较好的国家，大众体育普遍也较好。其次，学校为竞技体育输送了大批优秀竞技人才。有研究发现，近几届奥运会96%的奖牌是由经济发展水平较高、扫盲率较高和人均寿命较长的国家获得的。在奥运会的历史上，由于过去长期限制职业运动员参赛，因此在奥运会参赛运动员中，有许多是在校的学生。在美国，学校被称作竞技体育人才的摇篮，NBA的球员大多来自大学，有的甚至来自高中。

运动成绩的提高也越来越依靠现代科学技术。例如，撑竿跳高3.3米的成绩是用沉重、没有弹性、容易折断的木杆跳出来的；1930年，出现了较为坚固的金属杆，运动员的最好成绩达到了4.8米；1948年，出现了重量更轻、弹性更强的玻璃纤维杆，成绩突破了6米大关。再如，我国运动员刘翔以12秒88的成绩打破男子110米栏世界纪录时用的跑鞋只有8克重（跑鞋的重量每增加100克，体能消耗增加1%）。

大众传媒对体育的发展也起到了积极的推动作用。其中，电视所起的作用非常突出。随着竞技运动水平的不断提高，高水平的体育比赛越来越富有竞争性、戏剧性、艺术性和娱乐性，更加引人关注。而正是有了电视转播才使得人们不出家门就可以欣赏到在世界上任何地方进行的体育比赛。像奥运会、世界杯足球赛这样的大型国际体育比赛，往往可以吸引几亿乃至几十亿的电视观众观看。2008年北京奥运会的电视观众接近40亿人次。2022年北京冬奥会的全球转播观众人数超过20亿。2022年卡塔尔世界杯，抖音全场次赛事直播累计总观看人次达106亿，用户直播总互动13亿。在2022年11月18日决赛之夜，国内共有2.3亿人观看"法阿"鏖战，最高3 706万人同时在线，492万人在抖音世界杯赛事直播间边看边聊。

另外，高水平的职业足球联赛、职业篮球赛等也极具号召力，一场重要的比赛往往能吸引数以亿计的电视观众。正是由于有了电视和网络转播，商业资本才大举进军竞技体育领域。巨额商业资本的注入为竞技运动水平的提高提供了财力上的支持。可以说，大众传媒在一定程度上加快了体育发展的进程。

二、体育是促进经济社会发展的重要动力

人是社会活动的主体，是一切物质财富和精神财富的创造者。从人类社会的发展史来看，社会的发展程度受人类整体素质的制约。体育可以增进健康，增强体质，提高人类整体素质。健康就是生产力，保护健康就是保护生产力。世界银行的一份研究结果显示，近40年来，世界经济增长的8%~10%是依靠提高人类健康水平实现的。

体育对经济发展有着巨大的推动作用。体育活动是一种消费活动，与生产和服务密切相关。随着体育的发展，体育在经济活动中扮演着越来越重要的角色。体育

对经济的促进作用表现在以下几个方面：第一，不仅可以推动运动器材、服装、饮料、药物等体育相关行业的发展，也可以带动交通、邮电、商业、餐饮娱乐业等其他行业的发展；第二，在新的时代背景下，花钱买健康的观念日益深入人心，体育作为一种服务进入市场；第三，体育的发展，尤其是国际、国内各类比赛的增加，需要建设大、中、小型不同标准的体育设施，而电视转播权、门票、体育彩票、邮票、纪念币、印刷宣传业及广告等都为经济的发展起着直接的推动作用。

目前，体育产业在欧美等发达国家发展迅速，已经成为这些国家国民经济中的支柱产业，其年产值跻身于这些国家十大产业之列。20世纪80年代，美国体育产业的产值约占GDP的1%，在国民经济各行业中排名第22位。目前，美国体育产业的产值已达到4 400多亿美元，相当于挪威的国内生产总值。英国体育产业年产值为152亿英镑，超过了汽车制造业和烟草业的年产值。在意大利，以"足球产业"为主体的体育产业年产值高达182.5亿美元，位列国民经济十大产业的第三位。奥运会的电视转播权，1968年墨西哥城奥运会时仅为450万美元，而2018年平昌冬奥会和2020年东京奥运会的电视转播费合计为23.8亿美元。近十年，我国体育产业增加值占国内生产总值的比重从0.6%提升至1.08%，我国的体育产业有着巨大的发展。

体育还可以带动相关产业的发展。举办一次奥运会或世界杯这样的大型体育赛事，可极大地提升举办城市的基础设施水平。1998年，法国世界杯组委会主席普拉蒂尼曾说，主办这届世界杯使法国争取到了20年的发展时间。主办第25届奥运会的巴塞罗那，在1989—1992年道路设施增加了15%，绿化带和海滨旅游区面积增加了78%，人工湖和喷泉的数量增加了268%。为了办好2008年奥运会，北京在环保和基础设施等方面实施了140多个项目，总投资达2 500多亿元人民币，并在举办期间接待了海外旅游者40多万人，直接外汇收入超过了4亿美元。另外，北京冬奥会也带动了冰雪产业链的发展，2022年1月，我国拥有冰雪相关企业共有2.15万家。

三、体育是展示国家文化软实力的重要平台

体育强则中国强，国运兴则体育兴，这充分表明，中国体育文化发展的核心使命与实现中华民族伟大复兴的中国梦紧密相连，中国体育文化的实力就是中国文化软实力的重要体现。

讲好中国体育故事是提升国家文化软实力的重要举措。新时代，要讲好中国故事，传播好中国声音，向世界展示可信、可爱、可敬的中国形象，主要表现在三个

方面：一是通过中国体育故事展示中国历史底蕴深厚、文化博大精深、民族和谐团结的文明大国形象。二是通过中国体育故事展示中国政治清明、维护国际公平正义、愿为人类作贡献的负责任大国形象。三是通过中国体育故事展示对外开放包容、充满希望和活力的社会主义大国形象。

举办国际体育赛事是提升国家文化软实力的重要方式。运用体育赛事展示和宣传国家形象是提升国家文化软实力的有效形式。1964年东京奥运会、1988年汉城（今首尔）奥运会、2008年北京奥运会三大赛事在一定程度上成为三个亚洲国家融入国际社会的重要事件，2022年北京冬奥会成为中国全面展示国际实力和提升国家文化软实力的又一次机遇。近些年，包括奥运会在内的大型体育赛事日益成为许多国家提升文化软实力的重要方式，主办国通过这些国际赛事展现文化魅力与综合国力，提升国家形象。

开展体育人文交流是提升国家文化软实力的重要途径。体育能够跨越种族、语言和国别，成为国际交流的重要桥梁，为构建人类命运共同体夯实了国际社会民意基础。党的二十大报告指出，"坚持交流互鉴，推动建设一个开放包容的世界"。体育交流是国际交流的重要内容，体育以其独特的魅力和传播感染力创造着殊途同归的文化体系，体育文化目前已经成为国际最通行的文化符号之一。在面对复杂多变、问题频发、诸多挑战的国际形势，体育必然会成为国与国之间的"民间友谊之桥"，推动社会实现天下大同。

体育的"四个重要"

习近平总书记曾用"四个重要"概括了新时代体育的内涵，即：体育是提高人民健康水平的重要途径；体育是满足人民群众对美好生活向往、促进人的全面发展的重要手段；体育是促进经济社会发展的重要动力；体育是展示国家文化软实力的重要平台。"四个重要"从物质到精神，从个人到国家，对体育进行了精准定位。体育不仅是强身健体、愉悦身心，不仅是争金夺银、振奋精神，更要从国家富强、民族振兴、人民幸福、人类文明进步的高度认识体育在现代社会发展中的重要作用。

第三节　体育与人的发展

体育作为人类社会的一种文化形态和伟大的社会实践，其意义在于维系人类的健康，满足人类的享受和发展的需要，其价值还在于优化人的心理与人格，关注人的生存与发展，增进人的自由与幸福，是促进人的全面发展的重要手段。

一、健康人的体质

体育是提高人民健康水平的重要途径。以自我身体活动为基本活动方式来实现对自身的改造，是体育的特有属性。体育的强身健体作用主要表现在两个方面：一是可使骨骼变粗、变长，肌肉变得发达、丰满、结实，体形变得强壮而健美；二是使心血管系统、呼吸系统、消化系统和神经系统的功能发生适应性变化，从而改善身体机能，提高健康水平。即："勤体育则强筋骨，强筋骨则体质可变，弱可转强，身心可以并完。"

当前，健康中国、全民健身已经成为国家战略，增强人民体质、提高健康水平成为根本目标。党的十八大以来，习近平总书记高度重视、关心人民健康，指出："要推动健康关口前移，建立体育和卫生健康等部门协同、全社会共同参与的运动促进健康新模式""统筹建设全民健身场地设施""要坚持健康第一的教育理念""全民健身是全体人民增强体魄、健康生活的基础和保障，人民身体健康是全面建成小康社会的重要内涵，是每一个人成长和实现幸福生活的重要基础"。这些重要论述，既体现了党和国家高度重视人民群众的身体健康，也显示了体育对提升人民体质健康水平的重要作用。

二、文明人的精神

体育对人的精神的作用主要通过两个途径实现：一是通过体育运动，使人体健美，体质增强，从而获得健康的精神。人民在追求美好生活过程中，不仅追求身体的健康，也追求精神的健康，让体育的种子播撒在青少年的成长中，加深他们对体育的理解和热爱，把体育当成刚需，也为美好生活增添更多内涵；二是通过体育运动，直接获得并满足娱乐、享受、民主、自由、合作、交往、创造、成功和宣泄等精神上、心理上的各种需要，使人心情舒畅，精神充实愉悦，充满活力。

三、娱乐人的生活

体育作为一种特殊的文化形式、一种欢度余暇的手段，在充实人们的生活时间、扩展人们的生活空间、满足人们不断增长的发展和享乐需要、提高人们的生活质量等方面有着特殊的功能。随着知识经济时代的到来，人们的基本生存需要得到了极大的满足，体育的娱乐功能将体现得越来越明显。在现代生活中，体育的"娱人"功能主要通过观赏和参与两个途径来实现：一是通过观赏体育竞赛与表演，品味健、力、美的统一，欣赏和谐的韵律、鲜明的节奏、精妙的配合，以及所表现的诗情画意般的、戏剧性的艺术造型，从而消除疲劳和调节生活；二是通过自身参与体育实践，在与同伴的密切配合中，在与对手斗智斗勇的过程中，在超越自我（如爬山登顶）的过程中，满足人们享乐的需要。健康快乐的一生，除了追求身体锻炼，还需要热心于身体娱乐活动的兴趣和情绪。文明社会在时间、财力和营养方面，将为人类的身体娱乐活动提供越来越优越的条件。以身体活动为主要媒介的身体娱乐与其他的娱乐方式相比具有"双重功效"，适度的身体娱乐活动，既健身，又悦心。

四、促进人的社会化

体育是促进个体社会化的重要手段。今天，体育的社会化功能越来越得到广泛的重视。人类的生活如同竞技场上的比赛，大到与自然竞争，小到与对手竞争，甚至与自己抗争，无一不是在竞争中不断地寻求完善自我和超越自我。参与竞争的人，必须创造条件充实自己。无论是去现场观看比赛还是参赛，运动场无疑为人们在生活中即将发生的竞争提供了极佳的预演场所。人们在运动场上养成的良好品性和行为，可以迁移到日常行为中而成为受社会所认同和接纳的因素。同运动场上一样，生活中有得意之时，也有失意之处，胜利者固然值得敬佩，失败者也同样受人尊敬。胜不骄、败不馁，奋发向上，顽强拼搏不仅是运动员所应具备的品质，社会上的每个成员都应具备。因此，从公平竞争的角度讲，运动场是培养人们具有公平、公正意识的最佳场所。现代体育同时还能够作为社会教化的手段来促进个性的形成与发展。参加体育活动需要较强的自发性和反复进行练习的毅力。一般来说，自身能力强的人都有较好的人缘和亲和力，乐观、有创造性、适应能力强、运动能力出色的人同样如此。对于大学生来说，参加体育运动并使之成为大学生活的一个有机组成部分，对促进身心健康发展有十分重要的作用。

第四节　新时代大学体育的目标与使命

学校体育是实现"立德树人"根本任务、提升学生综合素质的基础性工程，是加快推进教育现代化、建设教育强国和体育强国的重要工作，对于弘扬社会主义核心价值观，培养学生爱国主义、集体主义、社会主义精神和奋发向上、顽强拼搏的意志品质，实现以体育智、以体育心具有独特功能。

一、新时代大学体育的目标

在2018年全国教育大会上，习近平总书记指出："要树立健康第一的教育理念，开齐开足体育课，帮助学生在体育锻炼中享受乐趣、增强体质、健全人格、锤炼意志。"这也为新时代学校体育工作指明了前进的方向，也成为新时代学校体育工作的目标。

（一）享受乐趣

享受乐趣是大学体育的第一目标。享受乐趣，就是使学生在体育锻炼、体育课、体育竞赛中得到参与体育的快乐，得到精神的享受，文明其精神。其内涵是指学生在体育学习的过程中，能够习得知识和技术，获得满足感和成就感，能够获得学习、成长、发展等方面的愉悦体验，在积极体验的驱动下，学生进入学习活动中的兴趣更加强烈，他们在学习活动中的参与意识更强，学习的效果因而能够得到有效提升。体育教育的前提都应是让学生爱上运动，享受其中。只有找到乐趣所在，体育锻炼才不会成为被迫学习的技能，并产生体质增强、身心成长等因乐趣而顺势而来结果。为此，大学体育应坚持"以人为本"的原则，尊重大学生身心发展规律，以大学生喜闻乐见、易于接受的方式，来激发学生的运动兴趣，使其养成坚持体育锻炼的习惯。

（二）增强体质

增强体质，是体育最基础的功能，也是大学体育的基础目标。增强体质是指通过体育活动来提高身体素质水平，包括身体的力量、耐力、灵敏等方面，可促进脉管系统、呼吸系统和消化系统等的发育和健康，提高机体的适应能力和免疫力。第八次全国学生体质与健康调研结果显示，大学生身体素质呈整体下滑趋势，肥胖、耐力不足等问题突出。究其原因，运动不足是重要原因。早在1917年，毛泽东以二十八画生的笔名在《新青年》杂志上发表了著名的《体育之研究》一文，其中提到："欲文明其精神，先自野蛮其体魄。此言是也。苟野蛮其体魄矣，则文明之精神随之。"这段话的大体意思是，想要让人们精神变得文明，应该先使他们的身体更强健，强健的身体是做一切事情的前提。体育运动是健康生活方式的重要内容，体育锻炼可以促进人的身体健康，提高生命质量，减少医疗开支，是实现全民健康最积极、最有效，也是最经济的手段。大学生是未来社会的建设者和接班人，是中华民族的希望，是决定中国命运的重要力量，其健康状况关系到国家未来的经济发展、科技进步、综合国力的提高，关系到健康中国和体育强国的实现，对祖国未来的发展和人民的幸福生活有着深远的影响。

《体育之研究》
全文

（三）健全人格

健全人格是大学体育核心目标。健全的人格对一个人的成长、成功、成才都具有决定性的意义。健全人格是各种积极人格特征的完美整合，属于高层次的心理健康。蔡元培先生曾说"完全人格，首在体育"；被誉为"清华体育教父"的马约翰先生曾指出"体育的功效，最重要的是培养人格，补充教育的不足"；习近平总书记指出："教育，无论学校教育还是家庭教育，都不能过于注重分数。分数是一时之得，要从一生的成长目标来看。如果最后没有形成健康成熟的人格，那是不合格的。"体育不是单纯为了锻炼而锻炼，不是机械地重复每一个动作，是要在运动中更好地认识自己，塑造更好的自己，从而促进自己的人格健全。体育在培养学生健全人格方面具有特殊的优势，每一项体育运动都有自己的活动规则、规章制度、竞赛规程等，参与其中需尊重规则、崇尚秩序、追求诚信、公平竞争，久而久之，学生的规则意识、道德意识和法律意识将不断获得提升，从而塑造健全人格。

发展体育运动，增强人民体质

1952 年 6 月 10 日，毛泽东主席为中华全国体育总会的成立题词"发展体育运动，增强人民体质"。毛泽东主席的题词，把着眼点放在增强人民大众的体质上，深刻地指出了体育运动和增强体质的内在联系，明确规定了中国社会主义体育事业必须为人民服务的根本目的和任务，为我国体育事业指明了方向，也使我国的体育事业揭开了新的一页，极大地激发了人民群众发展体育运动的积极性和主动性。从此，我国群众性体育运动蓬勃发展，人民健康水平日益提高，人们的平均寿命比解放初期延长了许多。

"发展体育运动，增强人民体质"题词的缘起

完全人格，首在体育

（四）锤炼意志

锤炼意志是学校体育的发展目标。意志品质是指一个人意志力、决策力和毅力等方面的表现，一般包括吃苦耐劳、顽强拼搏、自觉自律、自制自强、勇于挑战、不骄不馁等。坚强的意志品质是成功人生的有力保证，是卓越人才所具有的特质，更是时代新人的必备条件。毛泽东主席在《体育之研究》一文中谈到体育的效用时说道："非第调感情也，又足以强意志。体育之大效，盖尤在此矣。"学生参加体育锻炼要求动作迅速、准确、整体协调，可锻炼其感知、观察、记忆和想象等能力；学生参加体育竞赛要求在比赛中迅速决策、克服身心疲劳、时刻保持高度专注，可锻炼其承受挫折、克服困难、团结协作等能力。而对这些能力的培养恰恰是意志品质的表现，即学校通过体育课、体育锻炼和体育竞赛等实现锤炼学生意志的目标。

二、新时代大学体育的使命

大学阶段作为当代青年发展的重要时期，是世界观、人生观、价值观形成的关键阶段，大学体育在"育人、育德、育智、育美"等方面有着重要的促进作用。

（一）落实"立德树人"根本任务，发挥体育独特的育人功能

党的二十大报告明确指出，育人的根本在于立德。大学体育要充分发挥体育独特的育人功能，贯彻落实"立德树人"根本任务，全面推进课程思政建设，积极构建全员全过程全方位育人大格局，多途径提升大学体育教育教学质量，为培养德智体美劳全面发展的优秀人才奠定坚实的身心健康基础。近年来，伴随着国家对青少年健康状况的关注和大众健康意识的提升，体育的独特育人功能也得到了较为充分的发挥。新时代的大学体育要通过"教会、勤练、常赛"实现体育的独特育人功能，教会学生科学锻炼的方法和技能，使学生养成自主参与体育锻炼的良好习惯，通过常赛激发学生参与体育锻炼的兴趣，培养学生勇敢、果断、顽强、拼搏进取的优良品质，激发学生的爱国情怀和民族自豪感，为新时代高等教育人才培养提供强有力的支撑。

何为立德树人？

《资治通鉴·周纪一》记载："才者，德之资也；德者，才之帅也。"也就是说，人才培养一定是育人和育才相统一的过程，而育人是本。人无德不立，育人的根本在于立德，即以德为先。教育过程不仅要传道授业，更要传播正能量，在大学生的心中培植社会主义核心价值观。而大学体育在"立德树人"的过程中，发挥着不可估量的作用。

（二）树立"健康第一"的教育理念，提升大学体育教学质量

我国的教育方针始终强调，要培养德智体美劳全面发展的社会主义建设者和接班人。但是由于应试教育的影响，我国青少年体质健康水平30多年来一直呈下降趋势，青少年参与体育锻炼的时间很难得到保障，体育的育人功能也被忽视。大学体育教育是青少年学生在学校接受体育教育的最后阶段，新时代，大学体育教育要肩负起培养大学生树立"健康第一"理念的重任，切实提升大学体育的教学质量积极发挥体育的育人价值。

（三）深化"体教融合"发展路径，助力体育强国建设

2008年北京奥运会后，我国吹响了由竞技体育强国向体育强国全面迈进的号角，公共体育服务设施建设得到了快速发展，城市和农村的公共体育服务均等化程度也得到了大幅提升，群众体育得到了跨越式发展。群众体育的有序发展也为我国的竞技体育高质量发展提供了后备人才保障，"体教融合"的体育人才培养模式得到了进一步的深化。在2020年东京奥运会女子10米气步枪射击比赛中，清华大学

杨倩经过奋勇拼搏夺取金牌，充分诠释了"体教融合"培养体育人才的优势。通过"体教融合"还可以使身边的优秀体育人才发挥榜样作用，在青少年中形成积极主动参与体育运动的良好氛围，形成良好的校园体育文化氛围，助力体育强国战略目标早日实现。

何为"体教融合"？

三、新时代大学体育的归宿

联合国开发计划署在《人类发展报告》中指出：人类发展是一个提高人们生存机会的过程，从总体上说，健康、长寿、接受良好的教育和生活幸福美满是人类发展的基本标志。人们在拥有物质财富的同时，开始向往精神生活的满足。现代生活的含义是多元的，在一定程度上它表现着人们生存、享受和发展的现实状态。人们所企盼的高质量生活，其实就是一种和谐、丰富、愉快的生活，其中就必须有体育的存在。随着经济社会的发展和人民群众对美好生活的向往，体育越发成为现代人生活方式的重要组成部分。当代大学生是未来社会的建设者与未来生活的享有者，体育素质的培养、体育锻炼习惯的养成、大学体育文化的熏陶，将使大学生终身受益。

（一）培育身体素养，保障学生身心健康成长

处在高科技、信息化、知识经济的时代，人们以前所未有的热情关注着健康问题。现代科技的进步在带来便捷的同时，也使人们的体力活动大幅下降，受到慢性病的侵扰。另一方面，竞争的日趋激烈、社会节奏的加速、人际关系的冷漠，也使得人们在精神上面临的压力与日俱增，因此心理健康同样不容忽视。关注健康，追求愉快、健康的生活已成为现代人的必然选择，而体育作为人类对自身健康进行积极维护的重要途径，其重要价值也日渐凸显。当下，针对近年来大学生体质健康水平下滑的状况，加强大学体育、强化体育锻炼势在必行。大学体育不仅要关注体育锻炼和体育技能，更要着眼于培育学生的身心素养，以实现健体、健心、健全人格的身心全面发展为价值旨归。

（二）传授运动技能，助力学生深化生命体验

经济的繁荣、物质产品的丰富、生活水平的提高、余暇时间的增多，使人们的精神需求大大增加。体育锻炼是满足人们精神需求的一种方式，是人们工作之余追求健康、愉悦身心的一种手段，它通过消解压力、慰藉躁动、治愈灵魂而促进人的自由和谐发展。大学体育虽以运动技能传授为重要内容，却不以摘金夺银为目的，而以健康、娱乐为主旨，追求身体健康与精神满足。体育活动可以为处在高节奏、高竞争、高焦虑、高压力社会中的学子们创造一个轻松自在的"休闲"境界，使持

续积累的心理紧张与压抑的情绪在体育运动中得到化解和宣泄，享受生活的乐趣，感悟生命的意蕴，体味成功的价值。在愉快和谐的运动交往中，躯体与精神融为一体，心灵得到慰藉，身心得到满足，从而使人格得到升华，心胸更加乐观豁达，激发出更大的、积极向上的生活热情。

（三）丰富体育文化，引导学生树立文明风尚

从某种意义上讲，人们把休闲作为工作和生活的最终目的，是经济发达、社会文明的标志，是与满足人们享受与发展的需要、全面提高生活质量的目标一致的。人们在余暇时间，通过体育休闲及对身体的锻炼，不仅能获得身心的满足、精神的愉悦和幸福的发展，同时也将对社会的发展产生巨大的促进作用。大学体育有助于大学生进一步理解和习惯于在一定的社会规范中生活，根据社会规范约束和调整自己的行为。就此而言，大学体育之价值，不仅在于身心健康的促进与生活内涵的拓展，更在于社会文明的创建，在于以校园体育之文化育成社会文明的新生力量，进而树立社会的文明新风。

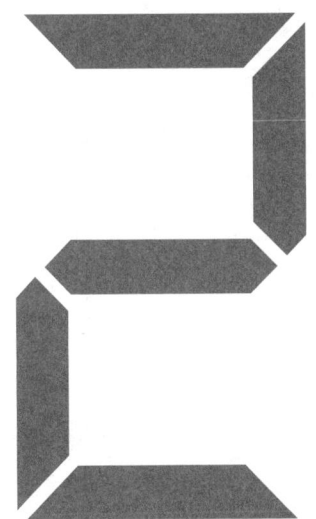

健康是幸福生活最重要的指标，健康是1，其他是后面的0，没有1，再多的0也没有意义。

——习近平

第二章　维护健康法则

健康是人类生存发展的基本要素，是人类永恒的主题。随着社会发展和人们生活方式的改变，"健康第一"的观念日益深入人心。健康不仅是个人成长发展的前提，而且也是事业成功、生活快乐的基础。如何正确全面地认识健康？如何维护健康？如何做好个人健康的"第一责任人"？这些问题值得大学生深入学习和思考。

第一节 健康的内涵

健康是人类赖以生存和发展的基本条件之一，也是旺盛生命力的重要标志。健康不仅是人们最重要的生活需要，而且是人类创造物质文明和精神文明的社会发展基础。所以，马克思指出，健康是人的第一权利，是一切人类生存的第一个前提，也是一切历史的第一个前提。

名人论健康

许多思想家、教育家和科学家对健康都有过精辟论述：马克思称"健康是人的第一权利"；居里夫人称"健康是科学的基础"；英国教育家洛克指出，若没有健康就没有幸福可言；法国哲学家叔本华指出，一个健康的乞丐比有病的国王更富有；哲学家爱默生认为，健康是人生的第一财富；人民教育家陶行知说过，我们深信健康是生活的出发点，也是教育的出发点。

健康对于国家、民族及个人都有着非常重要的意义。一个民族、一个国家的兴衰与国民的体质息息相关，只有健康的体魄，才能实现民族的振兴和国家的富强。对此，习近平总书记在2018年全国教育大会上强调指出，健康是促进人的全面发展的必然要求，是经济社会发展的基础条件，是民族昌盛和国家富强的重要标志，也是广大人民群众的共同追求。党中央、国务院发布《"健康中国2030"规划纲要》，提出了健康中国建设的目标和任务。党的十九大作出实施健康中国战略的重大决策部署，党的二十大强调推进健康中国建设。

一、健康的概念

（一）健康的科学概念

1948年，世界卫生组织（WHO）成立时在其宪章中指出："健康不仅是免于疾病和虚弱，而且是保持身体上、精神上和社会适应方面的完美状态。"从此，人们对健康有了更理性的认识，健康的内涵也被拓展到生理、心理和社会学等领域。

1974年，世界卫生组织进一步强调了"三维健康观"的概念，并指出："健康是人的体格、精神和社会适应方面的完美状态，而不仅仅是无疾病或免于虚弱。"

1978年，世界卫生组织在《阿拉木图宣言》中重申："健康不仅是疾病与体虚的匿迹，而是身心健康和社会幸福的总体状态，是基本人权。达到尽可能高的健康水平是世界范围的一项最重要的社会性目标。"

各历史时期对健康的理解和认识

1989年，世界卫生组织根据现代社会的发展，再次将健康定义为："健康不仅仅是躯体没有疾病，而且还包括心理健康、社会适应良好和道德健康。只有具备了以上四个方面的良好状态，才是一个完全健康的人。"

（二）健康的标志性内涵

生理健康：指机体发展完整，生理功能状态良好，运行正常。

心理健康：情绪稳定，活泼开朗，积极向上；有较好的自控能力，自尊自信；具有完整的人格和乐观的生活态度，能忍受各种精神挫折。

社会适应良好：能适应复杂的环境变化，能保持正常的人际关系，处事冷静、乐观。

道德健康：处事公正，待人诚恳，善待他人，明辨是非，特别表现在为人的理念、情感和行为符合道德规范。

二、健康的标准

（一）世界卫生组织提出的生理健康的10条标准

1. 精力充沛，能从容不迫地应付日常生活和工作，而不感到过分紧张和疲劳。
2. 处事乐观，态度积极，乐于承担责任，事无巨细，不挑剔。
3. 善于休息，睡眠良好。
4. 应变能力强，能适应外界环境的各种变化。
5. 能够抵抗一般性感冒和传染病。
6. 体重适当，身体匀称，站立时头、肩、臀位置协调。
7. 眼睛明亮，反应敏锐，眼睑不发炎。
8. 牙齿清洁，无龋齿，不疼痛，牙龈颜色正常，无出血现象。
9. 头发有光泽，无头屑。
10. 肌肉丰满，皮肤有弹性，走路轻快有力。

（二）世界卫生组织提出的心理健康的7条标准

1. 智能良好

智力是人的观察力、注意力、想象力、思维力和实践能力等的综合，智力正常是人正常生活最基本的心理条件。

2. 善于协调与控制自己的情感

情绪在心理健康中起着重要作用，心理健康者能经常保持愉悦、开朗、满足的心情，善于从生活中寻求乐趣，对生活充满希望，具有调节、控制自己的情绪以保持与周围环境的动态平衡的能力。

马斯洛提出的心理健康的10条标准

3. 具备良好的意志品质

健康的意志品质主要表现在自觉性高、果断性强、自制力好，既有实现目标的坚定性，又能克制干扰目标实现的愿望、动机、情绪和行为，不放纵任性。

4. 人际关系和谐

和谐的人际关系是心理健康不可缺少的条件。人际关系和谐体现在：一是乐于与人交往；二是在交往中保持独立而完整的人格；三是能客观评价别人，与人友好相处，乐于助人；四是交往中积极态度多于消极态度。

5. 适应、改造现实环境

一个心理健康的人，其心理行为能顺应社会文化的进步趋势，能动地适应和改造现实环境，具有积极的处世态度，与社会广泛接触，对社会现状有较清晰正确的认识，达到自我实现与对社会奉献的协调统一。

6. 人格的完整和健康

人格是人在社会生活当中的总体心理倾向，体现在三个方面：一是构成要素要完整，不能有缺陷；二是人格的同一，不能混乱，生理上的我和心理上的我必须是一个人，不能分离；三是要有一个积极进取的人生观。

7. 心理行为符合年龄特征

人在不同的年龄阶段，有不同的心理特点。儿童时期天真活泼，青年时期朝气蓬勃，老年时期沉着老练。不可落后，也不可超前。

三、亚健康

（一）亚健康的概念

亚健康是指非病非健康的状态，是介于健康与疾病之间的状态，故又有"次健康""第三状态""中间状态""灰色状态"等称谓。

亚健康是国际医学界在20世纪80年代提出的医学新视角，即医学不再用二分法将人简单地分为病人与健康人，而是用一个连续的模式表示人们的健康程度，即在病人与健康人之间区分出了一个亚健康的群体。

（二）亚健康的起因与症状

1. 亚健康的起因

引起亚健康的原因是多方面的，主要有：

（1）过度紧张和压力。长时期的紧张和压力对健康有四害：一是引发急、慢性应激，直接损害心血管系统和胃肠系统，造成应激性溃疡和血压升高、心率增快，加速血管硬化进程和心血管疾病的发生；二是引发脑应激疲劳和认知功能下降；三是破坏生物钟，影响睡眠质量；四是导致免疫功能下降，使患感染疾病的概率增加。

（2）不良生活方式和习惯。如高盐、高脂和高热量饮食，大量吸烟和饮酒及久坐不动，这些都是造成亚健康最常见的原因。

（3）环境污染的不良影响。如水源和空气污染、噪声、微波、电磁波及其他化学、物理因素污染等都是健康的隐性杀手。

（4）不良精神心理因素刺激。这是心理亚健康和躯体亚健康的重要因子之一。

2．亚健康的症状

亚健康的基本特征是身体无明显疾病，但体力降低，适应能力减退，精神状态欠佳。亚健康的症状是十分复杂的，主要表现为：

- 心血管症状：经常感到心慌、气短、胸闷、憋气。
- 消化系统症状：见到饭菜没有胃口，有时感觉饿了，但不想吃饭。
- 骨关节症状：经常感到腰酸背痛或者浑身不舒服。
- 神经系统症状：经常头痛，记忆力差，全身无力，特别容易疲劳。
- 精神心理症状：莫名其妙地出现心烦意乱，遇小事易生气，易紧张和恐惧。
- 睡眠症状：入睡比较困难，凌晨容易早醒，夜间常做噩梦。
- 泌尿、生殖系统症状：性功能低下或性要求突然减少，尿频、尿急。

（三）坚持体育锻炼，改善亚健康状态

1．亚健康的转化

亚健康处于健康与疾病两者之间，其生理功能和心理状态都处于弱势，往往是各种疾病的潜伏期。如不注意合理调理，疾病就会乘虚而入，向疾病方向转化。

人体具有较强的自我调节功能，亚健康状态在健康合理的生活方式和精心调养下可以向健康方向转化（图2-1-1）。只要注意，就可以摆脱亚健康的苦恼。

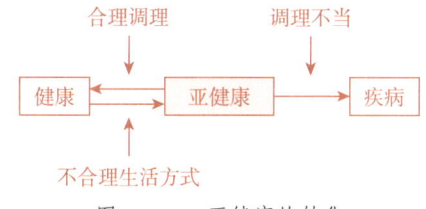

图2-1-1　亚健康的转化

2．亚健康状态的合理调控

（1）生活规律，注意劳逸结合。

（2）适度参加体力劳动和体育锻炼，重视步行和慢跑活动，以增强心肺功能，提高心理愉悦感。

（3）均衡营养，定时进餐，提高饮食质量，进食清淡，少盐少糖，多吃蔬菜和水果。

（4）积极参加社交活动。

（5）戒除不良嗜好，戒烟少酒。

（6）确保睡眠充足（成年人每天睡眠时间不少于8小时）。

（7）合理利用自然因素（如日光、空气、水等）锻炼身体。

（8）必要时配合药物治疗。

第二节　影响健康的因素

影响健康的因素是十分复杂的，既有内因，也有外因，既有外在的，也有潜在的。世界卫生组织曾于1997年指出：一个人的健康与寿命60%取决于自己，15%取决于遗传因素，10%取决于社会因素，8%取决于医疗条件，7%取决于环境影响（图2-2-1）。我国著名健康教育专家洪昭光认为，人的健康取决于内因和外因，其中内因占15%（指遗传因素），外因占85%（社会因素占10%，自然因素占7%，医疗条件占8%，个人生活方式占60%）。

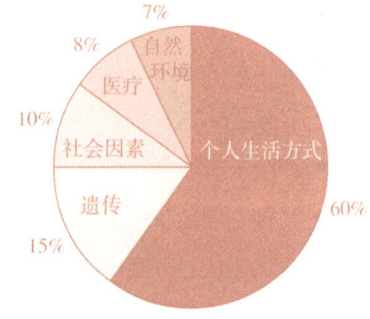

图2-2-1　世界卫生组织指出的影响人的健康与寿命的因素

一、遗传与变异对健康的影响

遗传因素对于健康有着重要的影响。遗传因素决定了一个人的基因组成，对个体的生长发育、生理功能和疾病易感性具有重要影响。人类健康、人口素质和遗传性疾病均受遗传影响，遗传决定了人类具体的生长、发育、衰老和死亡，很大程度上决定了人类个体的健康状况和后代的遗传素质。

虽然基因对后代具有重要的作用，但绝不是唯一的因素。内因是变化的根据，外因是变化的条件，外因通过内因起作用。要使基因得到充分的发展和进一步的完善，在很大程度上取决于环境条件，特别是体育锻炼和教育。运动可以使某些缺陷得到遏制和弥补。

二、环境因素对健康的影响

人类目前所有的健康问题都与生存环境相关。现代社会飞速发展，其中，人口增长、环境污染和贫困加剧，是人类目前面临的最严重的威胁生存和健康的三大因素。地理位置、生态环境、住房条件、基础卫生设施、就业等因素，在不同程度上影响着人们的健康。

而涉及政治制度、经济水平、文化教育、人口状况等诸多社会环境因素，同样威胁着人们的身体健康。生活在一线城市的普通人，往往会因为周围环境、心理素质等多方面的原因而引起各种各样的疾病。随着经济的发展和科学技术水平的提高，人们工作和劳动的条件不断改善，受教育的面与程度不断扩展，物质文化生活越来越丰富，公共服务与医疗服务也在不断改革、完善，这些使人们的健康水平大大提高。

三、医疗条件对健康的影响

一个国家的卫生服务范围、内容、质量、医疗卫生条件直接关系到人的生、老、病、死及由此产生的一系列健康问题。健全的医疗卫生机构、完备的服务网络、一定的卫生投入，以及合理的卫生资源配置均对人体健康有促进作用。反之，如果医疗卫生服务系统有欠缺，就不可能有效地防病治病，促进健康。

四、个人行为与生活方式对健康的影响

根据世界卫生组织对健康影响因素的分析，其中个人生活方式因素占60%。生活方式是指人们受文化、民族、社会、风俗、家庭和同辈影响的生活习惯和行为，它是在一定环境条件下所形成的生活意识和生活行为习惯的统称。生活方式对健康影响很大，并具有沿袭性、累积性和广泛性的特点。良好的生活方式是健康人体与延年益寿的保证，不良的生活方式会导致各种疾病，会严重损害人体的健康与寿命。目前，世界卫生组织已将"生活方式病"列为21世纪威胁人类的"头号杀手"。

危害健康的行为与不良生活方式

日常行为：吸烟、酗酒、滥用药物（吸毒）等行为。

生活习惯：饮食过度、高脂、高糖、低纤维素饮食、偏食、挑食和过多吃零食、嗜好含致癌物的食品（如腌制品等）、不良的进食习惯等。

不良疾病行为：求医瞒病行为、求医恐惧行为、治疗期间自暴自弃行为，以及患病后的悲观绝望等行为。

国家卫生健康委有关数据表明，我国心脑血管疾病、癌症、呼吸系统疾病、糖尿病等慢性病导致的死亡人数占总死亡人数的88%，而不良生活方式则是导致这些慢性病的主要原因。

大学生因学习或生活各种因素的影响，容易形成的不良生活方式主要有熬夜、

吸烟、不良饮食习惯、久坐少动等。

（一）长期熬夜的危害

● 对身体健康的危害：长期熬夜会导致免疫力下降，会增加感染疾病风险，尤其心血管疾病和代谢综合征。睡眠不足会导致认知能力下降、记忆力减退。此外，还会导致皮肤粗糙、暗沉、长斑、长痘。

● 对心理健康的危害：长期熬夜会导致情绪波动、易怒不稳定，睡眠不足会造成精神状态萎靡，导致忧虑和抑郁倾向。

● 对人际交往的危害：熬夜会导致精神不足、注意力不集中，从而影响学习和工作效率，影响与人交流的自信心和满意度。

（二）吸烟的危害

● 短期危害：脑部供氧不足、皮肤牙齿受损、心率血压升高、身体有异味等。

● 长期危害：易导致心脑血管病变、肌肉张力下降、肠胃功能会紊乱，易产生牙周疾病。

（三）不良饮食习惯

● 不吃早餐。

● 暴饮暴食。

● 偏食挑食。

● 偏好重口味加工类食品。

● 偏好高糖高热量饮料。

（四）久坐少动的危害

● 血液循环不畅，导致静脉曲张和下肢水肿。

● 引发关节炎和颈椎病。

● 心脏功能减退，代谢物在血管里沉积，导致动脉硬化、高血压、冠心病等心血管疾病。

● 肌肉功能减退。

● 消化功能紊乱。

全球顶尖综合性医学期刊《柳叶刀》在东京奥运会前夕曾发表"身体活动专辑"（Physical Activity2021），其中指出，全球每年由身体活动不足而导致的总死亡人数超过了500万。特别是青少年身体活动状况不乐观。全球分析显示，80%的在校青少年未能达到世界卫生组织身体活动指南推荐的每天60分钟的身体活动量，且自2012年以来进展甚微。另外，40%的青少年从不步行上学，25%的青少年除了坐着上课和做作业，每天还有3小时左右的时间处于久坐的状态。北京冬奥会期间，《柳叶刀》再次推送此专辑，呼吁人们把身体活动融入日常生活。

第三节 健康的四大基石

1992年，世界卫生组织在《维多利亚宣言》中首次提出"健康四大基石"的概念，即合理膳食、适量运动、戒烟限酒、心理平衡。

一、合理膳食

合理膳食是指一日膳食中食物构成要多样化，各种营养素应品种齐全，包括供能食物（蛋白质、脂肪及碳水化合物）和非供能食物（维生素、无机盐、微量元素及纤维素）。食物搭配要合理，粗细混食，荤素混食，从而能供给用膳食者必需的热能和各种营养素。

健康促进

《中国居民膳食指南（2022）》提炼出平衡膳食的8条基本准则，把这些原则转化为各类食物的数量和所占比例的图形，得出了中国居民平衡膳食宝塔（图2-3-1）。

 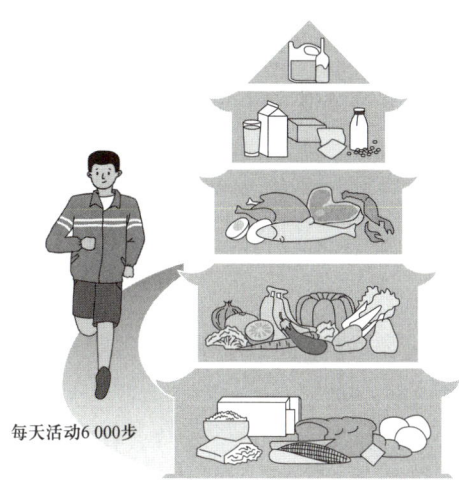

中国居民平衡膳食宝塔(2022)
Chinese Food Guide Pagoda(2022)

盐	<5 克
油	25~30 克
奶及奶制品	300~500 克
大豆及坚果类	25~35 克
动物性食物	120~200 克
一每周至少2次水产品	
一每天一个鸡蛋	
蔬菜类	300~500 克
水果类	200~350 克
谷类	200~300 克
一全谷物和杂豆	50~150 克
薯类	50~100 克
水	1 500~1 700 毫升

每天活动6 000步

图2-3-1 中国居民膳食宝塔图

1. 食物多样，合理搭配。

2. 吃动平衡，健康体重。

3. 多吃蔬果、奶类、全谷、大豆。

4. 适量吃鱼、禽、蛋、瘦肉。

5. 少盐少油，控糖限酒。

6. 规律进餐，足量饮水。

7. 会烹会选，会看标签。

8. 公筷分餐，杜绝浪费。

二、适量运动

适量运动的标准

　　生命在于运动，坚持适量运动可以加速身体血液流通，提高肌肉力量，有利于提高身体抵抗力，增强免疫功能。平时要根据个人身体情况、运动环境、爱好等因素，选择适合自己的运动方式，如球类运动、慢跑、骑自行车、游泳、爬山等，运动负荷要适中，运动后感觉舒适。

三、戒烟限酒

　　吸烟酗酒是健康的大敌。烟草中含有多种有害物质，经呼吸道进入肺部之后，可能会损伤多个器官，容易导致支气管炎、肺炎等疾病，甚至会诱发肺癌。任何年龄的人戒烟对健康都是有益的。经常或过量饮酒会影响健康。大量饮酒后，几天后仍可观察到肝内脂肪增加及代谢紊乱。无节制饮酒，还会伤害胃黏膜，影响肝和胰的功能，易导致脂肪肝、肝硬化等问题，会增加高血压、中风、乳腺癌、消化道癌及骨质疏松危险，还可导致交通事故及暴力事件增加，危害个人健康和社会安全。

四、心理平衡

如何保持心理平衡？

　　在健康的四大基石中，心理平衡最重要，也最难做到。健康的心理是健康身体的保证，其重要性不亚于生理健康。现代人生活节奏明显加快，在学习、工作、生活中很容易产生不平衡心理状态，处理不好就会"失衡"，不仅带来心理不健康问题，而且会导致生理疾病的发生。谁能做到心理平衡，谁就掌握了健康的钥匙。要做到心理平衡，首先要对自己有正确的定位和客观的认识，根据实际情况确立自己的目标。其次要学会接受其他人对自己的评价，对周围的人宽容。还要善于控制自己的情绪，遇到喜悦或是挫折时，保持平稳的心态，不要处于不良情绪中。

第四节　自我健康管理

随着经济社会的发展、人们生活水平的提高和生活节奏的加快，健康问题越来越受到关注。健康管理可以帮助我们更好地了解自己的身体状况，及时发现并预防潜在的健康风险，保持健康状态，提高生活质量。

一、健康管理的渊源

在我国，健康管理的思想古已有之。我国2 000多年前的医学经典《黄帝内经》中的很多内容都跟健康管理有关。例如，"是故圣人不治已病治未病，不治已乱治未乱，此之谓也。夫病已成而后药之，乱已成而后治之，譬犹渴而穿井，斗而铸兵，不亦晚乎"，就孕育着"预防为主"的健康管理思想。"上工治未病，不治已病，此之谓也"的理念，则与健康风险评估和控制的思路不谋而合。"毒药攻邪，五谷为养，五果为助，五畜为益，五菜为充，气味合而服之，以补精益气也"，则表明了中医养生十分重视饮食补益和锻炼健身防病。《吕氏春秋·尽数》中所载"流水不腐，户枢不蠹，动也"，也含有生命在于运动的哲理。

健康生活方式核心要点（2023）

西方古代医学文献中也蕴含着许多健康管理的思想。"西方医学之父"希波克拉底指出："能理解生命的人同样能理解健康对人类来说具有的最高价值。"《罗马帝国百科全书》（*Encyclopedia of the Roman Empire*）记载，医学实践由三部分组成：通过生活方式治疗、通过药物治疗和通过手术治疗。生活方式治疗就是在饮食营养、进行锻炼和锻炼的时间长度、睡眠、规律的生活行为方面提供健康方式的处方和建议。

二、什么是健康管理

健康管理是指一种对个体或群体的健康进行全面监测、分析、评估，并提供健康咨询和指导，以及对健康危险因素进行干预的全过程。实施健康管理的目的是使病人及健康人群更好地恢复健康、维护健康、促进健康，节约经费开支，有效降低医疗支出，从传统的"治疗疾病为中心"转向"健康管理为中心"。

三、健康管理的意义

（一）控制疾病危险因素，提升生活质量

医学研究发现，包括癌症在内的很多疾病如果通过健康管理方式及早发现，治愈率可达到90%，而导致疾病和早亡的主要原因——不良的生活方式可以通过有效的健康管理手段得到改善。现代人类所患疾病中约有45%与生活方式有关，而死亡的因素中高于60%与生活方式有关。对于这类生活方式病，真正的危害不是来自疾病本身，而是源于日常生活中对自身健康管理认识不足，不懂得健康和管理的关系。因此，通过有效的健康管理来改善个人行为和生活习惯，如合理膳食、增加运动、戒烟限酒、调适心理等，可以减少血压、血糖、血脂的升高等，延缓或阻止慢性病的发生，提高生活质量。

健康管理

健康管理的理论和实践最初出现在美国。1929年，美国保险业最先使用了"健康管理（managed care）"一词，其核心内容是医疗保险机构及医疗服务机构通过对其医疗保险客户（包括疾病患者或高危人群）或医疗服务客户开展系统的健康管理，达到有效控制疾病的发生或发展，显著降低出险概率和实际医疗支出，从而减少医疗保险赔付损失的目的。随着社会发展，健康管理的内涵和外延不断被检验与延伸，在20世纪得到全面的实践、扩展，并逐步形成新的学科体系。现在，"健康管理（health management）"是指基于健康体检结果，建立专属健康档案，给出健康状况评估，并有针对性地提出个性化健康管理方案（处方），据此，由专业人士提供一对一咨询指导和跟踪辅导服务，从而使客户从社会、心理、环境、营养、运动等多个角度得到全面的健康维护和保障服务。

（二）降低医疗成本，提高医疗效率

经济危机会使投资缩水，而对健康的投资永远不会缩水。世界卫生组织指出，如果在慢性病的预防上多投入1元钱，就能在治疗上节约8.5元，并可以节约100元的抢救费。通过健康管理，个人和群体可以更好地管理自己的健康，减少医疗费用的支出，同时也能为个人和家庭减轻经济负担。此外，健康管理通过建立个人健康档案、电子化管理等方式，可以实现医疗信息的共享和流转，避免因信息不对称导致的重复检查、浪费资源等问题，提高医疗效率和质量。

（三）提高健康意识，促进健康教育

现代社会，人们对健康的认知和关注程度越来越高，但由于缺乏科学的健康知识和方法，很多人仍然存在许多不良的生活习惯和行为方式，如饮食不规律、缺乏运动等。健康管理可以通过定期开展健康咨询、健康教育等手段，提高大众的健康意识和自我保护能力，增强其预防疾病的意识。

四、自我健康管理模式——KYN

KYN是英文know your number的缩写。这里的"number"是指所有与健康相关的生物医学指标。它涵盖从身高、体重、年龄一般信息到血糖、血脂、胆固醇水平等各项实验室指标，也包括食物摄入量、吸烟量、体力活动等与生活方式有关的信息。健康就像一项工程，需要精心管理。KYN自我健康管理就是通过各种科学的检测方法和个人信息，帮助个体了解自己的健康，通过科学的健康指导为自己制订个性化的健康促进方案。个体化的健康管理方案包括科学的体育锻炼（运动处方）、均衡的饮食方法（营养处方）、心理的调节方式和健康的生活行为方式。

健康管理不仅是一个概念，也是一种方法，更是一套完善、周密的服务程序，是对个体及群体的健康危险因素进行全面管理的过程，即对健康危险因素的检查监测（发现健康问题）→评价（认识健康问题）→干预（解决健康问题）循环的不断运行。

做好自我健康管理，可按照以下三个步骤来操作：

第一步，收集和管理个人健康信息，建立健康档案。通常通过建立个人健康及生活方式信息记录表的方式来收集个人整体的健康信息。内容分为一般信息（性别、年龄等）、目前健康状况和疾病家族史、生活方式（膳食、体力活动、吸烟、饮酒等）、体质监测、体格检查（身高、体重、血压等）和血液、尿液实验室检查6部分。

第二步，进行健康及疾病风险性评估。根据收集到的个人健康信息，对自我健康状况进行评估，确定处于何种健康状况，并系统分析存在的危险因素及其发展变化趋势，为促使其改变不良的生活方式、降低危险因素做好前期工作。在这一步，也可采用自测健康的方式。自测健康已成国际上比较通用的健康评定方法之一。《自测健康评定量表》（SRHMS）基于世界卫生组织关于健康的定义，由自测生理健康、心理健康和社会健康三个评定子量表组成，用于14岁以上各类人群（尤其是普通人群）的健康测量。它从定量化的角度，较为直观、全面、准确地反映了个体的健康状况，且易于管理和操作，共10个维度，48条题目。大家可上网搜索，对照自测，全面了解自身健康状况。

如何进行自我
健康管理？

第三步，进行健康干预。在前两个步骤的基础上，采取行动，纠正不良的生活方式和习惯，控制健康危险因素，实现个体健康管理计划的目标。

活动有方，五脏自和。

——（宋）范仲淹

运动是一切生命的源泉。

——［意大利］达·芬奇

第三章　知晓人体运动奥秘

生命在于运动。运动前需要先了解人体的结构与功能及其与运动的关系。人体参与运动的主要组织和系统有骨、关节、骨骼肌、神经系统、脉管系统、呼吸系统等。大学生应对这些人体运动的基本知识有所了解，科学地从事运动，这是终身体育的基本前提与保障。

第一节　骨、关节、骨骼肌、神经系统与运动

人体完成的各种运动动作及生活与工作中完成的各种动作，主要依赖于运动系统的工作。在运动过程中，骨骼肌是人体运动的动力。通过骨骼肌的收缩与舒张，牵引其附着的骨以关节为支点进行转动，完成人体各种简单或复杂的运动动作。

了解在运动过程中关节的运动及引起关节运动的肌群，掌握训练肌肉力量与伸展性的方法，才能在运动实践中进行有针对性的、有效的锻炼，达到促进健康的目的。

一、骨

（一）骨的形态与结构

1．数目与形态

正常人体共有206块骨，根据形态可分为长骨、短骨、扁骨与不规则骨。人体全身骨见图3-1-1。

2．结构与功能

骨由骨膜、骨质与骨髓构成，并有血管和神经分布。骨膜有营养、感觉功能；骨质可分为骨密质和骨松质；骨髓可分为红骨髓与黄骨髓（图3-1-2），红骨髓具有造血的功能。

（二）骨的理化特性

1．有机物

成年人骨中的有机物约占骨重量的1/3，主要成分是骨胶原纤维和黏多糖蛋白，使骨具有一定的弹性和韧性。

2．无机物

成年人骨中的无机物约占骨重量的2/3，主要成分是磷酸钙和碳酸钙，沉积在骨胶原纤维的周围，使骨具有很大的硬度。

3．功能

骨在运动中充当杠杆的角色，具有支持体重、保护器官、造血等功能。此外，骨还是人体内最大的钙、磷储存库。

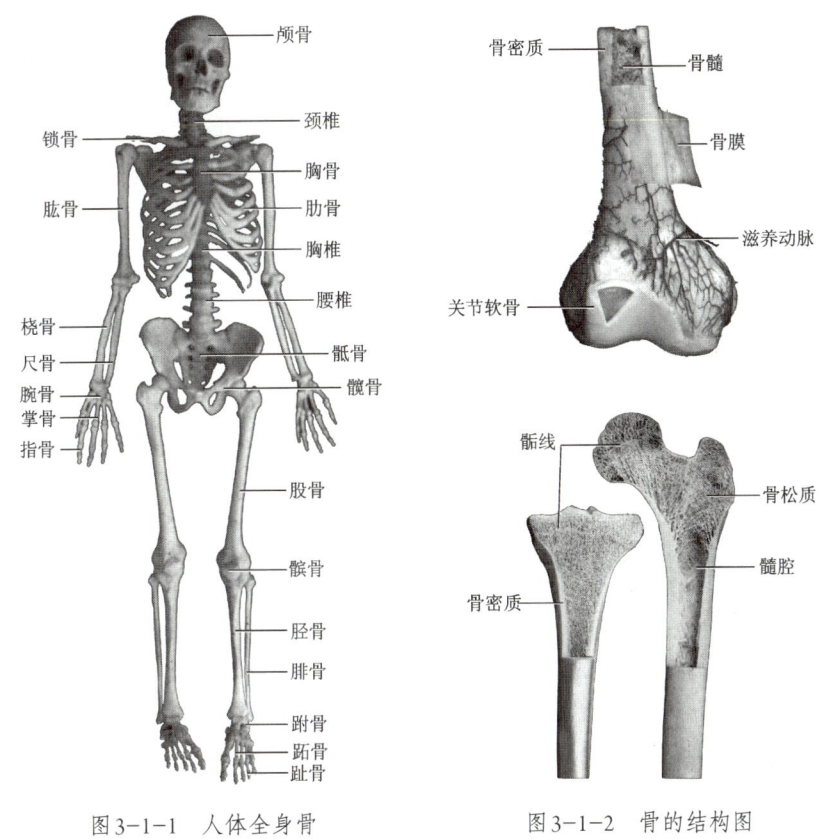

图 3-1-1　人体全身骨　　　　　　图 3-1-2　骨的结构图

（三）运动注意事项

（1）合理休息。由于运动对骨的刺激效应需要在运动后的休息期间来完成，因此，在剧烈活动之后，必须有足够的休息。

（2）间歇压力。固定不变的压力，会导致骨的萎缩，只有间歇压力才有利于促进骨的生长。

（3）负荷。过长时间的负荷或过度训练可引起骺软骨过早愈合，导致骨化过程提早完成，影响骨的继续增长。单侧负荷过多、过久，易引起身体两侧骨的生长发育不均衡而导致畸形。

（4）经常化与多样化。当体育锻炼停止后，骨所获得的变化就会慢慢消失，因此需长期坚持锻炼，而且体育锻炼项目的选择要多样化。

二、关节

骨与骨之间借结缔组织相连接构成关节。

（一）关节的结构

关节包括关节面与关节软骨、关节囊与关节腔等基本结构，还有关节内、外的韧带（如膝关节前面的髌韧带）、关节内软骨（如膝关节内的半月板）等各种辅助结构（图3-1-3）。

（二）关节的运动

关节可以完成屈、伸（运动环节在矢状面内，绕冠状轴向前运动为屈，向后运动为伸，如前踢腿动作），外展、内收（运动环节在冠状面内，矢状轴向外为展，向内为收，如侧踢腿动作），旋转（运动环节在水平面内，绕垂直轴运动，如转动躯干）与环转等多种运动（图3-1-4）。

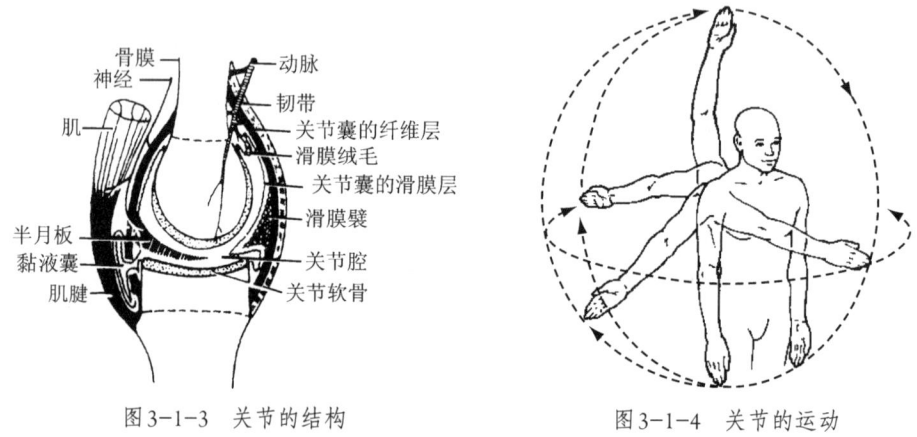

图3-1-3　关节的结构　　　　　　图3-1-4　关节的运动

（三）关节的运动幅度

关节的运动幅度是指运动环节（身体中能以关节为支点进行转动的部分，如躯干、上臂、小腿等）绕某一关节运动轴进行转动的最大活动范围。关节的运动幅度是评价人体柔韧素质的重要指标。

通过运动，可以改变关节周围软组织（肌肉、韧带与关节囊等）的伸展性与弹性，提高身体的柔韧性。

（四）运动注意事项

（1）进行柔韧性练习之前，注意做好热身运动，使体温升高，防止肌肉被拉伤。

（2）由于关节周围软组织伸展性的变化具有时间效应，练习时应该先进行动力性的拉伸（如踢腿），然后再进行静力性的拉伸（如压腿，当处于感受到胀、酸的位置时，可保持该姿势10秒以上）。

（3）持之以恒，坚持练习。

（4）进行全身性不同方向的拉伸，包括躯干、上肢与下肢等不同部位。

三、骨骼肌

（一）骨骼肌的结构与功能

1．结构

骨骼肌由中部的肌腹（骨骼肌细胞）与两端的肌腱（排列致密的胶原纤维）构成，有丰富的血管与运动、感觉神经分布（图3-1-5）。

2．功能

骨骼肌是人体运动的主要动力来源，通过骨骼肌的收缩与舒张，引起其附着的骨以关节为支点进行运动；骨骼肌进行收缩与舒张时，可以促进血液循环；骨骼肌除具有一般感觉功能外，还具有本体感觉功能，能感受肌肉收缩时长度与力量的变化，及时调整运动动作。

（二）人体主要运动肌群

1．运动肩胛骨的肌群

位于胸前外侧的前锯肌、胸小肌与位于颈背部的斜方肌等。

2．运动肩关节的肌群

屈肌群有胸大肌、三角肌前部、肱二头肌等胸、肩部与上臂前群肌，伸肌群有背阔肌、三角肌后部、肱三头肌等肩、背部与上臂后群肌。

3．运动肘关节的肌群

屈肌群有肱肌、肱二头肌、肱桡肌等上臂、前臂前群肌，伸肌群有肱三头肌和肘肌等上臂后群肌。

4．运动腕关节的肌群

屈肌群主要有前臂前群肌，伸肌群主要有前臂后群肌。

5．运动髋关节的肌群

屈肌群有髂腰肌、股直肌、缝匠肌等骨盆与大腿前群肌，伸肌群有臀大肌、股

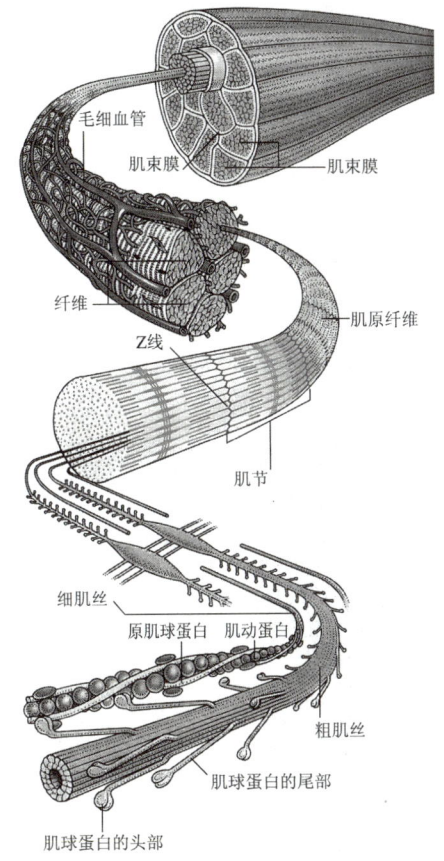

图3-1-5　人体骨骼肌纤维结构示意图

运动与血管

人体骨骼肌中每平方毫米约有3 000条毛细血管，全身肌肉中毛细血管的长度约为100 000千米，其总表面积约为6 300平方米。安静时，肌肉中毛细血管并不全部开放，每平方毫米仅有100条开放；运动时，毛细血管可全部开放以保证运动时肌肉对血液的需求。

后肌群等骨盆后外侧与大腿后群肌。

6．运动膝关节的肌群

屈肌群有股后肌群与小腿三头肌等大、小腿后群肌，伸肌群为股四头肌。

7．运动足关节的肌群

屈肌群有小腿三头肌等小腿后群肌，伸肌群有胫骨前肌等小腿前群肌。

8．运动脊柱的肌群

屈肌群有胸锁乳突肌、腹肌等，伸肌群有斜方肌、竖脊肌、臀大肌等。

人体全身肌肉分布如图3-1-6所示。

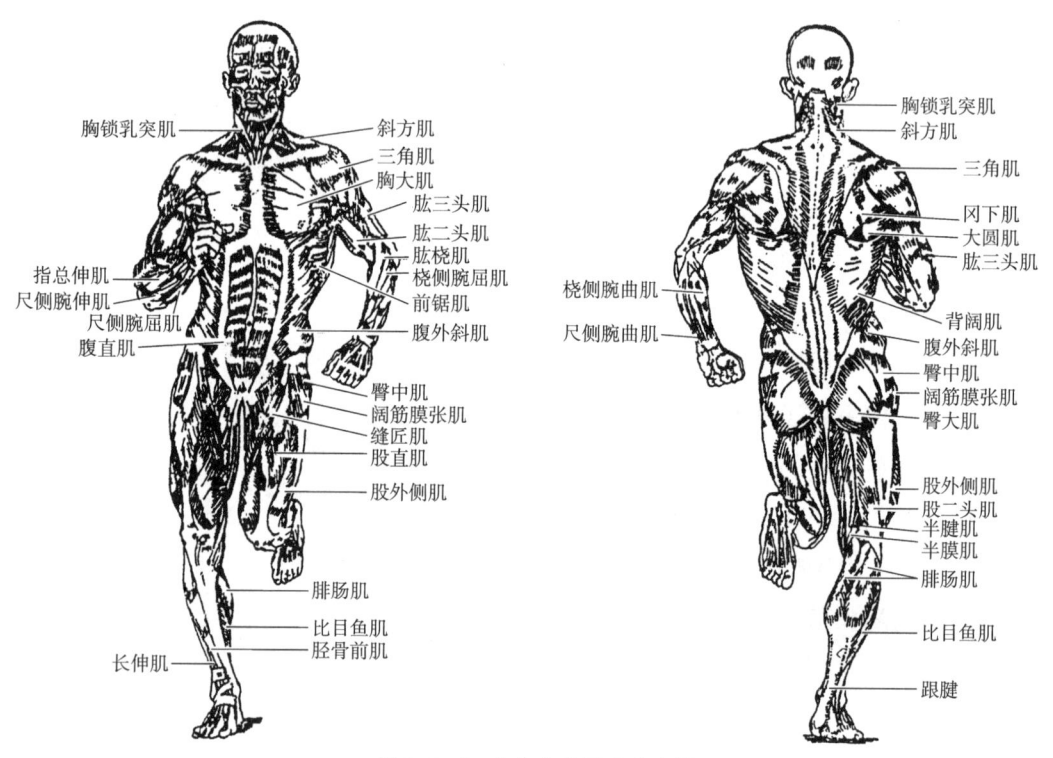

图3-1-6　人体全身肌肉分布图

（三）肌肉的物理特性

1．伸展性与弹性

伸展性是指在外力作用下，肌肉可以被拉长的特性。弹性是指除去外力后肌肉可恢复原长度的特性。肌肉伸展性越好，关节的运动幅度越大。肌肉弹性好，收缩时的弹性回缩力越大，肌肉的力量越大。

2．黏滞性

黏滞性是指肌肉收缩与舒张时，肌纤维内部分子间、肌纤维肌肉间因摩擦产生的阻力。肌肉的黏滞性大，工作时易拉伤，且妨碍肌肉的快速收缩与舒张。黏滞性受温度影响较大，温度高，黏滞性降低，肌肉的收缩速度快，且不易拉伤。因此，运动前应做好充分的准备活动，使体温升高，以降低肌肉的黏滞性。

（四）影响肌肉力量的主要因素

1. 肌肉的横截面面积

肌肉的横截面面积大，肌肉力量大，则动作速度快，且完成动作轻松自如。

2. 肌肉收缩之前的长度

肌肉收缩之前的长度增加，拉长时肌肉以弹性势能的形式储存能量，收缩时弹性回缩力量增大，肌肉力量增大。

（五）发展肌肉力量与伸展性的方法

1. 发展肌肉力量的方法

（1）大肌群与小肌群力量练习。许多体育动作通常是大肌群开始收缩发力，最后用力依赖于小肌群的收缩发力。因此，在进行肌肉力量训练时，应将大肌群力量练习和小肌群力量练习相结合。

（2）全幅度练习法。指肌肉收缩之前，先大幅度地拉长肌肉，然后迅速收缩的一种力量练习方法，如斜板仰卧起坐。这种练习方法既可以发展肌肉的力量，又可以发展肌肉的伸展性。

（3）抗阻练习。对抗一定形式（器械或人体自身）的阻力（阻力方向与肌肉拉力的方向相反）进行肌肉力量练习。

（4）动力性练习。拉长与缩短交替进行的肌肉力量练习，如引体向上。

（5）静力性练习。肌肉持续收缩（但其长度不变）对抗阻力的力量练习。经常进行静力性练习，可以增加肌肉的横截面面积，是一种发展肌肉静力性力量的有效手段，健美或减脂的人群可较多地采用。

2. 发展肌肉伸展性的方法

（1）动力拉伸法。依靠练习者自身的动作，有节奏地、较快地、多次重复地拉伸肌肉的一种练习方法。

（2）静力拉伸法。通过缓慢的动作拉伸肌肉及关节周围的软组织，并较长时间固定于某种姿势的一种练习方法。静力拉伸能量消耗少，软组织不会因突然受力或用力过猛而被拉伤。

（六）运动注意事项

（1）动静结合。在没有特殊要求时，进行肌肉力量与伸展性练习应注意动静结合，交替进行。

（2）循序渐进。发展肌肉力量和伸展性与发展人体其他功能一样，有一个逐渐提高的过程。

（3）强度适宜。每一次练习应该具有一定的负荷强度。

（4）超量恢复。在机体适应某种负荷后，应该增加负荷的重量或重复的次数，以引起人体产生新的反应与适应。

（5）频率适宜。指在一周或一个练习阶段中进行的练习次数。间隔的时间太长，练习的频率太小，则前一次练习的效果将会消退。

四、神经系统

（一）神经系统的组成与功能

1. 神经系统的组成（图3-1-7）

神经系统由中枢神经系统与周围神经系统组成。中枢神经系统包括位于颅腔的脑与位于椎管的脊髓；周围神经系统包括与脑相连的12对脑神经，与脊髓相连的31对脊神经。

2. 神经系统的功能

（1）协调各器官系统的功能活动。神经系统借助感受器，接受体内、外各种刺激，引起人体产生各种相应的反应，协调各器官系统的活动，使人体成为完整的有机体。

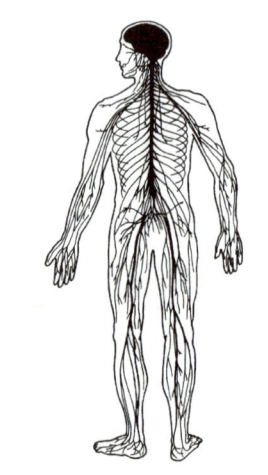

图3-1-7 人体神经系统

（2）提高人体的适应能力，适应内、外环境的变化。

（3）语言文字与抽象思维。人类在进化过程中，通过生产劳动、语言文字和社会生活实践，大脑皮质高度发展，不仅能适应客观环境，还能主动地认识和改造客观世界，使之为人类服务。

（二）反射与反射弧

1. 反射

反射是神经系统的基本活动方式，是在中枢神经系统的参与下，机体对内、外环境变化的刺激产生的有规律的应答反应。它可分为先天由种族遗传的非条件反射与后天在个体生活中获得的条件反射两类。

2. 反射弧

反射弧是完成反射活动的结构基础，包括感受器、传入神经元、中间神经元、传出神经元与效应器等部分。

五、运动对骨、关节、骨骼肌与神经系统的影响

合理、经常、科学地运动，可以促进人体骨、关节与骨骼肌的生长发育，对神经系统和运动器官的形态、结构与功能产生各种良好的作用。

（一）运动对骨的影响

1. 促进骨的生长发育

（1）在运动过程中，骨承受各种运动负荷的刺激，可促使骺软骨细胞的正常增殖，有利于骨的增长。

（2）进行体育活动时，血液循环加快，能保证骨的营养供给，促进新陈代谢，从而促进骨的生长发育。

（3）进行户外运动时，由于阳光中紫外线的照射，可使人体皮肤内的部分胆固醇转化为维生素D，有助于人体对钙的吸收，对儿童少年骨的生长发育特别有益。

2. 使骨增粗

经常参加体育锻炼的人，骨表面的隆起更为显著，骨密质增厚，管状骨增粗，骨小梁分布更符合力学规律。

3. 提高骨的机械性能

骨在形态结构方面获得的良好变化，使骨的抗压、抗弯、抗折断和抗扭转等机械性能得到提高。如一般人股骨仅能承受236~400千克的压力，而运动员的股骨能承受700千克以上的压力。

4. 增加骨密度，延缓骨量丢失

青年时期，各种力量练习可以有效地提高骨中钙的含量，增加骨的密度；中老年时期，通过科学的运动可延缓骨量丢失的速度，防止骨质疏松。

5. 不良运动的负面影响

持续的、过量的运动负荷，可能会产生骨疲劳，形成疲劳性骨折；过早地从事大强度负重练习，可能会使骨过早钙化，影响骨长度的正常发育。

（二）运动对关节的影响

1. 增强关节的稳定性

经常运动，可使关节周围的肌肉力量增强，关节软骨和关节囊增厚，韧带增粗，关节的稳定性增强。

2. 增大关节的运动幅度和灵活性

体育锻炼在使肌肉力量增强的同时，也可使肌肉的伸展性得到提高，从而使关节的运动幅度增大、灵活性提高。

3．不良运动的负面影响

冲击性过大、持续时间过长的运动，可能会造成关节软骨的损伤；运动幅度过大、准备活动不充分或动作不合理，也可能会造成关节周围软组织的损伤。

（三）运动对骨骼肌的影响

1．肌肉体积增大，重量增加，肌力增强，脂肪减少

经常参加体育运动的人，肌肉体积显著增大，这种增大常以肢体的围度作为评定指标。线粒体是细胞中进行有氧氧化供能的基本结构。系统进行有氧运动的人，肌肉中线粒体数量增多，体积增大。线粒体的增加，可为肌肉收缩提供更多的能量以适应耐力项目等的需要。有氧运动使肌纤维中的脂滴和肌膜上的脂肪相应减少，脂肪的减少使肌肉收缩时的黏滞性变小，肌肉的收缩效率相应提高。

2．肌肉中毛细血管数量增加及其分支吻合增多

通过运动，可使肌肉中毛细血管数量增多，从而使肌肉的血液供给得到改善。静力性负荷练习可促使肌肉中毛细血管分布数量增加，行程迂曲，分支吻合丰富，毛细血管吻合处出现膨胀状；动力性负荷练习则可使毛细血管分支吻合增多。

3．肌肉的结缔组织增厚

运动中，由于肌肉收缩的反复牵引，可使肌腱和韧带中的细胞增多，使肌外膜、肌束膜和肌内膜增厚，肌肉变得坚实，抗张强度提高，从而增强肌肉的拉伸能力。

4．肌肉的化学成分发生变化

肌球蛋白和肌动蛋白是肌肉收缩的基本物质。经常进行运动，能增加肌肉中肌球蛋白和肌动蛋白的数量，提高肌肉的收缩能力；能使肌红蛋白的数量增加，酶活性提高，氧化供能的能力增强；能使肌糖原含量增加，使肌肉的储能能力提高。

5．不良运动的负面影响

运动幅度过大、准备活动不充分或动作不合理，可能会造成肌肉拉伤；从事不适应的运动或运动中肌肉以离心收缩为主，则可能出现肌肉酸痛的现象。

（四）运动对神经系统的影响

1．改变神经元形态结构

运动时，多种感受器接受刺激，使感觉中枢接收的信息增多，同时运动中枢也不断地发出大量的信息支配肌肉活动。经常参加运动，在大量传入与传出信息的作用下，导致神经元发生形态结构的改变。由于血液循环改善，神经元得到充分的营养和氧供给，这为神经元形态结构的改变提供了物质基础。

2．提高神经系统的灵活性与均衡性

人体的各种运动动作都是在神经系统的支配下完成的。在完成短时间周期性运动项目（如短跑）的过程中，神经中枢的兴奋与抑制快速交替进行，动作的频率越快，

神经系统的灵活性越高；在完成一些长时间周期性运动项目（如长跑）的过程中，神经中枢长时间保持兴奋与抑制交替的状态，从而使得神经过程的均衡性得到提高。

第二节　心肺功能与运动

心肺功能是指人摄氧和氧运输的能力，是把氧和营养物质运送到组织，同时把代谢废物（如二氧化碳等）排出体外的能力。心肺功能的好坏，直接关系到人体代谢功能的强弱和健身锻炼后机体功能恢复的快慢。

心肺功能水平是与健康密切相关的且最重要的生理指标之一。心肺功能越强，人的精力和体力就越充沛，不仅能完成更多的工作，而且不易疲劳。此外，心肺功能强者，睡眠质量也会更好。心肺功能良好，说明身体主要机能都在健康运作，患心血管疾病、内分泌系统疾病、呼吸系统疾病的概率较低。

一、评定心肺功能的简易方法——Ruffier测试（表3-2-1）

将休息时1分钟内的脉搏数记作P_0。站立，双腿分开（同肩宽），双臂前伸，在45秒内双腿下蹲（双腿弯曲至90°），做30次，然后再计脉搏数（P_1），休息1分钟后再计脉搏数（P_2），计算公式为：

$$Ruffier指数 =[(P_0+P_1+P_2)-200]/10$$

表3-2-1　Ruffier测试评价表

年龄	Ruffier指数	心脏功能状况
20~40岁	指数在 −5~0	心脏功能很好
	指数在0~5	心脏功能还可以
	指数在5~10	心脏功能一般
	指数在10~15	心脏功能较弱
	指数在20以上	心脏不正常
40岁以上	指数在 −5~10	心脏功能很好
	指数在15~20	心脏功能一般
	指数在20以上	心脏功能弱

注：休息时，一个经常坐着、运动较少者的脉搏为70~80次/分，运动员通常为55~65次/分。

二、有效提高心肺功能的运动方式

（一）步行和慢跑

长时间、慢速度、远距离的有氧运动能使锻炼者的耗氧能力处于较佳的水平。任何形式的步行都对健康有益。最佳的运动量是每天至少步行10 000步，每天最好保证30分钟的步行，步行也可以分段进行，但每段至少10分钟。步行不仅可以增强机体的耐力，而且可以帮助运动者长期坚持完成运动计划。事实上，步行是最具灵活性的一项运动。对于促进循环系统和锻炼心肺功能来说，慢跑是一种简单有效和经济的方法。

坚持步行和慢跑，对身体有很大的益处。经常坚持步行和慢跑能降低血压和血液中的胆固醇和甘油三酯（三酰甘油），增加血液中的高密度脂蛋白含量，有助于预防动脉硬化，对脂肪肝患者和糖尿病患者也有较好的治疗效果。步行的运动量要比慢跑小一些，但两者都能增强关节的灵活性和下肢肌肉的力量、弹性，有助于提高下肢活动能力，这对于老年人来说特别有意义。步行和慢跑对心理方面的益处也很明显，能使锻炼者情绪变得稳定，充满信心。

（二）跳绳

跳绳是锻炼心血管功能简便易行的方法之一。从运动量来说，持续跳绳10分钟，与慢跑30分钟或跳健身舞20分钟的运动量相差无几。跳绳能增强人体心血管系统、呼吸系统和神经系统的功能。跳绳还可以预防糖尿病、关节炎、肥胖症、骨质疏松、高血压、肌肉萎缩、高血脂、失眠症、抑郁症和更年期综合征等多种病症。

法国健身专家莫克设计了一种跳绳渐进计划。初学时，仅在原地跳1分钟，3天后即可连续跳3分钟，3个月后可连续跳上10分钟，半年后每天可实行"系列跳"，如每次连跳3分钟，共5次，直到一次连续跳上半小时。一次跳半小时，相当于慢跑90分钟的运动量，已是标准的有氧健身运动。

跳绳的注意事项

1. 跳绳者应穿质地软、重量轻的运动鞋，选择软硬适中的草坪、木质地板或泥土地，切莫在硬性水泥地上跳绳，以免脚踝受伤。

2. 绳子软硬、粗细适中。初学者通常宜用硬绳，熟练后可改为软绳。

3. 体重较重者宜采用双脚同时起落的方式，跳的高度不要太高，以免关节因过于负重而受伤。

4. 跳绳前，先做好足部、踝部、腿部、腕部的准备活动，结束后应做些放松活动。

（三）爬楼梯或踏板操运动

经常爬楼梯的人比习惯乘电梯的人心脏病的发病率要少1/4，每天上下六层楼

3~5次的人，比那些不运动的人死亡率低1/3。每天爬楼梯不但能增强心肺功能，而且能增强肌肉与关节的力量，还能提高髋、膝、踝关节的灵活性。爬楼梯时，还可以加强心肌的收缩，加快血液循环，促进身体的新陈代谢。另外，静脉血液回流加快，可以有效防止心肌疲劳和静脉曲张。爬楼梯时，可消耗腰部、臀部、大腿部等部位的脂肪，有利于减肥。

（四）骑自行车

骑自行车与跑步、步行、游泳一样，可以达到锻炼心肺耐力的效果，增强身体免疫力。骑自行车还可以使腿部和臀部主要肌群得到充分的锻炼。以中等速度骑车，连续骑行30分钟左右，同时注意深呼吸，对提高心肺功能很有好处，对减肥也有特效。

（五）水中步行/慢跑

在水中步行常作为运动康复训练的一种手段，它不仅是一种适度的运动，而且还可以减缓重力对关节的冲击力。水中步行还可以达到减肥瘦身的目的。与以同样速度在陆地上行走相比较，在水中行走要多消耗2~3倍的能量。在水中跑45分钟就相当于在陆地上跑2个小时，但在水中慢跑比在陆地上跑步承受的重力要小很多，因此其常被作为运动康复训练的重要手段，比较适合那些不会游泳或身体素质不好的人练习。

第三节　能量供给与运动

生命活动是一个消耗能量的过程，人体活动每时每刻都要消耗能量。人体所需要的能量来自三大能源物质：糖、脂肪、蛋白质。但糖、脂肪、蛋白质不能直接为细胞提供能量，必须经过氧化作用转变成含有高能磷酸键的化合物三磷酸腺苷（ATP）作为肌肉收缩的直接能源。运动时，人体骨骼肌内能量消耗大大增加，能量代谢强度大，消耗率高。机体的能量消耗与肌肉活动的强度成正比，运动时的能量消耗是安静时的数倍甚至数十倍。

一、运动供能系统及其特点

人体运动时的供能系统，依其运动强度和运动持续时间的不同，可分为ATP-CP（磷酸原）供能系统、糖酵解（乳酸）供能系统和有氧氧化供能系统（表3-3-1）。

表3-3-1　运动时的供能系统及其供能特点

系统	特点	运动举例
磷酸原供能系统（ATP-CP）	分解供能速度快，重新合成ATP速度最快；不需要氧；不产生乳酸；最大输出功率是三个供能系统中输出功率最高者；维持供能的时间短	短跑、举重、冲刺、跳跃、各种投掷和力量训练等高强度运动
糖酵解供能系统（乳酸）	糖酵解供能速度快，比有氧氧化供能来得及时，不需要氧；最大输出功率约为磷酸原供能系统的1/2；维持供能时间比较长；代谢产物为乳酸，易产生疲劳	400米、800米、1 500米跑，100米和200米游泳
有氧氧化供能系统	体内95%的ATP均来自线粒体内的氧化磷酸化作用，是人体能量消耗的主要供能系统；释放的能量比糖酵解生成的ATP数量多19倍，能量储备量大；最大输出功率比其他两个系统均低	长距离跑步、游泳、骑自行车、长时间耐力运动

　　人体运动时的直接能量来源是ATP的分解，但人体ATP-CP系统只能维持7秒左右，因此，在超过10秒且运动强度很大的运动中，由于体内氧供应不足，则要依靠糖酵解释放能量供ATP再合成。由于糖酵解的产物是乳酸，乳酸过多会使内环境趋于偏酸性，导致工作能力下降，以至于依靠糖酵解供能也只能使运动持续数十秒。当运动中氧供应充足时，运动所需的ATP主要由糖类和脂肪的有氧氧化来提供。有氧氧化提供大量的能量，从而能维持较长时间的运动。

　　运动中能量消耗的主要来源是糖和脂肪，两者供能的比例取决于运动强度和运动时间。运动强度增大，糖供能比例增加；运动强度降低，脂肪供能比例增加。脂肪的氧化供能因耗氧量大，受氧利用率的影响，只有在运动强度低、氧供应充足的条件下才能被大量利用。所以，有氧氧化供能系统是耐力运动项目的主要供能来源。

　　除了基础代谢，体力活动是影响人体能量消耗的主要因素。基础代谢相近的人，能量消耗也是相近的，而体力活动情况却相差很大，机体任何轻微活动都可以提高代谢率。影响体力活动能量消耗的因素：① 肌肉越发达者，能量消耗越多；② 体重越重者，能量消耗越多；③ 活动强度越大，持续时间越长，能量消耗越多；④ 工作熟练程度越高，能量消耗越少。其中，活动强度和持续时间是主要影响因素。不同活动方式或运动能量消耗情况如表3-3-2所示。

表3-3-2　不同活动方式和运动能量消耗情况表

体力活动方式		能量消耗/千卡
安静时（不活动）	静卧、静坐、躺着或斜卧着看电视、看书、写字和玩手机	0.9
	静站，坐着看书报	1.2
	坐着聊天、玩牌	1.4
	坐着上课、学习，站着聊天、看书	1.8

体力活动方式		能量消耗/千卡
步行	缓慢步行	2.86
	110~120步/分	4.58
乘车	坐车	1.6
登山	5°坡度	6.42
	7°坡度	14.52
跑步/（千米·时⁻¹）	跑走结合（跑步不超过10分钟）	5.9
	一般慢跑	6.9
	8	7.8
	9.6	10.0
	10.8	10.9
	12	12.4
	13.8	14.0
	16.1	15.9
	17.5	17.8
打羽毛球	一般单、双打	4.5
打排球	一般	3.1
	中等	5.01
打篮球	投篮	4.5
	普通	5.9
踢足球	一般	7.86
	比赛	9.0
打乒乓球	—	4.0
上楼	一般负重	9.0
下楼	—	3.1

二、维持生命的基本营养素

（一）自然界分布最广泛的营养素——糖类

糖类是人体内最主要的能源物质，由碳、氢、氧三种元素组成，其中氢和氧之比为2:1，与水相同，故糖类有碳水化合物之称。营养学上所称的碳水化合物包括食物中的单糖、双糖、多糖和膳食纤维。

1. 糖类的不平凡功绩

人类从膳食中取得热能最经济和最主要的来源是糖类。在我国居民的膳食结构中，60%~65%的热能由糖类提供。糖类在人体内转化的热能，不仅数量多，而且速度快。除供能外，糖类还可促进其他营养素的代谢，与蛋白质、脂肪结合成糖蛋白、糖脂，组成抗体、酶、激素、细胞膜、神经组织和核糖核酸等具有重要功能的物质。糖类还具有保肝解毒作用，当肝糖原储存充足时，肝具有很强的解毒作用。

糖类是肌肉活动最主要的燃料。人体糖类的存在形式有两种：第一种是以葡萄糖的形式存在于血液中，第二种是存在于肝和肌肉中的糖原（肝糖原和肌糖原）。人体运动所需的能量主要是由糖类（或脂肪）的氧化分解过程释放出来的。糖类的氧化分解主要有两个途径：① 在无氧条件下进行的糖酵解；② 在有氧条件下进行的有氧氧化。在一般条件下，糖类主要以有氧氧化的途径分解供能。

2. 糖类与健康

当体内糖类摄入不足，则表现出热能缺乏，出现消瘦、生长缓慢、低血糖、头晕和无力，甚至休克症状；当体内糖类长期摄入过量，可导致肥胖和血脂升高。

3. 食物来源

多糖类主要来自谷类、薯类、根茎类食物，除单糖与双糖部分来自天然食物外，大部分糖类从制成品的形式（如葡萄糖与蔗糖）直接摄取。

4. 供给量

一般认为，在总热能摄入量中，糖类以占60%~65%为宜。

（二）常被人们误解的能源物质——脂肪

人们一谈到脂肪，就常常与肥胖联系在一起，尤其是年轻女性更是害怕食物中的脂肪，认为脂肪就是坏东西。其实脂肪在人体内有着极其重要的作用，可以说没有脂肪，人的生命也就停止了。脂肪是由1分子甘油和3分子脂肪酸化合组成的。脂肪酸又有饱和脂肪酸和不饱和脂肪酸之分。一般来说，动物脂肪含饱和脂肪酸多，植物油含不饱和脂肪酸多。脂肪酸在人体内不能合成，必须每日由食物供给，故称为必需脂肪酸，它是维持人体正常生长发育和健康所必需的。

1. 脂肪的功能

脂肪是人体的"燃料"。脂肪被人体吸收后供给热量，是等量蛋白质或糖类供能量的两倍；脂肪是人体内能量供应的重要储备形式；脂肪是组成人体细胞的重要成分；脂肪还有利于脂溶性维生素A、D、E、K的吸收，以维持人体正常的生理功能；体表的脂肪可隔热保温，减少体热散失，保护脏器；食物中的脂肪可增加食物的美味，提高人的食欲和维持饱腹感。一般成年男子的脂肪储存量占体重的15%～20%，女子稍高于男子。

当脂肪氧化时，体内首先由脂肪酶催化水解为甘油和脂肪酸。甘油随着血液循环至肝和其他组织进行再分解。而释出的脂肪酸进一步氧化释放能量，供全身各组织摄取利用。脂肪酸彻底氧化所释放的能量比糖多得多，且利用率也比糖高。

2. 脂肪与健康

当体内脂肪摄入不足时，可出现皮肤干燥、脱发，影响机体的正常生长发育。当脂肪摄入过多时，又可使机体肥胖，导致心血管疾病的发生。

3. 食物来源

动物性脂肪来自肉、鱼肝油、骨髓、蛋黄等食物，以肥猪肉中的脂肪含量最高（90.8%）。动物性食物主要提供饱和脂肪酸，但鱼类例外，鱼类体内含多不饱和脂肪酸，故老年人应多吃些鱼。植物性食物中的油料作物，如大豆、花生、油菜籽、葵花子和核桃仁等含油量较丰富，且以不饱和脂肪酸为主。

4. 供给量

我国居民脂肪的推荐供给量（以脂肪能量占总能量的百分比）：儿童与青少年为25%～30%，成年人及中老年人为20%～25%。另外，不饱和脂肪酸的摄入量也不是越多越好，一般认为，不饱和脂肪酸/饱和脂肪酸≥1即可。

（三）生命的载体——蛋白质

蛋白质是一切生命的物质基础，如果把人体当作一座建筑物，那么蛋白质就是构成这座建筑物的建筑原料。人体是由细胞构成的，蛋白质又是构成细胞的主要成分。蛋白质是由20多种氨基酸组成的，氨基酸组成的数量和排列顺序不同，使得人体内蛋白质多达10万种以上。它们的结构和功能千差万别，构成了丰富多彩的生命世界。

如何加快自由脂肪酸氧化的速度？

中低强度的有氧运动是加快自由脂肪酸氧化的速度最好的方法。这个强度可以使肾上腺素、副肾上腺素和生长激素增加，抑制胰岛素的产生。这种生理状态可以提高脂肪的利用率。

运动所造成的身体的缺能状态最能帮助身体消耗脂肪，这种渐进的减重方法借助运动消耗掉人体多余的热量。有氧运动可以营造人体内最适于燃烧脂肪的环境，所以要减肥的话就一定要开始做运动，而且不要停止力量训练，这样才能把肌肉的损失降到最小。

1. 蛋白质的生理功能

蛋白质是构成和修补人体组织的主要原料。它是人体肌肉、内脏、皮肤、毛发、大脑、血液和骨等组织的组成部分。人体的代谢、更新也需要蛋白质的参与。人体受到外伤后，需要大量的蛋白质对损伤的组织进行修补。各种酶和激素对体内生化反应的调节，维持机体正常的免疫功能，维持机体内的体液平衡，传递遗传信息，无一不是蛋白质在起作用。

蛋白质是体现生命活动的物质之一（另一物质是核酸），但其作为能源是非常有限的，当热量供应不足时才会适当动用。当人体运动时，有15%~20%的蛋白质能提供能量，可产生能量30 000~40 000千卡。

2. 蛋白质与健康

如体内蛋白质缺乏，成年人表现为肌肉减少、机体免疫力下降、贫血，严重者将产生水肿。未成年人表现为生长发育停滞、贫血、智力发育差、视力差。

蛋白质在体内不能储存，多了机体无法吸收，过量摄入蛋白质，将会因代谢障碍产生蛋白质中毒甚至死亡。

3. 食物来源

鱼、蛋类、豆制品、坚果（如花生、向日葵子、杏仁）、肉类（如牛肉、猪肉、鸡肉、羊肉）和乳制品等食物富含蛋白质。

蛋白质的分类

人体所需蛋白质来自动、植物性食物。按蛋白质的营养价值，可将其分为完全蛋白质（优质蛋白质）和不完全蛋白质。完全蛋白质含有人体全部必需氨基酸，而且含量比值与人体蛋白质必需氨基酸的比值接近，故营养价值高。完全蛋白质主要存在于动物性食品和大豆及其制品中，如瘦肉含16%~20%，鱼类含10%~12%，蛋类含12%，牛奶含3.4%，大豆含30%~40%。大多数植物性食物，如大米、玉米、小麦、高粱及杂豆类等所含蛋白质数量少。长期食用某种单一植物性食品对健康不利。

4. 供给量

我国推荐的每日膳食中蛋白质供给量：成年及轻体力劳动者男性为70克、女性为65克，并随劳动强度增加而增加。蛋白质的供给量按能量计算，占总能量的11%~14%，其中，儿童和青少年为13%~14%，因此，儿童青少年应保证膳食中有充足的蛋白质来满足生长发育的需要；成年人为11%~12%，可以确保维持正常的生理功能。

（四）运动不可缺少的维生素家族

维生素也称为维他命，是维持人体生命与健康所必需的有机化合物。它们都是天然存在于食物中，人体不能合成，需要量甚微。每种维生素都各有其特殊生理作用，是既不参与机体组成，也不提供热能的有机物。维生素分为两大类（表3-3-3）：水溶性维生素（维生素C、维生素B族）和脂溶性维生素（维生素A、D、E、K等）。

（五）人体内的无机元素——无机盐

无机盐是构成人体组织的重要原料，是维持正常生理功能不可缺少的重要元素，可帮助调节体内酸碱平衡、肌肉收缩、神经反应等。人体内的无机盐和微量元素约占体重的4%，大致可分为常量元素和微量元素。常量元素包括钙、磷、钠、氯、镁、钾和硫7种；微量元素有14种：铁、锌、碘、硒、镍、钼、氟、铜、钴、铬、锰、硅、锡和钒。两者之间的差别在于常量元素在机体中的含量>0.01%，膳食中的摄入量>100毫克/天，而微量元素则低于此值（表3-3-4）。

表3-3-3　人体所需维生素的来源和作用

维生素	食物来源	作用
A	动物肝、奶类、蛋黄、鱼肝油和蔬菜等	维持眼底视网膜的正常功能 预防眼干燥症 促进钙化作用 维持表皮黏膜细胞的功能
B₁	米糠、全麦、燕麦、花生、西红柿、茄子和牛奶等	促进发育 预防及治疗脚气病 促进食欲
B₂	动物肝、肾、谷类、肉类、奶类和绿叶蔬菜	促进细胞中的氧化还原作用 维持皮肤、神经系统和细胞的正常功能
C	绿叶蔬菜、青椒、西红柿、辣椒、菜花、猕猴桃和柑橘等	预防及治疗维生素C缺乏病 维持牙龈、皮肤和血管的正常功能 增强免疫系统能力 促进激素分泌及伤口愈合 促进体内的氧化作用
D	鱼肝油、动物肝、蛋黄、鱼	增进钙化 维护骨和牙齿的正常机能 增强免疫力
E	糙米、麦芽、干果、大豆和绿叶蔬菜	预防心血管疾病 维持血红蛋白及循环系统的正常功能 抗氧化，延缓衰老

表3-3-4　人体所需无机盐的来源和作用

无机盐	食物来源	作用
钙	牛奶及奶制品、大豆及所有豆类、花生、甘蓝类蔬菜、西兰花、绿叶蔬菜、核桃和葵花籽等	促进体内钙化 节制心肌伸缩 调节其他无机盐的平衡 帮助血液凝固
铁	动物肝、瘦肉、贝类、燕麦、豆类、坚果、芦笋、桃及菠菜等	防止贫血 增进氧的运输
锌	肉类、动物肝、海鲜、啤酒、南瓜子、栗子、蛋、乳品、芝麻和芥末等	维持再生器官的正常发育和前列腺的正常功能 加速伤口和骨折的愈合 保持皮肤健康 与角蛋白（一种存在于头发和指甲中的物质）的形成有关 支持免疫系统

无机盐	食物来源	作用
镁	无花果、杏仁、坚果、各种种子、深色绿叶蔬菜和香蕉等	是与能量代谢有关的酶活性所需要的一种重要催化剂 在钙、维生素C、磷、钠、钾等的代谢上，镁是必需的物质，能帮助它们吸收 在神经肌肉的机能正常运作、血糖转化过程中扮演着重要角色
磷	鱼类、瘦肉、谷类、蛋、干果类和各种种子等	组成细胞核蛋白质 构成软组织 保持酸碱平衡
硒	海产品、动物肝和肾、麦麸、洋葱、西红柿、西兰花、芹菜、草菇及牛奶等	天然抗氧化剂，维持组织弹性 支持免疫系统，预防癌症
铜	豆类、全麦、草菇、花生、橄榄、动物内脏、贝类、虾和蟹等	促进铁的吸收，有助于血红蛋白和血细胞的形成，可保护机体，预防动脉硬化的发生 胶原、某些激素和酶的合成也依赖于铜的水平

（六）生命的源泉——水

水是生命的"摇篮"，是生命赖以生存的重要条件。新生男婴体内水分约占体重的86.8%，成年男性体内水分约占60%，而一个80岁的老年男性体内水分只占49.8%。随着水分的丢失，人们也渐渐失去了生命。

水是人体内含量最多的一种化学物质，人们对水的需求仅次于氧。水可以促进体内的一切化学反应，转运生命必需的各种物质及排除体内不需要的代谢产物；通过水分蒸发及汗液分泌散发热量可以调节体温；关节滑液、呼吸道及胃肠道黏液均有良好的润滑作用，泪液可防止眼睛干燥，唾液有利于咽部湿润及吞咽食物。一个人可以7天不吃饭，但不能3天不喝水。健康的成年人每天的水需要量为每千克体重125~150毫升，来源于饮水与食物。

三、运动爱好者的营养提示

经常参加运动的人，如果没有合理的营养保证，消耗得不到补充，机体处于"亏损"状态，则运动后疲劳不能及时消除。因此，在运动以后可通过合理的膳食来补充消耗的能量和营养物质。饮食应注意：对大多数喜爱运动的人来说，合理的饮食应包括60%~70%的糖类、12%的蛋白质和18%~28%的脂肪。一般来说，健身运动者和其他人一样应该严格控制脂肪，尤其是饱和脂肪酸，每千克体重需要蛋白质1克（这个数字高出正常人每千克体重0.8克的数值）。健康的饮食容易达到此要求，不用再额外补充蛋白质。运动爱好者消耗的热量常高于正常人，所以，饮食中需要补充额外的热量，糖类是最佳的能量来源。

经常参加体育锻炼的人应多补充蔬菜、水果。一天至少食用新鲜蔬菜500克，品种最好有2~3种，以新鲜深色蔬菜为佳。植物油根据菜肴的情况使用，全天可摄入20~30克。

当进行健身运动，特别是剧烈运动时，人体大量出汗以达到机体散热的目的，这样会导致大量的水分和电解质流失，因此，运动后及时补充水分和电解质非常重要。健身运动后以补充糖盐水为佳，也可饮用菜汁、果汁、咸菜汤等。补充水分的方式以少量多次为宜，不宜一次饮用大量的水。

运动后饮食切记：① 忌立即进食，至少休息1小时；② 食物要细软，易于消化，忌暴饮暴食或过饥过饱；③ 要有规律，每餐基本做到定时定量，以一日三餐为宜，如有必要可加餐一次。

第四节　运动疲劳与恢复

没有负荷就没有疲劳，没有恢复就没有提高。在运动中，大多数健身者把运动放在第一位，往往不注重运动后疲劳的消除，以致无法真正达到提高身体机能的目的。因此，参加运动也要了解产生运动疲劳的原因、恢复过程和应采用的恢复手段。

一、什么是运动疲劳

运动疲劳是由运动引起的一种特有生理现象，是指在运动过程中，机体的机能或工作效率下降，或不能维持预定运动强度的生理过程。也有人将疲劳定义为由运动本身引起的机体工作能力暂时降低，经过适当休息和调整可以恢复的生理现象。

二、运动疲劳的原因

运动疲劳是一个极其复杂的生理过程，不同运动项目的疲劳存在一定的规律性。短时间最大强度运动后所产生的疲劳，是因肌细胞代谢变化导致ATP转换速率下降而引起的；较大强度、较短时间运动后所产生的疲劳往往是由于乳酸堆积所致；长时间中等强度运动的疲劳往往与肌糖原大量消耗、血糖浓度下降、体温升高脱水和无机盐丢失有关。在非周期性运动项目中，技术动作的不断变化和动作技能的复杂程度是影响运动疲劳的重要因素。一般认为，习惯性、自动化程度高和节奏性强的动作不易疲劳，而要求精力高度集中及运动中动作多变的练习，则较易产生疲劳。

三、运动疲劳的判断

一般常用体内组织和器官的机能水平与运动能力结合起来评定疲劳的发生和疲劳程度。也可选择客观指标评定疲劳，如心率（HR）、血乳酸、最大吸氧量和输出功率等在某一特定水平工作时，单一指标或多指标发生改变来判断是否存在疲劳。以下方法能够简单判断运动疲劳的出现及其程度，对合理安排体育锻炼的强度有实际意义。

（一）利用运动中心率评定疲劳

心率是评定运动疲劳最简易的指标，一般常用基础心率、运动后即刻心率和恢复期心率对疲劳进行诊断。例如，基础心率在正常情况下相对稳定，如在大运动负荷锻炼后，经过一夜的休息，基础心率较平时每分钟增加5~10次以上，则认为有疲劳累积现象。如果基础心率连续几天持续增加，则应调整运动负荷。

（二）主观感觉判断疲劳

锻炼者在运动过程中可根据自觉疲劳程度量表（RPE）指出自我感觉的等级，以此来判断疲劳程度。如果用RPE的等级数值乘以10，相应的得数就是完成这种负荷的心率。

人体运动时的主观体力感觉与工作负荷、心功能、耗氧量和代谢产物堆积等多种因素密切相关。因此，运动时的自我体力感觉是判断运动性疲劳的重要标志。20世纪70年代，瑞典生理学家冈奈尔·博格（Guenzel Borg）制作了判断疲劳的自觉疲劳程度量表，使原来粗略的疲劳定性分析变为较精确的半定量分析。1982年，他又提出一新量表，更适合于无氧运动或缺氧时自觉反应的需要。

自觉疲劳程度量表（Rating of Perceived Exertion，RPE）

自觉疲劳程度量表是博格根据运动者自我感觉疲劳程度制订的衡量相对运动强度的指标，是持续进行强度运动中评估体力水平可靠的指标。在修订运动处方时，也可用来调节运动强度。RPE运动反应与心肺、代谢的指标高度相关，如吸氧量、心率、通气量、血乳酸等。表3-4-1是由博格设计的15级分类表。

表3-4-1　自觉疲劳程度量表

RPE分级	主观用力感觉	体力活动强度分级	$\dot{V}O_2R\%$
6~7	毫不费力	低	< 20
8~9	非常轻松	低	< 20
10~11	很轻松或轻松	较低	20~39
12~13	有些吃力	中等	40~59
14~16	吃力	较大	60~84
17~18	很吃力	大	85~89
19	非常吃力	次大	90~99
20	力竭状态	最大	100

四、运动疲劳的恢复手段

从理论上分析，肌肉的各项生理指标并不是在肌肉运动结束后才开始进行恢复的。在肌肉运动时，随着能量物质的再合成，恢复的过程也一刻不停地在进行。

（一）运动中的恢复手段

在经过高强度的负荷训练后，如完成了较大数量的快跑练习，肌肉中乳酸堆积（剧烈运动时，肌肉中乳酸可增加约30倍）会直接引起肌肉机能下降。如果剧烈运动后完全静止休息，肌肉中的乳酸排除就较慢，而采用强度较小的运动，则可加快乳酸的消除，是肌肉静止时恢复速度的两倍。所以，一些长跑教练在训练结束后，都安排队员再用较低的强度至少跑几千米，这种把肌肉的恢复安排于运动训练课中的方法是非常有效的。

运动中的恢复手段包括各种低强度的运动，如完成陆地上的剧烈运动后在温水游泳池中游泳，这种恢复手段是国外许多运动员普遍采用的。还有游戏性的球类活动，也是运用较多的恢复手段。

（二）运动后的恢复手段

运动后加快肌肉恢复的方法比较多，现代训练中多采用按摩、伸展练习、水疗和理疗等。

1. 睡眠

睡眠是消除疲劳和恢复体力的关键。运动者每天应保证8~9个小时的充足睡眠，使机体处于完全放松状态。

2. 按摩

通过按摩不但能促进大脑皮质兴奋与抑制的转换，使因疲劳引起的神经调节紊乱消失，还可促进血液循环，加强局部血液供应，消除疲劳。按摩的主要手法是推拿、揉搓、捏拉、抖动、拍打和按压等。按摩时，以揉、捏手法为主，交替使用按压、叩击等手法。按摩可在运动结束后或晚上睡觉前进行。对承担负荷和强度大的肌群要重点按摩，对肌肉体积较大的下肢、臀部肌肉可采用足踩按摩，效果比手按摩更好，更容易达到肌肉深层，起到挤压肌肉纤维、加速代谢、排除废物的目的。

3. 拉伸练习

剧烈运动后立刻停止，会影响氧的补充和静脉血回流，使血压降低，引起不良反应。拉伸练习是根据肌牵张反射引起肌肉放松的原理而给肌肉施加的一种刺激。这种刺激不但不会使肌肉收缩，而且会使肌肉放松。拉伸练习的生理效果在于改善肌肉血液循环，减轻因运动性疲劳而造成的肌肉疼痛，消除肌肉僵硬现象，使缩短的肌纤维重新拉长，恢复弹性。对开始出现弹性下降的肌肉做拉伸练习，可以使挛缩的肌纤维展开拉长，达到放松、促进血液循环的目的。拉伸练习多用于下肢及背部较大的肌群，对田径、足球、篮球、网球等运动项目的恢复有积极效果。

4. 水疗

凉水、温水、热水都可以消除疲劳。（短时间的）冷水刺激可增加肌力，减少疲劳。热水刺激可使肌力下降，解除肌肉痉挛。温水刺激可放松肌肉，安抚神经，有刺激血管扩张、促进新陈代谢和血液循环、消除疲劳的作用。温水浴的温度宜在40℃左右，每次15~20分钟。

5. 合理安排膳食

运动后，应注意补充能量和维生素，多吃些富含碱性的食物，如水果、蔬菜、豆制品等，以保持人体内酸碱度的基本平衡，保持人体健康，尽快消除运动带来的疲劳。

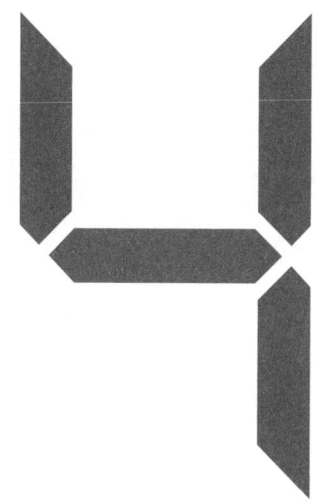

人的健全，不但靠饮食，尤靠运动。

——蔡元培

第四章　把握科学健身要义

　　锻炼要达到健身的目的，讲究科学最重要。科学健身的目标是增进身体健康，提高身体机能，改善身体状态，提高对环境的适应能力。大学生进行体育锻炼，必须遵循科学的方法，把握锻炼的基本原则，因地、因时、因人选择适合的锻炼内容，制订有效的锻炼计划，这样才能收到实效。

第一节　科学健身的概念与要素

生命在于运动，运动需要科学。科学的健身方式有助于身心健康，而错误的健身方式则会影响健身效果，甚至有可能导致运动损伤。在"健康中国""体育强国"和"全民健身"战略背景下，如何通过科学健身提高全民健康水平是时代发展的一个重要主题。

一、科学健身的概念

科学健身，是指借助科学的理论和知识来研究、指导、计划，并进行有规律的、科学的身体活动，以达到良好身体素质和身体健康的境界。

二、科学健身的要素

科学健身的目标是增进身体健康，提高身体机能，改善身体状态，提高对环境的适应能力。在健身过程中，需要采用科学、合理的评价方法来评估运动能力，并根据自身的情况来制订合理的健身方案。也需要对身体的运动水平进行全面评估，并通过随时调整方案来提高健身水平。科学的健身活动应采用适宜的运动强度、运动形式、运动时间、运动频率，因地、因时、因人选择适合的锻炼内容，这样才能收到实效。

（一）运动时间、运动强度、运动量和运动频率

1. 运动时间的选择

（1）早晨。如果早晨比较方便，可以选择在早晨的时间进行锻炼。但也不要太早，不要早于6点，此时氧浓度相对较低，最好在早上8点之后进行锻炼，此时空气相对较好，运动健身效果明显。需注意的是，早晨如在空腹状态下锻炼，强度过大、时间过长的运动可能会出现低血糖症状。因此早晨锻炼时，可以选择一些中小强度的有氧运动，如健身走、慢节律健身操、太极拳、健身气功等。

（2）下午。下午是大学生较为理想的体育锻炼时间，因为这段时间相对较长，大学生可以选择自己喜欢的运动方式，进行各种强度的体育锻炼。可以选择在14点之后进行运动，此时身体肌肉相对柔软，并且精力充沛，锻炼效果较好。但如果

紫外线比较充足，天气炎热，还应适当延后，可以在16—17点进行运动，以免晒伤皮肤。

（3）晚上。如果晚上的时间段有空，也可以在17—19点进行运动，此时机体的新陈代谢相对较低，运动后可有效提高新陈代谢，同时还可以促进晚上睡眠。但是应该避免过晚运动，否则会导致机体处于兴奋状态，影响睡眠，从而影响身体健康。

不管在什么时间段运动，都应避免在饭后马上进行运动，运动与用餐时间至少应有1小时的间隔，待食物消化之后再运动，以免出现胃痛、胃胀等多种不适症状。运动后也要注意不可暴饮暴食。

2. 运动强度和运动量的选择

科学合理地把控好运动强度和运动量是确保体育锻炼获得实效、避免运动损伤的重要内容。

运动强度是指实施运动动作时用力的大小和身体的紧张程度，通俗地讲就是运动时的费力程度，它是决定运动量最主要的因素。通常可以用心率来衡量运动强度的大小。一般来说，120次/分以下为低强度运动，120～150次/分为中等强度运动，超过150次/分为大强度运动。对一般体育锻炼者来说，体育锻炼时的运动强度如较小，运动的持续时间则应相对长些，每天应在半小时以上；对于刚参加锻炼的人来说，一开始运动时间宜短不宜长，随着身体机能的逐步适应，运动时间可逐渐加长。

运动量也称"运动负荷"，指人体在体育活动中所承受的生理、心理负荷量及消耗的热量。运动量的大小由完成练习的运动强度与持续时间，以及动作的准确性和运动项目特点等因素所决定。大学生在进行体育锻炼时，运动量太小，达不到锻炼身体的目的；运动量过大，又会引起过度疲劳影响身体健康。世界卫生组织建议所有成年人，每周应至少进行150～300分钟中等强度的有氧身体活动，或每周进行75～150分钟大强度有氧身体活动，或中等和大强度两种活动相当量组合的有氧身体活动；每

世界卫生组织建议的身体活动量

常用的运动强度判定标准

◇ **最大心率**：指人在最大运动强度状态下，心脏所能达到的极限。对于无心脏基础疾病，也无长期规律运动的人群，其计算方式为：220－年龄，也可以通过心肺运动试验来测出最大心率。一般来说，心率保持在最大心率的65%～75%属于中等运动强度，也是比较适宜的运动强度。

◇ **靶心率**：又称运动中适宜心率，指运动时有效且安全的运动心率范围。其计算公式为：青年人：（220－年龄）×85%；中年人：（220－年龄）×70%；老年人：（220－年龄）×60%。

◇ **梅脱**：英文缩写为MET，指运动时的代谢率与安静时代谢率的比值。MET值越大，说明运动强度越大，1 MET的运动强度相当于成年人的基础代谢水平。随着监控心率的智能产品越来越先进，目前应用MET评估明显减少。

周至少有2天进行强健骨骼、肌肉活动；严格限制久坐时间，久坐行为非常不利于健康，每一小时起来活动一下身体。

3. 运动频率的选择

2020年11月，世界卫生组织发布了最新的《关于身体活动和久坐行为指南》，建议所有成年人，包括有慢性病或残疾的人，每周至少进行150~300分钟中等到大强度的有氧活动。如果按照低限每周进行150分钟中等强度的有氧活动来衡量的话，可分解为每天至少进行30分钟的有氧运动，每周至少锻炼5天。

对于一般人群来说，每周进行3~5次的锻炼是比较合理的。每次锻炼的时间保持在30~60分钟，锻炼的强度应始终能够感到轻度的出汗和呼吸加快。此外，每周至少要有1~2天的休息日，以便身体得到充分的恢复。对于健身人群来说，每周进行6~7次的锻炼是必要的。每次锻炼的时间应控制在90~120分钟，锻炼的强度可以较高，能够感到明显的出汗和呼吸加快。此外，每周至少要有1~2天的休息日，以便身体得到充分的恢复。

（二）运动项目

每个人的身体状况和特点不同，选择适合自己的运动项目能够更好地起到健身效果，并能更好地预防和减少运动损伤的发生。同时，选择适合自己的运动项目能提高锻炼的兴趣并持之以恒，也有利于拓展社交圈。

1. 有氧运动

如果以减重增加体脂消耗为目的，长时间（30分钟以上）有氧运动较为适宜，如健步走、慢跑、骑自行车、打羽毛球、游泳等；节奏明快又带有娱乐社交功能的有氧健身操、广场舞也是不错的选择；时尚的轮滑、滑雪运动，既可以作为兴趣爱好，又是锻炼效果非常好的运动方式。有良好运动习惯、体质好的人，可进行大强度运动；具有一定运动习惯、体质较好的人，可进行中等强度的运动；初期参加体育健身活动或体质较弱的人，可进行小强度运动。

2. 抗阻运动

抗阻运动是提高肌肉力量的运动方式，主要包括举哑铃、俯卧撑、仰卧起坐、器械练习等。抗阻运动不仅可以增强肌肉力量和肌肉质量，更能强壮骨和关节。为了避免由于机体恢复不足导致的疲劳和损伤，建议青年人每周进行2~3天抗阻运动，隔天进行，每天做8~10个动作，每个动作做3组，每组重复8~15次。

3. 柔韧性运动

柔韧性运动可以提高身体平衡能力、柔韧性、协调性和改善心肺功能、调节心理状态。柔韧性运动可以每天进行，特别是进行大强度有氧运动和抗阻运动前后，可作为准备活动和放松活动。太极拳、瑜伽、五禽戏、八段锦等柔韧性运动既可以强身健体，又能使人心情愉悦。

选择运动项目要结合个人的兴趣、身体状况、运动方式、运动目的、运动时间和经济条件等多方面来考虑。选择好适合自己的项目后，关键在行动，贵在坚持。

（三）锻炼环境

选择体育锻炼环境，首先要考虑安全问题，既要避免到人群喧闹、噪声较大、交通拥挤的地方去锻炼，也不要到自己不熟悉、人迹稀少的偏僻地方去锻炼。最好选择户外环境优美、空气新鲜且又安全的地方进行锻炼。其次，应根据运动项目的自身特点，选择有利于该运动开展、适于提高运动情绪和锻炼效果的合适环境。

（1）进行跑步锻炼，可选择在地面平整的操场、公园、河边的健身步道等地进行。如果不得已要到公路上跑步的话，也要找人车稀少的时间，靠人行道右边进行，最好身着鲜艳醒目的服装，避免穿越公路时发生交通事故。

（2）从事骑自行车、远足等运动，目的地最好选择在自然景点，行动路线尽量选择在自然景色美、树木较多、地面较平坦的地段。

（3）体操、武术、健身气功等运动，可在空气新鲜、环境优美、噪声小的公园空地、树林、河边进行。

（4）跳绳、踢毽、羽毛球等运动可选择在地势平坦的空地上进行。

（5）艺术体操、健美操、飞盘、游戏等可选择在草地上进行。

选择体育环境锻炼，还要注意不同季节气候条件的变化。夏天天气炎热，阳光中的紫外线特别强烈，要避免长时间在户外阳光直射的地方运动，以免引起对身体的伤害和中暑现象的发生；冬季，要尽量避免在强风中锻炼，雾大霾重的天气，最好在室内进行锻炼。

第二节　体育锻炼的基本原则

体育锻炼的原则是体育锻炼过程中客观规律的反映，是练习者从事体育锻炼实践、达到理想效果所必须遵循的原则。只有科学地理解和遵循体育锻炼的原则，有效地进行锻炼，才可使体育锻炼获得最佳效果。

一、自觉主动原则

自觉主动原则指体育锻炼者有明确的健身目标，充分认识到体育锻炼的价值，自觉积极地从事体育锻炼活动。体育锻炼是一个自我锻炼、自我完善，并需要克服自身的惰性，战胜各种困难过程。同时，还要有一定的作息制度作保证，把体育锻炼当作生活中不可缺少的一部分，才能奏效。自觉主动地参加体育锻炼，能使大脑处于适宜的兴奋状态，由于高级神经中枢处在良好的工作状态，能使人体力充沛、心情愉悦、动作协调，从而促进动作技能的学习，提高锻炼效果。

二、实际出发原则

实际出发原则是指锻炼身体应从个人的实际情况和外界环境条件的实际出发，确定锻炼目的、选择适宜的运动项目、合理地安排运动时间和运动负荷。这是增强身体素质及提高运动水平必须遵循的原则。

1. 从自身的实际出发

人体生理结构虽然基本相同，但由于年龄、性别、身体功能、基本活动能力等存在差异，并且由于每个人的锻炼基础、锻炼条件不同，随着锻炼过程的发展，每个人的锻炼水平也会不同。因此，在选择确定锻炼的内容、方法、负荷时，要想使体育锻炼收到实效，就必须从每个人的实际情况出发。既要考虑到兴趣、爱好，又要考虑到具体情况和具体特点，在制订锻炼的任务、内容、方法及时间时，必须因人而异。

2. 从外界环境条件的实际出发

进行体育锻炼时，还要根据地理环境、气候条件、季节、场地器材等外界条件，按照科学锻炼的方法，选择适合于自身锻炼的方法，这样才能收到良好的锻炼效果。如在冬季应着重发展身体的耐力和力量素质，在春、秋两季多进行技术性较强项目的练习；在炎热的夏天，游泳是比较理想的运动项目。另外，锻炼时还需注意，不要在强烈阳光下进行长时间的练习，防止中暑；在每次力量练习训练前，要认真检查运动器械，尽可能两人结合，相互保护和帮助，以防止运动损伤的发生。

三、全面锻炼原则

全面锻炼原则是指通过各种运动形式、内容、方法和手段，对人体各组织、器官、系统和心理产生全面的良性影响，使人体得到全面协调的发展，消除薄弱环节。

1. 锻炼的部位要全面

人体是有机的整体，各组织、器官和系统之间相互联系、相互制约，体育锻炼的主要目的是促进机体整体协调发展，提高整体的健康水平。

2．锻炼的项目内容要全面

大学生在体育锻炼过程中，应结合自身特点选择1~2项体育运动项目作为锻炼内容，并辅以其他锻炼内容，既要保证各个运动对身体素质发展的独特性，又要避免锻炼局限于身体的某个部位。如长跑锻炼有益于发展人的心肺功能，若再结合一些徒手体操和力量训练就可同时发展灵敏、柔韧和力量素质。又如，在健美运动中进行肌肉力量训练后，可增加一些发展速度的练习，这样既可以尽快缓解肌肉黏滞性，又可发展人的速度素质，使身体得到全面锻炼。

四、循序渐进原则

循序渐进原则是指体育锻炼必须根据人体身心发展规律，在运动的内容、方法、负荷等方面逐步提高，使机体功能不断得到改善。循序渐进是人体适应环境的基本规律。人体对内外环境变化的适应是一个缓慢的由量变到质变的过程，只有遵循这个规律，才能取得良好的锻炼效果。

1．运动负荷循序渐进

进行体育锻炼时，当机体对一定运动负荷产生适应后，这种负荷对机体的刺激就会变小，此时，可以适当增加运动时间和运动次数，让机体产生新的适应。但运动负荷的增加要由小到大，逐步提高。体育锻炼的开始阶段或中断锻炼后恢复锻炼时，强度宜小，时间宜短，不要急于求成。

2．练习内容循序渐进

练习内容要由简到繁，在动作要求上应由易到难，逐步加大难度。应首先考虑简单易行、容易收到锻炼效果的项目和内容。每次练习时，也应先从动作简单、强度不大的内容开始练习，然后逐渐增加动作难度和运动负荷。

五、持之以恒原则

从生物学角度看，人体机能水平的提高，各种运动能力及素质的发展，运动技能的形成与巩固，均有赖于长时间的锻炼，这样才能使机体在身体形态、生理机能、生化过程等方面产生一系列适应性的变化。这些良好的适应性变化，不是一朝一夕或短时期锻炼就能产生的，而是长期坚持锻炼、成效积累的结果。因此，体育锻炼要持之以恒、坚持不懈，这样，锻炼的效果才能累积起来并发挥作用。三天打鱼，两天晒网，一曝十寒，是达不到锻炼效果的。

第三节　体育锻炼的基本方法

在体育锻炼时，不仅要遵守体育锻炼的基本原则，还应掌握正确的体育锻炼方法。体育锻炼方法是贯彻体育锻炼原则、达到锻炼身体目的的桥梁。

一、重复锻炼法

重复锻炼法是按照一定的负荷要求，多次重复同一动作进行锻炼的方法。在重复刺激机体的过程中，可以起到加速新陈代谢、增强体质的作用。

重复练习法要合理掌握重复次数和时间。两次练习之间的间歇时间原则上应使机体得到较充分的恢复。强度可达极限强度的90%～100%，使其达到锻炼负荷的有效价值范围（最有锻炼价值负荷量下的心率），并据此调节重复次数。在重复锻炼中，如何控制负荷量和重复练习以达到理想效果，应视实际情况而定。通常认为，普通大学生的负荷心率在130～170次/分的范围内是较适宜的。在这个范围内，心室血液充盈，每搏输出量及氧的运输量等均达到最佳状态，并可以持续地运动；心率低于130次/分时，锻炼效果不明显，应增加重复次数；而心率超过170次/分时，则需减少重复次数或安排足够的间歇时间。

二、间歇锻炼法

间歇锻炼法是指在锻炼过程中，对安排的多组练习之间的间歇时间作出严格规定并反复进行锻炼的方法。该方法的关键是间歇时间必须严格控制，必须在机体尚处于未完全恢复的状态下即进行下一组的练习。该方法的特点是每次练习的负荷时间较长，负荷强度适中。

该方法可使锻炼者的心脏功能明显增强。通过调节负荷强度，可使机体各种机能产生与锻炼项目相匹配的适应性变化；可以提高有氧代谢供能能力，从而提高学生的体质健康水平。通常认为，体质增强的过程是在运动中实现的，其实体质的增强主要是在间歇中实现的，是在休息过程中取得了"超量恢复"[①]的结果。

---

① 人体在运动后的恢复过程中，体内被消耗的能量物质（ATP、蛋白质、糖和无机盐）不仅能恢复到运动前的原有水平，而且在一段时间内可出现超过原有水平的现象，称为超量恢复。

同重复锻炼一样，间歇的时间也要依据负荷的有效价值标准去调节。一般来说，当负荷反应（心率）指标低于有效价值标准时，应缩短间歇时间；而在高于价值标准时，则可延长间歇时间。通过适当的间歇，把负荷量调节到负荷有效价值范围可以收到良好的锻炼效果。实践证明，间歇中负荷心率达到130次/分左右时，就应再次开始锻炼。而且间歇时不应做静止休息，而应当边活动边休息，如慢速走步、放松手脚、伸伸腰或做深而慢的呼吸等。因为轻微活动可使肌肉对血管起到按摩作用，以帮助血液回流、加快体内代谢废物的排除。

三、连续锻炼法

连续锻炼法是按一定要求，持续进行规定动作的身体锻炼方法。该方法要求负荷强度较低、负荷时间较长，不间断地连续进行运动。连续的作用在于保证持续负荷量不下降，维持在一定的水平上，使身体充分地受到运动的作用。

连续锻炼时间的长短，同样要根据负荷价值的有效范围来确定。通常认为，心率在130次/分左右连续锻炼20~30分钟，可使机体的各个部位获得充分的血液和氧的供应，因而能有效地发展有氧代谢能力和耐力素质。用于连续锻炼的内容通常是那些比较容易并已为锻炼者所熟悉的运动，如跑步、游泳，也可以是做健美操或跳迪斯科等。

连续锻炼法多用于发展一般耐力，如较长时间的匀速跑。也可在非周期性项目中用于巩固某一技术动作和发展专门耐力，如篮球投篮训练中连续的原地起跳投篮练习等。

四、循环锻炼法

循环锻炼法是指由几个不同的练习内容联合组成的练习组合。该方法要求练习者必须按照既定的练习顺序和路线依次完成每个练习站的练习任务。一般的组织形式是锻炼者在完成一个练习站的任务后，迅速转移到下一个练习站继续练习，同时下一个锻炼者依次跟上。每一个锻炼者都完成了各个练习站的练习内容时，就算完成了一次循环。其结构因素包括每站的练习内容、运动负荷、练习站点的安排顺序、练习站点之间的间歇形式和时间、每一循环之间的间歇、设置练习站点的数目与循环的组数等。

循环锻炼法对技术的要求不高，且各项目都采用比较轻度的负荷练习，因此练习起来简单有趣，可有效地提高不同层次和水平练习者的运动情绪和积极性；可以合理地增大锻炼过程的练习密度，并随时根据具体情况因人制宜地加以调整，做到区别对待；可以防止局部负担过重，延缓疲劳的产生，交替刺激不同体位，有利于综合锻炼，从而达到全面发展的效果。

运用循环锻炼法的关键是要按照全面性原则去搭配项目。就大学生而言，锻炼时既要发展四肢，也要发展躯干；既要锻炼胸背部，又要锻炼腰腹部；既要追求形态的健美，又必须注意机能、素质的全面发展。因此，必须科学地搭配项目，一般可以选择6~12个简单易行的项目。搭配时，注意上肢动作与下肢动作、剧烈的跑跳练习与静力憋气动作之间的合理交替。在健身锻炼中，可根据锻炼项目安排循环练习各练习点，还可分队比赛，增加竞争性，以提高练习兴趣。

五、变换锻炼法

变换锻炼法是指通过不断变换运动负荷、练习内容、练习形式及练习条件等，提高锻炼者的积极性、适应性及应变能力的方法。变换锻炼法可以有效地调节锻炼者的生理负荷，提高兴奋性，强化锻炼意识，克服疲劳和厌倦情绪，以达到提高锻炼效果的目的。

如刚参加锻炼时，可多做些诱导性和辅助性练习。随着锻炼水平的提高，应加大练习的难度，如用越野跑代替在田径场的长跑等。锻炼条件的变化，可对锻炼者的大脑皮质不断产生新异的刺激，提高兴奋性，激发锻炼兴趣，从而提高机体对负荷的承受能力，提高锻炼效果。另外，不断对锻炼内容、运动时间、动作速率等提出新的要求，可有效地调节生理负荷，使机体不断产生适应性变化，从而达到更好地锻炼身体的目的。

第四节　体育锻炼计划与运动处方

体育锻炼应该有计划地进行。按照一定计划进行体育锻炼，可以克服体育锻炼中的盲目性和片面性，有利于提高体育锻炼的质量，有助于养成良好的体育锻炼习惯。运动处方与普通的体育锻炼和一般的治疗方法不同，运动处方是有很强的针对性、有明确的目的、有选择、有控制的运动疗法，按照运动处方进行科学锻炼，可使人获得多、快、好、省的效益，既安全可靠，又有计划性，可达到健身、保健和治疗疾病的目的。

一、体育锻炼计划的制订与实施

一个完整的体育锻炼计划包括锻炼的目标、内容、方法和时间等。在形式上分为年度计划、季度计划、月计划及周计划等。制订锻炼计划时，必须全面贯彻体育锻炼的基本原则，同时要简单、明了、具体、实用和突出重点。

（一）制订体育锻炼计划的步骤

1. 制订明确的目标

制订体育锻炼计划时，首先要明确自己的目标是什么。例如，想要减肥、增肌、提高体能、完成体质健康测试等。

2. 选择适合自己的运动方式

每个人的身体情况和偏好都不同，所以需要根据自己的情况选择适合自己的运动方式。大学生可以选择慢跑、球类、游泳、健身、瑜伽等运动方式。

3. 制订具体的计划

根据自己的目标和选择的运动方式，制订具体的运动计划。可以制订每周几次、每次多长时间的计划，并逐步提高难度和时间。

4. 坚持自己的计划

制订计划容易，但要坚持执行并不容易。为了让自己坚持，可以找到一些适合自己的激励方式，如和朋友一起运动、在社交媒体上分享自己的进展等。

5. 根据自己的身体状况和计划进行调整

身体状况和计划可能会随着时间的推移而发生变化，因此需要根据自己的情况不断进行调整。

（二）体育锻炼计划的形式

1. 阶段性锻炼计划

阶段性锻炼计划主要指为某一段时间（一年、一个学期或一个月）制订的计划。制订阶段性锻炼计划时，首先要设定预期目标，其次是合理划定不同时期及其重点锻炼内容，再次是合理选择锻炼方法。

大学生的体育锻炼，首先要有一个总体设想，也就是要明确在一定时间内需要掌握何种体育技能、需要使自己的机能水平提高到何种程度，或者要使个人的运动水平得到多大提高，有了这一总体设想，才能确定每个阶段的具体目标，以便总结和调整。

2. 周锻炼计划

周锻炼计划是最常用的一种体育锻炼计划。周锻炼计划主要包括内容、方法、练习的次数和时间等。锻炼内容的安排应该注意科学性和目的性，不同练习内容的安排要具体明确，如学习有关跑步、球类等基本知识、技术，发展某种身体素质，以及培养特定思想意志品质和心理素质等都应有所要求、有所落实。一般来说，速度、灵敏性练习安排在前，力量练习安排在后；运动量小、强度小的练习安排在前，运动量大、强度大的练习安排在后；技术性练习应由简到繁，由易到难；此外，还要注意上下肢练习搭配安排。表4-4-1是一个周锻炼计划表，供大家参考。

表4-4-1　周锻炼计划（发展速度、力量素质）

项目	星期一	星期二	星期三	星期四	星期五	星期六
早操 20~30分钟	1. 跑步； 2. 广播体操或健身操	1. 太极拳； 2. 广播体操或健身操	1. 太极拳； 2. 广播体操或健身操	1. 太极拳； 2. 引体向上（6×4组）	1. 广播体操或健身操； 2. 12分钟跑	1. 太极拳； 2. 俯卧撑（5×4组）
课间操 10~15分钟	太极拳或广播体操	太极拳或健身操	太极拳或广播体操	健身操或广播体操	太极拳或健身操	
体育课 50分钟	—	体育课	—	体育课	—	—
课外锻炼 50~70分钟	1. 准备活动； 2. 跑的基本技术练习； 3. 整理活动	视个人情况而定	1. 准备活动； 2. 力量练习（下肢力量或单、双杠练习）； 3. 整理活动	视个人情况而定	1. 准备活动； 2. 力量练习（下肢力量或球类活动）； 3. 整理活动	视个人情况而定

（三）一次锻炼活动的安排

一次锻炼活动通常可分为三部分进行，即准备部分、锻炼部分和结束部分。准备部分的作用是使机体组织"暖和"起来，使身体逐渐适应强度较大的运动，以免因心肺等内脏器官和骨、关节不能适应强烈运动而导致伤害的发生，一般可采用活动强度小的步行、伸展性体操或太极拳等。锻炼部分也称基本部分，其内容是运动处方的主项运动欲达到的目标，如耐力运动项目要达到一定的心率水平，并要求至少维持12分钟。主项运动的运动强度一般为最大能力的40%~60%，同时还要求达到一定活动范围的肌力训练，其训练强度为最大能力的80%左右。结束部分是指在训练结束后，要使高负荷活动的心肺和肢体逐渐安静下来，不要突然停止运动，因为此时血液仍大量集中于四肢，若突然停止运动，会使回心血量锐减，可能会出现"重力性休克"[①]。这时，通常可做一些放松式体操、散步或自我按摩等运动。

---

① 重力性休克是指由于每搏输出量不足，引起脑贫血而发生休克症状。

在不同的锻炼阶段，这三部分的时间划分各不相同。在锻炼早期，准备部分时间可长些，一般为10~15分钟，锻炼部分为20~25分钟，结束部分为5~10分钟。在锻炼中期和后期，准备部分为5~10分钟，然后进入主项运动（即锻炼部分），最后5分钟为整理活动。这样，各部分锻炼内容各有所侧重，并且运动负荷量的分配也不同。

二、运动处方的制订与实施

（一）运动处方的概念

1969年，世界卫生组织使用了"运动处方（exercise prescription）"这一术语，从而使得"运动处方"这一概念在国际上得到确认。运动处方的完整概念可概括为：由运动处方师依据运动处方需求者的健康信息、医学检查、运动风险筛查、体质测试结果，以规定的运动频率、运动强度、运动方式、运动时间、运动总量及运动进度，形成目的明确、系统性、个体化健康促进及疾病防治的运动指导方案。

（二）运动处方的内容

运动处方的内容包括运动频率（F）、运动强度（I）、运动方式（T）、运动时间（T）、运动总量（V）、运动进度（P）及注意事项等。

（三）运动处方的制订步骤

1. 了解情况

制订运动处方首先要了解受试者的一些基本情况，因此，第一步就是了解运动的目的和对运动的期望，询问病史（如既往史、家族史）；询问运动史，如运动爱好、现在运动情况等；了解社会环境条件，如职业、工作与劳动条件、生活环境、经济、营养等条件，周围能够利用的运动设施，有无指导等情况。

2. 健康诊断

通过体检和临床医学检查，了解受试者的一般情况（如性别、年龄、职业、病史、锻炼情况、食欲、睡眠和常用药等）及其身体健康状况（通过医学手段检测得到生理、生化指标和各项身体素质水平）。

3. 运动试验及体质测试

运动试验是制订运动处方的基本依据之一。其检查目的是发现受试者潜在的身体疾病或异常。现在，最常用的方法是"递增负荷运动试验"，即利用活动平板或功率自行车等，在试验过程中逐渐增加运动负荷强度，同时测量某些生理指标。

体质测试即进行肌力、爆发力、柔韧性等运动能力和全身耐力的测试。其目的是为确定适宜的运动强度提供依据。体质测试的最好方法是测量最大摄氧量，但其对技术和设备条件的要求较高，一般不便对众人进行测量。目前，国内外普遍使用的测试方法是12分钟跑和台阶试验法。

4．制订运动处方

根据健康检查、运动试验和体质测试的结果，就可以制订运动处方了。制订运动处方时主要考虑5个方面的问题：运动频率、运动强度、运动方式、运动时间和运动总量。前4个因素用来控制适应的运动量。若想增加运动量，可先增加运动时间，运动强度与运动频率都不变，待适应以后再增加频率，最后才考虑增加运动强度。在考虑增加运动强度时，可减少运动时间或运动频率以适应已增加的运动强度或阻力，待适应后再考虑增加其他因素。

5．运动处方实施

按照制订的运动处方实施，实施过程中应重视注意事项中提出的问题。

6．反馈调整

再好的运动处方都有其时效性和针对性。通过一段时间的实施，应及时对不适用的部分进行调整。一般按照初定的运动处方试行锻炼，对不适当的地方进行微调，待适合后坚持锻炼3~6个月，再做体质测试，重新制订新的运动处方，从而使运动处方更具有针对性和时效性，不断提高锻炼效果。

发展有氧耐力健身运动处方示例

发展无氧耐力健身运动处方示例

发展肌肉力量健身运动处方示例

发展灵敏素质健身运动处方示例

发展速度素质健身运动处方示例

发展协调素质健身运动处方示例

发展柔韧素质健身运动处方示例

常见病患者的运动处方示例

竞技的核心不是斗争，而是光明磊落的比赛。正是铭记了这个精神，才能更加强盛，更加雄壮，更加有勇气，从而陶冶人的人性。

——[法] 皮埃尔·德·顾拜旦

第五章　感受体育文化魅力

在人类文明的历史长河中，体育文化是一个逐渐发展的过程，是人类整个文化的重要组成内容。体育文化作为一种社会文化，是伴随着人类社会产生和发展的。不同的文化背景形成了不同的体育文化，中西方体育文化由于经济、文化、地理环境及种族之间的差异，具有截然不同的文化形态和特征。奥林匹克运动是一种以体育为基本内容的社会文化现象，具有丰富的文化内涵。大学体育文化是以学生为主体的，以课外体育文化活动为主要内容，以校园为主要空间，以校园精神为特征的一种群体文化，是学校教育的重要组成部分，在培养全面发展的人才中具有十分重要的作用。

第一节　中西方体育文化

一、中西方体育文化演进

在漫长的历史长河中，体育本身已经完成了由"自然体育"向"科学体育"的过渡。科学和社会的发展，形成了不同特性的三大体育，即学校体育、社会体育和竞技体育。随着社会的进步，三大体育越来越明显地沿着各自的方向发展。以健身为主要目的的社会体育形成了东西方两种不同的健身途径和特征。一种是以导引养生、武术、保健按摩为主要内容的中国传统体育；另一种是起始于古希腊灿烂文化，以田径、体操、球类为主要内容的西方现代体育。两种健身途径反映了两种不同的健身思想和哲理，从而在研究范围、教育内容、教学方法、特点和健身机制上有着一系列区别。

体育从产生起就不是一个孤立的社会现象，而始终和自然环境、经济文化、生活习惯相关，尤其与社会兴衰紧密相连。

中国传统体育是在中华民族传统文化中孕育而生的，在漫长的岁月中，经过不断地总结和创新，形成了独特的运动特点和风格（表5-1-1）。

表5-1-1　中国传统体育的形成和发展

时间	主要内容	特征
尧舜时代	消肿舞：以舞带操，消除水肿等疾病	导引术的萌芽阶段
夏、商、周后期 春秋战国时期	导引、剑术、其他武艺、养生导引术、射箭和呼收法（吐收纳新法）等	《孟子·滕文公》《孙子兵法》和孔子"六艺"中的"射""御"
汉代	西汉"导引图" 东汉五禽戏（模仿虎、鹿、熊、猿、鸟5种动物运动形态组编成体操）	华佗根据解剖原理创编，具有气血运行、祛病强身的功效
隋唐五代、宋、元、明、清时期	八段锦、引导养生、杂技、按摩、硬气功孙思邈著《千金要方》，将运动养生推向新的阶段	发展成动静结合养生《千金要方》在理论和实践上作出重大贡献
19世纪末 20世纪初	气功、太极拳、武术、按摩获得新发展，西方体育传入中国（田径、体操、球类等）	西方体育传入中国，两种健身体育并存
20世纪中叶后	两种健身体育同时发展	

中国传统体育的形态和运动特性、运动特点与我国长期处于小农经济为主体的封闭型、内向型社会有关，从而形成了重节制、求持中，重自我完善、求个人身心

平衡的品格和形式，表现了人的内在品质和东方文化的色彩。

而西方体育则可以追溯到古希腊时期。在长期的发展历程中，西方体育也形成了三个发展阶段：

第一阶段：公元前300多年前，古希腊教育家柏拉图和他的学生亚里士多德，在他们的"身心调和论"设计中和对体育、德育、智育三者相互关系中提出了一系列青少年身体练习的内容。这对当时和后世体育的发展起到了十分深刻的影响和推动作用。

第二阶段：西方社会经历了一段漫长的黑暗时期，体育的发展及其人们的身心受到了严重摧残。14—15世纪，在文艺复兴运动的影响下，英国教育家洛克和法国启蒙思想家卢梭等有识之士呼吁让儿童青少年身心健康自由发展，并进行了一系列的宣传和教育活动。从此，西方体育重获新生。

第三阶段：进入19世纪，德国的体操运动、英国的户外运动和多种形式的竞技运动、美国的球类运动相继兴起，英国的托马斯·阿诺德率先将体育引入学校教育……这些对当时的体育发展起到了决定性的作用。随着社会的发展，西方体育不断深化发展。

西方体育的产生和发展和其在资本主义历史条件下商品经济的发展，以及西方人崇尚竞争、冒险的社会文化有关。在长期的发展过程中，西方体育形成了重"练形""健美"和讲究竞争的风格，人们常把身体健美和肌肉发达的人视为崇拜的偶像。

二、中西方体育文化比较

无论是中国传统体育还是西方体育，都是以人的发展为根本，在这一点上并无分别，但作为人类生产和生活实践的产物，却因不同民族的生产、生活方式和文化习俗的不同，以及人在认识存在的文化背景上的差异，而使得体育运动表现出各自不同的民族特征。

（一）体育价值观

1．对体育价值认识的差异

在中国传统体育中，对人的培养受传统文化的制约。在中国的历史文化中，注重人的内在气质、品格、精神修养，把人的身体视作寓精神、气质之舍。道家主张"各任性命""无为而治"，追求一种自然的人格；儒家重视伦理规范，强调"克己复礼"，追求合于名礼、积极有为的"君子"人格；佛家则主张于世俗间的超脱，提倡目空万世，追求心空万物的超然人格。这三种文化流派都对中国传统体育价值观的形成产生过影响，使得中国传统体育的价值观透射出十分明显的重人格倾向。

因而，中国传统体育的一个显著特点就是通过身体锻炼以外达内，由表及里，由形而下的身体有形活动来促成形而上的无形精神的升华，实现理想人格的塑造，其作用主要不在人体，对身体的发展并不作过高的要求，仅仅以养护生命、祛病、防病和延年益寿为主，注重养生。

西方传统的体育价值观则明显不同。作为西方古代体育的典型代表，古希腊体育并不像中国传统体育重人格胜于重人体。尽管古希腊也强调身体美需与精神美相衬，但他们更强调身体美，还不曾把肉体放到第二位。与中国传统体育相比，古希腊更强调人体的"力"与"美"，他们心目中的理想人物不是看不见、摸不着的某种内在人格，而是血统好、发育好、比例匀称、身手矫健、擅长各种运动的人体。古希腊对人体的崇拜和重视对它的文化、教育、艺术都产生了巨大的影响，导致人体艺术和雕塑艺术的兴起。这种注重人体本身价值的文化风气，直接影响到希腊人的体育价值观。他们更注重把体育的价值取向放在对人体的塑造和培养上，围绕培养理想人体这一目标，古希腊体育发展出了各种完全不同于中国传统体育的专门锻炼身体的运动形式和运动手段。

2. 对宇宙本源认识的差异

中国古代一些哲学家认为，宇宙的本源是由"元气"构成的，"气"是万物的始基。这种"气"的生命本源论使以后的哲学家们普遍认为人的生命现象与"气"息息相关。庄子说："人之生，气之聚也，聚则为生，散则为死……通天下一气耳"（《庄子·知北游》）。也正是受这种"以气为本"的生命本体论的影响，人们选择了以"气"为核心的各种体育项目，如导引、气功等。他们通过"气"在体内各经络的运行，使体内器官得到锻炼，从而达到健康长寿的目的，这具有鲜明的东方特色。

西方传统哲学在生命的本源问题上可分唯物派和唯心派。唯物派认为，宇宙本源为"水""火""原子"等物质，他们强调绝对运动，尤其是"火"的世界本源论认为，"生命就是一团燃烧的活火，要使生命不息，就要斗争"，而这种观点在体育上体现出的就是在冒险、竞争、刺激中充分体现生命活力。而唯心派认为，宇宙的本源是"数"，宇宙本身是一个和谐的数的合唱，和谐是万物不变的原理。同样，人的身体本身就是数的和谐。因而，在体育上他们讲究通过体育锻炼使人体的每一块肌肉、每一个器官都受益，使人体的每一部分与整体协调一致。

3. 哲学思想的差异

中国哲学是以儒家的"天人合一"和道家的"阴阳调和"为基础的，它们都在不同的程度上铸造着我们的身体文化。礼、乐在早期儒家学说中有着崇高的地位，如《论语》中写道："莫春者，春服既成，冠者五六人，童子六七人，浴乎沂，风乎舞雩，咏而归"，体现了人与大自然的和谐统一，表达了美好的人生理想。仁道精神也是"天人合一"的主要内容，这种精神强调既要成己，又要成人。成己意味着达到完美的人格，它所追求的是自我实现；成人则蕴涵着群体的关怀，它所体现的是社会与个体的责任意识。"射"这种体育运动形式则集中表现了这种仁道精神。它是"礼"的象征，据不同的等级分为"大射""宾射""燕射"和"乡射"4类，且具有严格的步骤，是进行礼仪道德的重要活动。投壶则是射的另一种表达方式，典型表现了体育运动形式的内聚性形式。"一阴一阳谓之道"，"阴阳者，天地之道也，万物之纲纪，变化之父母，生杀之本始"（《周易·阴阳上》）。这是动静观的延伸，说明了自然界万物变化皆是由阴阳两面相互联系、相互影响而引起的。后人把"阴阳"扩展到动静、虚实等对立面中，"无极而太极。太极动而生阳，动极而静，静而生阴，静极复动，一动一静，互为其根"（周敦颐，《太极图说》）。"动静无间，而静非无而常应，动非有而常寄，动中有静，静中有动"（《传习录》）。在中国传统体育项目的锻炼方式中，讲究动静结合，动中有静，静中有动。没有绝对的静止和运动，如太极拳演练中外形动而内心静，而气功则强调外静而内"气"运行。

"天人合一"是中国文化的特征，而"天人相分"则是西方文化的个性，它重在追求真理。西方体育文化经启蒙运动、文艺复兴运动后奠定了主客两分、身心两分的科学主义的哲学基础，以竞技性、功利性、娱乐性为基本模式，以更快、更高、更强为基本价值取向。从古希腊思想中对世界本源的穷追不舍，到近代主客两分的主体性原则的确立，是西方人从怀疑走向探索、寻求事物确定性的过程，这也成为西方近代文化的重要目标。

从弗吉里费"支配的理性""顺从的身体"，注重"恰当运动"，并要"缓和而有节制"，到卢梭提出"适应自然"的自然主义体育原则，再到后来的德式、杨式、林式体操和英国的户外运动，其身体锻炼的手段逐渐规范化和科学化。西方古代哲学的动静是建立在"逻各斯"基础上的，认为动就是动，静就是静。动静之间没有中介，两者不能并存，是绝对对立、互相排斥的。因而，他们认为锻炼的方式就是运动（动）—恢复（静）—超量运动（动），通过加大运动量来锻炼身体，超越运动极限，追求荣誉。

4. 文化传统观念的差异

在继承中发展和创新的中国传统体育思想，可称之为一种养生思想，是一种强调阴阳和谐，精气、形神合一的修炼，是一种比较模糊的指导理论。在身体活动上，中国传统体育主要以绵缓的运动形式为主，练习的运动强度较低，肌肉的活动幅度较小，它是对身心的一种修养，是一种内聚的活动，是以消耗为主的身体活动。这种东方的修养思想形成了中国传统体育养生思想，即一种清净、淡欲、与世无争的人生观。

西方体育思想是大洋文化的基本体现，造就了西方人张扬的个性和自强不息、热烈追求、敢于冒险的外向性格。相对应的，这种西方体育主流思想是通过身体的强烈运动和肌肉锻炼、体力的消耗、意志的磨炼，以及对自然极限的挑战来达到强身健体的目的。

在竞技体育方面，西方体育思想强调攻击性，注重比赛的胜负。西方体育思想发展过程较为迅速，其中最为典型的就是他们对奥林匹克精神的深刻领悟和传播。奥林匹克精神是西方体育的精神支柱，是西方体育文化的集中体现。正因为如此，各式各样的体育比赛及奥运会才能在全世界范围内被认可和推广。这也进一步加深了西方体育的这种富有竞争意识、攻击性、以外为主的精神，形成了西方体育独特的文化内涵。

5. 审美角度的差异

中国传统体育讲究内外合一、修身养性，充满了含蓄的、朦胧的象征气息，善于从人体的本身与自然界的统一上审美。如太极拳的舒缓、柔和、轻灵、圆滑、连绵不绝似行云流水，套路动作动静起伏、点线飞动也别有韵味；而蛇拳、猴拳等象形拳和"白鹤亮翅""大鹏展翅"等象形动作更是惟妙惟肖。这些充分体现了对生命与自然的崇尚，对人与自然的和谐统一的追求，对人的自身生命力的讴歌。

西方体育的美学着重于写实、模仿和再现，西方体育在其影响下表现出明显于外的特点，通过人体表现出力量之美、速度之美、柔韧之美、灵巧之美，认为审美的对象是人，突出和崇尚人体形象的真与美。例如，西方的健美运动就是对人体健与美的崇尚。锐意进取的精神和不断追求自然体力的审美特征，促使西方竞技体育的运动动作结构与造型不断创新，难度和惊险度也日益增大。

因此，审美观点的不同，使中西方体育在表现运动美的追求上侧重点不同：中国传统体育的运动美表现为含蓄的诗情画意，西方体育则讲究人体外在的健与美。

（二）体育文化特征比较

1. 中西方运动形式的差异——内倾与外向

在中国古代虽然没有"体育"之称，但有习武、养生、导引等说法。武术是中国运动形式的典型代表，如云手，它是以其不断运动的状态而形成的两种静止姿态间的连接动作，双手相间，上下交错，如抱球状在胸前旋绕；再如飞脚，它是一腿由内向外踢起划半圆，另一腿由外向内踢起划半圆，并同时使身体跳起腾空，以手掌打内盖脚底。仔细分析可见，其动作形态都有"拧、倾、圆、曲"4种表现形态。但它们不是孤立存在的，在这种形态下面有一种"收"的力量。"圆""曲"创造出的运动空间控制了人体爆发出的力量向更广阔的空间发散，将其限定在躯干四周近乎封闭的圆形中，而通过"拧、倾"，力量被从躯干四周的空气收聚在躯干内部，可见，中国传统运动形式是一种内聚性形态的具体表现形式，是一种外放力与内收力冲突的结果，或者说两种力的冲突、转化、过渡、平衡，形成了"拧、倾、圆、曲"这些形态特征，从而形成了独特的运动形式。

而西方体育的动作姿态表现出人体努力向外部空间伸展的倾向。以艺术体操中"迎风展翅"为例，它有数种形式，这里仅以具有代表性的第一种形式为例。做动作时，以一脚为支点，另一臂向后侧面抬起，支撑腿与直立的躯干基本成一直角，从而产生平衡。做"迎风展翅"这一动作时，人的四肢几乎伸展到了极限，人体在最大限度内向4个方向拓展，给人以在不稳定中求稳定地伸展、升腾的视觉感受，典型地表现出了"开、绷、立、直"的特点。

中国传统体育的运动形式普遍存在脚踝内收与有力的回扣，而在西方体育的运动形式中则见不到，取而代之的是脚用力绷直与手自然前伸，伸展的四肢向外放射。可见，内倾和外向是中西方运动形式的典型差异（表5-1-2）。

表5-1-2　中西方体育文化内涵比较

	特点	
中国传统体育	1. 注重身心平衡、储能生元、提高人体整体功能 2. 关注内外结合、动静结合、经络运行规律，放松入静等一系列练习方法 3. 重视增智益寿、自我完善	
西方现代体育	1. 注重掌握运动技能、技术，提高身体素质，以增强体质为主要目的 2. 关注运动负荷和不同对象的锻炼要求 3. 重视运动处方，促进身体全面发展	

2．对活动方式、手段的认识和理解不同

中国传统体育以养生为主，尤其重"养"。中国传统体育文化认为，人与自然是一种和谐的关系，人是自然的一部分，通过与自然的交换，从而排除浊气，吸取真气，五脏通达，六腑协调。决定人健康和寿命的根本原因在内而不在外。中国传

统体育强调整体效果和直观感受，强调意念的作用和内部修炼，对动作的把握靠直观顿悟，虽动作简单，但内涵深刻，讲究动作的神韵，不仅要形似，更重要的是要神似。崇文尚柔、以静养生是其活动的特征。由于对人体外在形态的淡化，因而，很少有肌肉激烈收缩的活动方式，身体运动以内部为主，而淡化身体的外部运动，即使有身体的外部运动，也是动作缓慢、动静结合。强调"形随神游""澄心如镜""静悟天机"。中国传统体育的"养"是以"自养"为主，不倚他人。而所"养"之物，主要不在人体，而在人之"气""志""心""性"。"气"是介于神形之间的一种存在，也是由形达神的途径。养"生"与养"志"有关，是对个体人格品质的一种综合要求和训练。至于"心"和"性"，则更是与人的内在精神密不可分。在中国传统体育中，很少有像西方现代体育那样单纯讲究锻炼人体的方法，也很少有专门化的比赛。即使对人体外形的称颂，也总是和人的内在气质联系并论。在中国古代，体育活动几乎都从属于其他社会活动，各自体育活动之间缺乏内在的社会联系，因而，也未能形成一个相对独立的有机统一体和理论与方法体系。

西方体育强调运动和肌肉健美、体格健壮，注重对人体外形的称颂，强调身体的外部运动。许多活动方式均要求大肌群参与，且肌肉运动剧烈。提倡对人体的力量、速度、耐力、柔韧等身体素质的训练，从而促进人体各部分均衡协调发展，通过奔跑、跳跃、投掷、摔跤和体操等方式分别锻炼人的头颈、手臂、肩胸、腿部等，进而提高人体的机能水平，美化人体的形象，获得精神满足。同时，西方重知识分析，运动方式讲究力学原理，重视对人体解剖结构和生理机能的研究，提倡科学，讲究规范，追求对抗和竞争，有科学系统的理论支撑，许多体育活动都有明确的比赛规则和严格的场地、器材要求。

3．对竞技体育的态度和胜负观不同

在中国，从事体育活动旨在对精神的培养和祛病、防病、延年益寿。这种作用主要靠自身的修炼领悟来完成，而不借外力之功，更不是通过与人较力较量来实现。因而，中国传统体育活动方式表现出自娱性的特点，即以个体活动为主，讲究自我锻炼，并不提倡相互斗争、相互对抗，也不追求对自然的超越。"天人合一"和传统的伦理道德所体现的与自然、与人和与社会和谐共处的思想，以及重人格的体育价值取向让古人对竞技性的身体运动并不重视，即使讲竞技，在古人看来，那些力量、速度、灵敏、技巧等外在表现，都只是低层次的，而高手之交则是较心较智，较人格的高度，较修养的深浅。因此，在中国本土生长的体育运动很少有竞技性的项目，这和西方体育追求更快、更高、更强，追求对抗和竞争，追求冒险和刺激截然不同。同时，中国传统体育对竞技结果的态度也表现出与西方体育的迥然不同。在古人看来，竞技的胜负本身是无足轻重的，胜固可喜，败亦无忧。无论胜

负，都是对人生的一种体验，一种磨砺，它们都可以对人格的完善起一种促进作用。因此，胜负在对人的内在精神气度的培养上其价值是等量的。

而西方竞技运动则不同。西方竞技运动提倡竞争，提倡超越对手，超越自然障碍，其活动是在相互较量、相互比较的过程中完成的。竞技场上的佼佼者常被视作偶像，被人们颂之为英雄。在西方人看来，竞技场上的结果、成绩、名次会直接影响到做人的价值及人本身的尊严，成绩的好坏是其一生成功与否的标志，成功与失败是两种完全不同的东西，在这里，价值取向是线形的、单向的。

第二节　奥林匹克运动

奥林匹克运动是在奥林匹克主义指导下，以体育运动和四年一度的奥林匹克庆典——奥运会为主要活动内容，促进人的生理、心理和社会道德全面发展，增进各国人民之间的相互了解，在全世界普及奥林匹克主义，维护世界和平的国际社会运动。奥林匹克运动包括以奥林匹克主义为核心的思想体系，以国际奥委会、国际单项体育联合会和各国奥委会为骨干的组织体系和以奥运会为周期的活动体系。

奥林匹克运动是人类社会的一个罕见的杰作，它将体育运动的多种功能发挥得淋漓尽致，影响力远远超出了体育的范畴，在当代世界的政治、经济、哲学、文化、艺术和新闻媒介等诸多方面产生了一系列不容忽视的影响。奥林匹克运动不仅构成了现代社会所特有的体育文化景观，以其特有的文化魅力愉悦人们的身心，更以其强烈的人文精神催人奋进，生生不息。

一、古代奥林匹克运动会的历史回眸

（一）古代奥林匹克运动会产生的社会背景

古代奥林匹克运动会（简称为古代奥运会）起源于何时，说法不一。大多数学者认为，古代奥林匹克运动会起源于公元前776年古希腊的奴隶社会。当时社会矛盾加剧，战争连绵不断，各个城邦为了取胜，都利用体育锻炼手段，增强战士的体质，培养身强力壮的武士，尤其是注重提高战士的赛跑、混斗、拳击等技能，以抵抗来犯的敌人。为此，他们经常组织各种体育竞赛，特别是组织长跑、比武等赛事，这为古代奥林匹克运动会的产生奠定了基础。

此外，古希腊人特别信奉神灵。每逢重大祭祀节日，各城邦都要举行盛大集

奥林匹克运动
会的起源

会，城邦首脑、军人、民众都纷纷参加欢庆，既有歌舞，以表达对"神"的敬意，又有竞技，以显示本城邦的威武勇猛。

古代奥林匹克运动会就是在这样的社会背景下诞生的，同时也表达了人民对和平美好的愿望。这样既相互矛盾又相互制约的关系，使奥林匹克运动会产生并延续了1 000多年。

（二）古代奥林匹克运动会盛况

1. 古希腊人全国性的盛大节日

古代奥林匹克运动会不仅是一种竞技大会，更是希腊人的一个全国性盛大节日，各城邦首领都会出席聚会，并达成一项协议：规定在赛会期间实行"神圣休战公约"。古代奥林匹克运动会期间，比赛紧张、激烈，气氛隆重、热烈。

2. 古代奥林匹克运动会掠影（图5-2-1）

古代奥运会宙斯神庙

古代奥运会遗址

古代奥运会少女点燃圣火

古代奥运会裸体比赛的运动员

古代奥运会掷铁饼比赛

古代奥运会掷标枪比赛

古代奥运会记录成绩者

古代奥运会给冠军颁奖

古代奥运会举重负荷用石头

图5-2-1 古代奥林匹克运动会掠影

3. 古代奥林匹克运动会时间和竞赛项目

古代奥林匹克运动会开始时为期一天，后改为5天，其竞赛项目如下：

大项	小项和比赛特征
赛跑	短跑：距离为192米
	中跑：长度为两个跑道长（384米）
	长跑：跑24个跑道长，共长2 608米
	武装赛跑：选手赤身裸体，手持盾牌参赛
摔跤	古希腊人最喜爱的项目，各级学校的必修课
五项竞技	赛跑：与单独进行的短跑一样，跑距为192米
	跳远：分立定跳远和助跑跳远两种
	掷铁饼：用上一步或上三步法掷
	标枪：分掷准和掷远两种
	摔跤：运动员只能用双臂和上半身攻击对方
拳击	不分等级、不分局数、不受时间限制，以击倒对手为胜，胜者再抽签继续比赛，直到剩下最后一人
混斗	由摔跤和拳击混合的竞技项目，在规则范围内，可用任何动作击打对方，直至对方认输为止
战车	分为四马拉车赛和两马拉车赛，在长800米、宽320米的赛马场举行。战车约跑10千米，各战车绚丽夺目，威武壮观
马术	马匹无鞍、无镫，全凭竞技者的技艺

 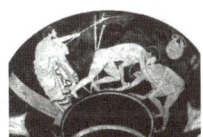    

赛跑　　　摔跤　　　　　五项竞技　　　拳击　　　　　战车　　　　马术

4．庄重的竞赛章程

公元前561年，古希腊哲学家卓罗斯为古代奥林匹克运动会起草了一份竞赛章程，章程上的有关规定一直是古代奥林匹克运动会必须遵守的规则：

◆ 竞技赛会的组织者由奴隶主贵族代表——地方官员或宗教头号人物担任，他们有权决定运动员和观众的资格。

◆ 竞技赛会的仲裁委员会由宙斯神殿中的专职祭司和经过选举产生的裁判人员共同担任。

◆ 凡在比赛中有贿赂裁判或有不检行为者将被罚巨款。

◆ 竞技比赛只在个人之间进行，没有团体赛。

◆ 竞赛者必须是希腊人，必须在政治、道德、宗教、法律诸方面无污点，其身份必须由裁判员证明。

◆ 女子不能参加比赛和观看，违者将处死。

（三）古代奥林匹克运动会的衰落

古代奥林匹克运动会上获得优胜者，将获得至高的荣誉——由奥运会祭司授予橄榄枝花冠，并享受被人们簇拥游行和参加庆贺活动的荣誉。但随后逐渐增加了物质奖赏和特权，从而使一些参赛者开始走向职业化的道路，各种破坏道德的不轨行为也随之产生，使不少人对此现象提出种种异议。

公元前5世纪末爆发的伯罗奔尼撒战争重创了希腊奴隶制，也使古代奥林匹克运动会开始由盛转衰。历时27年的战争，使希腊各城邦大伤元气，经济逐渐萧条，社会风气开始衰败，世俗利益战胜了对神的崇敬，竞技成了人们追求财富的手段，竞技逐步职业化和商业化，营私舞弊、损人利己的现象越来越多，公平竞技遭到亵渎，人们对维护城邦荣誉和追求身体健美的热情日渐淡漠。古代奥林匹克运动会辉煌不再。

"或得桂冠，或舍生命"

古代奥林匹克运动会上只设立一块奖牌（金牌），没有第二名和第三名。得不到冠军，便意味失败。由于冠军的荣誉独一无二，所以面对如此崇高的荣誉，所有运动员都喊着"或得桂冠，或舍生命"的口号，似乎与对手的竞争成了一场殊死搏斗。

公元前4世纪，马其顿入侵希腊后，古代奥林匹克运动会逐渐衰落。公元前146年，罗马人征服了希腊，奥林匹克运动会变成了罗马帝国的地方性竞技观赏会。公元前1世纪，罗马统治者几度篡改规则，使古代奥林匹克运动会面目全非。公元394年，罗马皇帝狄奥多西宣布基督教为国教，禁止包括奥林匹克祭典在内的异教活动。历时1 169年，前后共举办293届的古代奥林匹克运动会就此结束。

（四）古代奥林匹克运动会的历史功绩

1．人性化的创举

古代奥林匹克运动会虽然带有浓厚的宗教色彩，但却是一种人性化的创举，充分表达了人民追求和平与平等的强烈愿望，也寄托了生命与希望的人文精神，从而能延续1 000多年。

2．以"神的名义"达成了"神圣休战公约"

在古希腊城邦交战日趋频繁的年代，为了确保奥林匹克运动会如期顺利进行，在民众的强烈期盼和要求下，当时的国王伊菲斯特与各城邦之间进行了协商和政治斡旋后，终于以"神的名义"共同签订了"神圣休战公约"。

"神圣休战公约"规定，在奥林匹克运动会期间，各城邦都必须停止一切战争行为，并不准将武器携带进运动场，也同时保证通往比赛场——奥林匹克竞技场的通道畅通无阻，如有违背"神的意志"，将受到严厉惩罚。

3．开创了人类历史上竞技运动的模式

古代奥林匹克运动会开创了人类历史上竞技运动的模式，为现代奥林匹克运动会和世界竞技运动的模式奠定了基础。

4．寄托了人类祈求和平和自由的强烈愿望

古代奥林匹克运动会期间，要点燃象征寄托人类祈求和平的圣火，圣火象征照耀人类前进的步伐和光明而崇高的目标。

5．展示了古代竞技的"自然、纯真和优美"

古代奥林匹克运动会的竞赛安排：第一天：运动员资格审查，随后是赛跑；第二天：五项全能；第三天：拳击、格斗、角力；第四天：少年比赛；第五天：战车、赛马、武装赛跑，晚上在宙斯神庙前宣布成绩并颁奖，随后举行隆重的欢庆仪式。

二、现代奥林匹克运动会的光辉历程

（一）现代奥林匹克运动会——人类社会一项伟大的社会实践

自公元394年古代奥林匹克运动会被罗马皇帝狄奥多西下令废止后，中世纪的欧洲进入了一段漫长的宗教黑暗统治时期。14—18世纪，在欧洲进入文艺复兴、宗教改革和新兴资产阶级宣扬自由、平等、博爱和个性解放的旗帜下，人们开始重新怀念和赞美古希腊奥林匹克运动会的理想和精神，特别是一些教育家和社会活动家在研究古代奥林匹克运动会竞赛制度和审美情趣的基础上，都对恢复奥林匹克运动会做了多方面的尝试。

现代奥林匹克运动是在欧洲进入资本主义工业时代才得以复兴的，它以坚实的社会经济、政治、文化为基础，是在顺应社会发展和体育发展的潮流中逐步形成的，这是人类社会进入一个新的发展时期所进行的一项伟大的社会实践。

1．三大思想文化运动为奥林匹克运动的兴起奠定了思想基础

14—18世纪，欧洲大陆出现了三次大规模的思想文化运动，即文艺复兴、宗教改革和启蒙运动。三大思想文化运动砸开了中世纪束缚人们思想的封建枷锁，扫清了资本主义发展道路上的主要思想障碍，迎来了思想解放、人才辈出和科学繁荣的时期，适应新的生产力发展和新生产关系需要的新的思想文化和新的科学艺术纷纷产生，新的体育思想——近代体育思想也应运而生。

三大思想文化运动中产生的一大批伟大人物与欧洲中世纪黑暗的基督教禁欲主义针锋相对，他们痛斥禁欲主义违反人性，指出人的欲望是正当的人生目的，认为必须在灵魂和肉体之间建立和谐，主张身体和精神的统一，注重身体的均衡与协调

发展，重视身体的健康和健美，使人们重新发现了体育的价值，认识到只有身体健康才能享受到人生的快乐。这种思想的兴起确立，使传统的道德标准和美与丑的观念发生了根本变化，为奥林匹克运动的兴起奠定了思想基础。

2．工业革命和资产阶级的教育方式为奥林匹克运动的兴起提供了适宜的土壤

资本主义工业革命给人类社会带来了一系列深刻的变革，它推动了近代自然科学的发展，使近代体育有了雄厚的经济基础，也使体育有了更强的生命力。由于工业化社会中的生产和生活方式给人的生理、心理带来了一系列严峻的挑战，促使人们努力寻求新的、理想的生活方式，从而对身体活动有了新的认识。人们开始把注意力转向改善人的身体本身，体育因而成为一种新的社会需要得到进一步发展。

从文艺复兴时代起，资产阶级教育家把体育作为培养人才的重要手段加以大力提倡，不仅恢复了古希腊的体育制度，还进一步制订了锻炼身体的各种措施，积极研究各种运动方法，努力让学生的身体得到全面发展。体育已成为一项重要的，不可缺少的教育活动。捷克教育家夸美纽斯按照资产阶级的教育要求，对学校体育进行了系统的论述，并将体育以较成熟的形式引入学校教育之中，他主张学校应设宽敞的运动场，应开展广泛的体育活动，鼓励学生通过参加体育活动使身心健康发展。

3．顾拜旦的伟大贡献

法国教育家皮埃尔·德·顾拜旦是公认的现代奥林匹克创始人，他为奥林匹克运动的诞生和发展作出了卓越贡献（图5-2-2）。1863年1月1日，顾拜旦出生于法国巴黎的一个贵族家庭。大学毕业后，他投身于教育改革。1888年，顾拜旦就任法国学校教育、体育训练筹备委员会秘书长。他曾去希腊雅典对古代奥林匹克遗址进行过考察和研究，他认为近代体育的发展正在走向国际化，应该借助古希腊体育的经验和传统影响来推进国际体育，于是产生了复兴奥运会的想法。

图5-2-2　顾拜旦

1891年，顾拜旦创办了《体育评论》杂志，以此为阵地热情宣传他的主张，对创办奥运会起到了积极的推动作用。1892年，顾拜旦遍访欧洲宣传奥林匹克理想。同年11月25日，他在索波大学（今巴黎大学）举行的一次会上首次提出"恢复奥林匹克运动会"的主张。在这次会议上，他发表了著名的演说，第一次公开和正式地提出创办现代奥林匹克运动会的倡议。顾拜旦在演说中提出，现代奥林匹克运动会应该像古代奥林匹克运动会那样，以团结、和平和友谊为宗旨，但应该比古代奥林匹克运动会有所发展和创新，它应该向一切国家、地区和民族开放，并在世

界各地轮流举办。顾拜旦的倡议使现代奥林匹克运动会从开始便冲破民族和国家界限，具有鲜明的国际性。

1894年6月1—24日，根据顾拜旦的建议，来自希腊、美国、英国、法国等12个国家和地区的49个体育组织的代表，参加了在巴黎索邦神学院举行的国际体育运动代表大会。这次会议通过了成立国际奥委会的决议，选出15人任第1届国际奥委会委员，决定由奥运会举办国的国际奥委会委员担任国际奥委会主席，顾拜旦任秘书长。大会还通过了于1896年在古代奥林匹克运动会的发源地希腊雅典举行首届现代奥林匹克运动会的决议，并规定每四年举行一次。奥林匹克运动终于重新登上历史舞台，揭开了人类文明史上又一页新的篇章。

第1届现代奥林匹克运动会

1896年4月6日—15日，首届现代奥林匹克运动会在希腊雅典举办。澳大利亚、奥地利、保加利亚、英国、匈牙利、德国、丹麦、美国、法国、智利、瑞士、瑞典和东道主希腊13个国家的311名运动员参加了本届奥运会。会前，希腊向包括中国在内的世界各国发出了邀请，但绝大多数国家因对奥运会不甚了解或其他原因，都未派队出席，中国亦属此列。本届奥运会比赛项目有田径、游泳、举重、射击、自行车、古典式摔跤、体操、击剑和网球9个大项。

希腊人对这次大会表现出了极大的热情，出席开幕式的观众达8万人，这一数字直到1932年洛杉矶奥运会才被突破。从此，奥运会成为世界性体育盛会。

第1届现代奥林匹克运动会开幕式

（二）现代奥林匹克运动艰难的探索和光辉的历程

1. 现代奥林匹克运动会初创期的艰辛

在现代奥林匹克运动会初创时期，由于组织上很不成熟，使得比赛的公正性、规范性难以保证。国际奥委会除体操、滑冰和赛艇项目外，其他项目尚无国家组织，项目设置很不健全，比赛场地缺乏统一标准，特别是裁判员的组成基本上都是由举办国派人担任，从而难以保证比赛的公正性。此外，组织者强调"重要的不是取胜，而是参与"，这也给比赛的规范性和严肃性带来了影响。

2. 世界大战和"冷战"对奥运会的伤害

由于第二次世界大战的影响，1940年和1944年两届奥运会被迫取消。之后，国际局势风云变幻，"冷战"格局形成，这给奥运会的发展设置了重重障碍。

3. 战后世界新格局促进了奥运会的发展

第二次世界大战后，世界格局出现了新的变化，这也使得奥运会有了新的变化，如参赛国家和参赛运动员激增，1948年的奥运会有59个国家参赛，而到了

1972年的奥运会有121个国家参加。战后，现代奥林匹克运动会在规模扩大的同时，运动水平也大幅度提高。

4．改革与创新给奥运会的发展创造了机遇

1980年，西班牙人萨马兰奇接替基拉宁出任国际奥委会主席。他以全新的思维，对奥运会进行了全面改革：

（1）将商业运作引进奥运会，从而解脱了奥运会沉重的经济包袱。

（2）向世界优秀运动员开放，以提高奥运会的竞技水平和观赏性，并增强奥林匹克运动在政治上的独立性。

（3）引进现代化管理手段，使国际奥委会成为有法人资格的国际组织。

（4）开设一系列体育文化教育，如举办"奥林匹克日"，赞助"世界体育大会""奥林匹克大会"等，呈现出体育与文化、教育、科技相结合的新姿态。

5．冬季奥林匹克运动会简介

冬季奥林匹克运动会，简称为冬季奥运会、冬奥会，是由国际奥林匹克委员会主办的世界性冬季项目运动会。冬季奥运会每四年举行一届，并与夏季奥运会隔两年举行。该赛事的主要特征是在冰上和雪地上举行的运动，如滑冰、滑雪等适合在冬季举行的项目。第1届冬季奥林匹克运动会于1924年在法国的夏慕尼举行。

现代冬季奥林匹克运动会的项目包括速度滑冰、短跑道速度滑冰、花样滑冰、高山滑雪、自由式滑雪、单板滑雪、越野滑雪、跳台滑雪、冬季两项、北欧两项、雪橇、雪车、冰球、冰壶、钢架雪车15项。

（三）奥林匹克运动的思想体系

奥林匹克运动的思想体系包括奥林匹克主义、奥林匹克精神、奥林匹克理想及其宗旨和格言等，他们都属于一个统一的范畴，包含在《奥林匹克宪章》中。

现代奥林匹克运动的伟大贡献者——萨马兰奇

胡安·安东尼奥·萨马兰奇当选为国际奥委会主席后，他将过去的奥委会组织进行了一系列的改革，使内部组织机构由封闭变为开放，从而使这一组织变得空前活跃而富有生命力。在他的努力下，取消了所谓的业余规定，并依托国际奥委会、国际单项运动组织、各个国家奥委会三大支柱，共同将奥林匹克运动推向新的纪元，使得奥运会成为全球水准最高的体育赛会，主办奥运会的城市也代表着至高无上的荣誉，充满着无限的商机。

在萨马兰奇领导奥委会的19年中，国际奥委会成为全世界最有影响力、最富有的国际组织。

对于体育与政治关系，在1988年莫斯科国际体育

部长大会上他曾说："体育与竞技运动不可能如一些人们声称的独立于政治"，但他同时又强调国际奥委会"不能接受任何一个国家政府的指挥，否则就必然陷入互相冲突的境地"。

1.《奥林匹克宪章》

《奥林匹克宪章》是国际奥委会制定的关于奥林匹克运动的最高法律文件，是奥林匹克运动共同认识的基础和相互协调的准则。它通过制定基本法则、比赛规则和附则，负责指导奥林匹克组织和运动，规定奥林匹克运动会举办的条件。具体内容包括奥林匹克运动的宗旨、原则、资格、机构、职权范围和奥林匹克各种活动的基本程序等。

2. 奥林匹克主义

奥林匹克主义是奥林匹克运动的核心思想，它是将身、心和精神方面的各种品质均衡地结合起来，并使之得到提高的一种人生哲学。它试图通过体育运动与教育的结合促进人的和谐发展，进而促进一个维护人的尊严、和平的社会的建立。奥林匹克主义作为一种人生哲学、生活哲学，它主张通过强身健体、磨砺意志、陶冶高尚情操，促进身心精神的全面发展。

3. 奥林匹克精神

奥林匹克精神是由顾拜旦提出的，其核心内容是"相互理解、友谊长久、团结一致和公平竞争"。参与原则是奥林匹克精神的第一项原则。奥运会是体育精神、民族精神和国际主义精神于一身的世界级运动盛会，象征着世界的和平、友谊和团结，这就是奥林匹克精神的体现。

4. 奥林匹克理想

奥林匹克的奋斗目标是通过体育运动与教育的结合，使人类逐步向协调和谐、全面发展与尽善尽美前进，建立一个符合人们期望的理想社会。这是奥林匹克的最高理想。

5. 奥林匹克宗旨

奥林匹克的宗旨是，通过没有任何歧视、具有奥林匹克精神——以友谊、团结和公平竞争的精神相互理解的体育活动来教育青年，从而为建立一个和平的、更美好的世界作出贡献。可高度概括为"和平、友谊、进步"。

6. 奥林匹克格言

奥林匹克格言是奥林匹克运动的口号之一，其内容是：更快、更高、更强——更团结。奥林匹克格言不仅鼓舞人在赛场上不断战胜自己，挑战新的极限，而且鼓励人们在生活的各个方面不断超越自己，始终保持活力。

奥林匹克格言
的由来

奥林匹克格言
的更新

三、奥林匹克运动的贡献和文化理念

（一）奥林匹克的核心价值——卓越、友谊、尊重与公平竞争

奥林匹克文化的核心价值可以概括为"卓越"（excellence）、"友谊"（friendship）、

"尊重"（respect）与"公平竞争"（fair play）。这些奥林匹克价值是奥林匹克运动的定盘星和压舱石，也是奥林匹克运动的文化基础。"卓越"这一价值理念，体现了奥林匹克运动中奋斗拼搏、积极进取、永不言败的进取精神。与之相联系的是奥林匹克格言"更快、更高、更强——更团结"，以及强调奋斗过程的奥林匹克名言"重要的是参加，而不是取胜"。"友谊"这一价值理念，体现了在追求友谊、团结、公平竞争基础上相互理解的奥林匹克精神，还有"通过体育建立一个更好的世界"的奥林匹克愿景。象征五大洲团结的奥林匹克五环，呼吁世界和平的奥林匹克休战也都源于这一核心价值。"尊重"这一价值理念不仅体现于尊重对手的人际关系，也体现于尊重规则的人与社会的关系，还体现于尊重环境的人与自然的关系，从而引申出绿色奥运的观念。"公平竞争"在奥林匹克文化中是具有底线意义的规范价值，因为奥林匹克主义以竞技运动为实践手段，而竞技运动的灵魂是公平竞争，只有公平公正地比赛，才能让运动员和观众认同并践行奥林匹克核心价值，它也引发出奥林匹克运动对兴奋剂零容忍的制度安排。

奥林匹克价值对奥林匹克运动具有导向性、基础性和整合性的重要作用。顾拜旦等先驱者筚路蓝缕、殚精竭虑开创的奥林匹克运动，在100多年的风云变幻中历经艰难困苦，仍能生机勃勃、持续不断地为人类社会注入活力，一个根本原因就是它围绕着奥林匹克价值理念，构建出独具特色的文化，为奥林匹克运动提供了有力的支撑，引导其与时俱进，持续走在时代前列。

（二）奥林匹克蕴含的"人文体育理念"——反映了奥林匹克的体育精神

奥林匹克倡导的人文体育不仅在于要求运动员树立公正、公平的竞争意识，养成良好的体育风尚，发扬自尊、自信、自强、遵纪守法、服从裁判的风格，更强调以高尚的体育道德精神感染观众，崇尚"扶正祛邪，向善惩恶"的崇高精神。

奥运会展现的体育道德、哲学理念与科学、艺术融于一体，象征和平和友谊，点燃火炬，举行隆重的开幕式和闭幕式，设立文化活动奖，增加民族风情内容，举办绘画展览，云集许多国家的政治家、教育家、艺术家展示才华……这些充分反映了体育与人文相结合，促使人在身体、意志和精神上全面发展。

（三）奥林匹克倡导"体育与教育相结合"模式——鼓励人们超越自我，不断进取，促进人的全面发展

《奥林匹克宪章》强调了竞技体育的教育目的，强调了对运动员的德、智、体、美和谐发展的教育作用，鼓励人们在奋斗中追求幸福，在勇敢顽强和奋力拼搏中体验快乐。

奥林匹克运动强调参与比取胜更重要，倡导"更快、更高、更强——更团结"，

丘索维金娜的
奥运传奇

并告诫人们这是一项人体工程的合理设计，要发扬超越自我、不断进取的精神。

奥林匹克运动强调体育与教育的结合，即体育加文化，促进人的全面发展。

（四）奥林匹克精神的启示

无论是古代奥林匹克运动会还是现代奥林匹克运动会，都表明："体育具有高度的教育价值，是人类追求完美的重要因素之一。"奥林匹克运动所倡导的奥林匹克主义和精神，其实质内容就是体育与文化教育相结合，并以此促进人的身心和谐发展，净化心灵，进而建立起一个和平、美好的世界。

全红婵身上的
奥运精神

体育与文化教育结合是奥林匹克的核心，也是世界竞技体育的发展趋势，它充分体现了教育和体育两者之间目标的统一性与和谐性。在体教融合的背景下，应充分发挥两大系统的资源优势，吸引更多的青少年参与体育，让他们在参与体育运动的同时，得到综合能力的提升、意志品质的锤炼、价值观的变化。

四、中国与奥林匹克运动

（一）近代中国与奥运会的渊源

中国与奥林匹克运动的联系最早可以追溯到1895年。这年，现代奥林匹克运动与国际奥林匹克委员会的发起人顾拜旦曾致函清廷李鸿章，劝说中国参加首届现代奥林匹克运动会，雅典奥运会筹备委员会亦曾于当年8月16日通过各国大使馆向中国转发了邀请书。但当时清廷内忧外患，不知奥运会为何物，未予理睬，致使中国与首届现代奥林匹克运动会"擦肩而过"。

1904年，许多中国报刊报道了第3届奥运会的消息。

1906年，中国的一家杂志介绍了奥林匹克历史。

1907年，中国基督教青年会和教会学校人士开始在社会上宣传奥林匹克运动。10月24日，著名教育家张伯苓先生在天津基督教青年会第5届学校运动会的演说中，热烈呼吁中国加紧准备，争取早日参加奥运会，称此次运动会的成功，使他"对吾国选手在不久的将来参加奥运会充满了希望"。

中国奥运先驱
——张伯苓

1908年伦敦奥运会前夕，一些报刊报道了即将召开第4届奥运会的消息。这一届奥运会后，天津一家报纸再次介绍了奥林匹克运动的历史，还提出要争取这一盛会在中国举行。在1908年10月23日的天津第6届田径运动会颁奖仪式上，张伯苓先生首次用投影机放映了伦敦奥运会的盛况，热情地向在场的运动员和观众们展示了奥林匹克运动的魅力。

1913年开始举办的远东运动会（最初名为"远东奥林匹克运动会"），是奥林匹克运动在亚洲的先驱，中国是发起者之一。在远东运动会上，中国运动员取得

奥运三问

1908年,《天津青年》杂志发表文章,向国人提出了振聋发聩的三个问题:"中国,什么时候能够派运动员去参加奥运会?我们的运动员什么时候能够得到一枚奥运金牌?我们的国家什么时候能够举办奥运会?"而这一作答,中国用了整整一百年!爱国体育人士刘长春,第一枚奥运金牌获得者许海峰,2008年的北京奥运会,各自用震人心肺的方式完美回答了"奥运三问"。

了较好的成绩,表现了良好的体育道德。

1915年,国际奥委会致电远东运动会组委会,承认了远东体协,并邀请中国参加下届奥运会和奥委会会议。

1922年,我国的王正廷当选为国际奥委会委员。

1924年8月,中国第一个全国性体育组织——中华全国体育协进会成立,王正廷当选为会长。此后,中国陆续加入了田径、游泳、体操、网球、举重、拳击、足球、篮球等8个国际单项体育联合会。在第8届奥运会上,我国3名选手参加了表演赛。

1928年,在荷兰阿姆斯特丹举办的第9届奥运会上,我国派观察员宋如海参加,并进行了考察工作。

1931年,当时的中华全国体育协进会被国际奥委会承认为"中国奥林匹克委员会"。中国正式参加奥运会的历史由此开始。

中国奥运第一人——刘长春

1932年,中国短跑选手刘长春参加了在美国洛杉矶举行的第10届奥运会,这是中国人第一次正式出现在奥运会的赛场上,他向世界宣告了中国是奥运会大家庭的成员和奥林匹克运动在中国的存在。但由于当时中国正饱受着战争苦难,刘长春在海上航行22天,

没有时间倒时差,也没有时间休息,导致其未发挥出自己的正常水平,无缘决赛。刘长春克服重重困难,单刀赴会,用行动诠释了奥林匹克精神,成为中国奥运第一人。

1932年,第10届奥运会在美国洛杉矶举行。国民政府派出以刘长春、于希渭为运动员,宋君复为教练员,沈嗣良为领队的代表团代表中国参加奥运会。于希渭后因日方阻挠破坏,未能成行。刘长春作为中国体育代表团中唯一一名运动员出席开幕式,并参加了100米、200米的比赛。因舟车劳顿,刘长春在100米、200米预赛中位于小组的第五、六名,未能取得决赛权,但他以我国第一位参加奥运会的选手而留名于中国奥运会史。

1936年,在德国柏林举行的第11届奥运会上,我国派出了140人组成的代表团,但除撑竿跳选手符宝卢取得复赛权、篮球比赛胜过法国队外,其他运动员均在比赛中失利。

1948年,第14届奥运会在英国伦敦举行。国民政府未经选拔和训练,临时组

成了一个体育代表团参加了篮球、足球、田径、游泳和自行车等5个项目的比赛，但没有一人进入决赛。

（二）中华人民共和国奥林匹克运动的辉煌

中华人民共和国成立后，原中华全国体育协进会改组为中华全国体育总会（中国奥林匹克委员会）。1952年，在赫尔辛基召开的国际奥委会会议上，与会代表以多数票通过了邀请中国运动员参加第15届奥运会的决议。但后因国际奥委会中某些人制造"两个中国"，中国多次抗议交涉无效，于1958年声明中断与国际奥委会的关系。

1975年，中国奥委会要求恢复在奥林匹克运动中的合法代表权。1979年11月26日，国际奥委会恢复了中国在国际奥委会的合法席位。

1980年，中国奥委会首次派队参加了第13届冬季奥运会。

1984年，中国奥委会派出了一个大型体育代表团参加了在美国洛杉矶举行的第23届奥运会，许海峰夺得了这届奥运会的首金，实现了中国奥运史上金牌"零"的突破。

随后的奥运会中，中国的表现越来越出色。在2000年悉尼奥运会上，中国获得28枚金牌，位列奖牌榜第三位。4年后的雅典奥运会，中国在金牌榜上首次名列第二位，显示了奥运成绩和国际竞争力。期间，中国奥委会积极向国际奥委会申请举办奥运会。1993年，中国奥委会向国际奥委会提出了北京举办2000年奥运会的申请，但最后以2票之差惜败于悉尼。1999年1月6日，中国奥委会全会在北京召开，决定由北京再次代表中国申办2008年第29届奥运会。2001年7月13日，在莫斯科第112届国际奥委会全会上，北京赢得了2008年奥运会主办权。

中国奥运第一金

在1984年第23届洛杉矶奥运会上，许海峰在男子手枪60发慢射决赛中，以566环的成绩获得冠军，成为中国奥运史上首位奥运冠军，打破了中国奥运史上金牌"零"的纪录。

（三）2008年北京奥运会

2008年北京奥运会是中国第一次举办奥运会，在北京奥运会上，中国队获得了51枚金牌，创造了在奥运会上的最佳成绩。

1. 北京奥运会的三大理念

（1）绿色奥运。把环境保护作为奥运设施规划和建设的首要条件，制定严格的生态环境标准和系统的保障制度；广泛采用环保技术和手段，大规模多方位地推进环境治理、城乡绿化、美化和环保产业发展；增强全社会的环保意识，鼓励公众自觉选择绿色消费，积极参与各项改善生态环境的活动，大幅度提高首都环境质量，建设宜居城市。

（2）科技奥运。紧密结合国内外科技最新进展，集成全国科技创新成果，举办一届高科技含量的体育盛会；提高北京科技创新能力，推进高新技术成果的产业化和在人民生活中的广泛应用，使北京奥运会成为展示新技术成果和创新实力的窗口。

（3）人文奥运。传播现代奥林匹克思想，展示中华民族的灿烂文化，展现北京历史文化名城风貌和市民的良好精神风貌，推动中外文化交流，加深各国人民之间的了解与友谊；促进人与自然、个人与社会、人的精神与体魄之间的和谐发展；突出"以人为本"的思想，以运动员为中心，提供优质服务，努力建设使奥运会参与者满意的自然和人文环境。

2．北京奥运会口号

2005年6月26日，2008年北京奥运会口号正式揭晓，中文口号为："同一个世界 同一个梦想"；英文口号为："One World One Dream"。

"同一个世界 同一个梦想"，集中体现了奥林匹克精神的实质和普遍价值观——团结、友谊、进步、和谐、参与和梦想，表达了全世界在奥林匹克精神的感召下，追求人类美好未来的共同愿望。

"同一个世界 同一个梦想"，深刻反映了北京奥运会"绿色奥运、科技奥运、人文奥运"三大理念的核心和灵魂的人文奥运所蕴含的和谐的价值观。

3．北京奥运会会徽

图5-2-3
北京奥运会
会徽

北京奥运会会徽——"舞动的北京"是一方中国印（图5-2-3）。会徽将肖形印、中国字和五环徽有机地结合起来，充满了深沉的活力。尺幅之地，凝聚着东西方气韵；笔画之间，升华着奥运会精神。在这个会徽中记载着中国北京向世界作出的承诺。"舞动的北京"是一座奥林匹克的里程碑。它是用中华民族精神镌刻、古老文明意蕴书写、华夏子孙品格铸就出的一首奥林匹克史诗中的经典华章；它简洁而深刻，展示着一个城市的演进与发展；它凝重而浪漫，体现着一个民族的思想与情怀。

4．北京奥运会吉祥物

"福娃"是5个拟人化的娃娃，他们的原型和头饰蕴涵着与海洋、森林、火、大地和天空的联系，应用了中国传统艺术的表现方式，展现了灿烂的中国文化的博大精深。5个福娃分别叫"贝贝""晶晶""欢欢""迎迎""妮妮"（图5-2-4）。各取它们名字中的一个字有次序地组成了谐音"北京欢迎你"。北京奥运会吉祥物的每个娃娃都代表着一个美好的祝愿：贝贝象征繁荣、晶晶象征欢乐、欢欢象征激情、迎迎象征健康、妮妮象征好运。娃娃们带着北京的盛情，将祝福带往世界各个角落，邀请各国人民共聚北京，欢庆中国北京的2008奥运盛典。

图5-2-4　福娃全家福

（四）2022年北京冬奥会

2015年7月31日，在马来西亚吉隆坡举行的国际奥委会第128次全会上，国际奥委会主席巴赫宣布：中国北京获得2022年第24届冬季奥林匹克运动会的主办权。北京创造历史，成为第一个既举办过夏奥会又举办冬奥会的城市。2021年9月17日，北京冬奥会、冬残奥会主题口号正式对外发布——"一起向未来"（"Together for a Shared Future"）！"一起向未来"体现了团结和集体的力量，体现了奥林匹克运动的核心价值观和愿景，以及追求世界统一、和平与进步的目标。2022年2月4—20日，第24届冬季奥林匹克运动会在北京和张家口成功举办，用实际行动阐释了绿色、共享、开放、廉洁的办奥理念（图5-2-5）。国际奥委会主席巴赫称本届冬奥会是一届真正无与伦比的冬奥会。2022年4月8日，在北京冬奥会、冬残奥会总结表彰大会上，习近平总书记深刻指出："北京冬奥会、冬残奥会广大参与者珍惜伟大时代赋予的机遇，在冬奥申办、筹办、举办的过程中，共同创造了胸怀大局、自信开放、迎难而上、追求卓越、共创未来的北京冬奥精神。"

图5-2-5　第24届冬季奥林匹克运动会开幕式

第三节　大学体育文化

大学体育文化是校园中一种特殊的文化现象，是校园文化的重要组成部分。新时代，加强大学体育文化建设，对于塑造大学生的健康体质和完全人格、培养终身体育意识、营造良好的校园文化氛围、全面推进素质教育都具有十分重要的作用。

一、大学体育文化的内涵

大学体育文化是发生在学校范围内的一种有着深刻内涵和丰富外延的独特的文化现象。它是以校园为主要空间、以学生为主体、以课外体育文化活动为主要内容、以校园精神为特征的一种群体文化，是由学校广大师生在实践过程中共同创造的体育物质财富和精神财富的总和。大学体育文化在内涵上体现了体育与人文精神的结合，使人拥有健康的体魄和良好的体育道德，从而进一步影响到个人世界观、人生观、价值观和生命观的正确走向，最终实现学校教育的目标——人的全面发展。

大学体育文化的宗旨主要是培养学生体育精神、体育意识和体育技能，提高体育文化素养，增进学生身心健康，并在此宗旨指导下开展多种多样的校园体育文化活动。

二、大学体育文化的结构

大学体育文化是整个体育文化体系中的重要内容，也是整个教育体系中的基本组成，其主要内容包括精神层面、制度层面和物质层面（图5-3-1）。

（一）灵魂与核心——大学体育精神文化

大学体育精神文化是大学体育文化的精髓和核心，在三个层面中居主

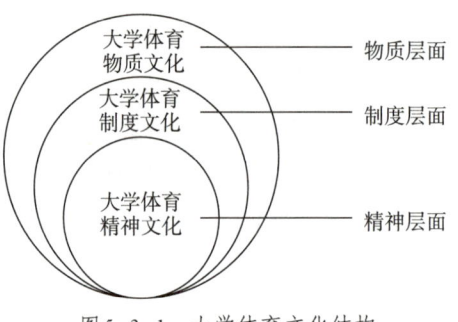

图5-3-1　大学体育文化结构

导地位。大学体育精神文化主要反映在体育的价值观念、体育的态度、道德风尚、知识等方面，涉及学生的理想追求、观念转变、道德修养、人格塑造、行为自律、纪律约束等各个方面。大学体育精神文化是一种氛围，一种软环境，它以体育思想观念体系和价值体系表现出来，具有较强的渗透力与控制力，一经形成，就会成为校园的向心力和凝聚力，影响和规范每个学生的思想和行动，决定其价值取向和思想品质的形成，并成为激励学生奋发向上的精神力量。其中，体育观是大学体育精神文化的最高反映，它指导着学校体育成员体育行为取向，决定了大学体育文化的

发展目标。因此，强化和弘扬良好的体育精神文化是大学体育文化建设的核心和宗旨。

（二）动力与保障——大学体育制度文化

大学体育制度文化是大学体育文化的中间层面，是指在体育教学、娱乐、竞赛等活动中要求学生共同遵守的规程、行动准则等文化体系，它是在体育教学实践中形成和发展起来，并通过条文固定下来的。大学体育制度文化具有高度的科学性、权威性、概括性和规范性等基本特征，是衡量教学质量、运动水平的主要标志。它能引导学生在约定的规则下进行体育比赛和竞争较量，有利于培养学生遵章守纪的行为习惯，加强道德培养。

（三）基础与支撑——大学体育物质文化

大学体育物质文化层面是大学体育文化发展的物质基础，它主要包括体育场馆、体育器材、体育设施等与体育有关的实物。体育物质为体育活动提供了场地和活动器材，是体现精神的物质载体，也是体育物质文化的一种外在形式。体育物质文化不单指物质本身，而是包括体育物质所蕴含的思想和观念，如体育雕塑（图5-3-2）、体育建筑（图5-3-3）、场地设计等都附加了人类的智慧与灵感，体现着人的情感、意志和观念。这些体育物质文化会潜移默化地影响大学生的体育价值观念，激发其体育兴趣和热情。大学生在与体育运动和体育设施的不断接触中，会逐渐被体育物质所蕴含的思想和观念所熏陶，感受体育的内涵，体验体育运动的力量、速度、刚毅和柔美。

"无体育、不清华"

清华大学建校之初，曾以"三好学校"著称——校舍好、英文好、体育好。建校百余年来，清华大学始终将体育作为育人的重要环节。周诒春校长首创德、智、体三育并重；梅贻琦校长提倡，体育不仅在于操练个人的身体，更要借此养成团体合作的精神；蒋南翔校长提出的"为祖国健康工作五十年"的口号更是熏陶了一代又一代清华学子。新时代，清华大学在继承优良传统的基础上，倡导"育人至上，体魄与人格并重"的体育教育观，"无体育、不清华"的口号正激励着新一代的清华人行健自强，奋进不息。

图5-3-2　体育雕塑

图5-3-3　上海交通大学体育馆（摄于1925年）

三、大学体育文化的作用

1．增进学生身心健康

增进健康，促进学生身心发展是学校体育的本质功能，也是大学体育的终极目标。参加体育活动不仅可以增强学生的体质，还可以释放不良情绪，从而达到调节心情的作用，这对学生身心发展是极有利的。

2．改变学生的不良行为

当人处在一个文化环境中，就会受到文化的熏陶，潜意识就会约束自己的行为。大学体育文化作为校园中的一种特殊文化，自然也具有这种功能。服从规则是体育的重要文化价值，学生在进行体育活动的过程中，必须遵守体育规则，违反规则就会受到惩罚或谴责。多参与体育活动，可以督促学生改变自己的不良行为。

3．激发参加体育运动的积极性

良好的校园体育文化环境给学生提供了一个良好的体育氛围，可以鼓舞学生积极参加体育活动。如学校宣传栏中的体育新闻、体育明星，尤其是学校体育明星，都可以从精神上鼓励学生积极参与体育活动。

4．培养学生的竞争意识

学生参加体育竞赛和体育锻炼的过程，从本质上来说也是一种与他人竞争的过程。经常参与体育锻炼和体育竞赛，可以培养学生的竞争意识。而经常参与团体项目可以让学生懂得：只有加强与队友的合作，才能最终取得比赛的胜利。在这些项目中，团队的荣誉是第一位的。参与体育活动，可以增强学生与他人合作的意识，加强集体观念。

5．培养学生的意志品质

体育活动复杂而具有挑战，学生在从事体育活动过程中，会遇到许多困难和伤痛，只有不断克服它们，才能真正享受体育的快乐。因此，通过体育活动可以培养学生吃苦耐劳、克服困难、挑战自我、超越自我等良好的意志品质。

下 篇

如果你想强壮，跑步吧！如果你想健美，跑步吧！如果你想聪明，跑步吧！

——古希腊埃拉多斯山岩的名言

跑步对我来说，不单是有益的体育锻炼，还是有效的隐喻。我超越了昨天的自己，哪怕只是一丁点儿，才更为重要。在长跑中，如果说有什么必须战胜的对手，那就是过去的自己。

——[日]村上春树

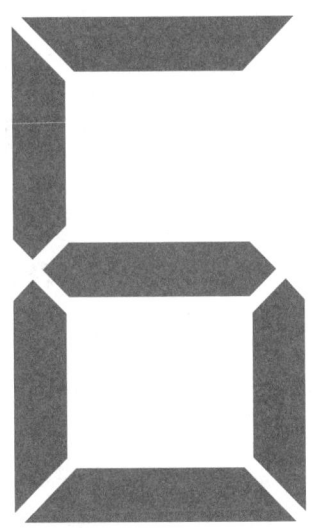

第六章　开发人类潜能　昭示回归自然 ——田径运动

田径运动是径赛、田赛和全能比赛的全称。以时间计算成绩的竞走和跑的项目叫"径赛"，以高度和远度计算成绩的跳跃、投掷项目叫"田赛"。田径比赛由田赛、径赛、公路跑、竞走和越野跑组成，此外还包括部分田赛和径赛项目组成的十项全能。田径运动是所有竞技运动中最早开展的运动项目，由于其运动属性及其所表现出来的走、跑、跳跃、投掷和它体现的力量、速度、耐力、灵敏等运动要素，不仅享有"运动之母"的美称，更是人类生存的基本活动能力。

第一节　田径运动

一、认识"运动之母"

（一）"田径"一词的由来

"田径"一词中的"田"是指广阔的空地和原野，"径"是指小道的意思。"田径"即象征着古人在这无边无际的田野和小道上为了生存去寻找食物或追捕、躲避野禽。为了生存，人类在不断的演练中逐渐学会了走、跑、跳跃、投掷、攀爬、涉水、翻滚等技能，也逐步发展了自身的力量、

速度、灵敏和耐力等身体素质。田径运动依赖于这些身体素质，这也是其他运动项目必须具备的身体条件。随着社会的发展，人类开始理性地审视这些基本生存能力与人类发展之间的关系，并逐步演化为今天体育运动中各项运动的技术基础，这也使得田径运动有了"运动之母"的美称。

（二）田径运动的文化溯源

1. 古代田径运动——维系生存的原创性教育

远在上古时代，人们为了获得生活资料，在和大自然及禽兽的斗争中，不得不走或跑相当的距离，跳过各种障碍，投掷石块和使用各种捕猎工具。人在劳动中不断地重复这些动作，便形成了走、跑、跳跃和投掷等各种技能。随着社会的发展，人们有意识地把走、跑、跳跃、投掷作为练习和比赛形式。之后，又经改造后逐步形成各种体育技能，并将这些技能传授给后代。因此，最初的体育是出于维系人类生存的需要，早年的体育教育实际上是生存教育。这种原始体育的锻炼和传授，为人类的发展开创了教育的先河。

随着原始社会生产力的发展，逐步形成了贫富差异和部落之间的矛盾。从此，人类社会战争不断。为了提高军队战斗力，无论是古代中国，还是古希腊等欧洲国家，都十分重视士兵的军事训练。在骑兵尚未兴起的时代，长途跑步和急行军是调动军队的唯一手段。为了达到"兵之情主速，乘人之不及，攻人之不备"的目的，提高奔跑能力便成为古代军事训练的首要任务。

在古希腊，由多个城邦组成的政体奉行民生政治，而斯巴达则奉行贵族专制。

为了培养能征善战的勇士，他们对后代进行了严格的军事训练。孩子长到7岁，就得离开家进入国家创办的学校，学习骑士技术、击剑、长途野营，穿单薄的衣服，夜睡芦苇垫上，吃少量的食物，生活极其简朴、艰苦。满20岁后，斯巴达的男青年便正式成为军人。当孩子上战场时，母亲送别时不是祝福他平安归来，而是说："要么带着盾牌光荣胜利回来，要么光荣战死在战场，被人用盾牌抬回来。"

"兵贵神速"在于奔跑

◇ 据《墨子·非攻篇》记载，在士兵训练时，规定要身穿甲胄，手执兵器奔跑300里后才能宿营。

◇ 在《荀子·议兵》中还有这样的记载：为了提高士兵的实战能力，军事训练常要求士兵全副武装，各携带兵器和三天的口粮，快速行走100里。在《吴子》《六韬》等兵书中，还把"能逾高超远轻足善走者，聚为一卒"作为选择合格士兵的要求。

◇ 元世祖忽必烈在他统率的禁卫军中，组织了一支名叫"贵由赤"的善于长途奔跑的快速部队，并规定每年要举行一次长跑比赛，前三名授予金银、绸缎。

田径最初起源于人类的基本生存与生活活动，而随着人类社会的发展，田径的种种表现与形式，逐渐演变成比赛项目。在古代田径运动史上名垂青史的是公元前776年在古希腊奥林匹克村举行的第1届古代奥林匹克运动会。从那时起，田径运动就是正式比赛项目之一。最初只有短跑一个比赛项目，后来增设了投掷铁饼、标枪等项目。

2．近代田径运动——西方体育渐入中国

近代田径运动起源于英国。17世纪前后，英国拥有世界上最发达的生产力和最强大的军事力量，并导致殖民主义扩张。田径运动也随着英国殖民地扩张遍及许多国家。从此，田径运动获得了广泛的传播。20世纪初，外国传教士将现代田径运动带进中国，当时只有在教会创办的学校之间开展田径比赛，后来逐渐普及到全国的公立、私立学校。

3．现代田径运动——在风云变幻中发展

在1896年举办的第1届现代奥林匹克运动会上，田径是最主要的比赛大项，在总共41枚金牌中占了12枚。能够获得田径项目的金牌，是件非常荣耀的事情。时至今日，田径运动仍然是奥运会的核心项目，也是奥林匹克精神的标志，是更快、更高、更强——更团结的象征。

现代田径运动分为走、跑、跳跃、投掷和全能5个类别。中华人民共和国成立后，在科学训练思想的指导下，我国的田径运动水平有了很大的提高，多个项目已进入世界田坛第一集团。

（三）田径运动中三大素质的特质

走、跑、跳跃、投掷、攀爬、支撑、翻滚、涉水等身体活动能力是人类赖以生

存的基础，也是人类自身进化的动力。这些基本活动能力可相应地归属为力量、速度、耐力、灵敏、弹跳力等身体素质，其中尤以力量、速度、耐力身体素质最为重要。无论是古人的生存需要，还是现代人的发展需要，都离不开这三大身体素质。

事件	分类		
	时间	地点/人物	相关内容
古埃及壁画	公元前3500年		描绘田径运动的场景
第1届古代奥运会	公元前776年	古希腊奥林匹克村	设有24个田径场内赛跑项目，还有竞走、跳高、标枪及铁饼
马拉松跑比赛	公元前490年	马拉松至雅典/菲利皮迪斯	菲利皮迪斯报告希腊军队打败波斯军队的喜讯，当跑到雅典时精疲力竭而死。为了纪念他，后人创立了马拉松跑比赛
第1届现代奥运会	1896年	皮埃尔·德·顾拜旦	法国人皮埃尔·德·顾拜旦创立了第1届现代奥运会，并确立了田径为现代奥运会的第一运动
全自动电子计时	1964年		最小计算单位达到0.1秒
100米跑进10秒	1968年	吉姆·海因斯	美国的吉姆·海因斯是历史上首位100米跑进10秒大关的运动员
背越式跳高	1968年	迪克·福斯贝里	迪克·福斯贝里革命性地创造了跳高的全新姿势——"福斯贝里跳"（背越式跳高）
合成塑胶田径跑道	1968年		国际大赛首次使用了合成塑胶田径跑道
世界田径锦标赛	1983年	赫尔辛基	第1届世界田径锦标赛在芬兰赫尔辛基举行
兴奋剂检测呈阳性	1988年	汉城（今首尔）奥运会/本·约翰逊	加拿大名将本·约翰逊在男子100米决赛中取得第一名，但他没有通过赛后兴奋剂检测
"长跑之王"	1920年、1924年、1928年	帕费·纳米	芬兰的帕费·纳米在三届奥运会上夺得男子中长跑、越野跑项目的12枚奖牌，其中包括9枚金牌，创造了奥运会夺金纪录
奥运会上的英雄	1936年	柏林/杰西·欧文斯	美国的杰西·欧文斯在男子100米、200米、跳远、4×100米接力4个项目上夺得4枚金牌，被誉为1936年柏林奥运会上的英雄人物
8次刷新世界纪录	1984年、1988年、1992年、1996年	洛杉矶、汉城（今首尔）、巴塞罗那、亚特兰大/卡尔·刘易斯	卡尔·刘易斯在男子短跑及跳远项目上总共夺得10枚奖牌，其中包括9枚金牌，同时8夺世界冠军并8次刷新世界纪录

1. 力量素质——象征健康和勇气

（1）什么是力量素质。

力量素质是指肌肉克服收缩时抵抗内外阻力的能力。力量素质来源于身体运动时肌肉收缩时产生的能力，是在牵动相关关节和骨骼时克服各种阻力的情况下产生的。力量素质受以下三种因素的影响：

- 肌肉收缩时，蛋白质和ATP提供能量的多少。
- 神经系统的协调能力。
- 意志力的强弱。

（2）力量素质的作用。

力量素质是发展其他身体素质的基础。只有发展了一定的力量素质，才能有效地发展其他身体素质。

发展力量素质不仅能有效地学习、工作和掌握运动技能，还能促进运动器官的发展，增强体质，促进健康，健美形体。

发展力量素质，可以培养顽强的意志品质。在现实生活中，提高力量素质，对于应付生活中的各种矛盾、克服生活中的种种困难，以及对于提高生活质量都能起到有效的作用。

2．速度素质——体现超越

（1）什么是速度素质。

速度素质是指人体进行快速运动的能力或在最短时间完成某种运动的能力。按其运动的表现，可分为反应速度、动作速度、周期性运动的位移速度三种形式。

在体育运动中，速度对运动成绩具有决定性作用。有的运动项目本身虽然不是直接比速度，但是速度素质的好坏对完成的动作质量或运动成绩同样有着明显的影响。

（2）速度的种类。

① 反应速度：指人体对各种刺激反应的快慢。反应速度主要取决于大脑皮质神经的灵敏性，可以在后天强化训练中得到提高。

② 动作速度：指完成单个动作时间的长短。主要取决于大脑皮质神经过程转换速度的快慢，也与肌肉系统的紧张与放松的程度有关。

③ 位移速度：指周期性运动中人体在单位时间内通过的距离。

中距离跑的生理基础

中距离跑时，体力消耗很大。人体从静止状态开始运动，内脏器官要克服生理惰性，动员起来以适应较大强度的运动负荷，这一过程需要2~4分钟，称为应急期。此时，体内产生大量氧债，肌体内乳酸不断堆积，并导致胸闷、气急、乏力，直至出现运动性极点。

此时，只要坚持一会，上述感觉就会逐步减轻或消失，即产生第二次呼吸。这种现象在跑800米、1 000米和1 500米时常有出现。

刘翔创造了历史

（3）影响速度的因素。

提高跑步速度的内在因素是步幅和步频，两者的乘积即跑的速度。步幅不变提高步频，或者步频不变提高步幅，或者两者同时提高均能提高跑速。在跑步中，应科学、合理地组合步幅与步频。

3．耐力素质——象征生理能力和意志力的双重升华

（1）什么是耐力素质。

耐力素质是指人体在长时间进行工作或运动中克服疲劳的能力，是反映人体健康水平或体质强弱的一个重要标志。耐力素质主要包括有氧耐力和无氧耐力。发展耐力素质的生理基础是有氧耐力和无氧耐力。

长时间运动，虽然有助于提高肌肉和心肺抗疲劳的能力，但还必须经受顽强意志力的考验。这种考验，既表现在运动中，也表现在日常生活中。所以，耐力是生理和意志双重考验的结果，耐力素质是生理能力和意志力的双重升华。

（2）耐力的分类。

在体育运动中，耐力可分为一般性耐力和专门性耐力。

① 一般性耐力：一般的健身运动是在氧充分供给的情况下进行的，并使运动保持在中等强度，运动心率控制在130~140次/分，这种一般性的耐力练习，显示在以下5个方面：

- 可以维持较长的运动时间。
- 可以使神经系统保持均衡性，特别是能提高神经细胞的工作能力。
- 能提高心血管系统的功能。
- 可以使呼吸系统运送氧的能力提高。
- 能运走人体中的代谢废物，更能减肥、健美。

耐力素质的生理学基础

② 专门性耐力：专门性耐力是指不同的运动项目所需要的耐力，通常是指速度耐力、力量耐力、静力性耐力等。

专门性耐力是在一般性耐力的基础上采用特殊的强度、特殊的密度和其他特殊的手段发展而来的。但必须注意，如果只考虑采用特殊手段和方法来提高专门性耐力是不科学的，而应十分重视在练习中获得最大吸氧量，提高有氧代谢能力，之后，在一定的生理条件下逐步向无氧代谢过渡。

二、走、跑、跳跃、投掷——人类基本活动技能

（一）走的分项与技术要领

1. 走的技术要领和运动素质提示

分类	技术要领	运动素质提示
健身走（健走）	身体直立、抬头挺胸、目视前方、肩颈放松、屈肘摆臂、脚尖朝前、呼吸平稳、双腿交替、大步前进	步速控制在100~130步/分，保持中等强度推荐每天健走10 000步，可分多次进行
竞走	步幅宽大、频率快、身体重心轨迹波动小、移动速度快 动作自然、协调、节奏感强 双脚不能同时离地	加强腿部力量和髋关节灵活性 增强心肺功能和呼吸节奏

2. 怎样走得更快

走的速度取决于步长和步频。要想走得更快，一般是在保证相对步长的前提下提高步频。

● 过分加大步长，会给有关肌肉加重负担和增加紧张程度，容易引起疲劳。

● 缩短单脚支撑和双脚支撑的时间，尤其要缩短双脚支撑时间。

（二）跑的分项与技术要领

1. 跑的技术要领和运动素质提示

健身走

步行是最简单、最易学、最适宜大众增强身体素质的锻炼方法，基本不受时间、地点、天气、年龄等因素的影响。世界卫生组织指出，走路是世界最佳运动之一，既简单易行，又有较好健身效果。健身走不同于一般的走路，是一种有氧训练，要求达到规定的强度和时间，从而实现锻炼心肺功能、调节免疫力等各种机体功能的作用。一般来说，每天健身走最低标准是6 000步，每次锻炼完成时间在1小时左右，以轻微出汗为宜。只要坚持不懈，锻炼效果就会显现。

分类	分项	技术要领	运动素质提示
短跑	50米 60米 100米 200米 400米	蹲踞式起跑：提高反应时 疾速途中跑：加大摆臂和步幅 终点冲刺跑：加速、上体前倾压线	提高灵敏性、反应时 发展速度素质、耐力素质
耐力跑	800米 1 500米 3 000米	保持较大步幅，提高节奏感 腿前摆、伸膝、积极下压，脚后蹬迅速有力 呼吸有力，以减少乳酸堆积	呼吸协调、稳而不乱 提高耐力素质
跨栏跑	男：110米、400米 女：100米、400米	提高攻栏腿攻栏技术 强化栏间步的节奏和协调性 重视第一步落点，过栏腿过栏后小腿前拉	提高身体的协调能力 提高髋关节的灵活性 增强心理素质，培养勇气和自信心

2. 怎样跑得更快

步幅和步频是决定跑速的主要因素，因此，应特别注重发展腿部肌肉的爆发力，加强小步跑、高抬腿跑、跨步跑及单脚跳台阶练习，以提高髋关节的灵活性。

- 提高心肺功能，培养吃苦耐劳精神，克服心理障碍。
- 掌握正确的呼吸方法。
- 身高、腿长者要充分利用步幅的优势，个矮腿短者应进

行以提高步频为主的练习。如果既能发挥步长优势，又能加快步频，则能跑得更快。

肌肉放松才能跑得更快

在短跑比赛中，有人使劲地跑、拼命地跑，却反而越跑越慢。这是什么原因呢？殊不知，力量固然是跑得快的必要条件，但唯有通过肌肉放松，才能使速度、力量得到充分的发挥。因此，现代短跑技术的发展趋向，已不完全单纯依赖步幅与步频的提高，而是要求在保持高频率的基础上，强调以放松协调的动作发挥正确的技术提高跑速。

（三）跳跃运动的分项与技术要领

跳跃运动主要包括跳远（立定跳远、急行跳远、三级跳远）、跳高（含撑竿跳高）等项目。

1. 跳跃的技术要领和运动素质提示（以立定跳远和背越式跳高为例）

分项	技术要领	运动素质提示
立定跳远	两臂前摆与两腿蹬地密切配合，特别是两腿的爆发式用力蹬地蹬离地面髋部前送，伸展髋、膝，接着放大腿、伸小腿，两臂自然后摆，两脚自然落地	特别应加强发展弹跳力的训练，提高身体的灵活性
背越式跳高	助跑：一般采用8～11步助跑，前4步基本上是直线大步和弹跳步跑，后4步采用弧形助跑，身体内倾，最后两步速度明显加快 起跳：起跳腿放脚并积极送髋后用力起跳（起跳是关键） 过杆：随着背部转向横杆，身体积极向上运动 当头和肩部过杆后→仰头→挺胸→挺髋→展腹→成杆上背桥姿势 离杆着垫：身体过杆→即刻落腰举腿→腰背着垫	加速助跑→制动→起跳的密切配合是背越式跳高技术的重中之重 大力发展弹跳能力和身体协调性，培养感知觉能力

2. 怎样跳得更远、更高

跳远：身体重心前移要适度，使身体向前上方腾起，以创造最有利的起跳角度。

跳高：提高快速起跳能力，并使身体产生一个最合理、最有效的反作用力，以引导身体重心轨迹达到最理想的高度。

无论是跳远还是跳高，都要加强腿部爆发力和髋关节灵活性的训练。

（四）投掷运动的分项和技术要领

在正规田径比赛中，投掷运动主要包括掷铅球、掷铁饼、掷标枪、掷链球等项目。

破田径世界纪录的第一人——郑凤荣

1. 投掷运动的技术要领和运动素质提示（以掷铅球为例）

分项	技术要领	运动素质提示
铅球	动作要连贯，右腿蹬伸、展髋、抬头、顶肩 关键在于最后用力（伸臂、拨指），用指根将球推出	发展肌力，并提高灵敏、柔韧、协调综合素质

无论是铅球，还是铁饼、标枪，在投掷时，都要充分利用运动半径，以提高初速度及出手时的拨指用力。

2. 怎样投得更远

（1）充分利用投掷时的加速度。如投掷标枪时的直线助跑和掷铅球、链球、铁饼时的旋转，都应加大运动半径，以提高速度，这可为最后用力提供有利条件。

（2）充分利用投掷时的最后用力出手。投掷时的最后用力出手，需要获得强有力的下肢（腿部）支撑力，这可为提高速度和最后用力出手提供基础。

三、田径运动欣赏

（一）知晓田径比赛基本规则

看懂比赛是欣赏比赛的前提。田径项目多，比赛规则复杂。作为观众没有必要全部了解，但是懂得一些常见、简易的规则可以帮助我们更好地欣赏比赛。

1. 比赛场地和器材

标准跑道全长为400米，由两个平行的直道和两个半径相等的弯道组成。半径为36.5米，分道宽为1.22米。跳高横杆全长为4米，两立柱之间的距离为4~4.04米，落地区不得小于5米×3米。跳远起跳板至落地区近端的距离为1~3米，起跳板长为1.21~1.22米，宽为20厘米。铅球投掷圈内沿直径为2.135米，男子成年组铅球重量为7.26千克，女子为4千克。铁饼投掷圈内沿直径为2.5米。铅球和铁饼的扇形落地区的夹角均为34.92°。标枪落地扇形区所对的圆上角为29°，成年男子组标枪标准重量为800克，女子组为600克。

2. 径赛基本规则

对于第一次起跑犯规的运动员，必须予以警告。当再次发生起跑犯规时，对起跑犯规负有责任的运动员将被取消比赛资格。运动员必须在规定的各自跑道内跑完全程。在弯道跑中，运动员的脚不得触及左侧分道线。在中、长距离跑比赛中，运动员挤撞、阻挡或妨碍其他运动员走或跑时，应取消其该项目的比赛资格。径赛运动员在决赛时第一名成绩相等，裁判长可根据实际情况决定让成绩相等的运动员重新比赛或名次并列。

3．田赛基本规则

每名运动员应以其最好的一次试跳（掷）成绩，包括因第一名成绩相等而进行的决名次赛的成绩，作为其最后的决定成绩。

在高度项目比赛中，运动员可以在任何一个高度开始试跳。但只要在任何一个高度上连续3次试跳失败，即失去继续比赛的资格。每名运动员应以其最好的一次试跳成绩，作为其最后的决定成绩。如果成绩相等，在出现成绩相等的高度上，试跳次数较少者名次列前；如果成绩仍然相等，在包括最后跳过的高度在内的比赛全过程中试跳失败次数较少者名次列前；如果成绩仍然相等：如涉及第一名时，每人再试跳1次，直到分出名次为止；如不涉及第一名时则比赛的名次相等。投掷器械必须完全落在落地区角度线内沿以内，试掷才能有效。在跳远、三级跳远和投掷项目比赛中，如果成绩相等，应以其次优成绩判定名次，如次优成绩仍相等，则以第三较优成绩判定，余类推；如果仍相等，并涉及第一名时，则让成绩相等的运动员进行新的一次试跳（掷），直至分出名次为止。

（二）永恒的运动之美

1．米隆的《掷铁饼者》之美

著名雕塑《掷铁饼者》是古希腊著名雕塑家米隆在约公元前450年创作的艺术杰作。作品刻画的是一名强健的男子在掷铁饼过程中铁饼摆回到最高点，即将抛出的最具有表现力的瞬间，具有强烈的"引而不发"的吸引力。掷铁饼的强烈动感与雕像的稳定感结合得非常好。雕像的重心落在右腿上，因此右腿成了使整个雕像身体自由屈伸和旋转的轴心，同时又保持了雕像的稳定性。掷铁饼者张开的双臂像一张拉满弦的弓，带动了身体的弯曲，呈现出不稳定状态，但高举的铁饼又把人体全部运动统一起来，使人们又体会到了暂时的平衡。整尊雕像充满了连贯的运动感和节奏感，突破了艺术上时间和空间的局限性，传递了运动的意念，把人体的和谐、健美和青春的力量表达得淋漓尽致。这尊雕像被认为是"空间中凝固的永恒"，是至今为止代表体育运动的最佳艺术精品。

2．运动员的健美体格是美的源泉

米隆的《掷铁饼者》取材于希腊的现实生活中的体育竞技活动，被称为是古希腊雕塑艺术的里程碑，这与米隆本人的体育经历也不无相关。据说米隆本人就曾接受过良好的体育训练，力大无穷，能肩扛公牛。所以他对体育有着真切的感受，为他创作优秀的体育类雕塑作品提供了很好的生活体验。归根结底，运动员本身匀称的体型、发达的肌肉、修长的身材等所具有的无限魅力的健美体魄，是所有艺术创作的主要源泉。

（三）欣赏"更快、更高、更强——更团结"

1. 欣赏运动员的高超技术

在田径赛场上或是电视机前的观众应该如何欣赏田径运动的力与美呢？我们可以从不同视角欣赏到不同项目运动员的高超技艺、激动人心的精彩场面，并从中品味"更快、更高、更强——更团结"的奥运精神。

（1）欣赏短跑和跨栏比赛。

起跑时，运动员蓄势待发，犹如弓开似满月；加速跑时，运动员如离弦之箭；途中跑时，运动员步幅大、频率快、全身上下肢协调配合的良好技术，以及运动员脸上的笑容、凝重和疑惑；冲刺跑时，运动员冲过终点线的一刹那，以悍牛顶架之势，狂掠而过；接下来就要关注运动员成功后的欢呼、雀跃和失败后的黯然神伤。跨栏跑除具有短跑的魅力之外，还有其独有的迷人之处，从整个场面来看，所有参赛运动员像汹涌澎湃的海浪起伏一样，一波一波奔向终点。

"花蝴蝶"乔伊娜

（2）欣赏中长跑比赛。

中长跑比赛时，运动员犹如万马奔腾，蜂拥向前。随着运动员逐渐拉开距离，宛如一串五彩缤纷的珍珠，连绵不断，镶嵌在美丽的跑道上。高潮出现在终点，冠军获得了雷鸣般的祝贺掌声，而最后一个到达终点的永不言败者将会得到比冠军更热烈的欢呼。

（3）欣赏接力跑比赛。

从每一棒接力队员来看，第一棒快速起跑，第二棒奋勇争先，第三棒形式变换，第四棒一决雌雄。在传接棒的时段，应欣赏传接棒的行云流水或掉棒、捡起后的奋起直追，从整个比赛场景来看，一次次传接棒就是一个个狂潮的起始，并且一浪高过一浪，直到最后以冲过终点后全场欢呼共鸣结束。

（4）欣赏跳跃项目比赛。

跳远时，欣赏节奏鲜明的助跑，迅速有力的起跳，完美的空中姿态，卓有成效的落地。三级跳远时，节奏明快的三次起跳和出乎意料的成绩都是很好的看点。跳高起跳时的一跃冲天，过杆时背越式犹如鲤鱼跃龙门和俯卧式灵巧的翻转都会激起人们的兴致，尤其是在两次冲击纪录未果，第三次一举成功之时，是观众和运动员共享的最美妙的欢乐时刻。

（5）欣赏投掷项目比赛。

铁饼运动员螺旋式的旋转，铁饼的平稳飞行，构成了铁饼项目美丽画面；铅球运动员迅猛的滑步，力拔千钧的出手，伴随着声震全场的大吼，铅球像炮弹一样发射而出。标枪运动员出手前身体的满弓和标枪在空中像火箭一样超远距离的飞行都是观众关注的焦点所在。

2．掌声送给谁

田径比赛高潮迭起，观众的鼓掌、欢呼、叫好声此起彼落。为运动员鼓掌加油看似简单却有很多讲究，并不是每位观众的鼓掌都恰到好处。那么到底应该如何鼓掌呢？

（1）径赛场上的掌声。

在起跑阶段，当裁判员发出"各就各位"口令前的几秒，这时观众应保持赛场安静，不应该鼓掌呐喊，以免使运动员由于场外因素而分神，影响运动员听发令枪的效果。当发令员的枪声一响，观众即可以任意尽情为运动员欢呼、鼓掌、加油，只要不影响运动员比赛即可。在长跑比赛中，当观众用掌声将冠军送过终点后，仍然有一些实力不济的运动员被抛在后面，但他们仍然坚持到终点。这时观众应该把最热烈的掌声送给他们，向运动员所表现出的奥林匹克重在参与的精神鼓掌，让他们同样伴着掌声跑完全程。

（2）田赛场上的掌声。

跳跃项目运动员起跳之前，观众热烈的掌声能够激发运动员的情绪；跳高、跳远等项目运动员助跑时，观众的鼓掌应该是有节奏的，配合运动员的助跑步点。在投掷项目比赛中，对运动员每次投掷的好成绩都要以热烈的掌声予以祝贺和鼓励。

第二节　马拉松运动

马拉松是一项以有氧供能为主的长跑运动项目，在全世界十分流行。马拉松运动也是一项极具挑战性和魅力的运动，它不仅考验参与者的体能和耐力，更考验参与者的意志品质和心理素质。马拉松比赛全程距离为26英里385码（42.195千米），分为全程马拉松、半程马拉松和四分马拉松三种，一般提及的马拉松，即指全程马拉松。现在，在一些学校里举行5千米、8千米的校园跑，也称为"校园迷你马拉松"。

一、马拉松跑的由来

马拉松跑起源于公元前的一场战役。"马拉松"是古希腊的一个地名，位于雅典城东北30千米。公元前490年，波斯王大流士一世渡海西侵，进击阿蒂卡，在距雅典城东北的马拉松海湾登陆，雅典军奋勇应战，在马拉松平原打败波斯军队，史称马拉松之战。为了让雅典人民尽快知道胜利的喜讯，统帅米勒狄派一个叫菲迪皮茨的士兵回去报信。菲迪皮茨带着胜利的喜讯从马拉松一路跑到雅典城的中央广场（距离为42.193千米），向雅典人民高喊："欢……乐吧，雅典人，我们……胜利了！"随即倒地身亡。为了纪念这一事件，在1896年举行的现代第1届现代奥林匹克运动会上，顾拜旦采纳了历史学家米歇尔·布莱尔（Michel Breal）以这一史实设立马拉松赛跑项目的建议，把菲迪皮茨从马拉松跑向雅典的全部里程——42.193千米作为这一项目的赛跑距离，并定名为"马拉松"。1920年，经过仔细测定，又把距离改为42.195千米。

第1届现代奥林匹克运动会马拉松比赛冠军斯皮里东·路易斯

二、马拉松运动的发展

1896年，马拉松被列为第1届现代奥林匹克运动会项目后，马拉松赛在世界各地广泛举行，美国从1897年起举行波士顿马拉松赛，这是世界上历史最悠久的马拉松赛，也是世界六大马拉松赛事之一。世界马拉松大满贯是自2006年设立的世界顶级马拉松巡回赛，包含6个年度城市马拉松赛：波士顿马拉松、伦敦马拉松、柏林马拉松、芝加哥马拉松、纽约马拉松、东京马拉松，以及两年一次的世界田径锦标赛马拉松和四年一次的奥运会马拉松，代表当今马拉松运动的最高水准。

近年来，随着国内全民健身运动的蓬勃发展，跑步健身逐渐成为全民追求的潮流，马拉松赛事在各个城市纷纷举办，呈现井喷式发展态势。

三、马拉松运动的锻炼价值

（一）锻炼身体，提高健康水平

跑马拉松需要长时间的耐力和力量的训练，这有助于提高参与者的身体素质和健康水平。通过训练和比赛，参与者可以增强心肺功能、提高代谢水平、增强肌肉力量和耐力，从而更好地应对日常学习、工作和生活中的挑战。此外，马拉松运动还可以帮助参与者减肥、控制体重、降低血脂和血压，从而降低患心血管疾病的风险。

（二）挑战自我，实现自我价值

跑马拉松是对自我极限的挑战，需要参与者付出极大的努力和毅力。比赛中，参与者需要克服身体和心理上的极限，这有助于激发其内在动力和自信心。通过完成马拉松赛，参与者可以感受到自己的成长和进步，获得一种成就感和满足感。

（三）锤炼意志品质，培养坚忍不拔的精神

跑马拉松需要参与者具备坚忍不拔的意志和勇往直前的决心。比赛中，参与者需要面对各种困难和挑战，如极度的疲劳、身体的不适、恶劣的天气等。通过克服这些困难和挑战，可以培养参与者坚持、执着、永不放弃的意志品质，这有助于参与者在日常学习、工作和生活中更好地应对挑战和压力。

（四）丰富人生体验，增加人生阅历

跑马拉松可以让参与者体验到不同的人生风景和经历。比赛中，参与者可以欣赏沿途的风景、感受不同的人文气息、体验各种不同的挑战和困难。这些经历可以丰富参与者的生活阅历，使其更加珍惜生命中的每一个瞬间，更好地体验人生的美好。

（五）结交朋友，拓展社交圈子

跑马拉松不仅可以锻炼身体，还可以结交志同道合的朋友，拓展社交圈子。比赛中，参与者可以与其他跑者交流经验、分享心得，建立深厚的友谊。跑友们可以共同探讨跑步技巧、健身方法，以及生活中的点滴，让参与者在锻炼身体的同时也获得了心灵的滋养。

四、马拉松运动技术与训练

（一）马拉松运动技术

马拉松跑的技术，大致和长跑技术相似。由于它的距离长，并且是在地形不一的公路上进行，因此，在技术上还有其独特的特点。

马拉松跑时，上体微向前倾或正直。后蹬的力量较小，大腿向前上方的摆动较低。从外形上看，蹬地后小腿向上摆的动作比长跑小些。脚的落地点离身体重心投影点较近，并且用全脚掌或脚的外侧先着地，再过渡到全脚掌，着地时应柔和而有弹性，腿很好地弯曲、缓冲。两臂的摆动要自然，幅度不要过大。

在加速跑、终点冲刺和上坡跑时，两臂配合两腿做积极的摆动，这有利于提高跑速。步长与步频应结合参与者的训练水平、身高、体重而定，并根据途中地形的不同而进行调整，以保证用比较均匀的速度跑完全程。呼吸节奏要和跑速相适应，呼气有适宜的深度。

沿斜坡向上跑时，身体应前倾些，步长可缩短，步频可加快，两臂要积极摆动，用前脚掌落地。顺斜坡往下跑时，步长可稍大些，可用全脚掌或脚跟着地（坡度较陡时），上体稍后仰，要控制跑速（保持适宜的步长与步频）。在公路上跑时，应该跑路面的平坦处（一般在路面的中央）。

马拉松跑的动作要协调、省力，跑速要均匀，要善于在地形起伏的公路上改变跑的动作。因此，在平时训练中，参与者要反复体会动作，掌握合理的跑的技术，以求不断地提高运动成绩。

（二）马拉松运动训练

许多人认为马拉松训练的重点是长距离跑。业余选手通常会在每周最长的一次训练中跑32千米，每周总里程数达到64千米。里程数是从少到多慢慢增加的，这也要量力而为，有经验的跑手可能会跑更多。大量的长跑训练可以获得良好的耐力，也可以提高比赛成绩，但同时也会带来运动损伤的风险。

马拉松训练计划一般至少持续5个月，逐渐增加训练量（每两周），比赛前的1~3周为休整期，为恢复充分的体力而减量。对于只希望能完成比赛的新手，建议每周训练4天，最少持续4个月。很多跑者建议每周增加跑步里程数不要超过10%，他们也建议在开始马拉松专项训练前应有6周以上的跑步经验，以让身体适应更高强度的运动量。

速度训练属于专项训练，能使跑者适应比赛时的配速，以自己的目标时间完成比赛。常见的训练法有法特莱克跑（又称"变速跑"）、间歇跑、山坡跑和乳酸阈训练（或称"无氧训练"）等。

马拉松比赛规则与欣赏

力量训练有助于提高速度，核心力量的训练很重要，强壮的核心能够有效预防受伤。马拉松运动员的身体核心主要是躯干、臀部和腰腹部。

交叉训练是当前被普遍接受的一种积极的恢复法或辅助训练法，即通过参加其他的有氧运动（如游泳、骑自行车、登山等），减少重复跑步的乏味感，并锻炼不同肌群。

一个人如果不断地锻炼自己的身体，他就会变得健康、坚韧和敏捷——同样，也应该这样来锻炼自己的理智和意志。

——[苏联] 高尔基

第七章　品味球场激情　体验多姿生活
——球类运动

　　球类运动是以球作为基础的运动或游戏。球类运动项目甚多，大项可分为直接对抗、隔网对抗和轮流对抗三类，大多是集体对抗性项目。球类运动具有集身体素质、技能、智力于一体的运动特征，既能有效地增强体质，增进健康，又能激发起参与者的生命活力，提高其生活质量。此外，从事球类运动所迸发出的拼搏精神、坚忍不拔的斗志和毅力，以及更快、更高、更强——更团结的体育精神，也会强烈地鼓舞人、激励人，更能激发起人们参与体育锻炼的激情。

第一节　篮球运动

一、篮球运动文化

（一）篮球运动的世纪演进

　　1891年，篮球运动起源于美国，由马萨诸塞州斯普林菲尔德尔市（也译为春田市）基督教青年会学校教师詹姆士·奈·史密斯博士设计和发明（图7-1-1）。当时正处寒冬，美国遇到特大暴风雪，气候异常寒冷，使得当时在美国最流行的棒球运动无法开展，而学生们对室内古典体操又感到厌烦。为解决这一问题，史密斯博士受当地儿童从树上摘桃子扔入桃筐的启发，设计了一种互相向桃筐内投皮球，并按投掷的准确性来计算得分和胜负的游戏，这便是篮球运动的雏形。篮球运动诞生初期，没有规则和上场人数的限制，活动的开展也十分随意，但是篮球运动以其新颖的比赛方式、对抗竞争的特点，吸引了大量的体育爱好者。经过一个时期的传播，篮球运动逐渐从学校走向社会，进而被全世界所接受。

　　篮球运动于1895年由天津传教士莱会礼引入我国，首先在天津中华基督教会开展活动，随后扩展到全国。但是由于受当时中国社会、经济等条件限制，很少有专门性的篮球训练，技术水平也很低，更没有全国性的大型比赛。直到中华人民共和国成立以后，我国的篮球运动才蓬勃发展起来。我国男子篮球队曾经取得过三次奥运会第八名（1996年亚特兰大奥运会、2004年雅典奥运会、2008年北京奥运会）、一次世锦赛第八名（1994年加拿大篮球世锦赛）的历史好成绩，我国女篮的历史最好成绩则是奥运会亚军（1992年巴塞罗那奥运会）、世锦赛亚军（1994年澳大利亚篮球世锦赛）、女篮世界杯亚军（2022年澳大利亚女篮世界杯）。

图7-1-1　篮球运动创始人史密斯博士

（二）篮球运动的锻炼价值

　　篮球运动是深受广大群众，特别是青少年喜爱的球类项目之一，对身体有着全面的锻炼价值。篮球运动的集体性原则，要求每个队员在比赛中齐心协力、密切配合，经常参与篮球运动，可以培养队员团结友爱的集体观念和严格的组织纪律性；篮球比赛的技战术，具有运用的复杂性和激烈的对抗性，要求队员具备随机应变、快速反应和协调能力，可以培养队员沉着、冷静、机智、勇敢、顽强、果断的意志品质及奋发向上的竞争意识；篮球技术由跑、跳、投等基本技能组成，因而能促进力量、速度、耐力、灵敏等身体素质全面发展；篮球运动不受年龄、性别限制，可使参与者身心受益。篮球比赛又有较大的吸引力，有众多观众，可以丰富人们的业余文化生活，具有较高的观赏和娱乐价值。

姚明对篮球运动的感悟

（三）世界主要的篮球赛事

目前，世界上主要的篮球赛事有美国职业篮球联赛（NBA）、篮球世界杯、奥运会篮球比赛、斯坦科维奇洲际篮球冠军杯等。

二、篮球技战术与学练方法

篮球运动属于开放性运动技能项目，其各项基本技术是篮球运动技能的基础。了解和学会运用这些技术，是感受篮球运动的第一步。

（一）篮球基本技术

1．传接球是队员间相互联系的纽带

传接球是场上队员相互之间有目的地转移球和组织战术配合的纽带。准确、及时、隐蔽、多变的传球能加强队员之间的联系，也能直接助攻得分，是全队整体技术、战术发挥的保证，是球队智慧的体现。篮球的传接球方式大体分为双手传接球和单手传接球，具体种类很多，其中，双手胸前传接球是最基础的传接球方式。

（1）持球。无论是传球还是接球，都涉及持球姿势。错误的持球姿势会影响到传球的准确度和接球后其他技术动作的运用。持球的基本姿势可简化为20个字，即"前后分脚、五指分开、手心空出、拇指八字、持于胸腹"。

（2）传球。在比赛中，场上的同队队员是5个单独的个体，但是篮球运动是一项集体性运动，5名队员必须通过一种方式团结起来，才能整体发挥作用。除了进行很有限的语言交流，各式各样传球即可将彼此联系起来，变个体为整体。通过传球，队员们可以寻找进攻机会，破坏对方防守，从而产生"5>5"的效果。

① 双手胸前传球：双手持球，两拇指位于球后侧成"八"字形，其余四指分开置于球侧，掌心不触球；传球时，迅速向传球方向伸臂，重心前移、翻腕、拨指（图7-1-2）。

双手胸前传球示范动作

② 双手头上传球：持球手法与双手胸前传球相同，两手举球于头上，两手心向前。近距离传球时，小臂前摆，手腕前扣外翻的同时，拇指、食指、中指用力向前拨球。传球距离远时，要加大蹬地力量，摆动腰腹以带动小臂发力和前摆，腕和指用力前扣，将球传出（图7-1-3）。

图7-1-2　双手胸前传球　　　　　　　图7-1-3　双手头上传球

③ 双手体前传反弹球：与双手胸前传球动作基本相似，不同点在于用力方向是向前下方击地反弹，击地点在距接球者1/3的地方。接球时，迎球跨步，上体前倾，两臂向前下方伸出迎球，五指自然张开，手触球后，两手握球顺势将球移至胸腹间（图7-1-4）。

④ 单手肩上传球：以右手传球为例，右脚向传球方向迈出半步，同时右转体将球引至右肩侧上方。出球时，右脚蹬地的同时转体带动上臂，肘在前，前臂迅速前甩，手指用力下压将球传出（图7-1-5）。

单手肩上传球
示范动作

图7-1-4　双手体前传反弹球　　　　　图7-1-5　单手肩上传球

⑤ 单手体侧传球：队员在向左侧跨出半步的同时，右手将球移至右侧，向前做弧线摆动，当球摆过身体右前方时，迅速收前臂，借手腕的力量将球传出（图7-1-6）。

单手接球示范
动作

双手接球示范
动作

图7-1-6　单手体侧传球

（3）接球。接球的要点：拇指张开、手成球形、伸臂迎球、屈肘缓冲、持于胸腹。

2．运球是技术与配合的基本元素

运球是保证队员在控球时行动自由的基本技术，是各种技术、配合的基本元素，也是提高个人攻击能力的重要手段。

只有熟练掌握运球技术，才能娴熟运用其他技术动作，打起比赛。运球的目的是为其他技战术的运用寻找机会，如果一旦沉醉于运球、沉醉于球场上的"表演"，那么球队将失去最佳的进攻得分机会。

（1）体前变向运球（以右手运球为例）。变向时，右手按拍球的右后上方，把球从右侧送至左侧，同时，右脚向左前方跨出，上体右转，换左手向前运球（图7-1-7）。

体前变向运球
示范动作

图7-1-7　体前变向运球

（2）背后运球（以右手运球为例）。右脚在前，右手将球运至身体右侧后方，左脚前跨，右手按拍球的侧后方，使球经身后运至左脚的前方，右脚迅速向左前方跨步。

（3）运球后转身（以右手运球为例）。运球时，把球运至身体右侧，按拍球侧前上方，跨出左脚，并以左脚为中枢脚。做后转身同时，右手将球运至身体的左前方，然后换左手运球。

（4）胯下变向运球（以右手运球为例）。变向时跨出左脚，右手按拍球的右侧上方，使球从右腿侧向穿过两腿之间，离地后反弹到左脚侧，换左手继续前进。

3．投篮是赢得比赛的关键

投篮得分是篮球比赛攻守双方激烈对抗的最终目的，是篮球比赛的核心，也是篮球运动最能带给人成就感、最能体现个人在球场上价值的技术与方法。在篮球比赛中，投篮是得分的唯一手段，是制胜的关键。

投篮的技术动作是随着篮球运动的演进而发展的。起初的投篮并没有规范动作，投篮的方法五花八门。现在，投篮技术动作的种类有很多，如单手肩上投篮、胸前投篮、跳起投篮、勾手投篮、低手投篮等。

（1）原地单手肩上投篮（以右手投篮为例）。右脚在前，脚尖正对球篮，屈膝，

原地单手肩上投篮示范动作

身体重心在两腿之间，上体保持正直，右手指自然分开托球于肩上，手腕后翻，掌心空出，左手扶球的侧下部。投篮时，两脚蹬地发力，伸展腰腹向前上方，抬肘伸臂，手腕前屈，食指最后用力，并使球向后旋转把球投向篮圈（图7-1-8）。

图7-1-8　原地单手肩上投篮

原地双手胸前投篮示范动作

（2）原地双手胸前投篮。两脚前后或左右开立，两膝微屈，双手持球于胸前，肘关节自然下垂。投篮时，眼睛瞄准篮筐，下肢蹬地发力，腰腹伸展，两臂向前上方伸出，前臂内旋，拇指下压，手腕前屈，食指、中指用力拨球，通过指端将球投出（图7-1-9）。

图7-1-9　原地双手胸前投篮

（3）行进间单手肩上投篮。

① 行进间单手肩上高手投篮（以右手投篮为例）：右脚跨出一大步的同时接球，接着左脚跨一小步并用力蹬地，右腿屈膝上抬，同时举球至头上方，当身体接近最高点时右臂向前上方伸展，手腕前屈，食指、中指用力拨球，通过指端将球投出（图7-1-10）。

行进间单手肩上高手投篮示范动作

图7-1-10　行进间单手肩上高手投篮

② 行进间单手肩上低手投篮（以右手投篮为例）：右脚跨出一大步的同时接球，接着左脚跨一小步并用力蹬地起跳，右脚屈膝上抬，身体重心前移，双手向前上方举球。当身体接近最高点时，左手离球，右手外旋，掌心向上托球，并充分向球篮上方伸展，接着屈腕，食指、中指用力拨球，通过指端将球投出（图7-1-11）。

行进间单手肩上低手投篮示范动作

图7-1-11　行进间单手肩上低手投篮

（4）原地跳起单手肩上投篮（以右手投篮为例）。两手持球于胸前，两脚左右或前后开立，两膝微屈，重心落在两脚之间。起跳时，迅速屈膝，脚掌用力蹬地向上起跳，同时双手举球至右肩上方，右手持球，左手扶球的左侧方。当身体接近最高点时，左手离球，右臂向前上方伸直，手腕前屈，食指、中指拨球，通过指端将球投出（图7-1-12）。

原地跳起投篮示范动作

图7-1-12　原地跳起单手肩上投篮

4. 持球突破是摆脱防守、争取主动的重要手段

持球突破具有速度快、幅度大、真假结合的特点，常令防守队员顾此失彼、防不胜防，是"一对一"攻防对峙时进攻队员最常用、效果最好的突破手段。其技术环节当中的假动作能使防守队员失去重心，从而让出进攻队员的移动路线，使进攻队员顺利摆脱防守，即使防守队员没有因为进攻队员的假动作失去重心，进攻队员也可以将计就计，顺势顺步突破。在"一对一"对抗中，持球突破如果能够与投篮、传球假动作等技术有机地结合起来使用，就能使进攻技术更加灵活、机动、富有攻击性。

持球交叉步突破是各种突破技术的基础。以右脚做中枢脚为例，两脚左右开立，两膝微屈，身体重心下降。突破时，左脚先做向左突破的假动作，随着防守队员的重心向左移动，左脚前脚掌内侧迅速蹬地，上体右转，左肩向前探出，降低重心的同时左脚向右前方跨出，将球引于右侧，右手运球加速超越对手（图7-1-13）。

图7-1-13　持球交叉步突破

在持球交叉步突破的基础上，还可以演变出持球顺步突破、持球前转身突破等。无论是哪一种突破形式，都要求动作连贯迅速，成功摆脱防守队员后，要加速运球，视场上情况选择处理球的方式。

5. 篮板球是克敌制胜的重要法宝

抢篮板球是篮球技术的重要组成部分，是获得控球权的重要手段之一，是制约对方连续进攻、增加本队进攻次数和发动快攻的重要保证。谁在篮板球上占优势，谁就往往掌握着比赛的主动权。因此，篮板球的争夺是关系到比赛胜负的重要因素。

篮板球技术是指在投篮不中、球碰篮板或篮圈后，双方争夺控球权的技术。进攻队争抢本队投篮未中的球，称为抢进攻篮板球或抢前场篮板球；防守队抢对方未中的球称为抢防守篮板球或抢后场篮板球。抢篮板球技术分为抢占位置、起跳、空中抢球、获球后的动作4个环节。在抢篮板球过程中，积极顽强的拼搏意识是前提，抢占有利位置是关键。抢位前，要特别注意球的反弹方向、落点和对手的移动方向。占据有利位置后，要继续注意球的反弹方向、速度和落点，以便选择最恰当的起跳时间，使人和球在最适宜的空间相遇。起跳后，根据所处位置、球的反弹方向和速度，可采用双手抢篮板球或单手抢篮板球，也可以用手指点拨给同伴或拨到便于自己接获球的位置。获抢篮板球后，不仅要落地缓冲，而且要保护好球，并迅速观察同伴和对手所处的位置，发动快攻或由守转攻。

6. 掩护是与同伴协作进攻的有效方式

掩护配合是各种篮球比赛中经常运用的一种进攻技术。掩护是采用合理的身体动作，用身体挡住防守队员的路线，而使同伴摆脱防守，获得接球投篮或进攻机会的一种配合。青少年篮球比赛中多采用人盯人防守，掩护则是破坏人盯人防守的一种行之有效的方法，因此，掩护是一种较为适用的战术配合。掩护配合简单适用，掩护方法很多，根据掩护者和被掩护者身体位置的不同，有前掩护、侧掩护和后掩护；根据掩护者的移动路线、方法和变化可分为反掩护、假掩护、运球掩护和定位掩护等。究竟采用哪种掩护方式要视场上具体情况而定。从组成掩护配合的行动来看，一是掩护者主动给同伴去掩护，用身体挡住同伴防守队员移动路线，使同伴得以摆脱对手；二是摆脱者主动利用同伴的身体和位置使自己摆脱防守。因此，无论采用哪种方式，掩护配合能否成功，一要注意掩护者要用正确的身体位置去挡住同伴的防守队员；二要注意掩护者要挡在同伴防守的移动路线上；三要注意摆脱者要摆脱及时；四要注意把掩护配合与其他多种战术配合综合运用。

7. 防守技术是遏制对手的坚实后盾

防守技术是指运动员为了夺回控球权或阻止对手进攻行动而采用的策略技巧与行动方法，包括防守移动、防守有球队员、防守无球队员、抢防守篮板球、打断球和封盖球。防守的目的是破坏持球队员进攻的效果，堵截无球队员的进攻路线，干扰对方进攻机会与战机，获得控球权。防守技术随着篮球攻守的演变而发展，随着进攻技术的提高而改进，随着防守战术的变化而丰富，同时还受到篮球规则修改完善的制约和促进。随着现代篮球运动的发展，防守技术有了很大的变化，它对运动员的防守意识、防守技术和防守战术素养等提出了更高的要求。为了提高防守能力，在练习中除了要加强防守技术动作练习、提高防守技巧，还要多研究对方球员和球队的特点，进行有针对性的多变性防守，采用真假结合的防守，培养和增强防守意识。

（二）篮球基本战术

篮球战术是比赛中队员个人技术的合理运用和队员之间相互配合的特定的组织形式。在篮球运动中，两三人之间的配合是组成全队战术配合的基础，其中包括进攻战术和防守战术。

1. 进攻战术基础配合

进攻战术是进攻队员间有目的、有组织、协调行动的方法。

（1）传切配合。指进攻队员之间用传球和切入技术组成的简单配合。如图7-1-14所示：⑤传球给④时，⑤乘其对手不备之机，突然横切或从底线切入篮下接④的传球投篮。

传切配合示例

（2）掩护配合。指掩护队员以自己身体挡住同伴的防守者的移动线路，使同伴借以摆脱防守的一种配合方法。根据掩护队员的掩护位置可分为前掩护、侧掩护和后掩护。以侧掩护为例，如图7-1-15所示：⑤传球给④后，跑到④的侧面做掩护，④接球后做投篮或突破的动作，吸引❹的防守，当⑤掩护到位时，④立即从右侧贴着⑤的身体运球突破上篮，⑤立即转身切向篮下抢篮板球或接球投篮。

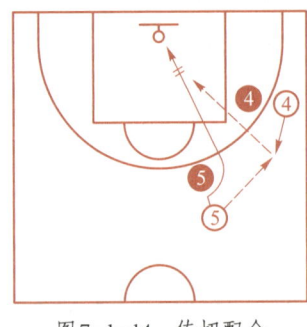
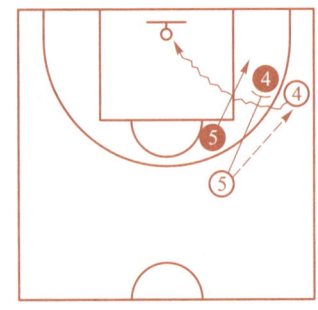

图7-1-14 传切配合　　　　　　　图7-1-15 侧掩护配合

（3）策应配合。指进攻队员背对或侧对篮筐接球，以他作枢纽，与同伴空切相配合而形成的一种里应外合的方法。如图7-1-16所示，⑤传球给④后，向左侧压切，然后以④为枢纽从右侧绕切，同时策应队员④先做传球给⑤的假动作，然后转身把❺挡在身后，将球传给绕切过来的⑤，⑤接球可以投篮、突破或传给策应后下切的④。

（4）突分配合。指有球队员突破后，主动地或应变地利用传球与同伴配合的方法。如图7-1-17所示，④持球纵向突破❹，当❺补防时，④及时传球给⑤投篮。

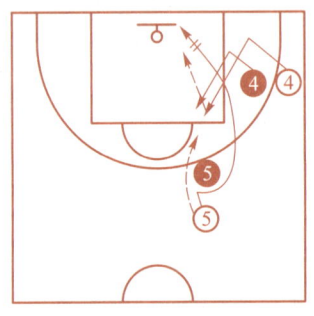
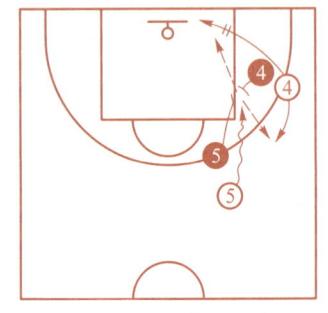

图7-1-16 策应配合　　　　　　　图7-1-17 突分配合

2．防守战术基础配合

防守战术基础配合是防守队员间采用的协同防守方法。

（1）挤过配合。指对方进行掩护时，防守队员在掩护队员接近自己的一刹那，迅速抢前横跨一步贴近自己的对手，并从两个进攻队员之间侧身挤过去，继续防守自己对手的配合方法。如图7-1-18所示，⑤传球给④后再给④做掩护，

当⑤接近❹的一刹那，❹抢前横跨一步贴近④，并从④和⑤之间主动侧身挤过去继续防守④。

（2）交换配合。指进攻队员做掩护配合，防守掩护者的队员与防守被掩护者的队员及时主动地交换自己所防对手的配合方法。如图7-1-19所示，⑤将球传给④，⑤给④做侧掩护，④运球突破。此时，❺发出交换防守信号后立即防守④，❹随之后撤调整位置，堵住⑤的切入，并准备抢断④的传球。

交换配合示例

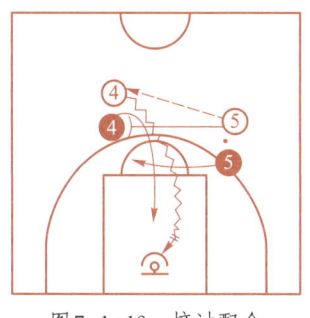

图7-1-18 挤过配合

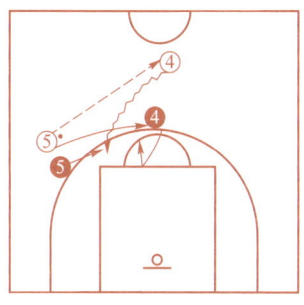

图7-1-19 交换配合

（3）穿过配合。指当对方进行掩护时，防守掩护者的队员及时提醒同伴，并主动后撤一步，让同伴及时从自己和掩护队员之间穿过去，继续防守自己对手的配合方法。如图7-1-20所示，④传球给⑤，④反方向移动给⑥做掩护的一刹那，❹主动后撤，让❻从④和❹中间穿过去，继续防守⑥。

穿过配合示例

（4）补防配合。指当防守队员被对手突破或出现漏防时，邻近的同伴大胆地放弃自己的对手，及时快速地进行补漏防守的一种配合方法。如图7-1-21所示，当④突破❹的防守直接投篮时，❺大胆放弃自己的对手，快速补防，阻止④的进攻，❹向左侧移动防守⑤。

补防配合示例

（5）"关门"配合。指邻近的两名防守队员协同堵截进攻队员运球突破的一种防守配合方法。如图7-1-22所示，⑤传球给④，④持球突破时，❺抢先移动向❹靠拢并"关门"，不给突破队员留有空隙。当突破队员分球时，❺快速回防自己的对手。

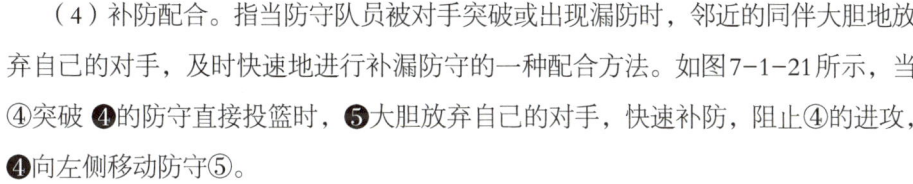

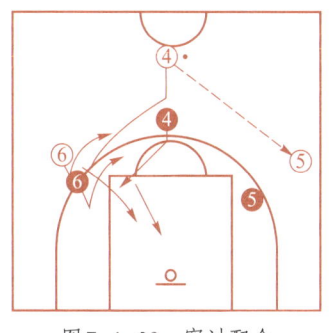

图7-1-20 穿过配合

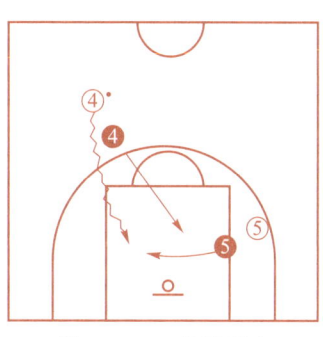

图7-1-21 补防配合

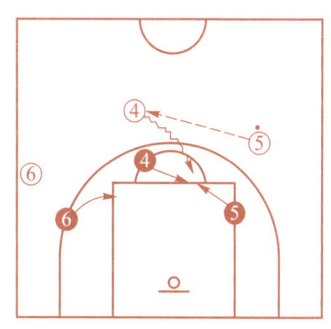

图7-1-22 "关门"配合

三、篮球运动欣赏

（一）知晓篮球比赛基本规则

篮球规则是篮球运动的"法律性文件"，是篮球竞赛唯一的理论依据。裁判法是临场裁判员的工作方法，它指导裁判员如何完成一场竞赛的裁判工作。了解篮球规则和裁判法可以更深刻地了解篮球运动，这对于观赏篮球比赛和参加篮球实践有很大的帮助。

（二）如何欣赏高水平篮球比赛

高水平的篮球比赛精彩纷呈，紧张刺激，扣人心弦。篮球运动的美不仅在于比赛中完美的攻防阵型、精湛的球技和优美的动作，场上队员对自身极限的挑战和团结一心、顽强拼搏的精神更能给人带来震撼。

1．球队的攻防阵型

篮球比赛每队各有5名球员，每名球员各司其职，其位置分别是中锋、大前锋、小前锋、得分后卫、控球后卫。不同的战术目的，有不同的攻防阵容。比赛开始阶段，有的教练员一开始就选择本队最强阵容投入比赛；也有的教练员安排本队非最佳阵容，为下面的比赛奠定基础；到第二节、第三节和第四节前半部是双方基本实力的较量，双方扬长避短，进行控制与反控制，力争在比赛中处于有利地位，这时期教练员根据本队队员的进攻能力和防守能力排出本队最佳阵容；到第四节临结束前4~5分钟，双方比赛进入决战阶段，这时可能会有一些特殊的打法，也会伴有特殊的阵容。因此，在观看比赛时，通过阵容的变化可以看出该球队的战术目的。

篮球比赛发展到今天，位置的概念越来越模糊。在很多情况下，每一位球员的位置不是固定的。比如观赏NBA赛事，麦迪既可以打攻击后卫（得分后卫），也可以打小前锋。再如，马刺的邓肯，他是名大前锋，但他上场时常常打的位置是中锋。还有一些是锋卫摇摆人，他们在场上既是小前锋，又是后卫。

2．技战术的运用时机

运动员技战术的运用是构成篮球比赛的核心，也是观赏篮球比赛的主题。篮球运动具有同场对抗的特点，运动员必须根据赛场情况灵活而合理地运用技术，才能充分发挥自己的水平。其中合理运用技术不仅要求使用技战术的方法正确，更要把握好技战术运用的时机。比如，传接球运用的最佳时机是在同伴刚刚摆脱或用身体挡住防守人，对方来不及调位的一刹那，人到球到是最好的，传球稍早或稍晚都会被防守人断球。

在篮球比赛中，场上进攻机会具有不可预见性，只能根据对方防守的变化来确定攻击点和攻击对象。因此，运动员不仅要熟悉每种技战术的基本要求及其战术配合变化，而且要能在某些时候灵活运用即兴战术。比赛时，运动员要集中注意力，要有想象力和创造性地运用技战术，力求使自己的每一个行为都有一定战术目的。

3．教练员的执教之道

比赛的胜败既可反映出队员的智能结构、技术能力、体能条件与水平，也可反映出教练员的智慧、谋略和综合水平。特别是在比赛的危急时刻，教练员的大智大勇，及时调整全队心态，运用计谋变换攻守打法，达到化险为夷、转败为胜，都充分体现了教练员的谋略在篮球比赛中的重要作用。

在篮球比赛中，教练员的临场素质也是观赏篮球赛事的重要方面。教练员的临场素质如镇定自若、及时决策、随机应变、主动调整的能力，以及制订各种技战术方案和进行正确决策的能力，准确把握和利用各种战术机会的能力，换人战术的目的性和针对性，这中间学问很深，名堂很多，观众要有一定水平才能观察到。

4．裁判员的执裁技巧

篮球裁判员是赛场上的法官，是篮球比赛场上的调度员。他可以根据篮球运动规则调节、中断正在进行中的比赛。裁判员执裁水平的高低对比赛的胜负常常起着重大作用，对保证比赛公平、规范地进行，促进篮球运动竞技水平的提高，以及篮球比赛的观赏性都有着直接影响。在许多篮球比赛中，比赛节奏快，激烈程度强，观众人数多，裁判员如果具备公正、严肃、认真的作风，灵活、机智、冷静的临场执法能力，良好的身体素质和精神状态，就可以保持比赛的节奏，在把比赛推向一个个高潮的同时，也可把观众的观赏情绪不断推向新的高潮。

裁判员的执裁技巧可以从裁判员扎实的基本功，良好的体能和技战术素养，快速反应能力，广阔的视野范围，恰当的判罚角度，丰富的临场经验，高尚的职业道德和良好的心理素质，稳定的情绪状态，良好的抗外界干扰能力及裁判员之间默契的配合等方面去欣赏。

5．球星的价值体现

在篮球比赛中，运动员所表现出来的超乎寻常的身体素质和心理能力具有极高的观赏价值。在观看篮球比赛时，除欣赏运动员高超的技艺外，能够感受的东西还有很多。首先，可以观赏运动员各自的风格和内在品质（性格、爱好等）。其次，可以品味运动员的绰号。很多球迷把某个运动员当作自己心中的偶像来欣赏、崇拜甚至模仿，还给自己喜欢的球星起了最具代表性的绰号。比如，乔丹拥有超强的滞空能力和空中技巧，被人们称为"飞人"；约翰逊传球准确、及时、隐蔽、多变，被人们称为"魔术师"；曾创造了中国男篮辉煌的姚明、王治郅和巴特尔被称为中国的"移动长城"。再次，还可以留意运动员的球衣。球衣号码对于当今的NBA球员来说已经不仅仅是场上打球的一个代号了，它代表了球员的个性，更是球员本人的一种象征。一名普通球员成为篮球明星后，那些具有代表性的号码就成为众多球迷追逐的对象。比如芝加哥公牛队的23号，这个号码代表着篮球之神乔丹。乔丹成名后，NBA很快掀起了一阵23号热，当代NBA赛场上的年轻一代又出现了许多23号豪杰，如马库斯·坎比、阿泰斯特、詹姆斯特等。

6．啦啦队的现场作用

延伸拓展：三人制篮球

"啦啦操"是一项运动，它起源于西方，融合了徒手体操、体育舞蹈、艺术体操、技巧等运动的元素，配上节奏感极强的音乐，表现出朝气蓬勃的面貌和团结一致的集体精神。啦啦队是除运动员、裁判员、观众以外，活跃在篮球场上的"第四角色"。它具有观众的功能，但不同于纯粹的观众。在篮球比赛中，"啦啦队"表演的上场时间是有严格规定的，全场比赛共四小节，第一小节前有一个开场前三分钟的暖场表演，第一、二小节间是一分钟的短表演，第二、三小节间为中场表演，第三、四小节间歇时会有一分钟短表演。另外，比赛场上出现任何突发情况导致比赛暂时中止时，为防止冷场，"啦啦队"均会临时增加表演，起到救场作用。在表演过程中，队员们要保持激昂的情绪，利用口号、舞蹈等形式的表演，鼓舞参赛球队的士气，带动主场观众的情绪，并引领观众和啦啦队一起，为自己的球队加油打气。

第二节　足球运动

足球运动是全世界最具影响力的体育运动，也是最受欢迎的体育运动之一，被称为"世界第一运动"，有着非常悠久的历史。足球运动令人痴迷，魅力无穷。它源于游戏，经过不断地演变成为竞技运动。在观看足球比赛的过程中，其跌宕起伏、变幻莫测、胜负难料的比赛过程，时刻牵动着参赛者和

观众的心。因此，不管是踢足球，还是看足球、评足球，都可以从中获得无穷乐趣。

一、足球运动文化

（一）古往今来话足球

1．足球起源于中国

最古老的足球游戏起源于中国战国时期，当时把这种游戏称为"蹴鞠"或"踢

鞠"。"蹴"和"蹋"都是踢的意思，"鞠"是用皮革作外壳、中间塞满毛发的球状物。"蹴鞠"历史悠久，有很丰富的文化内涵，不仅在我国古代的诗赋杂谈中多有记载（图7-2-1），而且还出版过许多专门论述"蹴鞠"的书籍。这些书籍，对球的制作、游戏场地、方法和规则等都有极为详尽的介绍。

图7-2-1 《宋太祖蹴鞠图》

2004年5月21日，中国与英国、瑞士、法国一起组织了"国际足联成立100周年"庆典活动。2004年7月15日，国际足联主席布拉特宣布：中国是足球的故乡，足球最早起源于山东省淄博市的临淄。2005年5月21日，布拉特在国际足联总部向临淄颁发了足球起源地认定证。

2. 现代足球发端于英国

1857年，英国成立了世界上第一个足球俱乐部——谢菲尔德足球俱乐部。此后，各地区相继效仿。1863年10月26日，为了适应俱乐部之间日趋频繁的竞赛需要，在伦敦召开会议，成立了世界上第一个足球组织——英国足球联合会，通过了最早的足球竞赛规则，其中明确规定比赛中不许故意用手接触球，完成了把足球游戏演变为竞技运动的过程，这一天也被视为现代足球的诞生日。

3. 国际足球联合会与中国足球协会

1904年5月21日，法国、比利时、西班牙、荷兰、丹麦、瑞典、瑞士7个国家足球协会的代表在巴黎召开会议，成立了足球国际性组织——国际足球联合会（简称为国际足联，英文缩写为FIFA），总部设在苏黎世，它是奥林匹克委员会的一个单项体育组织，目前已有会员211个，是全世界最大的国际单项体育组织。中国于1931年加入国际足联。1955年1月3日，中国足球协会（简称为中国足协，英文缩写为CFA）成立。1958年，我国因反对制造"两个中国"的阴谋而退出国际足联。1979年，国际足联恢复了中国足协的合法席位。

（二）足球运动的锻炼价值

1. 强身健体的"催化剂"

参与足球运动，要在高速奔跑、身体受到冲撞等情况下完成射门、过人、传球、摆脱、盯人、抢点、捕捉得分等一系列动作，不仅可以增强参与者的肌肉力量，使爆发力得到很好的锻炼，而且对技巧性、协调性、平衡性提出了较高的要求。经常进行足球锻炼，对提高参与者的反应和灵敏性大有裨益，它可以使关节、韧带和肌腱的稳固性、伸展性、灵活性、柔韧性得到提高。

2．健康心理的"孵化器"

（1）培养良好的感知与思维。在足球比赛中，要求参与者在瞬间对球的速度、旋转、弹性、飞行弧线、落点、攻守态势等有准确地感知，做到全面观察、独立思考、思维敏捷、灵活机动、随机应变，具备较强的思维活动能力，这样才能应对变幻莫测的场上情况。

（2）培养稳定的情绪与自信。积极稳定的情绪和超强的自信心会使人思维敏捷、动作协调准确。在跌宕起伏的足球比赛中，要求队员不受任何外界刺激的干扰。而自信心则可以通过每一个技术动作的完成、每一次巧妙战术的配合、每取得一场比赛的胜利得到充分提高。

（3）提高团队意识与竞争精神。足球比赛是集体竞赛项目，要求参与者对每一次传球、每一次跑位、每一次争抢等都要对同伴和团队负责，这是一个人责任意识强弱的体现。现代人具有追求成功、尝试冒险、依靠努力和奋斗赢得胜利、超越现状的心理倾向，而足球运动正迎合了人们的这种心理倾向，它不仅有利于化解工作中的烦恼和焦虑，从中获得健康愉悦的心情，而且便于树立积极的人生观和世界观，以健康的心态去工作和学习。

3．尽显王者风范与霸气

（1）展现奋勇拼搏的霸气。足球被称为勇敢者的运动。在激烈的足球比赛中，参与者必须在高强度的奔跑对抗中完成技术动作和战术配合，守门员鱼跃扑球，队员飞身铲球、凌空倒钩、鱼跃冲顶，无不显示着奋勇拼搏的霸气，稍有懈怠或畏缩不前的心理，就难以在瞬间把握成功的机会。

（2）锤炼不断进取的信念。足球比赛的竞争性极强，运用技战术的最终目的，都是为了力争将球攻入对方球门，而具有积极进取之心，是实现这一目标的关键。

（3）弘扬永不言败的精神。在足球比赛中，胜负具有很强的不确定性，以弱胜强、"黑色的终场前夜"等战例屡见不鲜。只要终场哨声没有吹响，运动员就始终不应放弃可以改变局面的机会，体现出"永不言败"的精神。

（三）世界主要的足球赛事

当今世界上重大的足球比赛有世界杯足球赛、奥运会足球比赛、洲际足球赛、欧洲五大联赛等。

二、足球技战术与学练方法

（一）熟悉球性是基础

足球的魅力在于它既富有吸引力又不是那么好控制，与球建立熟悉而亲密的关系，是初学者必须解决的问题。熟悉球性是指用身体的合理部位对球的一种感觉与把握。熟悉球性可以通过用脚的各个部位做拨、推、拉、拖、挑球或头、腿等部位进行增强球感的练习，使身体对球渐渐熟悉起来。练习方法有多种多样，如脚底踩球、脚底拉球、侧身拉球等。颠球也是增强球感的一种行之有效的练习方法，它是用双脚或其他部位不停地触球，使球保持在空中上下运行而不落地的一种方法。开始颠球时，可以用脚背正面触球的下中部，使球向上运行并略带内旋，待球落下时再次触球。当熟悉一段球性后，再用大腿、头部、脚内侧、脚外侧等部位练习颠球，进一步提高控制球的能力和自信心。总之，要想熟悉球性，就要尽可能多地接触球，以便提高身体对足球的控制能力。

（二）用传接球沟通联系同伴

1. 掌握基本踢球方法

踢球方法有个共同之处，那就是都包括助跑、支撑脚站位、踢球腿的摆动、脚触球的部位及踢球后的随前动作5个部分。其中，尤以脚触球的部位最为重要，这是决定用哪种方法踢球，踢出什么样的球和踢得准不准的关键环节。

（1）脚内侧踢球。脚内侧踢球具有脚触球面积大、出球准确平稳、易于掌握的特点，是最基本和最简单的踢球动作。可用于短传配合和近距离射门。

脚内侧踢球时，直线助跑，支撑脚踏在球侧面约15厘米处，脚尖对准出球方向。踢球腿屈膝外展约90°，以髋关节为轴由后向前摆动，脚尖稍翘起，踝关节紧张（图7-2-2）。

脚内侧踢球动作示范

（2）脚背正面踢球。脚背正面踢球又称正脚背踢球，具有脚接触球面大、准确性较高、易发力、球飞行速度快等特点，常用于踢定位球、空中球、反弹球、转向踢球、倒钩球和远距离射门等。

脚背正面踢球时，直线助跑，支撑脚踏在球侧面10~12厘米处，脚尖对准出球方向。踢球脚以髋关节为轴，大腿带动小腿由后向前摆动，脚趾扣紧，以脚背正面踢击球的中后部（图7-2-3）。

脚背正面踢球动作示范

（3）脚背内侧踢球。脚背内侧踢球又称内脚背踢球，具有隐蔽性强、出球方向多变，但又能很好控制方向等特点。常用于踢定位球、地滚球、过顶球、弧线球及各种距离的传接球和射门等。

脚背内侧踢球时，斜线助跑，支撑脚踏在球后侧20~25厘米处，脚尖对准出球

脚背内侧踢球动作示范

图7-2-2　脚内侧踢球　　　　　　　图7-2-3　脚背正面踢球

方向。踢球腿以髋关节为轴，屈膝外展约45°，大腿带动小腿由后向前摆动，膝关节稍内旋，脚跟提起，脚尖指向斜下方，脚面绷直（图7-2-4）。

（4）脚背外侧踢球。脚背外侧踢球又称外脚背踢球，由于踢球时脚踝灵活性较大，摆腿方向变化较多，且助跑时又是正常的跑动姿势，故其出球隐蔽性较强，足球比赛中各种距离的弧线球及非弧线球均可使用。

脚背外侧踢定位球时，助跑、支撑脚的位置和踢球腿的摆动基本上与脚背正面踢球相同。但是在踢球腿的膝关节摆到接近球的垂直上方的一刹那，小腿加速前摆，脚尖内转，脚背外侧与地面垂直，脚面绷直，脚趾扣紧，以脚背外侧部位击球的后中部。踢球后，踢球腿随球继续前摆（图7-2-5）。

图7-2-4　脚背内侧踢球　　　　　　图7-2-5　脚背外侧踢球

何谓传过顶球

我们在比赛中经常会看到进攻队员想传球给同伴，但中间有一名防守队员在阻拦，于是他就将球踢过防守者的头顶，从空中越过中间的障碍把球传给同伴，这就叫传过顶球。传过顶球时，主要注意踢球脚要插到球的下部，击球的后中下部。

怎样踢弧线球

弧线球俗称"香蕉球"，是因球的飞行路线呈弧线而得名。踢球时，应大腿带动小腿，在踢球瞬间用足背外侧或内侧削踢球的中部侧面，使球产生旋转，从而向内侧或外侧呈弧线飞行。

2．学会几种接球方法

在足球比赛中，除会踢球外，还要会把别人踢来的球控制住，这就需要掌握接球技术。接球在足球运动中的运用相当广泛，最常见的有脚内侧、脚底、脚背外侧、脚背正面、胸部、腹部、大腿及头部等部位的接球技术。不管运用哪种技术，都要注意以下4个环节：判断选位→接球前的支撑→触球动作→接球后跟进。总之，要力争将来球的冲力缓冲掉，并与下一个动作连贯起来。

（1）脚内侧接球。脚内侧接球是最常用的接球方法，接触球的面积大，容易把球接住，是众多接球技术中最容易学会和运用最普遍的动作。

脚内侧接球时，支撑脚对准来球，膝关节微屈，接球腿以膝关节为轴屈膝外展，小腿向后摆起，用脚内侧挡住球的后上部，同时自上而下切压球，把球控制在下一个动作需要的位置上。按照不同的来球方向，可分为脚内侧接地滚球（图7-2-6）、脚内侧接空中球（图7-2-7）和脚内侧接反弹球（图7-2-8）。

（2）脚底接球。脚底接球是用前脚掌接压来球，将球停在脚底的接球方法。这种接球方法接触球的面积大，容易将球停住，并且可以采用前脚掌推、拉等动作将球灵活地改变方向，可用于接地滚球和反弹球。

脚底接球时，准确判断好球的落点，支撑脚踏在球落点的侧后方，脚尖正对前方。接触腿微屈膝，脚尖上翘，脚底与地面呈45°斜面，在球落地反弹瞬间，用前脚掌主动推压球的后上部（图7-2-9）。

图7-2-6　脚内侧接地滚球

图7-2-7　脚内侧接空中球

图7-2-8　脚内侧接反弹球

图7-2-9　脚底接球

（3）脚背外侧接球。脚背外侧接球是一种身体重心移动较大的接球方法，较难掌握。但由于它经常与假动作结合使用，具有较大的隐蔽性。在实战中，这种接球方法经常能起到在接球的同时突然摆脱对方防守的双重效果。脚背外侧接球主要用于接地滚球（图7-2-10）和反弹球（图7-2-11）。

（4）胸部接球。胸部接球的特点是接触球面积大，接球部位高，适用于停高空球和平空球。胸部接球分为挺胸式接球和收胸式接球两种。

脚内侧接地滚球动作示范

脚内侧接空中球动作示范

脚内侧接反弹球动作示范

脚底接球动作示范

脚背外侧接球动作示范

图7-2-10　脚背外侧接地滚球

图7-2-11　脚背外侧接反弹球

胸部接球动作
示范

挺胸式接球时，面对来球，两膝微屈，上体后仰，下颌微收，两臂自然张开，膝关节伸直，胸部托球，使球微微弹起（图7-2-12）。收胸式接球时，面对来球，两脚开立，双臂张开，挺胸迎球。触球瞬间，收胸、收腹、臀部后移，将球接在体前（图7-2-13）。

图7-2-12　挺胸式接球

图7-2-13　收胸式接球

（三）运球技巧是突破防线的基础

运球又叫"带球"，俗称"盘球"，是个人突破防线的基础。按运球的脚法可分为脚背正面运球、脚背内侧运球、脚背外侧运球等。初学者练习运球，应抓住熟悉球性这个主要环节，可先将球放在两脚之间来回拨动，然后做走动中向前运球的练习，再逐步过渡到在跑动中进行直线、弧线、绕障碍运球。练习时，注意体会运球的节奏，尽量把球置于脚边，体会通过调整运球脚的不同接触部位和推拨球的用力方向，改变运球路线。

（1）脚背正面运球时，身体自然放松，上体稍前倾，两臂自然摆动，步幅不宜过大。触球时，屈膝前提，脚背拨球（图7-2-14）。

脚背正面运球
动作示范

脚背内侧运球
动作示范

（2）脚背内侧运球时，身体稍向运球方向侧转，重心在支撑脚上，运球脚膝关节微屈，脚跟提起，脚尖稍外转，用脚背内侧推、拨球前进（图7-2-15）。

图7-2-14　脚背正面运球

（3）脚背外侧运球时，身体自然放松，上体稍前倾，两臂屈肘，步幅不宜太大。运球脚提起，膝关节微屈，脚跟提起，脚背绷紧，脚尖稍内转。在迈步向前着地时，用脚背外侧推、拨球前进（图7-2-16）。

脚背外侧运球
动作示范

图7-2-15　脚背内侧运球　　　　图7-2-16　脚背外侧运球

（四）出神入化的运球过人技艺

运球过人是在运球过程中运用身体的晃动和脚的动作，结合变换方向，改变速度，从而突破对方防守的方法，是技巧与智慧的结合。运球过人时，必须根据场上情况及对手情况，随机应变地采用合适的方法，要求具有很强的应变能力。运球过人经常是在假动作的掩护下，诱使防守队员移动身体重心而出现漏洞，伺机进行突破。常用的运球过人方法有拨球过人、推球过人、扣球过人、拉球过人等。在运用各种运球过人方法时，要注意以下几点：

（1）掌握好过人的时机。这是能否突破对方防守的关键。最佳的过人时机是在对方还未来得及作出反应或已作出错误的反应而移动身体重心时。

（2）掌握好过人的距离。这里的距离是指运球者与防守者之间的距离，一般在一大步左右。如果距离过大，防守者就有时间作出第二次反应来弥补；如果距离过小，不是球被抢去，就是人被防守者挡住了。

运球过人动作
示范

（3）掌握好真假动作的衔接。假动作要做得"逼真"、稍慢一些，而真动作要快而突然。

（五）头顶球是争夺空中优势的武器

要想在足球天地一争高下，不仅要学会控制地面滚动的球，还要学会处理好从空中飞来的球。头顶球是用前额部位击球的动作，有前额正面顶球和前额侧面顶球两种。学习头顶球，可以做原地顶球、跑动中顶球、跳起顶球和鱼跃顶球等技术动作练习。学习头顶球技术时应注意：判断要准，选位正确，不要闭眼，更不要缩脖子，击球一刹那颈部要适度用力。

（六）学会勇敢机智地抢断球

抢断球技术是指在规则允许的范围内，运用身体的合理部位，把对方的传球或

何谓"合理冲撞"

一是目的为争球且球又在其控制范围，双方都有可能控制球；二是冲撞的部位合理，只允许用自己的肩部冲撞对方肩部；三是冲撞的力量适当，即不能带有危险性的冲撞；四是不允许有手部的推人动作。

对方的控球抢过来或破坏掉的动作。抢断球一般包含三个内容：一是把球抢过来，二是把球堵截住，三是破坏对方对球的控制。所有的抢断球都是由判断选位、抢断动作和抢断后的衔接这三个环节构成的，常用的抢球方法有正面抢球、侧面抢球和倒地铲球等。

（七）学一学"一夫当关"的本领

守门员在全队具有举足轻重的地位，是全队的最后一道防线，哪怕最微小的失误也可能使全队的拼搏毁于一旦。守门员的技术动作极富艺术性和观赏性，他们在比赛场上的精彩表演，经常会使球迷们惊喜万分、津津乐道。因此，球迷们喜欢把自己所崇拜的、具有高超技艺、又屡有出色表现的守门员尊称为"门神"。

守门员上手接球动作示范

守门员技术主要有准备姿势、移动、接球、扑接球、拳击球、托球、手掷球和脚踢球等。其中，接球是守门员有球技术中最基本的技术。接球包括接地滚球、接平直球和接高球三种。扑接球是守门员技术中难度较大，但也是最具观赏性及艺术化的技术动作。这种技术动作的神奇之处在于能将远离守门员势在必进的球，魔术般地扑获。扑接球技术难度虽然大，但也是守门员必须具备的技术之一，扑接球包括倒地扑接球和鱼跃扑接球两种。

（八）提高足球实战技巧

1. 了解比赛阵型

比赛阵型是指比赛场上队员基本位置排列，是本队攻守力量搭配和分工的形式。根据队员的职责和排列的层次分为后卫线、前卫线和前锋线。阵型的人数排列次序是从后卫数向前锋的，守门员的人数、职责固定，一般计算在内。目前，世界上普遍采用的阵型有4-3-3阵型（图7-2-17）、4-4-2阵型（图7-2-18）、3-5-2阵型（图7-2-19）和4-1-2-3阵型等。除4-4-2阵型以防守为主、反击为辅外，其他阵型均以进攻为主，尤以3-5-2阵型最为突出。3-5-2阵型从后至前分为3条线，由后卫线3名队员、前卫线5名队员、前锋线2名队员组成。

比赛阵型在比赛中不是一成不变的，它只是队员在场上活动的大体安排，可根据临场情况不断变化，场上每个队员都应在明确基本位置和职责的前提下，进行创造性的活动。

2. 合理运用进攻战术

（1）个人进攻战术。个人进攻战术是指在比赛中为了战胜对手而采取的符合整体进攻目的的个人行动。个人进攻战术是构成局部和整体进攻战术的环节。个人进

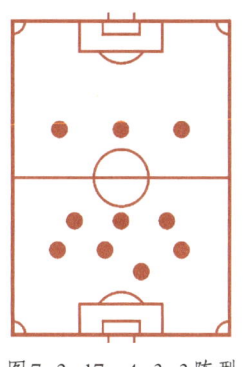
图7-2-17　4-3-3阵型

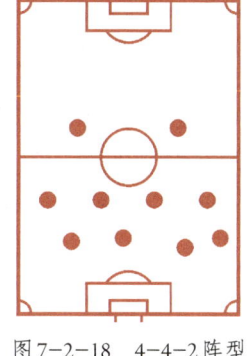
图7-2-18　4-4-2阵型

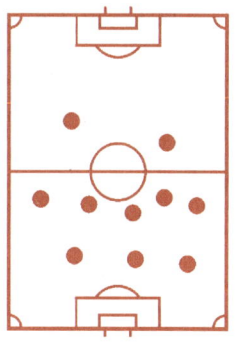
图7-2-19　3-5-2阵型

攻战术行动水平的高低直接影响着局部和整体进攻战术的质量。个人进攻战术包括传球、射门、运球突破和摆脱跑位等。

（2）局部进攻战术。局部战术是指场地范围不大、参与人数不多的攻防配合行动，它是两个或两个以上队员的战术配合行动，它可以丰富和完善全队的进攻战术，是整体攻防战术的基础。局部进攻战术基本配合形式有传切配合、交叉掩护配合和二过一配合。

① 传切配合：指控球队员将球传给切入的进攻队员的配合方法，是局部进攻战术中运用最多的方法。传切配合的形式有局部传切和转移长传切入。

② 交叉掩护配合：指在局部地区两名进攻队员在运球交叉换位时，以自己的身体掩护同伴越过防守队员的配合方法。

③ 二过一配合：

● 斜传直插二过一：如图7-2-20所示，⑦运球过❹，横传给⑥，⑥向前斜传，⑦直线插入接球。

● 直传斜插二过一：这种配合是在对方基本站好位置的情况下采用的渗透性传球。如图7-2-21所示，⑩接横传球，向前直传空当，斜线插入接球。

● 踢墙式二过一。踢墙式二过一是两名进攻队员通过两次传球越过一名防守队员的配合方法。如图7-2-22所示，⑧传球给⑨，⑨直接出球，球到队友脚下好像碰在墙上，反弹向❸背后的空当，⑧快速切入接球。

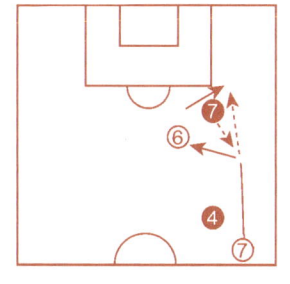
图7-2-20　斜传直插二过一

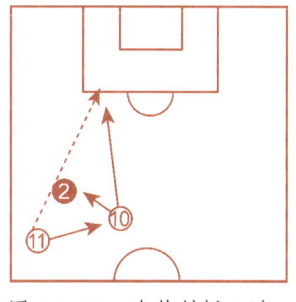
图7-2-21　直传斜插二过一

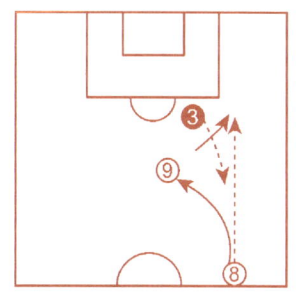
图7-2-22　踢墙式二过一

（3）整体进攻战术。

① 边路进攻：主要通过边锋或交叉到边上的中锋，直接插上的前卫、边后卫，运用个人带球突破或传球配合，达到突破对方防线传中（外围传中、下底传中、切底迂回传中）的目的，由中锋的另一侧包抄射门。

② 中路进攻：中路进攻能直接威胁球门，但中间防守队员密集，不易突破。因此，可以通过中锋、内切的边锋或插上的前卫间的配合或个人运球过人等方法突破对方防线。

③ 转移进攻：当一侧进攻受阻，另一侧进攻有利时，要及时快速转移进攻方向。此方法多是通过采用有效而准确的中长距离传球来实现的，以拉开对方的一边防守，达到声东击西的进攻目的。

④ 快速反击：在防御中积极拼抢，一旦得球，乘对方立足未稳时，快速传球，以多打少，达到射门得分取胜的目的。

3. 有效运用防守战术

（1）个人防守战术。个人防守战术是局部防守和集体防守的基础，包括堵（迎面堵、贴身堵）、抢（迎面抢、侧面抢、侧后铲）、断等技术在防守中的运用。选位与盯人也是重要的个人防守战术。

（2）集体防守战术。集体防守战术有全攻全守的全场防守、半场防守、紧逼防守、区域防守，也有盯人结合区域防守、密集防守等。不论采用哪种战术，都要考虑到本队的特长，更要针对对方的进攻战术，采用有效的防守战术，阻止对方的进攻。

（3）造越位战术。后场队员默契配合，使进攻队员在拿球时即处于越位状态。

4. 不可忽视定位球战术

定位球战术是指比赛成死球时所采用的攻守战术方法，包括球门球、中圈开球、界外球、角球、任意球、点球时的配合方法。定位球在比赛中的地位极为重要，它已成为决定比赛胜负的重要因素，尤其在势均力敌的比赛中，关键性的进球常常是定位球。

三、足球运动欣赏

（一）正确理解足球比赛规则

足球比赛规则
简介

（二）如何欣赏高水平足球比赛

1. 攻与守的相互促进

足球比赛是一个制约和反制约的竞争过程，攻守双方都在想方设法限制对方，同时又在这种制约和反制约的过程中不断进步和发展。双方力争在局部区域尽快形成以多打少或以多防少，从而为进攻时创造和利用时间、空间，防守时利于控制和封锁时间、空间，以最大限度地保证本队战术得以顺利实现，是双方追求的局面。在足球运动100多年的发展过程中，从"WM"阵型到四前锋、4-2-4，再到4-3-3、4-4-2、3-5-2等阵型的演变过程可以看出，人们之所以在三条线的人员调配上动脑筋，主要是因为当一个时期呈现守强攻弱的态势时，就会促进进攻方面出现新的技战术打法。反之，当出现攻强守弱的局面时，人们又会在防守上下功夫。这种攻防矛盾的不断变化，促进了人们对足球技战术和足球竞赛规律的认识。

2. 教练员的用兵之道

（1）知人善用。"故善战者，求之于势，不责于人，故能择人而任势。"善于指挥的教练员能通过合理选用人才，做到人尽其才，既要"知人"，又要"善用"，充分发挥"知人善用"的优势，充分利用有利的态势来取胜，而不是一味追究队员的责任。

（2）激励政策。"气可鼓，不可泄也。"足球比赛也是如此。足球比赛千变万化，出人意料，队员的士气至关重要，因此教练员在比赛前和临场指挥中，随时根据队员的心态，采取激励政策，鼓舞队员士气，这对比赛的胜负起着十分重要的作用。

（3）知己知彼。"知己知彼，百战不殆"是教练员临场指挥的要点，赛前了解的情况越全面、越细致，其战术安排则越接近实际。要全面了解队员的比赛态度、信心、身体状况，尤其是主力队员的状况。也要了解对手的比赛风格，基本阵容，攻、防打法特点，核心队员的特点等。教练员应在全面、准确了解比赛双方各种信息的基础上，进行认真细致的对照分析，正确判断形势，从而制订符合实际的比赛谋略。

（4）换人秘诀。换人是比赛中最常见的指挥方法之一，常出现在：① 队员体力下降时，通过换人保证原有的攻守能力；② 比赛双方处于胶着状态，利用换人调整打法，以图打破平衡；③ 比分突变，实施换人孤注一掷或力求保障比分；④ 一方换人后，另一方采取相应对策的换人。另外，在伤员的突然出现，红、黄牌的"不期而遇"，以及领先方在比赛最后时刻以换人拖延比赛时间更是司空见惯。从目前换人常涉及的位置来看，以中场球员居多，换中场球员可以一箭双雕，从攻、守两方面进行调整，大多数教练员通过换人能起到扭转局面的作用，但处理不当，也会使本队漏洞百出，成为败笔之作。

3．裁判员的执裁技巧

裁判员是足球场上的法官，哨声一响、旗子一挥、牌子一亮，球员、教练员和观众，都为之关注，其权威不可小觑。优秀的足球裁判员与其说是铁面无私的法官，不如称其为造诣高深的导演。他不是按部就班、照本宣科地执行规则，而是要审时度势，把握尺度，处理好各种意外事件，引导双方完成演出。因此，足球裁判员不仅要熟悉规则，还要有较高的悟性，力争做到既合理（符合规则条文）又合情（符合场上态势），既讲原则又灵活。一个优秀的裁判员，他是不会成为赛场的主角，他会在最恰当的时刻出现在最关键的地点，他会让受处罚的队员心服口服，他会微笑面对每个队员，他会让比赛如行云流水。要允许裁判员犯错误。对此，前国际足联主席布拉特对裁判员失误引起的纠纷谈了自己的观点，他说："让裁判们安静吧。他们也有权利犯错误，就像一个球员经常会射失必进之球一样。我们的球应该输得起，因为足球本身就像戏剧一样，充满了喜悦和失望。"

4．球星的价值体现

每当谈起足球，就会想到那些球星，想到他们在绿茵场上的身影。他们以精湛的球技、充沛的体能、完美的配合，以及极富想象力的发挥，完成了一个又一个被喻为"艺术"的伟大作品。球星的作用是不可估量的，没有球星的球队不是好球队，没有球星的赛场就没有痴迷的观众。

球星常被称作队中的"精神领袖"或"领头羊"。在比赛中，对方要千方百计地力图困住他们，切断其与其他队员之间的联系，使之孤掌难鸣。因此，许多犯规往往会直接针对他们。沧海横流方显英雄本色，球星们的许多惊世骇俗之作却往往就是在这种激烈的较量中发生的，马拉多纳连过数关的进球、贝利禁区内连接带过凌空射门、贝肯鲍尔的领袖风貌、梅西的绝美过人进球等，这些惊世绝伦的表演堪称绝唱。

球星的表演也不是"独角戏"，在日趋激烈的比赛中，球星只有将个人的才能融入集体之中，才能对全队的胜负起关键作用。一个球队若过分依赖某个人，这样的球队也很难长期取得优异成绩。

5．球迷演绎人生百态

欣赏一场高水平的足球比赛，对每个球迷而言，都是一种酣畅淋漓的感情释放，其中有兴奋，有激动，也有沮丧和恼怒。球迷已经是足球比赛不可或缺的部分，当球员在赛场上拼搏的时候，球迷撕心裂肺、山呼海啸般的呐喊对球员会产生难以估量的鼓舞作用。

球迷全身心投入这项运动中，为自己钟爱球队的胜败得失或欢欣或沮丧。1990年，意大利世界杯的1/8决赛上，巴西队全场占据绝对的优势，却被阿根廷队一次偷袭成功，由"风之子"卡尼吉亚将巴西队打入深渊。此时观众席上，一个身穿巴西队传统球衣，脸上涂抹着油彩的女球迷双目凝滞，紧咬嘴唇，眼睛里满噙泪水的表情被摄影师摄到。这一瞬间成为当届世界杯上最感人的一幕。

通过比赛来发泄情感也是有限度的，这个限度一旦被超越，人们就会失去应有的理智，导致许多不文明行为的产生，而最终只能自尝"足球暴力"酿成的苦果，像"足球流氓"现已成为足球运动健康发展的毒瘤。

6. 心技体智的综合抗衡

足球比赛中的对抗，包含技术、战术、身体、心理等多种因素，这些因素在比赛中相互联系、相互制约、相互促进，是一种多因素相互交融复杂的综合性对抗，既是技术、战术、身体的较量，也是智力、心理的抗衡。一般来说，技术和身体素质是战术能力的物质基础，离开这两大因素，战术行动也就失去了存在的先决条件。战术是以身体素质与技术为基础并随之发展的，同时又对身体素质与技术产生强大的反作用力，提出与之相适应的要求。智力因素对其他竞技因素具有深刻的影响作用，对运动员尽快地学习和正确地掌握运动技能、提高身体素质水平有着积极的促进作用。心理素质是其他竞技因素的重要保证，越是高水平的比赛，对心理素质的要求就越高。因此，高水平的运动员都是心技体智综合发展的典范。

延伸拓展：五人制足球

第三节　排球运动

排球运动是一项集体性运动项目，双方隔网对抗，运用发球、垫球、传球、扣球和拦网等技术进行攻防对抗。排球运动具有竞技与娱乐并存的特点，不同年龄、不同性别、不同技术水平的人都能参与。

一、排球运动文化

（一）排球运动的起源

1895年，美国马萨诸塞州霍利约克市基督教青年会体育干事威廉·摩根（William Morgan）发明了排球这项运动。当时网球运动和篮球运动已经盛行，摩根先生最初是想把篮球变成用手推击的网球，以为上年纪的人寻找一种既不很紧张，又有一

定竞争性和娱乐性的游戏。他大胆吸取了篮球运动和网球运动的某些特点，用篮球在适当升高的网球网的两边往返拍击、推击，使球不落地，这就是排球运动的雏形。

（二）排球运动的传播

排球运动在美国问世后，被美国传教士和驻外国的军官、士兵带到了世界各地。排球运动传入美洲和亚洲的时间较早（大约在1900年），传入欧洲的时间较晚（大约在1917年）。1913年，排球运动被列为第1届远东运动会比赛项目。此后，排球运动在亚洲先后经历了16人制、12人制、9人制和6人制的赛制演变过程。但排球运动在欧洲却没有经历这么复杂的演变过程。自1917年排球运动传入欧洲后，便以6人制的比赛方式被列为正式比赛项目。此后，排球运动在欧洲发展迅速，技战术水平不断提高。

由于排球运动传入时间及采用规则的不同，致使世界各地排球技术水平的发展很不平衡。

1947年4月17—21日，世界排球联合会（简称为国际排联，英文缩写为FIVB）在巴黎成立，并制订了统一的比赛规则。此后，国际排联通过举办一系列国际比赛，使排球运动逐渐演变为需要良好的体能和高超技战术的运动项目。1964年，排球运动被列为第18届奥运会正式比赛项目。国际排联成立至今，已拥有222个会员国，成为世界最大的单项体育运动协会之一。

排球在中国的发展历史

排球于1905年传入我国。最早的排球场地长28米、宽14米，男排网高2.30米。由于比赛允许每队上场16人，按每排4人站立，"排球"也由此得名。此后，随着比赛水平逐渐提高，人数逐渐减为12人、9人，场地也相应缩小。9人制排球在我国及亚洲其他地区曾流行了很长时间，直到1950年开始，我国才开始推广6人制排球。

（三）排球运动的发展

世界排球运动的发展历程大致可分为娱乐排球、竞技排球和现代排球三个阶段。在娱乐排球阶段，排球运动从开始的娱乐游戏性质，逐渐向竞技对抗方向发展。在这一阶段，世界上没有统一的国际组织，没有统一的竞赛制度和竞赛规则，也没有正式的国际比赛。

国际排联的成立标志着排球运动从娱乐游戏时代进入竞技时代。这一阶段，在众多大型比赛和广泛的国际交往促进下，排球运动得到了蓬勃的发展。

自20世纪80年代起，排球运动进入了现代排球阶段。在这个阶段，随着排球技战术水平的不断提高，竞技排球向着全攻全守的方向发展。同时，排球运动的社会化、商业化和职业化倾向日益明显，形式多样的大众排球得到了更为广泛的开展，排球运动进入了竞技排球与大众娱乐排球共存的时代。

（四）排球运动的锻炼价值

1．助力生长发育

研究表明，人可以通过跳远、摸高、悬吊、拉伸腰背和仰卧起坐等运动对膝、肘、脊柱、颈椎等关节产生刺激，激发脑垂体的功能，使骨骼快速生长，从而达到身体增高的效果。排球运动可以提高运动者的协调性和灵敏性，特别是跳跃时牵动肌肉和韧带，有刺激软骨生长的作用。此外，从事排球运动还可以锻炼大脑的思考和判断能力，训练视力和听力的敏感度，提高人体的反应速度。

2．提高机体免疫力

每个人出生时都带有一位世界上最好的"医生"——免疫系统。免疫系统如同一个训练有素的精锐部队，一旦有病毒进入机体，便能进行有效抵抗。经常参加排球运动，能有效地增强身体各方面的素质和体能，提高人体的免疫能力。

3．促进终身体育观的养成

随着人们生活水平的不断提高和全民健身活动的全面展开，终身体育观念开始日渐根植于人们的脑海。"终身体育"在"兴趣—喜欢—爱好—参与—终身从事"的发展中使人们的生命长度得以延伸。而排球运动本身的趣味性、集体性、多变性、综合性的特点，汇集了所有运动者的锻炼兴趣。排球运动凭借其丰富的锻炼内容、有益的锻炼方式及良好的健身作用，无形中充当了人们树立"终身体育"观念的工具。

4．培养果敢、坚毅的心理素质

在排球场上，扣球手敢于在关键时刻出手，此刻，他们不会计较得失，也不会在意荣辱，那是勇者的时刻，也是毅者的世界。

作为竞技运动，排球比赛的最终目标就是战胜对手，取得最后的胜利。一场排球比赛，是一段长达数小时的攻守对抗。场上队员要根据排球运动规则，不断做出移动、起跳、倒地、转身等动作。由于场上的比赛状况瞬息万变，战机转瞬即逝，如果优柔寡断，必会错失良机。经常参与排球运动，可以培养参与者果断的判断力和坚强的意志力。

女排精神

迄今为止，中国女排共获得10个三大赛冠军（3个奥运会冠军、2个世锦赛冠军、5个世界杯冠军），是女排世界杯历史上第一支夺得世界杯五冠王的球队。2021年9月，中国共产党中央委员会批准了中央宣传部梳理的中国共产党人精神谱系第一批伟大精神，女排精神被纳入，定义为"祖国至上、团结协作、顽强拼搏、永不言败"。女排精神为中国女子排球队顽强战斗、勇敢拼搏精神的总概括。长期以来，团结协作、顽强拼搏的女排精神始终代代相传，极大地激发了中国人的自豪、自尊和自信，为我们在新征程上奋进提供了强大的精神力量。

女排精神：为中华崛起拼搏时代最强音

5．培养自信和个性

从世界级的四大排球赛事到校园的排球赛，排球运动无处不在地塑造着一个个具有顽强、健康个性的人。人们从排球运动中得到快乐和满足，将排球运动作为创造灵感和体现自我的最好运动方式。具有个性、创造、灵感、流畅、动感、活力特征的排球运动，无处不散发出运动者青春的气息。

（五）重大排球赛事

当前，重大的排球赛事有世界排球锦标赛、世界杯排球赛、奥运会排球比赛、世界青年排球锦标赛。

二、排球技战术与学练方法

排球运动是当今世界上兼具竞技性和娱乐性，最流行、最成功的体育运动项目之一，它所特有的运动要素相互叠加，在比赛的往返回合中交相辉映。

排球运动是无身体接触的隔网对抗项目，其具有技术与战术、体力与智力、思维与创造的完美结合，并集中体现斗智斗勇的运动特性。此中奥秘，唯有深刻领悟才能尽享其乐趣。

排球基本技术包括准备姿势和移动、垫球、传球、发球、扣球及拦网。作为一名初学者，必须先扎实地掌握排球的基本技术，才能为进一步提高打下坚实的基础。

（一）掌握准备姿势和移动

1．准备姿势

准备姿势分为稍蹲（图7-3-1）、半蹲（图7-3-2）和全蹲准备姿势（图7-3-3）。

图7-3-1　稍蹲准备姿势　　　图7-3-2　半蹲准备姿势　　　图7-3-3　全蹲准备姿势

2．移动方法

移动是为了及时接近球，以保持人与球良好的位置关系，迅速占据场上的合理位置。在比赛中使用得最多的是两三步的短距离移动，常用的步法有并步、滑步、交叉步、跨步、跑步等。

（1）并步与滑步。采用半蹲准备姿势。并步时，前脚向来球方向跨出一步，后脚迅速蹬地跟上，并做击球前的姿势（图7-3-4）。并步可向前、后、左、右各方向移动。连续并步就是滑步。

图7-3-4　并步与滑步

（2）交叉步。采用半蹲准备姿势。向右侧移动时，上体稍右转，左脚从右脚前向右交叉迈出一步，然后右脚再向右侧跨出一大步，重心移至右脚，身体转向来球方向，保持击球前的姿势（图7-3-5）。

（3）跨步。采用半蹲准备姿势。跨步时，一腿用力蹬地，另一腿向来球方向跨出一大步，后腿随重心前移自然跟上，两臂做迎球动作，向前方或斜前方降低重心进行低位击球（图7-3-6）。

图7-3-5　交叉步　　　　　　　　　　图7-3-6　跨步

（4）跑步。当来球较远时可采用跑步移动，跑动时两臂要配合摆动，不要过早做准备击球动作，以免影响跑动速度。

（二）如何使球不落地

传球和垫球是排球运动最基本的技术，其核心是使球不落地。

1．正面双手垫球

初学垫球时，可垫击重量较轻的球，采取一般准备姿势，两眼注视来球。常用的垫击手型有叠指式（图7-3-7）、抱拳式（图7-3-8）和互靠式。垫球的击球点应尽量保持在腹前约一臂距离的位置，用腕关节以上约10厘米处击球（图7-3-9）。

图7-3-7　叠指式　　　图7-3-8　抱拳式　　　图7-3-9　击球点

垫球时应做到：及时移动取位，降低重心，两臂前伸插至球下；两手掌根紧靠，两臂夹紧；腿蹬地的同时重心前移，并提肩、顶肘、压腕。用平整的击球面去迎击球，两臂在全身协调动作的配合下向前送球（图7-3-10）。

图7-3-10　正面双手垫球

2．体侧双手垫球

在来不及移动到用正面双手垫球的位置时，可在体侧垫球。垫球时，同侧脚跨出一步，腿弯曲，压重心，该侧肩高于另一侧，用转腰收腹动作带动两手臂截击来球，并将球向前垫出（图7-3-11）。

3．背向垫球

在接应同伴垫飞的球或将第三次球处理击回对方场区时，可采取背向垫球技术。垫球时，要准确判断，并迅速移动到球的落点处，两臂夹紧伸直，击球点高于肩，击球时蹬地、抬头、挺胸、展腹后仰，直臂后摆击球（图7-3-12）。

图7-3-11　体侧双手垫球　　　　　　　图7-3-12　背向垫球

4．挡球

当来球高、速度快、力量大且不便于传球和垫球时，可用双手或单手在胸部以上挡击来球，此方法称为挡球。其特点是伸手动作快，挡击胸、肩部以上高度的来球较方便，是垫球的重要补充。

挡球时，两肘弯曲，两虎口交叉，两掌外侧超前，成勺形。手腕后仰，以掌外侧和掌根组成的平面挡击来球的后下部。击球时，手腕紧张，用力适度，击球点保持在前额或两侧肩上（图7-3-13）。

图7-3-13 挡球

5. 正面双手传球

正面双手传球的击球点在额前上方约10厘米处。两手自然张开成半球形，两拇指相对成"一"字形，两食指相对成"八"字形，用拇指内侧、食指全部和中指的第二、三指关节触球，无名指和小指触球两侧，辅助控制出球方向（图7-3-14）。传球时，借助蹬地、伸臂和手腕、手指的弹击力将球传出（图7-3-15）。

图7-3-14 传球手型

图7-3-15 正面双手传球

（三）掌握基本的发球技术

发球是最基本的排球技术，球发出后即意味着比赛开始。发球的作用有：破坏对方战术，破坏对方一攻，从心理上造成对方害怕，带动自己的一传和先发制人等。

1. 正面下手发球（右手为例）

面对球网，两脚前后开立，左脚在前，两膝弯曲，重心偏后脚，左手持球于腹前。左手将球轻轻抛起在体前右侧，高度适中，同时，右脚蹬地，身体重心随右手向前摆动击球而前移，在腹前用全手掌或半握拳击球后下部，身体顺势入场（图7-3-16）。

图7-3-16 正面下手发球

侧面下手发球
动作示范

2. 侧面下手发球（右手为例）

左手在体前右侧抛球，高度约为20厘米，以右肩为轴，手臂由后向前摆动，朝前上方用力，在腹前以全掌或半握拳击球后下部，身体重心随摆臂方向前移（图7-3-17）。

图7-3-17 侧面下手发球

3. 正面上手发球（右手为例）

右臂屈肘后引，上体稍向右转，左手掌心上顶，把球平稳地抛至右肩前上方，挺胸展腹，利用蹬地和身体向左转体收腹的动作，带动手臂向前挥动，用全掌击球后中下部，手腕迅速做向前推压动作，使球被击出后呈上旋飞行（图7-3-18）。

正面上手发球
动作示范

图7-3-18 正面上手发球

（四）网上攻防协奏曲

在隔网相对的排球比赛中，最积极、最主动、最具威胁的进攻手段就是扣球。扣球是组成各种进攻和反攻战术的质量与效果的集中体现，但既然有进攻就必须要进行防守，而最有效的防范措施就是拦网。拦网是第一道防线，也是组织反攻的开始。同时，拦网还是得分的重要手段。拦网能给扣球队员的心理造成威胁，削弱对手的锐气。由扣球与拦网展开的攻防之战，不仅把排球的主旋律演绎得精彩纷呈，而且，围绕这两大核心要素还创造和变化出许多新的技术和战术。

1. 正面扣球

起跳后，上体自然挺直，挺胸抬头，手臂尽量上举。击球时利用收胸动作发力，以肩为轴带动手臂向前上方挥动，在右肩前上方最高点击球，击球一瞬间，手臂充分伸直，用全手掌击球的后上部或后中上部，猛用手腕，使球急速离手进入对方场区（图7-3-19）。

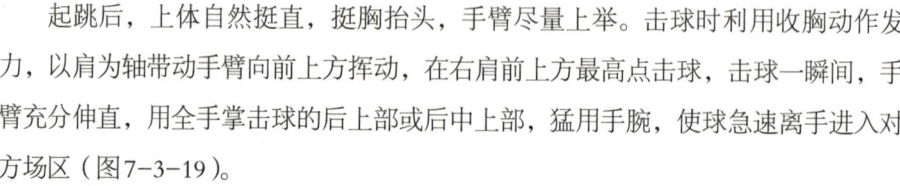
正面扣球动作
示范

图7-3-19　正面扣球

2．拦网

以单人拦网为例。距网30～40厘米站立，两臂在胸前自然屈肘，起跳时膝关节弯曲，用力蹬地向上跳，双手贴网向上伸，两臂贴耳，触球时双手自然包住球，手腕用力下压（图7-3-20）。

单人拦网动作
示范

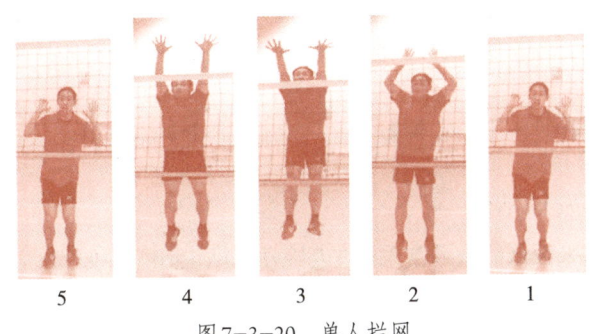

　　　5　　　　　　4　　　　　　3　　　　　　2　　　　　　1

图7-3-20　单人拦网

（五）合理运用攻防战术

排球比赛中的战术运用，包括个人战术和两名以上队员之间配合的集体战术，具有攻防两重性，即需要体现"攻中有防、防中寓攻"的战术意识。合理运用战术是指根据双方掌握技术的实际水平和临场发挥情况，在排球规则允许的范围内，有意识地采取一种个人和集体的配合行动，常带有明显的目的性和预见性。初学者应首先了解阵容配备和接发球站位阵型，然后再通过学习形成相对固定的基本战术，才能为下一阶段学习更复杂多变的战术打好基础。

1．比赛位置轮换

第一局和第五局由抽签获得发球权的队首先发球，其他各局由前一局未首先发球的队先发球。一局的首先发球后，队员按下列规定进行发球：当发球队胜一球时，原发球队员或其替补队员继续发球；当接发球队胜一球时获得发球权并轮转，由前排右侧队员转至后排右侧到发球区发球。

2．基本阵容配备

为了把全队力量组织起来，实现战术指导思想，最大限度地发挥每个队员的作用与特点，需要精心地配备阵容。

（1）"四二"配备。这种阵容配备一般安排4个进攻队员和两个二传队员，前后排都能始终保持有一个二传队员和两个进攻队员，利于组织和发挥本队的攻击力量。初学者打比赛一般可采用这种阵容配备（图7-3-21）。

（2）"五一"配备。这种阵容配备一般安排5个进攻队员和一个二传队员。其目的是加强拦网和进攻力量，并使二传队员能够更好地控制比赛的进行。这种阵容配备在水平较高的球队中普遍采用（图7-3-22）。

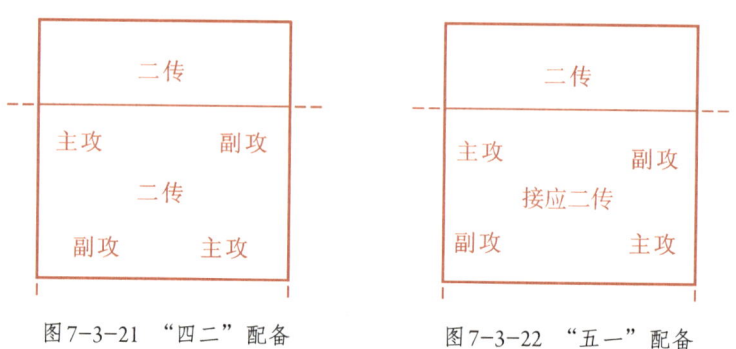

图7-3-21 "四二"配备　　　　　图7-3-22 "五一"配备

3．基本接发球站位

初学者和水平较低的队通常采用5人接发球站位阵型，如"一三二"阵型，即一名二传队员站在网前组织进攻，其余5名队员接一传，这是最基本的接发球站位阵型（图7-3-23）。此外，还有"一二一二"阵型站位（图7-3-24）和"一字"阵型站位（图7-3-25）。

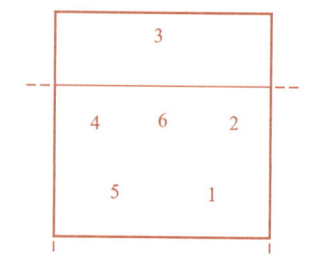
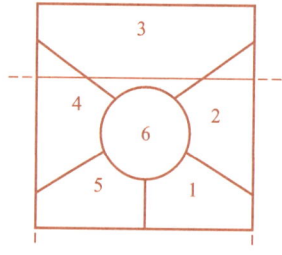
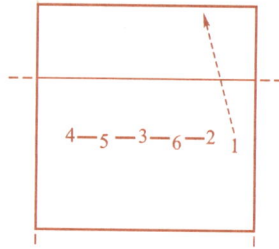

图7-3-23 "一三二"阵型站位　　图7-3-24 "一二一二"阵型站位　　图7-3-25 "一字"阵型站位

4．进攻战术

（1）"中一二"进攻战术。由前排中间3号位队员做二传，将球传给4号位或2号位队员的进攻形式。这种进攻战术位置比较清楚，不易造成失误，进攻配合比较简单，容易组织，是初学者常采用的一种进攻阵型（图7-3-26）。

（2）"边一二"进攻战术。由前排2号位队员做二传，将球传给4号位或3号位队员的进攻形式。右手扣球者在4号位、3号位扣球比较顺手，战术变化也较"中一二"进攻战术多（图7-3-27）。

（3）"插上"进攻战术。由后排队员插到前排2号位、3号位之间担任二传，将球传给前排三名队员或后排队员进攻的组织形式。通常有1号位、6号位、5号位插上三种方法。这种进攻战术多被高水平的球队所采用（图7-3-28）。

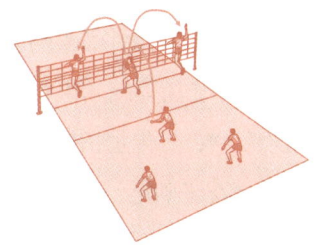

图7-3-26 "中一二"进攻战术　　图7-3-27 "边一二"进攻战术　　图7-3-28 "插上"进攻战术

5. 防守战术

防守战术可分为无人拦网的后排防守和单人拦网、双人拦网、三人拦网的后排防守。现介绍双人拦网的后排防守阵型。

（1）"边跟进"防守阵型。由1号位或5号位队员跟进防吊球及前区球的防守阵型，也称为"1、5号位跟进"防守阵型（图7-3-29）。这种阵型一般在对方进攻力量比较强、战术变化比较多时采用。目前，这种防守阵型被国内外强队广泛采用。

（2）"心跟进"防守阵型。由6号位队员固定跟进防吊球及前区球的防守阵型，也称为"6号位跟进"防守阵型（图7-3-30）。采用这种防守阵型，对接吊球和拦网弹起的球较为有利，也便于接应和组织反攻。

图7-3-29 "边跟进"防守阵型　　图7-3-30 "心跟进"防守阵型

三、排球运动欣赏

（一）知晓排球比赛基本规则

排球是一项充满激情和竞技性的运动，为了确保比赛公正、顺利地进行，参与者必须遵守排球比赛的基本规则。这些规则不仅是比赛的基石，也是确保比赛公平、公正进行的重要保障。

排球比赛规则简介

（二）如何欣赏高水平排球比赛

排球比赛应该从哪些方面来欣赏？怎样才能领略这项运动的魅力呢？

1. 欣赏运动员的精彩表现

在排球比赛中，场上队员各司其职，共同奋战，首先可以从其所扮演的角色角度欣赏比赛。

（1）欣赏二传手。侧重欣赏二传传球精准度、动作的隐蔽性与攻击性、正确选择进攻突破口、运用有效的战术打法、善于发挥各进攻队员的作用等战术组织能力。每一次球的往返都是一组"交响乐"，在这组"交响乐"中，二传是指挥、是灵魂，因为赛场上各式各样的战术，主要是由二传根据比赛情况来确定、组织的。

（2）欣赏扣球手。重点欣赏扣球手有效突破对方防守进攻时所显示出的扣球技术、技巧和智慧。

（3）欣赏全队协调配合。把全队队员在战术组织与运用、各项技术上相互弥补与适应、协同配合，以及其中所显示出相互鼓励与支持的精神力量作为欣赏重点。

2. 欣赏排球技术

排球比赛由多种技术组成，技术是欣赏的重要内容。从欣赏与评价的角度来讲，排球运动的技术之美，最主要的就是看运动员所完成的技术动作是否"合理、有效"。可从"三性一感"（准确性、协调性、连贯性和节奏感）入手，对单个排球基本技术进行独立欣赏。

3. 欣赏排球战术

排球比赛的战术也许是众多球类运动中最为复杂的，在观看排球比赛中，也许最大的乐趣莫过于看对垒双方用战术相互"欺骗"。排球比赛也是斗智的比赛，"快球""短平快""平拉开"是快速战术，"前飞""背飞"是空间差战术，"交叉""夹塞"属掩护战术。一场高水平比赛，战术存在于每一次进攻，每一次防守，甚至每一个有意识的动作之中。有位国际排坛人士曾经说过："有节奏的快速战术变化，看起来就像是在欣赏一支优美的乐曲和高超的杂技表演。"

4. 学会全面欣赏排球比赛

（1）欣赏运动员的动作美和形体美。一场高水平的排球比赛，可以从中欣赏到人体的动作美和形体美。排球是一项瞬间的运动，一切动作都在转瞬间完成，稍有迟缓，就会造成持球犯规，这对运动员身体的协调性和灵活性都提出了较高的要求。运动员一会儿在地上滚翻救球，马上又要腾空扣球，紧接着又去飞奔接球，一个动作接一个动作。而排球运动员高挑的身材，热情奔放、健康而充满活力的场上姿态又会强烈地冲击着人们的眼球。

（2）欣赏运动员的意志美与风格美。排球竞赛中运动员的意志美和风格美也是欣赏的主要方面。在排球比赛中，运动员在困境下所表现出来的坚忍不拔的意志品质和勇猛顽强的比赛作风往往给人留下深刻的印象。而各支球队独特的风格和打法也会令观赏者回味无穷，充分感受到排球这项运动的精彩和魅力。

（3）欣赏运动员的智慧美。排球不同于足球、篮球的另一个特点是双方隔着一张球网进行较量。有人认为，正因为有一网之隔，排球比赛才不够刺激。而事实上，排球运动的许多奥妙恰恰体现在这张网上，正因为有了这张网，才使排球比赛斗智多于斗勇。排球比赛中采用的时间差、位置差、空间差等进攻战术都是在相互的斗智中产生的。这些变化多端的战术使得排球比赛更具竞技魅力。

（4）欣赏排球运动的"个性"。在观看足球、篮球比赛时，观众的视野离不开其长方形场地，人与球的运动也无法越出这块场地的边界。排球虽然也有个9米×9米见方的小框（单边），却不能完全限制人与球的运动。球会飞出场外，人可以奔到场外救球。有时运动员为抢救险球还可能飞身跃上看台，这是排球的"个性"。

排球运动不受场地大小的限制，增大了活动的范围，这给比赛带来了更高的紧张程度。在排球比赛中，常常可以看到这种情况出现：当一个队比分落后或比局落后时，在即将决定胜负的关键时刻，该队队员多次奋力抢救飞出界外的险球，往往能振奋起本队的士气，灭对方的锐气，扭转战局，最后反败为胜。试想如果排球运动员也像篮球运动员那样不允许到场外接球，比赛只死死地限制在一个9米×9米见方的框框里，不可越雷池半步，那么排球的趣味性就会大大减弱。

第四节　乒乓球运动

乒乓球运动是由两名或两对选手，用球拍在中间隔放一个球网的球台两端轮流将球击到对方台面的一项运动。"打过去，打过来"是乒乓球运动的基本细胞，"小、灵、巧"是乒乓球运动的最大特色。

一、乒乓球运动文化

（一）乒乓球的历史
1. 起源与传播
乒乓球运动由网球运动演化而来。19世纪末的一天，在英国首都伦敦，有两位青年网球迷到

一家高级餐厅就餐，因为天气炎热，在等候侍者上菜时，就信手拿起桌上的大号雪茄烟的硬纸盒盖子，用来扇风降温。当两人闲聊中为网球战术而争论得不可开交时，便从酒瓶上拔下一只软木塞作球，以餐桌为场地，以烟盒盖作球拍，现场模拟网球实战。此举引得食客和侍者纷纷围观，餐厅的女主人完全被这种别开生面的游戏吸引住了，情不自禁地脱口而出："Table Tennis（桌上网球）！"不经意间，就给这项运动命了名。很快，这项餐桌上的游戏就在欧洲各国流传开来。早期的乒乓球拍有羊皮制的，也有木制的（图7-4-1）。

图7-4-1　早期的乒乓球拍

　　在那个时候，乒乓球更多的是一种家庭娱乐活动。欧洲的王公贵族们闲来无事，又迫于天气无法从事户外运动时，就以此"乒去乓来"消磨时间。当时的球拍是羊皮拍，常常饰有精美的花纹图案；球是橡胶或软木芯的，外面常常包着毛线；着装是西服、衬衫、皮靴、长裙，透着贵族的气息（图7-4-2）；没有统一的规则，有10分、20分一局的，也有50分、100分一局的。1890年，有位名叫詹姆斯·吉布（James Gibb）的英国著名越野跑选手到美国旅行，偶然发现了一种赛璐珞制成的空心玩具球，弹跳力很强。于是，他将这种球带回英国，稍加改进后，逐步在英国和世界各地推广开来，最终演化成今天的乒乓球。

图7-4-2　早期家庭娱乐式的乒乓球运动

　　1902年，在英国游学的日本东京高等师范学校教授坪井玄道，将乒乓球这项运动带入了日本。1904年，上海四马路一家文具店的经理王道平，从日本买来10套乒乓球器材摆设在店中，并亲自做打球表演，告诉人们在日本看到的打乒乓球的情形。从此，乒乓球开始在中国落地生根发芽。

2. 重心的转移

　　现代乒乓球运动源于欧洲，却最终成为中国的"国球"，其间历经了怎样的沧海桑田呢？表7-4-1揭示了乒乓球运动的演变历程。

表 7-4-1　乒乓球运动的演变

阶段	例证	器材演变	技术演变
欧洲全盛期（1926—1951年）	在18届世乒赛的117个冠军中，除美国选手取得8个外，其余都被欧洲选手获得，比例为93.1%	球拍弹性低、摩擦弱；在第11届世乒赛以前网高（17厘米），台窄；利于防守不利于进攻	以削球防守型选手为主，经常出现马拉松式的比赛，以致有时不得不用抽签来决定冠军归属
日本称霸期（1952—1959年）	7届世乒赛中，日本选手夺走24枚金牌，比例为49%	日本选手使用厚海绵球拍，进攻威力显著增强	日本的中台长抽式全攻打法足以攻破削球
中国快攻崛起期（20世纪60年代）	5届世乒赛中，中国仅参加了3届，获21项冠军中的11个，比例为52%	胶皮海绵拍开始大行其道，弧圈球因此初现雏形	中国的近台快攻比日本长抽更全面灵活，近台速度更快
欧洲复兴欧亚对抗期（20世纪70—90年代初）	尽管在1981年第36届世乒赛中中国队包揽全部冠军和5个单项亚军，但以瑞典和东欧为代表的欧洲选手也屡有佳绩，80年代后期一度占据上风	尽管仍是胶皮海绵拍，但性能突飞猛进，威力大增；快速胶水出现，进一步增强了球拍的弹性	弧圈与快攻、旋转与速度开始有机融合，全攻型打法逐渐成为世界乒坛的绝对主流
中国再次领先期（1995年至今）	中国队在三大赛中获得了全部金牌的90%左右	尽管于2000年10月起改用了40毫米大球，但抵不过器材性能的日新月异，复合纤维材料在球板中应用广泛，弹性更大的"内能套胶"出现	向全方位进攻发展，力求"台内无死角"；强调积极防御，避免消极过度；注重紧密衔接和强转换、强相持

容国团——人生能有几回搏

"乒乓球王国"的由来

1959年，在第25届世乒赛上，中国运动员容国团用多变战术一路过关斩将，先后战胜了日本的星野、匈牙利的别尔切克等众多名将，勇夺男子世界冠军；1961年，在第26届世乒赛上，邱钟惠夺取了第一个女子世界冠军。这极大地激发了广大青少年参与乒乓球运动的热情，也促进了我国的乒乓球技战术水平进一步提高。

1971年，在第31届世乒赛上推出的震撼世界的"乒乓外交"，打开了中美两国人民之间友好往来的大门，加快了中美建交的进程，被称为世界乒坛上的传奇式小球转动大球的奇迹。1981年，在第36届世乒赛上，我国囊括了全部比赛项目的7个冠军，创造了世乒赛的新纪录。此后，中国乒乓球队在历届世界乒乓球大赛上都有上佳的表现，中国运动员团结拼搏的精神和技战术的发展，以及在运动训练、科学研究、队员作风、团队精神等方面所创造的成果，为世人所公认，从而使我国赢得了"乒乓球王国"的美称。

容国团

邱钟惠

（二）乒乓球运动的锻炼价值

乒乓球是一项集力量、速度、柔韧性、灵敏和耐力于一体的球类运动，同时又是技术和战术完美结合的典型，对身体素质的要求不高，运动量可大可小，室内室外均可进行，适宜人群广泛，男女老幼、体强体弱者均能参加。经常参加乒乓球运动，可以提高神经系统的机能，增强眼与手的配合，提高机体的灵活性、反应性和协调性，有益于发展肌肉和提高内脏器官的适应性。同时，可以培养良好的心理品质，如勇敢顽强、机智果断等，还可以相互交流经验，切磋球技，达到相互学习、共同提高、建立良好的人际关系的目的。

二、入门——拿起你的乒乓球拍

（一）了解击球的基本原理

乒乓球运动具有球小、速度快、旋转强、变化多等特点，要想把球打好，离不开击球的5大要素，即弧线、旋转、速度、力量和落点。衡量一名乒乓球运动员技术质量及水平的高低，也是通过这5个方面的相互比较来确定的。初学者对乒乓球击球原理进行了解，能加快掌握基本技术。

1. 击球的弧线

在试着"乒去乒来"的时候，你是不是发现，球很容易下网或者出界？这是因为，乒乓球在本质上是一种弧线的运动，只有在击球时制造弧线，球才能够顺利地越网而过落到对方台面上。可以说，合理的弧线是乒乓球击球命中率的根本保证。你可以通过控制球的出手角度，调节击球的力量，掌握回球的旋转几种方式主动地制造和改善弧线。刚开始练习，球的弧线不妨稍高一点，这样有助于保证命中率，增加练习的兴趣。但随着技术水平的提高，就要逐渐掌握如何压低弧线，因为只有这样，才能加大回球的威胁。

2. 拍形的调节

打乒乓球时，调节非常重要，而最基本的调节方法就是控制击球的拍形。拍形通常是指拍面与台面所构成的角度。尽管从引拍到触球这一过程中，拍形还可能有所微调，但拍形的基本状态是从引拍那一刻起就已决定。因此，在开始引拍时，就需要注意保持合理的拍形。对于一般的不转来球，拍形以接近垂直、略微前倾为宜，这样有助于保证击球的稳定性；当来球较高或带上旋时，拍形可适当前倾；当来球较低或带下旋时，拍形可适度后仰（图7-4-3）。

3. 击球的时间

根据来球落台弹起后第二弧线的不同阶段，通常把击球时间分为上升前期、上

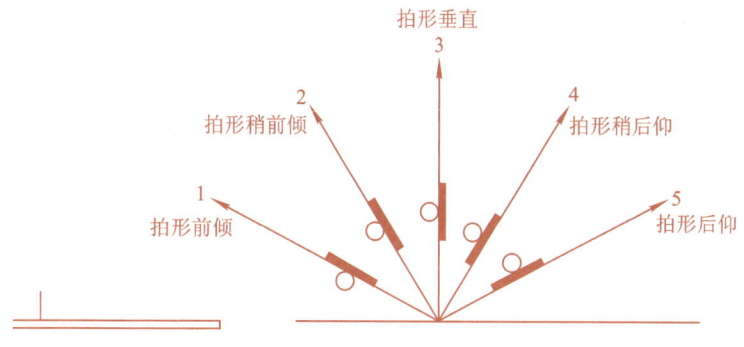

图7-4-3　球拍击球的拍面角度

升后期、高点期、下降前期、下降后期5个阶段（图7-4-4）。迎球就是为了争取较早的击球时间，所以也称为"迎前"。如果我们说"击球时间太晚"，通常来球已到了下降期。初学时，以在高点期击球为宜，因为这时球的位置最高，最容易回球过网。如果错过了高点期，也可在下降前期击球，但切忌等到下降后期去"捞球"。

4．击球部位

击球部位是指球拍触球时，先接触球体的那个部位。击球部位的划分以击球者为参照体，球体可以划分为正面、背面、左侧面、右侧面。而每个面又可分为上部、中上部、中部、中下部和下部5个部分（图7-4-5）。

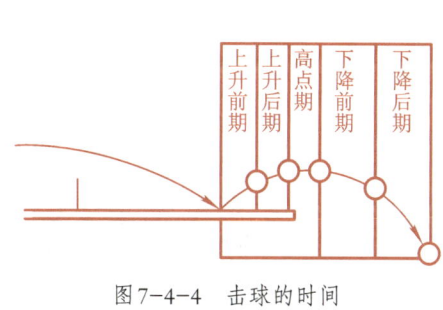

图7-4-4　击球的时间　　　　图7-4-5　击球部位

（二）学会基本的握拍法、准备姿势与步法

1．握拍法

（1）直拍快攻型握法。以食指第二关节和拇指第一关节扣压球拍，虎口贴住拍柄，其他三指自然弯曲重叠，中指第一关节顶在拍后中线（图7-4-6）。

（2）横拍握法。虎口贴住拍肩，中指、无名指、小指握住拍柄，拇指放在球拍正面，食指自然伸直置于球拍背面（图7-4-7）。

图7-4-6　直拍快攻型握法　　　　　图7-4-7　横拍握法

2．准备姿势

两脚平行站立，比肩稍宽，两膝微屈内扣，上体略前倾，收腹、含胸，重心置于两脚之间，下颌稍内收，两眼注视来球，持拍手臂自然弯曲（图7-4-8）。

练习时，必须十分注重这一基本姿势，即使在击球后，都要迅速还原到准备姿势，以便下一拍的击球。

图7-4-8 准备姿势

3．步法

单步动作示范

（1）单步。以一脚的前脚掌为轴，另一只脚向前、后、左、右移动，当移动完成时，身体重心也随之落到移动脚上（图7-4-9）。

运用时机：在来球角度不大，离身体较近时使用。

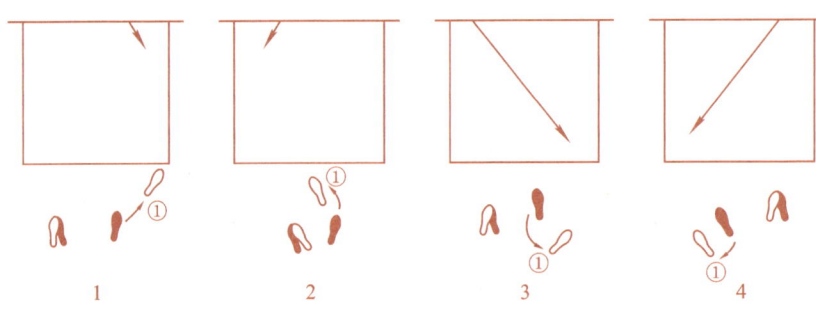

图7-4-9 单步

跨步动作示范

（2）跨步。来球异侧方向的脚蹬地，另一只脚向来球方向跨出一大步，身体重心迅速移至该脚，蹬地脚随即跟上（图7-4-10）。

运用时机：当来球离身体较远时使用，多用于借力回击。

并步动作示范

（3）并步。来球异侧方向的脚蹬地向另一只脚移一小步，另一只脚再向来球方向迈一步（图7-4-11）。

运用时机：运动员在左右移动、连续击球时使用。

交叉步动作
示范

（4）交叉步。靠近来球方向的脚作为支撑脚，远离来球方向的脚向来球方向跨出一大步，在身前形成交叉，然后支撑脚迅速跟上解除交叉（图7-4-12）。

运用时机：当来球离身体较远时，主动发力还击时使用。

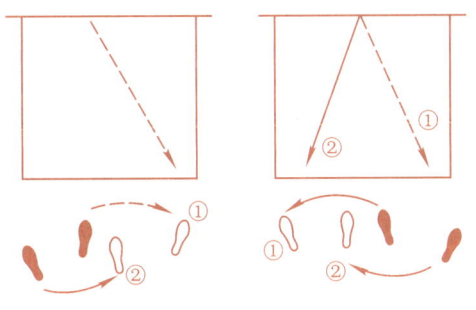

图 7-4-10　跨步

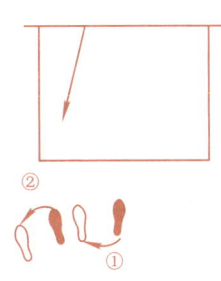
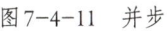
图 7-4-11　并步

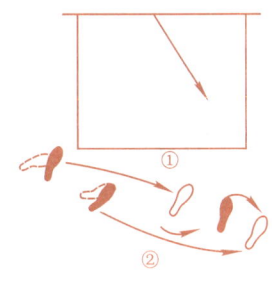
图 7-4-12　交叉步

（5）结合步。击球时使用两种或两种以上的步法。

运用时机：在使用一种步法不能获得最佳的击球位置时使用。

（6）还原步。在击球后两脚移动或原地弹起。

运用时机：击球后还原。

（三）推抽搓发接——基本技术起步

乒乓球的技术动作多种多样，但在击球的动作结构方面却有着共同的规律，通常分为击球前：判断、选位、移步、引拍、迎球；击球时：决定击球时间、击球部位、拍面角度、挥拍方向；击球后：随势挥拍、还原。对初学者来说，可从学习挡球（推挡球）、正手攻球、搓球、发球和接发球入门。

1. 挡球（推挡球）——基本技术的起点

推挡是我国直拍快攻打法的基本技术之一，其特点是站位近、动作小、球速快、变化多。比赛中运用该技术可牵制对方，调动对方，被动时还可以起到积极防御的作用，从相持变为主动。

动作要领：以直拍反手推挡为例。站位离台40~50厘米，多在球台左半台的1/3处，两脚开立，比肩略宽，左脚稍前，右脚稍后，或两脚基本平行，上体略前倾，身体重心在两脚间，双膝微屈，拍面呈半横状，拍形近于垂直。握拍时食指稍用力，拇指放松，上臂和肘部自然靠近身体右侧，上臂与前臂的夹角约为100°，肩部放松，手臂自然弯曲并做外旋，拍面角度稍前倾，上臂和肘关节内收自然靠近身体右侧，将球拍引至身体前方。当来球跳至高点期时，前臂和手腕迅速向前略向上推出去，触球刹那手腕外旋，拍面稍前倾击球中上部，以前臂和手腕发力为主，并适当借力（图7-4-13）。

直拍反手推挡
球动作示范

图 7-4-13　直拍反手推挡

2．正手攻球——基本技术的核心

横拍正手近台
攻球动作示范

动作要领：引拍时，右脚在后，身体向右转动，面向来球方向，用转腰（髋）带动持拍手臂向右后方引拍，右肩自然略下沉，左肩转向来球，右腿屈膝程度略加大，重心压在右脚上，左脚外侧离地，左膝相对放松。迎球时，右脚蹬地，顺势向左前转腰（转髋），用身体带动手臂向左前上方挥拍（图7-4-14）。

图7-4-14　正手攻球

3．搓球——控制过渡、对付旋转的好方法

横拍正手慢搓
动作示范

搓球是近台还击下旋球的一种基本技术，主要有慢搓球、快搓球、加转与不转搓球和侧旋搓球等。

动作要领：手臂外旋使拍面后仰，前臂向右后上方引拍，当来球跳至下降前期，前臂带动手腕加速向前下方用力摩擦球，触球中下部（图7-4-15）。

横拍反手慢搓
动作示范

图7-4-15　搓球

4．发球——乒乓球比赛中每一分球的开始

发球的主要作用是利于自己技术风格和特长的发挥，为发球抢攻创造条件，破坏对方的战术，限制对方技术特长的发挥。有效的发球技术可直接得分，并造成对方的心理恐惧，增强自己获胜的信心。

发球包括正手平击发球，正手发右侧上旋急球（奔球），正手发下旋加转球，正手侧身发左侧上、下旋球。

（1）正手平击发球。这种发球速度一般，略带上旋，是初学者学习最基本的发球方法，也是掌握其他高级发球的基础。这种发球方式对方容易回接，适合用正手攻球或反手推（拨）球回接。

动作要领：正手发球时，左手将球向上抛起，右臂内旋，使拍面稍前倾，向右后方引拍，当球从高点下降至稍高于球网时，击球中上部向左前方发力（图7-4-16）。

图7-4-16　正手平击发球

（2）正手发右侧上旋急球（奔球）。这种发球速度快、落点长、角度大、冲力强，球的飞行弧线低，带有一定的右侧上旋。

动作要领：正手发球时，左手将球向上抛起，同时右臂内旋，使拍面稍前倾；前臂手腕自然下垂，向右后方引拍。当球从高点下降至近于网高时，击球右侧中部并向右侧上方摩擦，触球瞬间拇指压拍，手腕从右后方向左上方抖动（图7-4-17）。

图7-4-17　正手发右侧上旋急球

5. 接发球——变被动为相持，变相持为主动的关键

选择接发球站位时，应根据对方发球的位置和自己的习惯打法来决定。针对不同的发球，需要用不同的方法回接：

（1）接急球。接带有上旋的左方急球时，不宜移动过大，一般可用反手推挡或反手攻球回接。接右方急球时，可用正手快带、快攻借力回接。如对方发过来的是急下旋球，由于速度快并带有一定的下旋，所以用推或攻回球时，应使拍面稍后仰以增加向上发力。

（2）接下旋球。发过来的球球速较慢，触拍后向下反弹，可用搓球回接，注意拍面后仰以增加向前上方的发力。

（3）接左（右）侧上旋球。一般采用推、攻回接为宜。回接时，拍面角度稍前倾，拍面所朝方向向左（右）偏斜以抵消来球的左（右）侧旋；向前下方用力要相对加大，防止球触拍时向自己右（左）上方反弹。

（4）接左（右）侧下旋球。一般采用搓、削回接。回接时，拍面角度稍后仰，拍面所朝方向向左（右）偏斜以抵消来球的左（右）侧旋。如用推、攻回接，除注意拍面角度和所朝方向外，还要加大向上摩擦球的力量。

（5）接短球。回接时最主要的是应及时向前移步，以获得最适合的击球位置。接发球后要迅速还原，准备接下一拍来球。

三、提高——像真正的选手一样打球

（一）直板推挡进阶

1．加力推

加力推的力量重、球速快，常可迫使对方离台而陷入被动防守的局面。一般适用于对付速度较慢、旋转较弱的上旋球或力量较轻的攻球及推挡球。

动作要领：前臂自然端起，肘部向下，手腕自然放松，手臂自然贴近身体，食指略微用力，中指第二个关节用力顶拍，在来球的上升后期或高点期击球。击球前，腰（髋）顺时针转动，大臂带动前臂向身体后方引拍，手腕略微内收。击球时，大臂、前臂加速向前推压，接触球瞬间，手腕突然外展，腰（髋）逆时针转动配合发力，拍面前倾击球的中上部（图7-4-18）。

图7-4-18　加力推

2．减力挡

减力挡能够通过良好的控制使回球弧线低、落点短、力量轻，以此调动对手使其前后奔跑，从而为抢攻创造机会。

动作要领：手臂放松，前臂自然端起，肘部向下。击球前，身体重心略升高，前臂略微收缩，在来球上升期击球。击球时，拍形略前倾，触球中上部，手腕略微内收，将来球力量卸掉，借来球力量将球击出（图7-4-19）。

图7-4-19　减力挡

3．推下旋

反手推下旋可使回球带有下旋，弧线较低，球落台后有些下沉。在上旋球相持中，可突然将球变为下旋，从而使对方直接下网或因不适而陷入被动。

动作要领：击球前，手臂放松，前臂自然端起，肘部向下，根据来球线路，大臂贴近身体向后引拍，前臂收缩；在来球的上升后期或高点期，触球中下部，大臂略向前送，前臂向前下方用力推切，触球瞬间拍形保持相对固定。

（二）正手攻球进阶

1．快攻

正手快攻站位离台近、动作小、出手快，借来球的反弹力还击。如与落点变化相结合，可调动对方为扣杀创造条件。

动作要领：两膝自然弯曲，上身略向前倾，右肩略沉，前臂自然弯曲，拍面稍前倾，腰部右转，前臂横摆引至身体右侧后方，右脚蹬地，髋关节向前转动，腰向左转，前臂快速向左前方挥动迎球（图7-4-20）。

直拍正手近台
快攻动作示范

图7-4-20　快攻

2．扣杀

扣杀力量重、球速快、威胁大、动作幅度较大。通常是在用其他技术取得主动和优势之后，对方回接出半高球时运用，是比赛中重要的得分手段之一。

动作要领：左脚稍前，站位远近视来球长短而定。手臂自然弯曲，拍面稍前倾，随腰、髋的转动，整个手臂后拉，将球拍引至身体右后方，适当加大引拍距离，便于加速和发力，借腰、髋的左转及腿的蹬力，带动手臂向前迎球。当来球跳至高点期（位置合适时可在上升期），大臂带动前臂同时加速向左前下方发力，拍面前倾击球中上部，以撞击为主。来球不转或带上旋时，球拍位置应略高于来球（图7-4-21）。

图7-4-21　扣杀

3．中远台攻球

正手中远台攻球站位离台较远，更多靠自身发力还击，可以在比赛中突然改变回球节奏。

动作要领： 两膝自然弯曲，上体略向前倾，起手较高，前臂自然弯曲，拍面稍前倾，腰顺时针转动，前臂横摆引至身体右侧后方，右脚蹬地，髋向前转动，腰向左转，大臂及前臂向左前方挥动迎球。

4．台内挑打

台内挑打是接发球最常见的进攻方式，具有动作小、速度快和落点变化灵活的特点。通常可以通过台内挑打抢先上手，随后形成连续进攻的优势。

动作要领： 击球前，右腿插入球台内部，前臂自然弯曲，拍面向来球中下部插入。击球时，上体前倾，转动手腕，触球中部或中上部，略带摩擦，前臂快速收缩，动作幅度小巧，靠手腕爆发力将球击出并控制拍面及回球落点。击球后，右脚用力蹬地还原（图7-4-22）。

图7-4-22　台内挑打

5．侧身攻球

侧身攻球比正手攻球更具威胁，难度也更大，主要表现在脚步移动的范围较大，因而对步法和重心交换的要求更高，需要有力、灵活和敏捷，并要善于运用腰部转动帮助发力。

动作要领：击球前，身体重心前倾，手臂自然放松，右肩略下沉，根据来球线路移动步法，充分侧身，同时转腰引拍。击球时，腰向左转，收缩前臂，向左前上方出手，上身向前压。击球后，重心及手臂迅速还原，站位还原至中路偏反手位，准备下一板衔接（图7-4-23）。

图7-4-23　侧身攻球

（三）横板反手进阶

1. 快拨

快拨的动作小、出手快、线路活，主要借来球的力量还击，使回球具有一定的速度和力量，是横板选手在上旋相持中的常用技术。

动作要领：两脚平行开立，站位较近，手臂自然弯曲，拍面前倾。击球前，前臂先向怀中收缩，将球拍引至腹前偏左的位置，手腕内收。当来球跳至上升期，前臂及手腕加速外展，拍面稍前倾触球中上部，借来球反弹力量向右前方拨回来球。击球后，重心及手臂迅速还原（图7-4-24）。

图7-4-24　快拨

2. 弹打

弹打速度快、力量大、击球动作较小、回球非常突然，可以很好地变化回球节奏，同时还具有较强的攻击性。

动作要领：击球前，上体重心放低，右肩略微下沉，盯住来球落点，重心略向上提起，前臂向怀中内收。击球时，直接弹击球的中部，前臂及手腕快速外展，向前发力，爆发力集中在球上，出手动作要小。击球后，重心及手臂迅速还原（图7-4-25）。

图7-4-25 弹打

（四）搓球进阶

1．搓不转

搓不转的球可以迷惑对方，使对方回球冒高，为自己创造进攻机会。

动作要领：上身重心放低，前臂及手腕向怀中内收，拍面后仰角较小。击球时，摩擦球的中部或中下部，撞击为主，前臂向前送，做出摩擦的假动作。

2．劈长

劈长速度快、线路长、旋转强、弧线低平、出手凶狠，常使对方无法获得上手进攻所必需的引拍距离，在接发球时如与摆短配合运用，能起到更好的效果。

动作要领：上体重心放低，前臂和手腕向怀中内收，拍面后仰角较小。击球时，前臂和手腕迅速向前下方砍击，摩擦球的中下部，将爆发力全部作用于球上，加强发力。击球后，迅速还原，准备下一板进攻（图7-4-26）。

图7-4-26 劈长

3．摆短

摆短动作小、回球快、弧线低、落点近网，且前进力很小，往往使对方很难上手抢攻，用以还击近网下旋来球很有效。

动作要领：左腿插入球台下部，手臂向前伸出，在来球的上升期向前下方摩擦球的中下部，前臂相对稳定，靠手腕的爆发力将球击出，重心迅速还原，准备与下一板衔接（图7-4-27）。

图7-4-27 摆短

4．搓侧旋

可以使搓出的球略向侧拐，球触对方球拍自然向侧方反弹，易使对方回球弧线偏高，从而为自己的抢攻创造条件。

动作要领：以直板正手搓左侧旋球为例。上体重心放低，前臂以肘为轴，向身体外侧引拍，拍面稍后仰，同时手腕外展。当来球跳至高点期或下降前期，前臂和手腕加速从右向左前下方沿圆弧轨迹挥拍，前臂动作幅度较小，靠手腕力量将球击出；自右向左侧摩擦球的中下部（图7-4-28）。

图7-4-28　直板正手搓左侧旋

（五）弧圈球

弧圈球是当前乒乓球技术中主流的进攻技术，是乒乓球旋转与速度不断融合的结果，主要包括正手拉弧圈球和反手拉弧圈球两种方式。回接弧圈球的常用方式有平挡、推挡、弹打、反手挤切、快带和反拉等。

横拍正手拉加转弧圈球动作示范

动作要领：以横板正手拉弧圈球为例。两脚开立，左脚在前，右脚稍后，收腹、含胸、屈膝，身体稍前倾，重心落在两脚之间，右肩略下沉，腰（髋）向右转动，重心置于右脚前脚掌，右腿屈膝程度加大，前臂自然下垂，通过转腰带动大臂、前臂向侧后引拍。击球时，以右脚为轴，腰部带动大臂向左转动，当上身接近正对球台时，迅速收缩前臂。前臂向前上方挥动，压住拍形，摩擦来球的中上部。击球后，手臂继续顺势挥动，身体重心已移到左脚上，然后迅速还原（图7-4-29）。

横拍正手拉前冲弧圈球动作示范

图7-4-29　横板正手拉弧圈球

（六）削球

削球打法是乒乓球技术中的"一朵奇葩"，享有"秘密武器"之称。随着弧圈球技术的发展，形成了削球和弧圈球结合的打法。削球包括正手近削、远削和反手近削、远削。

动作要领：以正手远削技术为例。两脚分开，右脚稍后，身体略向右转，手臂向右后上方移动，前臂提起，球拍上举。当来球跳至下降后期，随着身体向左转，上臂带动前臂同时向左前下方用力，拍面后仰，触球中下部，手腕加速发力摩擦球（图7-4-30）。

图7-4-30　正手远削

（七）直板横打简介

直拍横打的出现和发展，较好地弥补了传统直拍反手位进攻能力不足的缺陷，是现代直板运动员必须掌握的一项技术。具体来说，直拍横打进攻技术包括平挡、快拨、快带、快撕、挑打、弹击和拉球等。

四、在战术演练中提高实战技能

1. 发球抢攻战术

发球抢攻是力争主动、先发制人的主要战术。利用发球争取主动，在比赛中采用旋转、速度、落点等不同的变化来破坏对手的接球，为自己的进攻创造机会。发球抢攻战术主要有以下几种：

（1）正手发转与不转球抢攻。正手发转与不转球至对方近网或中路，一般先发不转球，伺机抢攻，落点以近网为主，配合底线似出台未出台长球，使对方难以接发球抢拉或抢攻。

（2）侧身正手发高抛或低抛左侧上（下）旋球抢攻。侧身正手发高抛或低抛左侧上（下）旋球的落点为：发至对方中左短、左大角、中左长、中右和右短，配合一个直线奔球。对方轻拉至反手，可用推挡狠压一板直线，或直接得分，或为下一板球的连续进攻制造机会；若对方撇一板正手位球，可用正手攻斜线至对方反手。

（3）反手发右侧上（下）旋球抢攻。此战术尤其适合擅长反手进攻的选手运用。一般多发至对方中右近网或半出台落点，然后用正、反手抢攻对方反手；亦可发长球至两大角，一般发至对方正手时，对方常会拉直线，可用反手抢攻斜线；若发至对方反手位，还可伺机侧身抢攻。

（4）反手发急上旋球或急下旋球抢攻。反手发急上旋球或急下旋球至对方反手或中路，迫使对方打对攻或反手回搓，再伺机抢攻或拉。待对方站位远离球台时，突发近网短球，以创造机会抢攻、抢拉。

2. 接发球战术

接发球战术与发球抢攻战术同样重要，在某种意义上讲，接发球水平的高低可以反映运动员的实战能力，以及各项基本技术的应用程度。事实上，接发球者只是暂时处在被控制状态，如果破坏了发球者的抢攻意图或者为他制造了障碍，减弱了对方抢攻的质量，也就意味着已经脱离被控制状态，变被动为主动了。控制与反控制是辩证统一的。常用的接发球战术有：① 稳健保守法；② 接发球抢攻；③ 盯住对方的弱点处，寻找突破口；④ 控制接发球的落点；⑤ 正手侧身接发球。

3. 搓攻战术

搓攻战术是进攻型打法的辅助战术之一，主要利用搓球旋转的变化和落点的变化为抢攻创造机会。这一战术在基层比赛中被普遍采用。搓攻战术也是削球型打法争取主动的主要战术之一。常用的搓球战术有：① 慢搓与快搓结合；② 转与不转结合；③ 搓球变线；④ 搓球控制落点；⑤ 搓中突击；⑥ 搓中变推或抢攻。

4. 对攻战术

对攻战术是进攻型打法在相持阶段常用的一项重要战术。快攻类打法主要依靠反手推挡（或反手攻球）和正手攻球（或正手拉弧圈球）的技术，充分发挥快速多变的特点来调动对方。常用的对攻战术有以下几种：① 紧逼对方反手，伺机抢攻或侧身抢攻、抢拉；② 压左突右；③ 调右压左；④ 攻两大角；⑤ 攻追身球；⑥ 变化击球节奏，加力推和减力挡结合，发力攻、拉与轻打轻拉结合，也可造成对手的被动局面；⑦ 改变球的旋转性质，如加力推后、推下旋；正手攻球后，退至中远台削一板对方往往来不及反应，可直接得分或创造机会球。

5. 拉攻战术

拉攻战术是以攻为主的选手对付削球的主要战术。为了发挥拉攻的战术效果，首先要具备连续拉的能力，并有线路、落点、旋转、轻重等变

乒乓精神

乒乓球被誉为中国的"国球"，是中国体育一张特殊的名片，不仅在国际赛场上有着辉煌的战绩，在民间也广泛普及，甚至还写就了一段"小球转动大球"的外交佳话。几十年来，中国乒乓球在艰苦摸索中凝练总结出"乒乓精神"，即"胸怀祖国、放眼世界、为国争光的精神，发奋图强、自力更生、艰苦奋斗的实干精神，不屈不挠、勤学苦练、不断钻研、不断创新的精神，同心同德、团结战斗的集体主义精神，胜不骄、败不馁的革命乐观主义和革命英雄主义精神"。"乒乓精神"是一代代乒乓人集体智慧的结晶，它反映着乒乓人的价值理想和价值追求，是中国乒乓球队长盛不衰的制胜法宝，也是一种无价的精神财富，具有教育性、传承性和导向性的社会价值，一直激励着乒乓健儿刻苦训练，不断创新，勇攀高峰。

化，其次要有拉中突击和连续扣杀的能力。常用的拉攻战术主要有：① 拉反手后，侧身突击斜线或中路追身球；② 拉中路杀两角或拉两角杀中路；③ 拉一角或杀另一角；④ 拉吊结合，伺机突击；⑤ 拉搓结合；⑥ 稳拉为主，伺机突击。

6. 弧圈球战术

由于弧圈球战术把速度和旋转有效地结合起来，稳健性好，适应性强，许多著名选手已用它去替代攻球或扣杀，常用的战术有：① 发球抢攻；② 接发球果断上手；③ 相持中的战术运用。

五、乒乓球运动欣赏

（一）知晓乒乓球比赛基本规则

乒乓球比赛规则简介

乒乓球比赛规则的改革

（二）如何欣赏高水平乒乓球比赛

一般人可能会感到乒乓球速度太快，来回之迅速眼睛都难以跟上，但正所谓"外行看热闹，内行看门道"，相信通过前面的学习，你已经能够以内行的眼光来领略乒乓球的魅力。球台前有力与美的展现，有妙不可言的智慧，有超越自己的努力，伴随着欢笑与泪水；球台前有一个民族的梦想，有永恒的体育精神。

观看高水平乒乓球比赛是一种享受。当你置身于球场看台上，就会被运动员高超的球艺、令人眼花缭乱的回球所吸引。由于乒乓球技战术变化多端，比赛高潮迭起，一个又一个精彩的对抗瞬间，紧张激烈的情绪体验如同自己在比赛一样，几乎忘其所以。了解和掌握有关乒乓球运动的知识，并能对比赛作出自己的评价，将把你对乒乓球的理解带到更高的境界，使你更加体会到乒乓球运动的魅力所在，享受它带给我们精神上的无穷乐趣。

1. 欣赏运动员的高超球艺

高水平的比赛比低水平的比赛能够吸引更多的观众。这说明乒乓球的技术水平是决定乒乓球技术观赏性的主要因素。而乒乓球技术水平的高低又主要取决于技术质量，因此可以说，乒乓球的技术质量是决定乒乓球技术观赏性的首要因素。而在现代乒乓球运动中，技术质量主要包括"快""转""准""狠""变"。

2．欣赏教练员的运筹帷幄，排兵布阵出奇招

巧妙的排兵布阵与比赛的战术变化能够使运动员的各种技术得到更为充分的发挥。特别是对内行观众来说，能从巧妙的战术和战术变化中感受到更多的乐趣。在乒乓球比赛中，教练员的临场指导往往对比赛的胜负起着关键性的作用。在欣赏乒乓球比赛时，教练员临场指导的随机应变、比赛战术的及时调整、暂停时机的瞬息把握等往往给人留下深刻的印象。而乒乓球项目的团体比赛，不仅最能反映一个国家或球队乒乓球运动的竞技水平，同时也最能体现教练排兵布阵的智慧。从早期的21分九场五胜制，到现在的11分五场三胜制，无论赛制如何变化，中国乒乓球队在教练员的运筹帷幄方面从来就不乏成功的经典之作，令人回味无穷。

3．欣赏球星的风貌神采

各国优秀运动员有不同类型的击球特色，每一名优秀的运动员都有其独特的气质和风格，每一种打法都有其独特的观赏价值。我们在观赏运动员精湛球艺和顽强意志的同时，也能领略、感受名将们的卓越风采。1959年我国乒乓球选手容国团以"人生能有几回搏"的英雄气概，用独树一帜的淋漓快攻、搓攻，为我国夺得第一个世界冠军。从此，我国乒乓球运动走向世界，被西方人称为中国体育的标志。老一辈世界冠军，庄则栋近台两面快攻，号称"小老虎"；李富荣是众所周知的"不服输"；徐寅生球路变化多端，被誉为"智多星"，当年十二大板扣杀，至今仍为人们所津津乐道；张燮林魔术师般的转与不转削球，称为"攻不破的长城""刮不断的杨柳"。再看邓亚萍的比赛，有一种气势如虹、淋漓畅快的感觉，可以感受到邓亚萍身上有一种王者的霸气；看瓦尔德内尔流畅的攻防转换，被他老练沉稳、从容不迫所折服，觉得他真不愧"游击队长"的美名；朱世赫在其稳健的削球防守中结合凌厉多变的进攻，使人们赞叹他的机敏和果断。孔令辉技术全面、刚柔相济，萨姆索洛夫如中国"太极"式的打法，柳承敏的杀气腾腾，盖亭、格林卡、罗斯科普夫、塞弗球风凶狠、"蛮不讲理"的打法，以及他们不同凡响的比赛风范，都带给了我们美的享受，也使乒乓球运动展现了其独特的魅力。

4．欣赏运动员的仪容、服饰和击球动作之美

爱美之心，人皆有之。因此，虽然乒乓球运动不是表演性项目，运动员在比赛中不必刻意去追求仪容、服饰及动作的美感，但仪容、服饰及动作的美感是提高乒乓球技术观赏性的因素之一。在水平相当前提下，仪容、服饰及动作较为优美的运动员，往往能够赢得更多观众的喜爱和崇拜。

第五节　羽毛球运动

羽毛球运动是一项隔着球网，使用长柄网状球拍击打用羽毛和软木制作而成的一种小型球类的室内运动项目。羽毛球作为一项全民运动，具有设备简单、室内外皆宜、老少皆宜、社交属性强、竞技性强、观赏性强和身心锻炼效果好等优点。它在全球范围内的普及程度不断提高，已经成为一项备受关注的体育项目，也是我国最受欢迎的全民健身项目。

一、羽毛球运动文化

（一）羽毛球运动的起源与发展

羽毛球运动在
中国的发展

相传，羽毛球最早出现于14—15世纪时的日本，球拍是木制的，球用樱桃核插上羽毛制成。大约至18世纪时，印度的普那（Pune）出现了一种与早期日本的羽毛球极相似的游戏（球用圆形硬质板插上羽毛制成，板是木质，两人相对站着，手执木板来回击球的一种游戏）。

现代羽毛球运动始于英国。19世纪60年代，一批退役的英国军官把印度的"普那"游戏带回英国。1873年，在英格兰格拉斯哥附近的鲍弗特公爵的伯明顿庄园里举行了早期的羽毛球表演。为了纪念这次活动，这项运动便以伯明顿这个庄园命名，因此，羽毛球的英文名为"badminton"。1877年，第一部成文的羽毛球规则在英国出版。1934年，国际羽毛球联合会成立，总部设在伦敦。1939年，国际羽毛球联合会制订了会员国共同遵守的羽毛球规则。从此，羽毛球国际比赛日渐增多，这项运动也逐渐传到了世界各地。目前，世界羽毛球运动的技战术发展趋势朝着更加"快速、全面、进攻、多变、多拍、特长突出"的方向发展。

世界羽毛球重
大赛事

（二）羽毛球运动的锻炼价值

羽毛球是一项在室内外均可进行的隔网球类运动。经常参加羽毛球运动，既可以锻炼和提高身体素质，提高身体活动能力，改善内脏器官的功能，达到发展身体、强健体魄的目的，又可以培养勇敢顽强、机智灵活、果断沉着、团队协作等优良品质和作风。

二、羽毛球技战术与学练方法

（一）掌握正确的握拍法

羽毛球握拍法分为正手握拍法和反手握拍法。

1．正手握拍法（以下均以右手握拍为例）

握拍时，先用左手拿住拍颈，使拍面与地面垂直。张开右手掌，虎口对准拍柄侧面内沿，拇指与中指接近，食指稍分开，其他三指自然地握住拍柄（图7-5-1）。

2．反手握拍法

在正手握拍的基础上，拍柄稍向外转，食指收回，拇指第二指节贴在拍柄内侧的宽面上，其余四指并拢握住拍柄（图7-5-2）。

图7-5-1　正手握拍法　　　　图7-5-2　反手握拍法

（二）学会发球

发球是羽毛球运动的一项重要基本技术。按发球的基本姿势不同，发球可分为正手发球和反手发球。发球质量好坏关键在于：① 能否合理掌握球拍面的击球点；② 能否正确运用手腕、手指的爆发力。

1．正手发高远球

发球时，左手把球举在身体的右前方自然放下，右手同时持拍由大臂带动小臂，从右后方沿着身体向前并向左上方挥动。当球落到右手臂向前下方伸直能触到球的一刹那，握紧球拍，并利用手腕的力量向前上方发力击球（图7-5-3）。

正手发高远球
动作示范

2．正手发平高球

与正手发高远球相同，但需减少手腕向上发力，增加向前送击动作。

3．正手发网前球

正手发网前球时，握拍要放松，上臂动作要小，主要靠前臂带动手腕向前切送，球的弧线要贴网而过，落点在发球区内的前发球线附近（图7-5-4）。

图7-5-3　正手发高远球　　　　　　图7-5-4　正手发网前球

4．反手发网前球

反手发网前球时，反手握拍向后回旋引拍，前臂向前上方推送，同时带动手腕由屈到微伸向前摆动，利用拇指力量向前推顶球拍，用球拍对球托做横切推送，使球贴网而过，正好落在对方前发球线附近的发球区内（图7-5-5）。

图7-5-5 反手发网前球

5．反手发平高球

准备姿势与反手发网前球相同，但发球时手腕闪动发力向前上击球。注意拍面与球接触的角度。

（三）接发球是基础

接发球和发球一样，都是羽毛球运动最基本的技术，在比赛中同样起着重要作用。

1．单打接发球的站位和姿势

（1）站位。单打站位于离前发球线1.5米处。在右发球区要站在靠近中线的位置；在左发球区则站在中间位置，主要是防备对方直接进攻反手部位。

（2）姿势。一般左脚在前，右脚在后，双膝微屈，收腹含胸，后脚脚跟稍抬起。身体半侧向球网，球拍举起在身前，两眼注视对方。

2．双打接发球的站位和姿势

（1）站位。由于双打发球区比单打发球区短0.76米，发高远球易被对方扣杀，所以，双打发球多以发网前球为主。接发球时，要站在靠近前发球线的地方。

（2）姿势。双打接发球准备姿势和单打接发球准备姿势基本相同。略不同的是身体前倾较大，身体重心可以随意放在任何一脚，球拍举得高些，注意力高度集中。

（四）学习各种击球法

击球法有很多技术动作，根据这些技术动作的特点，大致可分为高手击球、网前击球和低手击球三大类。

一般将击球点高于头部的击球，称为高手击球。高手击球按其技术特点和球飞行弧线的不同，可分为高远球、平高球、吊球和扣杀球等；网前击球技术分为放网前球、搓球、推球、勾球、扑球和挑球等技术；低手击球技术主要为平抽、平挡技术。

1. 高手击球

（1）击高远球。击高远球分正手击高远球和反手击高远球两种。

正手击高远球：判断好来球的方向和落点，侧身对准球的落点（一般头顶上方），抬头、挺胸、引拍，后脚蹬地，转体收腹，以肩为轴，上臂带动小臂快速向前上方甩腕，在伸直手臂的最高点击球（图7-5-6）。

反手击高远球：背向球网，以反手握拍引拍；击球点在右肩上方，手腕由屈经前臂内旋加速伸腕闪击，击球的刹那间握紧把柄，拇指顶压，将球击出（图7-5-7）。

正手后场击高远球动作示范

图7-5-6　正手击高远球　　　　　　　图7-5-7　反手击高远球

（2）击平高球。击球方法与击高远球基本相同，不同点在于击球时拍面的仰角小于高远球的拍面仰角，球的飞行弧度平快以对方不能拦截为前提，旨在加快球的落点速度。

（3）吊球。吊球是把对方击过来的中后场高球还击到对方的网前，在区域、落点节奏、力量上突然变化，以调动对方、打乱对方阵脚的一种技术。

吊球时，引拍对准来球，蹬转击球在额前上方，小臂带动手腕斜压球侧，手腕主动快抹击球（图7-5-8）。

正手后场吊球动作示范

图7-5-8　吊球

（4）扣杀球。扣杀球是把高球在尽量高的击球点上，用大力挥击下压到对方场区内的一种技术。扣杀球击出的球力量大、弧线直、下落快，是一项主要的进攻技术。

扣杀球时，侧身转体引拍，上体后仰，挺胸成反弓形。蹬转、收腹、发力，击球于肩的前上方。击球时应充分发挥腰腹、肩臂、手腕和手指的力量，击球后重心落在前脚上，并尽快还原动作（图7-5-9）。

扣杀球动作示范

图7-5-9　扣杀球

2．网前击球

网前击球是由搓、推、勾、扑等技术组成，变化较多。各种技术又分为正、反手击法。网前击球时，握拍要灵活，需充分利用腕、指的力量控制球路和落点，击球点要高，步法要快，搓、推、勾的动作一致性要强。

（1）放网前球。将对方的吊球或网前球，用球拍轻轻一托，使球一过网顶就朝下坠落。

正手放网前球动作示范

（2）搓球。利用"搓""切""挑"的动作，摩擦球托底部，使球沿横轴翻滚越过网顶。搓球时，击球点较高（约与肩同高）。

正手网前搓球动作示范

（3）推球。在网前较高的击球点上，用推击的方法往对方底线击出弧度较平、速度较快的球。

（4）勾球。在网前回击对角线的球。

正手勾对角线动作示范

（5）扑球。对方发网前球或回击网前球时，球刚越网顶便迅速上网向斜下扑压。

（6）挑球。把对方击出的吊球或网前球挑高，回击到对方后场的一项技术。

正手扑球动作示范

3．低手击球

低手击球没有高手击球的威力大，属于防守性的技术，难度较大。如发挥得当，可具有防中有攻的效果。

（1）抽球。击球在肩以下，以躯干为纵轴发力，做半圆式的挥拍击球动作。抽球是应付对方长杀、半场球及平球对攻的反攻技术。

正手挑球动作示范

（2）半蹲快打。在中场内，对方打过来约肩以上至略高于头部之间的平快球，采用半蹲姿势，争取在较高的部位快速地平击回去。

（3）接杀球。接对方杀球时的击球动作。接杀球有挡网前球、勾对角线球和抽高球等几种回击技术。

（五）步法很重要

在羽毛球比赛中，运动员要在本方场地35平方米的范围内奔跑，在球没有落地前将球击过对方场区。因此，步法是各项击球的基础，直接影响着技术的质量和技战术的合理运用。基本步法有蹬步、跨步、腾跳步、垫步，加上原有的蹬转步、交叉步、并步、小碎步和单足跳步等，组成了上网步法、后退步法、两侧移动步法、起跳腾空步法。

1. 上网步法

如果站位靠前场，可用两步交叉上网（图7-5-10），若站位靠后场，可采用三步交叉上网的移动方法，即右脚向右前方迈一小步，左脚接着向前交叉迈过右脚，然后右腿顺着击球方向跨一大步到位（图7-5-11）；为了加速上网，还可采用垫步上网，即右脚向右前跨出一大步，左脚快速跟进到右脚跟后，利用左脚掌内侧后蹬，右脚向右前跨出一大步（图7-5-12）。左上网步法同右上网步法，只是方向相反。

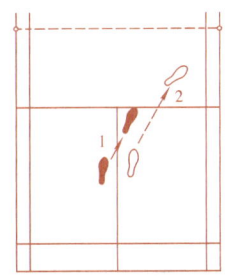 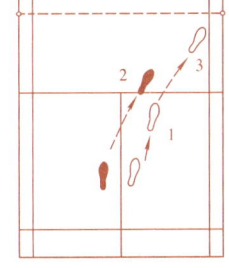 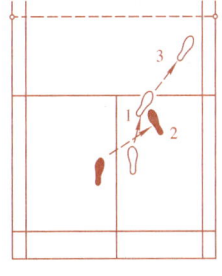

图7-5-10　两步交叉上网　　图7-5-11　三步交叉上网　　图7-5-12　垫步上网

2. 后退步法

后退步法分为右后场后退步法和左后场后退步法。这里仅介绍右后场后退步法。右后场后退步法分为侧身后退一步（图7-5-13）、侧身并步后退（图7-5-14）和交叉步后退（图7-5-15）。

3. 侧移步法

（1）向右侧蹬跨步。起动后，左脚掌内侧用力起蹬（同时向右侧转髋），右脚向右侧跨出一大步（重心落在右脚上，脚尖偏向右侧，以脚趾制动），上身略向右侧倒做正手抽、挡球。击球后，以右脚前脚掌回蹬（图7-5-16）。

（2）向左侧蹬跨步。起动后，右脚掌内侧用力起蹬（同时向左转髋），左脚向左跨出一步（重心落在左脚上，脚尖偏向左侧，以脚趾制动），上身略向左侧做抽、挡球。击球后，左脚脚掌回蹬，回中心位置（图7-5-17）。

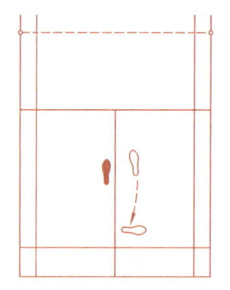
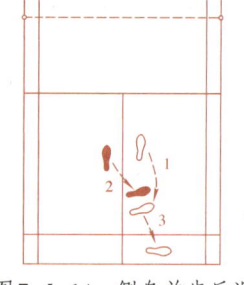
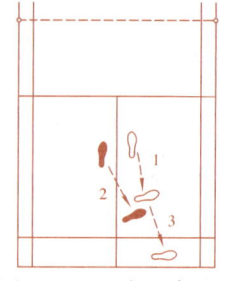

图7-5-13 侧身后退一步　　　图7-5-14 侧身并步后退　　　图7-5-15 交叉步后退

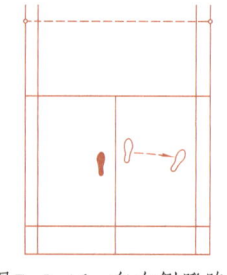
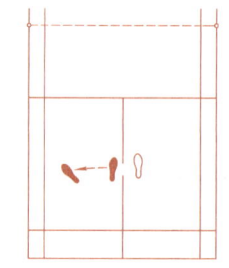

图7-5-16 向右侧蹬跨步　　　图7-5-17 向左侧蹬跨步

（六）在战术演练中提高实战技能

羽毛球比赛时，无论单打或双打，都应该善于运用自己的优点，针对对方的缺点和场上不同情况，运用不同的战术。

1．单打战术

（1）发球抢攻战术。利用多变的发球技术配合发平快球和网前球，先发制人，取得主动，争取第三拍主动进攻机会。

（2）攻后场战术。运用打高远球和平高球技术，压对方底线两角，造成对方被动，自己伺机进攻。

（3）攻前场战术。自己具备网前击球的较好技术，把对手吸引到网前，然后再攻击其后场。

（4）攻反手战术。反手力量小，击出的球进攻性差，球路比较简单。比赛中，可以拉开对方位置，把球打到对方反手区，迫使对方使用反拍击球。

（5）打四方球战术。运用快速、准确的平高球、吊球打对方场区的4个角落，使对方前后奔跑，被动应付，抓住漏洞和回球质量下降时，进攻突击。

（6）打对角线战术。根据对方移动、转身慢的弱点，攻打其对角线使对方被动，己方主动攻击。

（7）杀、吊上网战术。对打过来的后场高球，己方先以杀球配合吊球下压到对方两边附近，使对方被动回球。如对方还击网前球，便迅速上网运用网前击球技术；如对方在网前挑高球，可在其后退途中直接杀追身球。主要注意杀、吊球的落点。

（8）守攻转换战术。在对方主动进攻、己方防守时，可抓住对方体力下降、攻势减弱、疏于防守的漏洞，扭转被动局面，转换成主动反击。

2．双打战术

（1）攻人战术。两人集中攻击对方中弱的一方，并伺机找出另一人的空当，或对此人偷袭。

（2）攻中路战术。己方进攻时，不论对方站位如何，都集中攻对方中路（两人之间），并靠近防守能力差的一侧或在中线上。此战术可使对方出现抢球或漏球，可限制对方挑出大角度的球路，有利于己方网前的封网。

（3）攻后场战术。当对方后场扣杀能力差时，可采用平高球、推平球、接杀挑底线，把对方其中一人逼在底两角移动。当对方被动还击时，则抓住机会大力扣杀。如另一对手后退援助时，即可攻网前空当。

（4）后攻前封战术。当己方队员主动进攻时，后场见高就杀，前场队员积极移动配合封网扑球。

三、羽毛球运动欣赏

（一）知晓羽毛球比赛基本规则

羽毛球比赛规
则简介

（二）如何欣赏高水平羽毛球比赛

羽毛球比赛对抗激烈，攻守变化快，场上情况瞬息万变，是双方技艺、体力、智慧的抗衡。

欣赏羽毛球比赛，技战术是欣赏的重要内容。优美、高超的技术和配合默契的战术，以及运动员在比赛中的超水平发挥，令人赏心悦目并能激发起观众高昂的情绪。如在双打比赛中，后场队员积极大力扣杀创造机会，在对方接杀放网、挑高球或企图反击抽球时，前场队员以扑、搓、勾、推控制网前，或拦截吊、点封住前半场，使整个进攻连贯而又有节奏变化，使对方防不胜防。再如，当对方发或击后场高球不到位时，可为己方发动抢攻创造极好的时机，这时就要运用自己最擅长的击球技术，抓住对方的弱点，果断大胆地抢攻。抢攻战术的完成有时要有几拍抢攻球路的组织才能奏效。所以，一旦发动抢攻，就要加快速度，扩大控制面，抓住对方的弱点或习惯路线一攻到底，一气呵成，赢得比分或发球权。

在高水平的羽毛球比赛中，运动员的控制能力、应变能力、技巧运用，以及运动员在比赛中所表现出的意志品质也是观众欣赏的重点。高水平运动员在复杂对抗的条件下或在攻防处于劣势的情况下，也能较好完成教练员布置的作战意图，争取比赛主动权，反败为胜。由于他们的随机应变，经常能创造出许多新的默契的巧妙战术配合。这些能力和技巧也是欣赏的看点，里面蕴含很多学问。比赛中，应注意观察运动员的内在表现力、意志力、想象力、创造力和艺术感染力。如可用身体、眼神、步法移动与手腕等常见的假动作来欺瞒对方的判断，若是运用得当，既可以节省体力，又能收到佯攻诈取之效。又如，有的运动员，在连续大力扣杀进攻毫无建树的情况下，突然用一个轻吊网前对角，使对手措手不及而得分。网前的一些假动作，更是奇招迭出，防不胜防，让观众拍案叫绝。

在羽毛球比赛局间，经常可以看到教练员如何根据比赛中双方的实际状况，及时调整运动员技战术运用及心理状态。因此，观看教练员如何运筹帷幄，处乱不惊，也是欣赏羽毛球赛的一大亮点。

永不言弃的羽坛
传奇——林丹

第六节　网球运动

网球运动是一项集技术、战术、超强体能、智商、心理素质等多种因素相结合的体育运动项目，也是一项文明、健康、高雅、技艺优美、引人入胜的运动项目，是世界上最流行的运动项目之一。

一、网球运动文化

（一）网球运动起源与发展

网球运动起源于法国。早在12—13世纪，法国的传教士为调剂单调的生活常常在教堂的回廊里玩一种用手掌击球的游戏。后来，这种游戏被移至室外开阔空地上进行。游戏时，将一条绳子架在场地中间，两边各站一人，用手掌将用布包着头发制成的球打来打去。当时这种游戏法语叫作"tennez"，今天"网球（tennis）"一词即来源于此。此后，这种游戏渐渐传入法国宫廷，并很

快成为当时贵族的一种娱乐活动（图7-6-1）。14世
纪30年代，法国宫廷网球传入英国，并很快得到英
国王室成员的喜爱，当时的宫廷、教堂和皇家园林都
建有网球场，贵族、僧侣们亦热衷此道。16—17世纪
是这种活动的兴旺时期，并逐渐形成了一种比赛。由
于这种活动只是在法国和英国的宫廷中流行，所以网
球运动又有"宫廷网球""皇家网球""贵族运动"的
美称。

图7-6-1　早期的宫廷网球

现代网球起源于英国。18世纪，随着资本主义的兴起，网球运动逐渐在资产
阶级和市民阶层中开展起来。到19世纪，网球成为欧美盛行的一项运动。1873年，
英国的少校军官沃尔特·克洛普顿·温菲尔德（Walter Clopton Wingfield）将早期
的网球打法加以改进，使网球成为夏天在草坪上进行的一种体育活动，即"草地
网球"（lawn tennis），这被认为是现代网球运动的里程碑。同年，为宣传和推广这
项运动，他还出版了第一本网球书——《草地网球》。此后，网球便成为一项室内、
户外都能开展的体育项目。

1878年以后，草地网球由美国的移民、商人和驻军等传至加拿大、斯里兰卡、
瑞典、印度、日本、澳大利亚、南非等地。当时，爱好网球的人士绝大多数是富裕
的资产阶级。他们有条件在自家的草坪上设置网球场，作为他们社交活动的场所。
19世纪90年代中期，网球进入初步发展阶段，许多国家和地区成立了网球协会，
并定期举行比赛。

1896年，网球作为唯一的球类比赛项目出现在首届现代奥林匹克运动会上。
当时只有男选手参加，项目有单打和双打。1924年，由于国际奥委会和国际网球
联合会在"业余运动员"的定义上有分歧，已经连续7届奥运会都进行的网球比赛
被取消，直到1988年第24届奥运会，网球才重新被列为正式比赛项目。

1911年，当时草地网球正在世界上迅速发展，一些设有网球协会的国家迫切
需要一个国际机构来负责协调和组织国际性比赛。1913年3月1日，国际网球联合
会（ITF）成立，总部设在伦敦。在各国网协的大力推动下，网球运动有了飞速的
发展，从而形成了世界网坛最负盛名的四大赛事，现通常把这四大赛事通称为大满
贯赛。

世界网坛四大
公开赛

（二）网球运动的锻炼价值

网球是一项深受群众喜爱的时尚健身运动，被誉为"世界第二运动"。网球运
动的锻炼价值较高，它既是一种消遣和增进健康的手段，也是一种艺术追求和享
受，还是一项扣人心弦的竞赛项目。经常参加网球运动，不仅能发展力量、速度、

耐力和灵敏等运动素质，提高内脏器官和神经系统的功能，还有利于培养勇敢、机智、坚毅、果断等优良品质。

二、网球技战术与学练方法

（一）找到适合自己的握拍法

如何选择适合
自己的网球拍

网球握拍法有很多种，不同的握拍法可产生不同的击球效果和打法。确定采用何种握拍方法才能发挥自己的优势，因此找到适合自己的握拍法非常重要。初学时，可使用最顺手的握拍法，在技术渐渐提高的过程中逐步提高握拍的方式。根据虎口对准球拍握柄端口的不同位置（图7-6-2），可分为大陆式握拍法、东方式握拍法、西方式握拍法和半西方式握拍法。

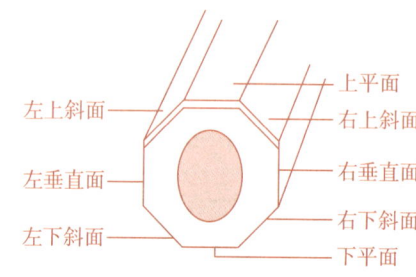

图7-6-2　球拍握柄端口的不同位置

1. 大陆式握拍法

握拍时，虎口"V"字形对准拍柄上平面与右上斜面的交界线处，手掌根部贴住右上平面，拇指直伸围住拍柄，食指第三指节紧贴在右上斜面上。大陆式握拍法适合在发球、高压球、截击球、反手击球时使用（图7-6-3）。

2. 东方式握拍法

（1）东方式正手握拍法。东方式正手握拍法如同我们生活中的握手姿势一样，把手平贴在拍面上，保持手掌与拍面平行，手顺着拍面滑下来到拍柄上，手握紧拍柄（图7-6-4）。

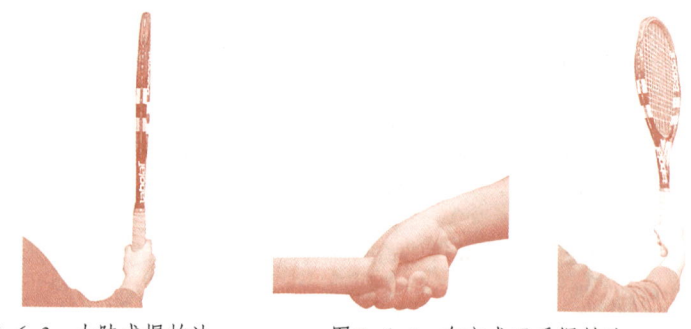

图7-6-3　大陆式握拍法　　　　图7-6-4　东方式正手握拍法

（2）东方式反手握拍法。在正手握拍的基础上向左移动1/4，使虎口"V"字形对准拍柄左上斜面，拇指末节贴住左下斜面，食指第三指节压在右上斜面（图7-6-5）。

3. 西方式握拍法

将虎口"V"字形对准拍柄右垂直面和右下斜面交界线处，手掌从上面握住拍柄，食指底部关节压住拍柄的右下斜面（图7-6-6）。

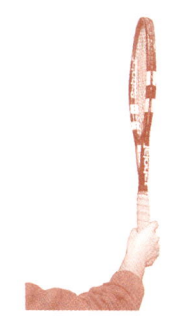 

图7-6-5　东方式反手握拍法　　图7-6-6　西方式握拍法

4. 半西方式握拍法

将虎口"V"字形对准拍柄右上斜面和右垂直面的交界处，拇指直伸压住拍柄上平面，食指第三指节贴住右上斜面。这种握拍法可击快速省力的平击球和一些带有旋转的上旋球，还可进行高空截击及击打底线和中场较低的球。

握拍法动作示范

（二）进攻得分的制胜法宝——正手击球

正手击球是网球运动中最基本，同时也是最重要的击球方式之一。正手击球技术击球有力、速度快，动作由准备姿势、后摆引拍、击球和随挥4个技术动作组成（图7-6-7）。

正手击球动作示范

图7-6-7　正手击球

（1）准备姿势。面对球网，双脚自然开立，与肩同宽。双膝微屈，重心略前移，落在前脚掌上。右手握拍，左手扶住拍颈，拍面垂直于地面，拍头指向前方。两眼目视前方，做好击球准备。

（2）后摆引拍。当判断来球需用正拍回击时，向右转肩，转髋带动右手向后摆动引拍。引拍时肘部弯曲、自然下垂，拍头的高度在同侧髋关节处，左手伸向前方以保持身体平衡，后摆引拍时身体重心移向右脚，左肩对着击球方向，手腕固定，挥拍转动约180°，拍头指向后挡网。

（3）击球。击球时紧握球拍，手腕后伸、固定，两脚用力蹬地，转肩、转髋，带动身体向前挥拍。击球点在身体的右前方，高度不超过腰部。挥拍击球时拍头由后向前、自下而上自然挥动，使球略带上旋。

（4）随挥。在球离开球拍后，继续将球向前、向上挥出，使右臂自然接触下颌，拍头挥至左前上方，并用左手扶住拍颈。右脚尖要停留在地面上，鞋底面正对后挡网，重心充分停留在前脚，并保持身体重心。

（三）攻守兼备的常规武器——反手击球

反手击球也是网球基本技术之一。初学者一般是先学习正手击球后再学反手击球，当正手击球有了一定的基础后，再学反手击球比较容易。同正手击球一样，反手击球技术也由准备姿势、后摆引拍、击球和随挥4个环节组成（图7-6-8）。

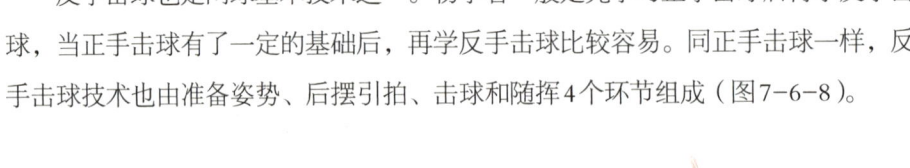

图7-6-8 反手击球

（1）准备姿势。与正手击球相同。

（2）后摆引拍。当判断对方来球朝自己的反手方向飞来时，扶住拍颈的左手应迅速帮助右手由正手握拍变换为反手握拍，向左转肩、转髋带动球拍向左后方摆动。后摆时肘关节自然弯曲，拍头稍翘起，指向后方，右脚向左前方上步，右肩或右背对着球网，重心在左脚。打反手的后摆动作应比正手的后摆动作要早，整个动作要连贯、协调，左手始终扶住拍颈，直到开始做前挥动作为止。

（3）击球。球拍由后向前上方挥出，前挥时手臂仍保持弯曲，直到随挥结束后才伸直。击球点在右脚左侧前方，击球时球拍与右脚应在一条直线上，高度在膝与腰之间（比正手击球稍低）。拍触球时，手腕绷紧，拍面与地面保持垂直，击在球的中部，用转体和转肩的力量使重心前移到右脚上。

（4）随挥。击球后，球拍沿着球的飞行方向向前、向上送，重心前移落在右脚上，挥拍在右肩上方结束，身体转向球网，恢复成准备姿势。

（四）不受对手控制的攻击技术——发球

发球是网球基本技术之一，也是网球比赛中唯一由自己掌握、不受对方影响的重要技术。发球技术分为平击发球、切削发球和上旋发球三种。下面以平击发球技

术为例介绍发球技术。发球基本技术中包括握拍法、准备姿势、抛球与后摆、击球和随挥等技术动作（图7-6-9）。

图7-6-9　发球

（1）握拍法。采用大陆式握拍法或东方式反手握拍法。

（2）准备姿势。全身放松，侧身站立在端线外中场标记旁边（单打），左肩对着左侧网柱，面向右侧网柱，两脚分开约同肩宽。在右区发球时，左脚与右区端线约成45°；在左区发球时，左脚与左区端线约平行，重心在左脚上。左手持球轻托球拍在腰部，拍头指向前方。呼吸均匀，精神集中。

（3）抛球与后摆。抛球与后摆拉拍动作是同步开始的，持球手拇指、食指和中指三指轻轻托住球，掌心向上。当球拍向下、向后引拍时，持球手同时下降至右腿处，紧接着当球拍从身后向头上方做大弧度摆动，身体做转体、屈膝、展肩时，持球手柔和地在身前左脚前上举，直至高及头顶。抛球动作要协调、平稳，球送至最高点再离开手指抛向空中。此时右肘向后外展约同肩高，拍头指向天空，左侧腰、髋成弓形，身体重心随着抛球开始先移向右脚，然后平稳地开始前移。此刻，肩与球网成直角。

（4）击球。当左手抛出球时，球拍继续向上摆起，这时握拍手的肘关节放松。当球下降至击球点时，迅速向上挥拍击球，左脚上蹬，使手臂和身体充分伸展；当身体向前上方伸展击球时，肩、手臂

三种发球方法

◇ 平击发球：速度快、平直且很少带旋转的发球。球的飞行轨迹较平直，落地后前冲力大，一般用于第一发球。

◇ 切削发球：球落地后侧向飞行的发球。击球时，球拍从球的右侧上方两点钟的位置摩擦球（把球朝向我们的一面看成是一个钟面）。一般用于第二发球，发外角，把对手拉出场外。

◇ 上旋发球：球落地后冲向接球人身体，弹跳较高的发球。击球时，球拍从球的左侧下方七点钟的位置向右侧上方一点钟的位置摩擦球，使球产生上旋。这种发球安全率较高，增加对方回球的难度，常用于第二发球。

已经回转，双肩与球网平行。挥拍击球时，持拍手腕带动小臂有一个旋内的"鞭打"动作。

（5）随挥。球发出后，身体向场内倾斜，保持连续、完整的向前上方伸展的随挥动作。此时，球拍挥至身体的左侧，重心移向前方，做到完全、自然地跟进并保持身体平衡。

（五）后发制人的进攻手段——接发球

接发球是网球基本技术之一，也是最难掌握的技术。接发球技术分为握拍法、准备姿势与站位、击球和随挥4个环节。

接发球动作示范

（1）握拍法。根据个人习惯选择最适合自己的握拍方法，可以选择东方式正手握拍法，也可以采用东方式反手握拍法。习惯正手击球的，在等待对方发球时，用正手握拍。但对方发球时，往往发反手，因此采用东方式反手握拍法比较好，从反手换成正手握拍也比较容易。握拍不要太紧，应以舒适为好。

（2）准备姿势与站位。两脚自然开立与肩同宽，双膝稍屈，脚跟离地，重心前倾，拍头约与腰同高，并指向对方，两脚不停地轻轻跳动或身体微微晃动，两眼紧紧地注视着对方的抛球动作。接发球的站位，接一发一般站发球区中间偏右底线外（准备正手打），接二发一般站中间偏左（准备打反手或侧身正手）底线内。

（3）击球。当对方将球发出后，接球员要向预测击球点及时起动，迅速做出转体引拍动作，只是后摆距离要短一些，幅度大小要根据对方不同的发球来调整，握紧球拍，手腕固定，并向击球方向踏出异侧脚，同时，向前迎击球，击球点是在体前侧胸部高度处，对着球击出的方向送出球拍，尽量加长球拍触球的时间，要像打落地球那样，做好随挥动作。

（4）随挥。击球后很少有随挥动作，拍头竖起，顺势结束在较高处，身体重心在前脚掌上，脚跟离地，准备接对方的下一次回击，并立刻移动到自己场地的中央，或随球上网。

（六）短兵相接的利刃尖刀——截击球

截击球是指来球落地前被凌空拦截的球。无论是在单打还是在双打中，截击球都是一种主动进攻得分的重要技术。截击球是网前一种攻击性很强的击球方法，一般在近网处使用，也可在场内任何地方截击空中来球。对初学者来说，学习网前截击不仅能提高球感，而且也能提高学习网球的兴趣。截击球分为正手截击球和反手截击球。

正手截击球动作示范

反手截击球动作示范

正手截击球：当判断对方来球方向后，立即转肩，以转肩带动球拍后摆。左脚朝来球方向跨出，拍头高于握拍手，握紧球拍，绷紧手腕，在身体的前面迎击球。击球后有一个幅度较小的随挥动作，拍子挥向球击出的方向，并恢复成准备姿势（图7-6-10）。

图7-6-10 正手截击球

（七）乘胜追击的高空轰炸——高压球

高压球又称为杀球，是在头顶上用扣杀动作还击球的一种击球技术，被认为是击球中的一枚"重炮"，是迅速直接得分的锐利武器。高压球与截击球一样，属于上网击球技术。根据对方挑起球的高低程度和落点不同，高压球可分为原地高压、跳起高压和后退高压球等。其动作技术分为握拍与引拍、移动和后撤、击球、随挥4个环节（图7-6-11）。

图7-6-11 高压球

（1）握拍与引拍。高压球的动作与发球动作相似，握拍也与发球握拍相同，可采用东方式正手握拍法或大陆式握拍法，调整身体位置，左手向上方伸出，指向来球。引拍结束时，屈肘，拍头置于头部的后上方，指向天空。

（2）移动和后撤。如果球很高，可用交叉步快速向前、后、左、右移动。先大步，后碎步调整，迅速接近目标。如果球越头顶，不要匆忙起跳，先迅速向后撤两步，并屈膝准备起跳。移动要快，左肘对准来球，眼睛盯球。

（3）击球。开始引拍击球时，球拍在身体的右上方。转肩，头保持稳定，后脚向上起跳，用力击球。击球时，手腕下勾加力，拍头高于手腕，击球点在身体前上方，充分伸展身体。

（4）随挥。击球后顺势下挥，上体随球的方向前屈。在身体落地的瞬间，重心随着持拍一侧的腿前移，随挥球拍到腰的另一侧。

高压球动作
示范

（八）在战术演练中提高实战技能

1．底线战术

（1）用直线球寻找得分机会。当对手回击的斜线球较浅时，用直线回击可使下一拍有更多的时间准备，有时还可直接得分。

（2）用小角度斜线球打回头。当对手用斜线回击过来接近底线的斜线球时，他可能要考虑来球变直线的可能性，他会向中路移动，这时用小角度斜线球打回头，将会使对手方寸大乱。

（3）对没有压迫性的反手位回球侧身用正手回击。绕过反手打正手，可打直线也可打反斜线，可自如地掌控全局。

（4）调左压右的回击。大多数人的反手击球是弱项，因此通过压迫对方反手调动对方，当正手出现空当时，再用斜线偷袭对方正手，将会收到意想不到的效果。

（5）尽量维持回合。对大力发球者，尽量把球顶过去，维持住回合，迫使对手出现失误。

2．上网战术

（1）拦截。

① 拦截直线。当对方的回球较重时，可截击直线从而遏制住对手的穿越角度。

② 无直接得分把握时，不轻易拦截斜线。假如无法直接得分和遏制住对手的进攻，拦截斜线将给对手较大的穿越空间。

③ 用高弧度上旋球攻击对方反手。用此方法攻击对方的反手，可为自己赢得上网时间，使对手无法打出高质量的穿越球。

（2）破网。

① 用低弧度上旋球直线穿越。如果击球过网的弧度太高，对手有充裕的时间打穿越球。

② 用急坠上旋球打对手脚下。击出对手与网带之间的下坠球，使对手只能将球往上"托"，从而为自己下一拍进攻创造机会 。

③ 用下旋或上旋挑高球将对手拉出场外。可为自己回位赢得时间，有时还可利用阳光增加对手打高压球的难度。

3．发球战术

（1）右区发球时使用外角切削发球。可将对手拉出场外，再攻击另一边的空当，很容易取得主动。

（2）将一发成功率控制在60%之上。只有这样才能充分地实施自己的战术，给对手施以压力，逼迫其出现失误，从而战胜对手。

（3）中路追身切削发球。这种发球可保证发球的成功率，同时逼迫对手只能招架式地挡球，回球的质量往往不高，从而赢得更多的攻击机会。

（4）在关键分上使用当天最有效的发球。如自己的内角发球成功率特别高，在关键分上就可使用。这种发球不仅可以夺取关键分，还可以在困难的局面下化险为夷。

4．接发球战术

（1）接斜线球。

（2）接速度快、力量大的发球回中路。

（3）当对手发球上网时，用直线或切削小斜线破网。

（4）接对方二发时，向前跨一大步干扰对手或者在反手位侧身正手攻击对方。

5．双打战术

（1）提高第一发球的成功率。

（2）两人像整体一样打球。

（3）接发球回斜线或挑高球过对方头顶。

（4）保持击球稳定。

（5）别让对手首先占据网前优势，尽快地占据网前。

（6）把球打向对手的两人之间。

（7）两人相互鼓励和提醒。

（8）在网前不停地移动并抢网，使对手不知道你要做什么，时刻处在猜测中。

（9）保持球过网后下坠，增加对手回球难度。

（10）用挑高球回击对方的挑高球，不要在中场处击球。

网球战术的基本要求

三、网球运动欣赏

（一）知晓网球比赛基本规则

网球比赛规则简介

（二）如何欣赏高水平网球赛事

1．网球运动魅力何在

（1）最高雅、最注重礼仪、最有文明素养的运动。网球运动兴起于宫廷贵族，流传于民间，既保留了这项运动原有的高雅和礼仪，又增添了现代文明的涵养。有人说："观看一场网球比赛既是一种艺术的享受，又是接受一次文明礼节涵养的文化教育。"在整个比赛过程中，双方运动员始终保持着网球运动的品格，尊重裁判，尊重观众，尽情地表现个人的竞技能力。而打球过程中，网球场上听到的只是"砰砰"的击球声、运动员和捡球工作人员的脚步声和观众发出的鼓掌声和赞赏声，现场的观众除了始终聚精会神地欣赏球星的精彩表演，听不到半点不协调的杂音，就连捡球的球童也同样表现出彬彬有礼的姿态。

（2）高对抗、高强度的运动。网球运动是一项高对抗、高强度的运动，也是一项高品质的运动。网球运动既斗智斗勇也斗体能。一场高水平的网球比赛，往往历时几个小时。在比赛中，运动员不断地奔跑、转体、弹跳、挥拍、扣杀、鞭打、截杀……有时几个动作连续进行，有时几次前进截杀，有时退后打高压球，用小步、侧步、垫步尽快移动，这些都是在高素质、强体力的情境下进行的。网球比赛战术变化多端，球飞行线路变化莫测，飞行速度时快时慢，比赛中，要求运动员既要有很强的判断力，又要有快速的反应能力、奔跑能力，以及控制改变跑动方向路线后的挥拍击球技术。

（3）讲究修养的运动。在网球比赛中，输赢是很难预料的。保持良好的心态和持久而稳定的情绪是网球运动对运动员在修养方面提出的要求。急躁和苛求自己速成，往往是输球的预兆。在网球运动中，得分、失分主要是靠双方的失误来实现的。失误少，就可能有更多机会赢得比赛。因此，认真对待比赛，充分发挥自身优势，扬长避短是非常重要的，这也是网球运动的涵养所在。

2. 高水平网球比赛看点

作为一名网球爱好者，观看高水平的网球比赛，既是一种享受，同时也是自己提高技术水平的一个极好的学习过程。在欣赏高水平网球比赛时，首先，要注意观看球员击球的完整技术过程，欣赏他们的准备姿势、跑动、取位和挥拍等技术环节。其次，在比赛中，也要留意运动员表现出良好的心理素质、坚定的意志品质及对技战术的合理运用。

欣赏激动人心的高水平网球比赛时，当看到球星高超球艺表演时，工作一天的疲劳就会消失，紧张一天的心情就会放松，遇到的一切烦恼就会忘掉。尤其是运动员那时而长抽，时而短吊，时而大角度拉锯，时而上网突击，时而翻身鱼跃抢险救球，时而纵身腾空、高压扣杀，龙腾虎跃的多彩雄姿，以及机智灵活的战术，会令观赏者陶醉其中，尽情地领略网球艺术带来的激情和愉悦。

第七节　其他球类运动

一、高尔夫球运动——时尚优雅的运动

高尔夫球是一项把享受大自然乐趣、体育锻炼和游戏集于一体的运动。"高尔夫"是"golf"的音译，由4个英文词汇的首字母缩写构成，分别是green、oxygen、light、friendship，意思是"绿色、氧气、阳光、友谊"，这也是其典型的特点。

（一）高尔夫球运动的起源与发展

高尔夫球运动起源于15世纪苏格兰的圣·安德鲁斯，其名称也来源于苏格兰语"gouf"，为"击、打"之意。早期的高尔夫球多在王公贵族中进行。随着高尔夫球具的普及发展，高尔夫球运动开始向中层阶级流行。1860年，世界首个高尔夫赛事——英国公开赛举行，开创了现代高尔夫球运动的先河。随着英国的殖民统治不断地向外扩张，高尔夫球运动也从英伦三岛传播到欧洲大陆、美洲大陆，一直到非洲、大洋洲和亚洲。20世纪初期，高尔夫球运动已经在世界范围内开展起来了。此后，高尔夫球的比赛规则与制度的建立，使得国际性的高尔夫球赛事得以广泛开展。

高尔夫球传入中国是在1896年，其标志是上海高尔夫球俱乐部的成立。1917年，上海虹桥高尔夫总会开始投入运营。此后很长一段时间，这项运动在我国无声无息了。20世纪80年代中期，高尔夫球再次在我国兴起，并以惊人的速度发展起来。1985年5月24日，中国高尔夫球协会在北京成立。为了推动这项运动的进一步发展，1994年4月，中国高尔夫球协会主持了职业高尔夫球手资格考试，培养了我国第一代职业高尔夫球球手，这标志着中国高尔夫球运动进入了一个新的时代。随着我国国力的不断增强，中国高尔夫球运动正在蓬勃发展，越来越多的青少年喜欢上了这项运动，高尔夫球运动也日益成为一种受百姓青睐的时尚运动方式。

高尔夫球对青少年的积极意义

（二）高尔夫球运动的锻炼价值

高尔夫球运动是一项具有特殊魅力的运动，人们在优美的自然环境中锻炼身体、陶冶情操、修身养性、交流技巧，被誉为"时尚优雅的运动"。高尔夫球运动是一项适合各个年龄段人群的体育运动，不仅有助于提高心肺功能、改善新陈代谢、提高身体柔韧性，还有助于培养良好的空间感知能力、判断能力和反应速度，这有助于提高参与者身体的协调性和反应能力。同时，高尔夫球也是一项需要耐心和专注的运动，可以帮助人们放松身心，缓解压力和焦虑，提高心理健康水平。此

外，参与高尔夫球还可以促进人际交往和社交能力。高尔夫球场是一个社交场所，球员可以通过打球、交流和比赛结交新朋友，有助于扩大社交圈，增强人际交往能力，同时还可以提高自我认知和自我价值感。

（三）高尔夫球基本技术

1. 握杆

握杆是高尔夫球最基本的动作。握杆方式一般分为左手握和右手握、直角握等，还包括处理特殊球的握杆（如轻击球握杆）。从握杆时手指位置来看，又可分为互锁式握杆法、十指握杆法和重叠式握杆法等。

（1）互锁式握杆法（适合手掌较小者）。右手小指与左手食指互锁，降低右手的握杆位置（图7-7-1）。

（2）十指握杆法（适合力量、挥杆速度不够者）。在互锁式的基础上，将右手小指拿开，放在原来左手食指的地方。手腕及手臂力量不足的人，十指握杆法能有效地增加其挥杆速度及稳定性（图7-7-2）。

（3）重叠式握杆法（最经典的握法）。将右手小指置于左手食指之上，感觉球杆握在四指底部，通过掌心至底部。在握上左手时，四手指顶住手掌，左手拇指在握把的正中央或稍右侧，这是中立握法（图7-7-3）。

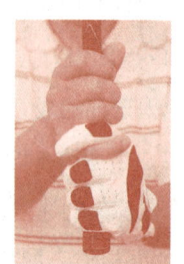  

图7-7-1　互锁式握杆法　　　图7-7-2　十指握杆法　　　图7-7-3　重叠式握杆法

2. 准备击球姿势

准备击球姿势是指球手握好球杆准备击球时身体各部位所处的正确位置。

脚位：球手准备击球时，两脚站立的位置。脚位一般有以下三种：正脚位、开脚位和闭脚位。

球位：指球员做好准备击球姿势时，高尔夫球被击出前的放置位置。

身体姿势：两脚分开，与肩同宽，身体重心落在两脚上，双膝稍弯曲，身体左侧朝向目标方向。

3. 瞄球

调整身体各个部位，在击球瞬间保证杆头面正好对着球，以及保证手握球杆沿着目标线挥杆。

4．挥杆击球

后引时，杆面正对目标，随着球杆上挥，杆面逐渐打开，朝向身体正前方，至顶点时，朝向身体前上方，后倾约45°，在下挥杆过程中逐渐还原，触球时正对目标方向。杆头应是通过球，而不是打向球。

高尔夫球礼仪与行为规范

5．顺摆动作

挥杆击球后，球杆杆头继续向击球方向挥动。

图7-7-4为高尔夫完整击球技术。

高尔夫完整击球技术

图7-7-4　高尔夫完整击球技术

6．其他基本技术（表7-7-1）

表7-7-1　高尔夫球各种基本技术

技术名称	球杆	站姿	瞄球	挥杆击球	练习提示
切高球	短铁杆 沙坑杆 劈起杆	对着目标10°～20°	球位一般在两脚之间偏右的位置	上杆时，身体重心在右脚；下杆时，移至左脚，挥杆幅度不必过大	依靠双脚和控制球杆的动作，提高击球准确度，脚跟不要过早离地
切低球	短铁杆 中铁杆	站位要靠近球	球位在双脚中间偏右脚	挥杆时，以肩部摆动来带动双手和球杆	手腕保持固定角度，击球要干脆
沙坑球	沙坑杆 劈起杆 9号铁杆	对着目标30°，握杆下移2.5厘米	瞄球点在球后2厘米，双脚、双膝、臀部和肩部都朝向目标的左侧	挥杆时，以肩部摆动来带动双手和球杆	力量通过沙传递给球
高草球	劈起杆	两脚与肩同宽，重心放在左脚	球位偏右脚	上杆时，直接提起球杆，打球时向下劈击	球杆要握短一点，不要挑高球杆
土地球	4号木杆 5号木杆	两脚与肩同宽，重心放在左脚	球位在双脚中间偏右脚	挥杆时，杆头平面稍陡	防止杆头先触地或打擦顶球

技术名称		球杆	站姿	瞄球	挥杆击球	练习提示
斜坡球	上坡球	酌情选择倾角大的球杆	身体重心在左脚，保持两肩、两膝的连线与坡面平行	球位偏右脚	球杆要握短一点，向后引杆的动作应顺着斜坡来做，采用高挥杆	要瞄目标的左侧一点，防止打出右曲球
	下坡球	酌情选择倾角小的球杆	左膝弯曲，身体重心放在右脚上，顺着斜坡站立	球位在中心靠右的位置	动作不要太大	要瞄目标的右侧一点，防止打出左曲球
推杆		推杆	两脚与肩同宽，体重平均分配在两脚	球位在双脚中间偏左脚，两眼要与预定线路成一直线	上杆幅度小，击球加速稳定	送球时头部不要过早跟踪球，在整个过程中，手与肩始终保持倒三角形

二、橄榄球运动——勇敢者的游戏

橄榄球运动是由足球运动派生而来的一项球类运动，是在长方形场地上，通过集体配合，射球入门得分或持球触得分区地面得分的对抗性运动。

（一）橄榄球运动的起源与发展

橄榄球运动起源于英国拉格比（Rugby）。1823年，一位名为威廉·韦伯·埃利斯的学生在一次足球比赛中，因踢球失误，情急之下抱球就跑，此举引得其他球员纷纷效仿，这虽是犯规动作，却给人以新的启示。后来，这种方式逐渐被人们所接受，于是橄榄球运动便诞生了。橄榄球可以用脚踢、手传，也可以抱住奔跑。对持球队员可采用各种抓、摔（搂）、抱及合理冲撞等方法，阻止其前进。比赛时，将球踢过对方球门横杆上方或在对方得分区内首先触地为得分，得分多者胜。

1871年，英格兰橄榄球协会成立。此后，英国橄榄球很快传入欧洲各国和美国、加拿大、澳大利亚、新西兰等国。1890年，国际橄榄球理事会成立。英国橄榄球在许多国家不断发展变化，创造了不同形式的橄榄球运动，但大致可以分为英式橄榄球和美式橄榄球。从1900年第2届奥运会至1924年第8届奥运会期间，橄榄球曾多次被列为奥运会比赛项目。1987年，国际橄榄球理事会举办了第1届世界杯男子橄榄球锦标赛，1991年又举办了第1届世界女子橄榄球锦标赛。2009年10月9日，在丹麦哥本哈根召开的国际奥委会第121次全会投票中，七人制橄榄球获得通过，成为2016年奥运会比赛项目，橄榄球运动重新回到奥运会的怀抱。

橄榄球重大
比赛

（二）橄榄球运动的锻炼价值

作为一项集速度、力量和战术等运动元素于一体的体育运动项目，橄榄球运动需要队员具备良好的身体素质。经常从事橄榄球运动，可以提高参与者的力量、速度、耐力、灵敏和柔韧等身体素质，有助于全面提高学生的身体素质。在橄榄球比赛过程中，队员之间需要最大程度的默契来完成每一次进攻或防守，这就要求队员有强烈的集体荣誉感和团队合作精神。该项目因其较为激烈的身体接触和较为频繁的奔跑，需要参与者长期进行高强度的训练，因此有利于培养参与者坚忍不拔、勇敢顽强、吃苦耐劳、不畏困难的意志品质。此外，参与橄榄球运动也需要完成许多战术配合，这有助于培养参与者机智果断、积极思考的优秀品质。

橄榄球术语

（三）橄榄球的基本技术

根据比赛的要求和常用的动作方法，橄榄球技术可分为个人技术和团队技术。个人技术主要有传球、接球、踢球、扑搂、持球跑、倒地救球等；团队技术主要有正集团争球、争边球、冒尔、拉克技术等。

橄榄球比赛规则简介

三、棒垒球运动——竞技与智慧的结合

棒球和垒球统称为"棒垒球"，它们是规则类似的比赛项目，二者都是以球棒击球为主要特点，集体性、对抗性较强的球类运动。

（一）棒垒球运动的起源与发展

1. 棒球运动的起源与发展

棒球是由英国人移民至美国时引入的板球（cricket）游戏和波士顿地区常玩的跑圈子（rounders）游戏综合演变而成的运动。在经历了数次演变及许多不同的称呼之后，1839年，美国人窦布戴伊在纽约州库帕斯镇组织了   场与现代棒球比赛十分相仿的棒球比赛，比赛在波士顿和

纽约队之间进行。这场比赛被视为现代棒球运动的开始。1845年，美国人亚历山大·卡特来特（Alexander Joy Cartwright）为统一名称和打法，制订了有史以来第一部棒球竞赛规则。其中规定的场地图形和尺寸及多数规则条文至今仍沿用，并正式采用了"棒球（baseball）"这一名称。1873年，棒球由美国传入日本。1938年，世界棒球协会成立，后改名为国际棒球联合会（International Baseball Federation，IBAF），总部设在美国，1994年迁址至瑞士洛桑。第二次世界大战后，棒球运动迅速在欧洲各国开展起来，逐渐传播到世界五大洲的100多个国家和地区。

棒球和垒球的区别

2．垒球运动的起源与发展

垒球运动起源于19世纪末的美国芝加哥，由棒球运动演变而来。19世纪80年代，美国的一些女性开始玩棒球，但由于棒球的比赛规则过于复杂，女性很难参与其中。因此，一些女性开始对棒球进行简化，最终演变成了现在的垒球。1887年，芝加哥的法拉格特划船俱乐部对现代棒球场地、器材和竞赛规则进行了修改，创造了室内棒球游戏。1895年，这项运动逐渐转移到室外，并被称为"女孩球""软球"或"游戏场球"等。1933年，美国业余垒球协会成立，并设立了国际联合规则委员会，统一了规则，正式命名为"softball"，逐渐成为女子竞技项目。20世纪50年代，垒球运动从大众游戏转变为竞技体育项目。垒球运动分为快速垒球和慢速垒球两种形式，其中快速垒球成了主流。1952年，国际垒球联合会成立。在1996年第26届奥运会上，女子垒球被列为正式比赛项目，2012年退出奥运会。

（二）棒垒球运动的特点和锻炼价值

1．棒垒球运动的特点

棒垒球运动是一项比心理素质、比意识、比相对力量、比相对速度和耐力，同时又比灵巧的运动项目。它是一项多进程运动系统，比赛双方比的不仅是技战术能力和勇气，更重要的是比双方的智慧，尤其是投手和击球员的较量。棒垒球运动具有娱乐性、趣味性和合作性，需要参与人较多，所以它也是促进人们交流的活动。

2．棒垒球运动的锻炼价值

经常参加棒垒球活动，可以全面提高学生的跑（速度）、跳（弹跳力）、传投（爆发力）、接（反应、判断）、击（准确性）和灵敏（移动）、协调（全身）、空间感（视觉位觉）等身体素质与多种技能，改善视力水平，还能保持良好的体形、体态。此外，参与棒垒球运动可以增进信任和友谊，有利于工作沟通和团队合作。

（三）棒垒球的基本技术

棒垒球的基本技术分为防守和进攻两类。防守技术有传球、接球、投球和各垒位的防守技术，进攻技术有击球、跑垒等。这些基本技术，是构成棒垒球比赛的基础，也是形成各种战术的基本条件。

棒垒球重大
比赛

棒垒球比赛规
则简介

四、壁球运动——室内运动之王

壁球是在用墙壁围起的场地内，按照一定的规则，用拍子互相击打对手击在墙壁上的反弹球的一项体育运动。

（一）壁球运动的起源与发展

19世纪初，在伦敦的老城中心有一个"舰队监狱"，专门关押欠债人和触犯刑律、教规的贵族，他们不能去从事繁重的体力劳动，于是用类似拍子的器具对墙击打小球自娱自乐打发时间，这便是壁球运动的雏形。后来，这项运动在英国培养皇室后代的哈卢公学得到改进。进入20世纪，

壁球运动得到了广泛的普及，技战术也有所革新。1998年，壁球被列为曼谷亚运会的正式比赛项目。2023年10月16日，国际奥委会正式表决通过，将壁球项目纳入2028年洛杉矶奥运会的项目设置中。

（二）壁球运动的锻炼价值

壁球集网球、羽毛球、乒乓球等多项运动特点于一体，对参与者耐力和协调性的锻炼效果非常好，娱乐性、趣味性、消遣性也非常强。壁球运动不仅可以促进良好的手眼协调能力，增强柔韧性，促进心血管健康，确保身体锻炼，还可以提高自信，缓解压力，促进心理健康。

相较于网球、羽毛球、乒乓球等其他挥拍运动，打壁球时身体重心低，无身体腾空，脚步移动以垫步为主，引起的运动损伤的概率相对也较小。

（三）掌握壁球的基本技巧

1．握拍

握拍方式有东方式握拍和西方式握拍两种。东方式握拍适用于正手击球，西方式握拍适用于反手击球。初学者可根据自己的习惯选择合适的握拍方式。

2．站姿

壁球运动中，站姿非常重要。正确的站姿应该是双脚分开与肩同宽，重心略向前倾，膝关节微屈，上身稍向后仰。这样的站姿有利于保持身体平衡，提高击球稳定性。

3．脚步移动

壁球场地较小，因此脚步移动非常重要。在比赛中，球员需根据对方的击球方向和力度，灵活调整自己的位置。脚步移动时要注意保持低重心，以便于快速起动和制动。

4．正手击球

正手击球是壁球运动中最基本的击球方式。击球时，球员需将拍面向前推出，同时向前迈出一步，用力将球击出。正手击球时要注意保持手腕的稳定，以提高击球的准确性和力量。

5. 反手击球

反手击球是壁球运动中较难掌握的一种击球方式。击球时，球员需将拍面向后拉出，同时向后迈出一步，用力将球击出。反手击球时要注意保持手腕的稳定，以提高击球的准确性和力量。

（四）壁球的打法策略

1. 进攻策略

进攻是壁球比赛中取得胜利的关键。进攻时，球员需根据对方的站位和动作，选择合适的击球方式和力度。进攻时要注意变化节奏和方向，以增加对方的防守难度。

2. 防守策略

防守是壁球比赛中保持稳定的关键。防守时，球员需密切关注对方的动向，及时调整自己的位置和姿态。防守时要注意保持低重心，以便于快速起动和制动。

3. 组合策略

在壁球比赛中，单一的进攻或防守往往难以取得胜利。因此，球员需学会运用组合策略，将进攻和防守相结合。例如，可以先使用正手击球试探对方的反应，然后根据对方的防守情况选择反手击球或侧身移动等策略。

壁球比赛规则
简介

五、匹克球运动——新晋网红运动

匹克球（pickleball）是用球拍击球的一种运动，是羽毛球、网球和乒乓球的结合。匹克球运动是当今世界上发展得最快的全民健身运动之一。

（一）匹克球运动的起源和发展

20世纪60年代，匹克球起源于美国西雅图的本不里奇岛。在一次家庭聚会中，为了满足孩子运动娱乐的需求，三位父亲共同发明了这项运动。他们先是使用乒乓球拍，但感觉不好使。于是从杂物间找来胶合板，并把羽毛球网降低到成年人腰部位置，参照网球、羽毛球和乒乓球比赛规则

商定游戏规则，大人孩子齐上场，玩得不亦乐乎。经过尝试和探索，匹克球运动产生了。很快，这项简单易学、新奇有趣的挥拍运动开始流行于美国各地，成为家庭之间社交往来的一项运动。

经过半个多世纪的发展，匹克球运动在美国得到了极大的推广，风靡全美，成为发展速度最快的体育项目之一。匹克球运动在2024年巴黎奥运会被列为表演项目。近年来，低门槛、简单易上手、运动量适中的匹克球运动在我国逐渐盛行，参

与度和吸引力不断提升，逐渐走进社区，成为老少皆宜的全民运动，国内的匹克球赛事也如雨后春笋般开展起来。

（二）匹克球运动的锻炼价值

匹克球运动是一项全面提升身体和心理健康的有益运动。它融合了网球、羽毛球和乒乓球的元素，犹如用大号乒乓球拍在羽毛球场玩网球，上手快、趣味性强。其运动量和所需场地比网球小，而相较于乒乓球更能拉伸身体，更能达到运动健身的效果；球体比羽毛球轻，抗风性强，室内外均可，受场地限制小，打破了三大球的限制；在缩小的球场里轻松体验运动乐趣，弱化了竞技属性，加强了社交属性。此外，相比于网球、羽毛球的单一色调，匹克球无论是在球拍球体还是球场上，都有着丰富、鲜艳的色彩和创造性，这也是吸引众多年轻人的特色之一，被称为"多巴胺"运动。

匹克球运动所倡导的体育精神

（三）掌握匹克球的基本技巧

1．握拍方式

匹克球的握拍方式与网球相似，可以使用东方式握拍法或西方式握拍法。握拍时，保持手腕自然放松，不要过于用力。

2．发球

发球是匹克球比赛中的第一个环节，也是进攻的开始。发球时，要保持身体稳定，用力适中。发球的方向和力度要多变，以增加对方的接发球难度。

3．接发球

接发球是匹克球比赛中的关键环节。接发球时，要保持身体重心低，双脚分开与肩同宽。接球的方式有正手接发球和反手接发球两种，要根据对方的发球方向和力度灵活选择。

4．回击

回击是匹克球比赛中的主要进攻手段。回击时，要保持身体协调，用力适中。回击的方向和力度要多变，以增加对方的防守难度。

5．移动

移动在匹克球比赛中非常重要。移动时，要保持身体重心低，双脚交替前进。移动的速度要快，以便于及时调整位置和应对对方的回击。

匹克球比赛规则简介

有氧健身操可以改变你的形体，烧掉身体各处积存的多余脂肪，并且在你从未想到的部位增强肌肉张力，它使你在身体上和心理上感觉更加良好。

——［美］简·方达

第八章　舞动青春活力　炫出自我风采
——操舞类运动

操舞类运动是一个项目群，它集众多项目于一体，内容丰富，动作简单，实用性强，充满时尚、健康、青春的特征，迎合了新时代大学生追求时尚、阳光、美感和成就感的需求，受到了越来越多大学生的喜爱。操舞类运动以其特有的体育功能、艺术功能和教育功能，在促进人的全面发展、优化育人环境、实现高等教育培养目标中发挥着独特的作用而成为大学校园中一道亮丽的风景线。

第一节　健美操

一、健美操运动文化

（一）健美操的起源和发展

健美操起源于传统的有氧健身运动，是以有氧运动为基础，以健、力、美为特征，融合体操、音乐、舞蹈为一体的大众健身方式，也是一项竞技运动项目。健美操作为一项体育运动项目，兴起于20世纪60年代末70年代初。1968年，美国太空总署医生库帕（Cooper）博士根据宇航员所处的特殊环境，以及宇航员身体功能的特殊要求，为他们专门设计了一种有氧健身操锻炼方法（aerobics exercise），即现在的健美操。这种有氧健身锻炼方法因其对身体功能，尤其对心血管和形体的良好效果与作用而引起了人们的特别关注。20世纪70年代，美国好莱坞电影明星简·方达撰写了《简·方达健身术》一书，倡导通过健身操来保持身体健康和体态苗条，对向世界推广健美操运动产生了很大的影响。

（二）健美操的锻炼价值

健美操练习可达到健身、健美和健心的功效。

1．强身健体

长期参加健美操锻炼，可以使人心肌增厚，心搏有力，心脏容量增大，心输出量增加，血管弹性增强，从而提高心脏功能，提高供氧能力。练习健美操也有助于提高呼吸系统和消化系统功能。

2．塑造体态

健美操锻炼可以对身体产生积极的影响，特别是能增加胸背肌肉的体积，消除腰腹部的赘肉，使体态丰满、线条优美。经常进行健美操练习，还能矫正不正确的身体姿势，培养端庄的体态，使练习者的形体和举止发生良好变化。

3．愉悦身心

健美操是在音乐伴奏下进行的身体练习，健美操富有激情和感召力的动作，可以让练习者全身放松，消除一切烦恼和疲劳。经常进行健美操练习，还可以提高练习者对美的鉴赏力，使练习者的身心得到健康发展。

二、健美操的分类

健美操根据功能的不同分为大众健身操、竞技健美操、表演健美操。

（一）大众健身操

大众健身操是指在音乐的伴奏下，以健身、健心、健美为目的，通过徒手或手持器械完成由各种操化、舞蹈、技巧、难度，以及过渡连接、托举等动作组合而成的健身操或健身舞，主要包括徒手健身操、轻器械健身操。大众健身操动作简练，重复次数较多，实用性较强。

（二）竞技健美操

竞技健美操起源于传统的有氧健身运动，是一项在音乐伴奏下，能够表现连续、复杂、高强度成套动作的运动项目。竞技性健美操的主要目的是竞赛，在参赛人数、比赛场地、成套动作的时间等方面都必须严格按照规则进行，规则对成套的编排、动作的完成、难度动作的数量等也都有严格的规定。其成套动作必须通过连续的动作组合，展示运动员的柔韧性和力量、7种步伐的多样性操化动作组合、结合难度动作完成成套动作的竞技能力。

竞技健美操有7个竞赛项目，分别是男子单人操、女子单人操、混合双人操、三人操、集体操、有氧舞蹈和有氧踏板。

（三）表演健美操

表演健美操的主要练习目的是表演，它是事先编排好的、专为表演而设计的成套健美操，时间一般为2~5分钟。表演健美操的动作较大众健身操复杂，音乐速度可快可慢，为保证一定的表演效果，动作较少重复，也不一定是对称性的。

在参与的人数上，表演健美操可以是单人，也可以是多人，并可以在成套动作中加入队形变化和集体配合的动作，表演者可以利用轻器械，也可采用一些风格化的舞蹈动作，以达到烘托气氛、感染观众、增加表演效果的目的。

三、健美操入门三部曲——给初学者

（一）掌握基本动作及其变化规律

基本动作是健美操的基础，是最小的动作元素。

$$基本动作 \longrightarrow 八拍短句 \longrightarrow 组合动作 \longrightarrow 成套动作$$

健美操是由若干个健美操基本动作组成的，这些基本动作是健美操的主要表现手段。几个单个动作组成健美操的"短句"，短句一般以8拍为单位；几个短句连在一起形成组合，完整的成套动作就是由几个组合组成的。因此，初次进入健美操殿堂，首先需要学习它的基本元素——基本动作。基本动作主要包括基本步伐、上肢动作和地面动作（图8-1-1）。

基本步伐	踏步	后踢腿跑	弹踢腿	吸腿跳	踢腿跳	开合跳	弓步跳
上肢动作	摆动	平屈	侧屈	前举	侧举	上举	冲拳
地面动作	背肌		俯卧撑		屈膝俯卧撑	仰卧起坐	侧卧起

图 8-1-1　健美操基本动作

1. 基本动作要求

基本步伐：所有的步伐上体都要保持自然直立，动作整体感觉向上，不要下坠；脚步轻巧有弹性，离地后脚面绷直，落地时要从脚尖过渡到全脚掌，后踢腿跑要尽量先后弯小腿；弹踢腿需经屈腿然后向前下方弹小腿；吸腿跳大腿要抬平，大小腿夹角为90°；踢腿跳尽量直腿高踢，脚尖用力；开合跳膝关节自然弯曲，两脚开距大于肩宽，收回并步跳时脚跟并拢；弓步跳一腿向后蹬直，两脚在一直线上；侧弓步跳时身体重心自然移至屈腿一侧，两脚开度可大可小。

全部上肢动作都必须到位，横平竖直，出手干脆有力，摆动自然，绕环关节要松弛。地面动作主要用来练习腰腹力量，在保持动作规范的基础上尽量增加练习次数。

2. 基本动作的变化规律

健美操动作看起来变化多端，其实都是在基本动作的基础上演变而来的。基本动作看似简单，其实变化无穷。例如，可以进行如下变化：

● 改变身体的方向（如转体90°或180°的开合跳，不同方向的连续踏步或带转体的踏步等）；

● 改变出脚的方向（如前后弓步跳和左右弓步跳，"V"字步和"A"字步等）；

● 改变动作速度或强度（如节奏改变：快快慢，不同高度的踢腿跳等）；

● 上下肢动作相互组合（如相同的步伐不同的上肢动作，或者相反）；

- 不同步伐相互组合（如吸腿跳与踢腿跳，开合跳与弓步跳等）；
- 复合变化（如在改变身体方向的同时改变出脚的方向，改变速度的同时改变方向等）。

以踏步为例，可以做下列变化动作：原地踏步—踏点步—"V"字步—"A"字步—漫步—变方向的三步一点（前后左右）—转体360°三步一点（左右）—小马跳。

（二）模仿"镜面动作"自学自练

镜面动作是指面向镜子或者两人面对面进行同样的动作。教练面对我们所做的动作，我们在电视、手机、电脑上看到的动作，都属于镜面动作。学会模仿镜面动作是初学者进行健美操锻炼最简单、最便捷的办法。然而你会发现，镜面动作是与我们的方向相反的。比如，镜面人的右侧就是我们的左侧，这会给练习者带来不便。因此，掌握镜面动作的规律，学会模仿镜面动作，跟着视频进行锻炼，是进入健美操王国的一块敲门砖。下面推荐两种镜面模仿法。

1."照镜子"

要完全与镜面人动作相同，此时你应该忘掉你自己的方向，也就是把镜面人的方向变成了你的方向，其效果完全像"照镜子"一样。这种方法常常运用于镜面人的正面动作教学，也是练习者最常用的镜面模仿。

2."请你跟我这样做"

这种模仿适合于镜面人的侧面动作教学，侧面动作多出现在地面练习中。此时你的开始姿势与动作的方向应该完全与镜面人相同，这样练习起来比较方便。

起初，镜面模仿练习要分段进行，待动作稍熟练后方可进行完整动作模仿。

（三）怎样与音乐节奏合拍

健美操的魅力之一就是有节奏明快、催人向上的音乐伴奏，没有音乐的健美操不能称之是真正的健美操。这是因为健美操音乐不仅仅是一种节奏，它更能使气氛活跃，使人感受到紧张和松弛，虽累却不厌倦，虽流汗却感轻松。音乐就似指挥棒一样，会让练习者不停地处在兴奋快乐运动之中。音乐成为动作节奏和力度的召唤，使练习者不由自主地融入节奏之中，提高了动作的质量和锻炼效果。

要达到这样的目的，就必须熟悉音乐，做到与音乐合拍。音乐合拍泛指节奏、速度、长度、重拍与情感。健美操音乐节奏比较鲜明，一般以2/4拍居多。大众健身操的速度一般在22~26拍/10秒；竞技健美操在26~30拍/10秒，因此，音乐可以控制练习的速度。初学者音乐速度不宜过快，音乐长度也要适中，一般为5分钟左右，如需要加长可以反复。比较困难的是掌握重拍和音乐的情感。重拍是指在一小节的两拍中，第一拍是重拍。掌握音乐节奏的重拍可以准确地把握动作的起始，能将有力的起跳、蹬地、摆臂等动作与音乐的重拍相吻合，达到动作与音乐的和谐统一。

在实际练习中，这种合拍的指挥往往由教练员直接发出指令（手语或口令），无须练习者烦神。但是当你自己锻炼时，就必须掌握"聆听音乐"的小窍门。

窍门1：跟着音乐踏步。在踏步的过程中会逐渐感受到"重、轻、重、轻……"。

窍门2：寻找"8拍乐句"。边听音乐边数8拍节奏，一般情况下，8拍或16拍为一个乐句。每个乐句的开始启动，即为重拍。

窍门3：熟悉前奏曲。凡是音乐伴奏都有前奏，前奏曲是主旋律的引子，也是动作开始前的准备，通常为两个8拍，计16拍。前奏结束后的开始拍为重拍，能保证你从动作的一开始就能合拍。

音乐的情感或者情绪会直接感染和影响你的动作。比如，亢奋、有力的音乐会帮助你增加肌肉的力量感，提高练习的积极性；舒缓、优雅的音乐会使你在肢体放松的过程中达到肌体的恢复。大部分情况下，音乐是既定的，重要的是要学会让自己的动作去顺应音乐的情绪变化，真正达到健美操锻炼的目的。

四、第三套大众健美操规定动作

第三套大众健美操三级成套动作　　第三套大众健美操三级分解动作　　第三套大众健美操四级成套动作　　第三套大众健美操四级分解动作

五、健美操锻炼注意事项

健美操是一个简单易学、充满乐趣、老少皆宜的锻炼项目，同时也具有技术复杂、运动强度大、体能要求高等竞技特点。因此，参与健美操运动应从大众健身操开始，随着身体素质的提升再逐步增加运动强度、动作复杂度与难度，进而进入竞技健美操的训练内容。健美操锻炼应遵循循序渐进、逐步提升的原则，不要因为急于求成而造成运动损伤。

第二节　啦啦操

一、啦啦操运动文化

（一）啦啦操的起源与发展

啦啦操的起源最早可追溯到早期部落社会，族人以欢呼与舞蹈激励外出狩猎与战斗的勇士。19世纪60年代，啦啦队出现在"常春藤联盟"的体育赛事报道中。1898年，在美国明尼苏达大学的一次橄榄球比赛中，学生约翰尼·坎贝尔非常兴奋，站在前面带领人们喊起了加油助威的口号，这次呐喊被记载在明尼苏达大学由学生发行的"*Ariel*"刊物上，它在啦啦操运动的发展进程中具有里程碑般的意义，也标志着啦啦操的正式诞生。早期的啦啦队仅以单纯的、有组织的呐喊为形式，啦啦队队长也被称作"呼喊王""呐喊领袖"。19世纪后期，观众啦啦队在美国大学快速发展起来，并逐渐从社会活动演变为体育运动。

20世纪中叶以后，美国国家橄榄球联盟（NFL）与美国职业篮球联赛（NBA）纷纷组建各自的啦啦操队。此后，啦啦操表演席卷世界各地，迅速成为人们熟知的表演节目。20世纪末21世纪初，美国、中国、日本和部分欧洲国家相继成立了啦啦操组织，并举办啦啦操比赛。近年来，啦啦操因崇尚集体主义精神、注重团结协作而受到社会普遍认可，并在校园中广泛开展。

（二）啦啦操的锻炼价值

啦啦操作为具有团队与激励等特点的操舞类运动项目，除可以强身健体以外，还有以下价值：

1．提升自信心

啦啦操以其特殊的感染力、鲜明的节奏、奔放的旋律、青春洋溢的律动吸引着当代大学生，使他们可以淋漓尽致地展现青春活力、个性张扬的一面，增强自信心。

2．培养沟通协作与人际交往能力

啦啦操团队配合的练习方式，可以增强学生互相协作的意识和克服困难的勇气和决心，提高大学生情感表达和人际交往能力。此外，啦啦操表演的最主要目的是调动现场观众的热情、烘托活动的气氛，这就需要学生使用激昂的口号、丰富的肢

体语言等手段与观众交流互动，带动观众的情绪。这些对提高大学生的情感表达和沟通能力有很大的促进作用，有助于大学生人际交往能力的提高。

3. 培养团队精神与集体荣誉感

啦啦操是一个典型的集体运动项目，它不仅需要个人的技巧和体力，还需要团队的协作和默契。学生在练习和交往中，会逐渐形成互相理解、互相信任、互相鼓励、互相督促的关系。它使每个学生为了共同的目标一起努力，在努力协作下共同体验成功与失败，认识到自己与他人的关系，树立服从集体、严于律己、宽以待人的集体主义精神。通过训练、表演和比赛，团队精神、集体荣誉感得到进一步的提升。

二、啦啦操的分类

啦啦操分为技巧啦啦操和舞蹈啦啦操。

技巧啦啦操（cheerleading）以技术技巧动作为主，包括口号、托举、金字塔、篮抛、翻腾、跳跃等。主要竞赛项目有集体技巧、混合小团体技巧、混合双人技巧。

舞蹈啦啦操（performance cheer）以不同风格的舞蹈为载体，主要包括花球、街舞、爵士、高踢腿、民族风啦啦操。其中，民族风啦啦操是中国特色啦啦操项目的创新尝试，是中国大学生体育协会啦啦操项目比赛的竞赛项目。

团结合作是啦啦操最核心的价值观

善于团结、懂得合作是非常有价值的体育精神。个人能力再突出，不懂得协作配合就无法合作共赢。啦啦操是十分讲究团队精神的运动，啦啦操的团队精神是一种无私的精神，它强调的是团队的成功，而不是个人的成功。啦啦操比赛的决胜因素是整体实力，胜负恰恰取决于最弱的人。因此，帮助最差的队友取得进步才是赢得比赛的关键。这种成败与共的价值观和集体主义精神与奥林匹克格言中的"更团结"相契合。

三、啦啦操成套动作的编排

编排是啦啦操表演与比赛的重要组成部分。啦啦操有规定套路与自选套路之分。初学者可以学习规定套路，高水平队伍可以尝试编排自己的自选套路。规定套路的动作与音乐是既定的，仅队形可以自行编排。自选套路需要自行选择、剪辑音乐及编排动作和队形。具体步骤可参考表8-2-1。

表8-2-1　啦啦操成套动作的编排

套路	步骤	内容	注意事项
规定套路	1	确定编排项目与人数	以实际参加表演人数或《竞赛规程》为准
	2	学习规定套路动作	动作的准确性
	3	编排队形	队形的多样性和场地运用的分布
	4	结合音乐与队形变化练习成套动作	勤加练习，熟能生巧
	5	动作一致性与合拍性的精细化练习	肢体、面向、站位等动作细节
	6	表演或参赛	准备越充分，发挥越理想
自选套路	1	确定编排项目与人数	以实际参加表演人数或《竞赛规程》为准
	2	确定要在成套中使用的技术技巧动作	技术技巧应符合自身能力水平
	3	选定符合项目风格的音乐并按要求剪辑	音乐应符合项目特点，注意不要超时
	4	根据音乐主题、风格与结构编排动作和队形	动作情绪符合音乐情绪
	5	成套动作练习	刻苦训练，训练水平决定竞赛水平
	6	动作一致性与合拍性的精细化练习	动作的一致性与细节是优秀成套动作的基础
	7	表演或参赛	准备越充分，发挥越理想

四、啦啦操成套动作演示

技巧啦啦操　　　　花球啦啦操　　　　街舞啦啦操

第三节　体育舞蹈

体育舞蹈又称国际标准交谊舞，是一项融体育、音乐、美学、舞蹈为一体，以身体动作舞蹈化为基本内容，以双人或集体配合练习为主要运动形式的体育运动项目。

一、体育舞蹈运动文化

（一）体育舞蹈的起源与发展

体育舞蹈起源于欧洲、拉丁美洲，原名称作"社交舞"，英文名为"ballroom dancing"，为欧洲贵族在宫廷举行的交谊舞。社交舞早在14—15世纪已在意大利出现，16世纪传入法国。法国革命后，社交舞流传民间，后逐渐发展。第二次世界大战后，美国人将该舞蹈传播到世界各地，并形成一股跳舞热潮，至今不衰。

1924年，由英国发起的欧美舞蹈界人士在广泛研究传统宫廷舞、交谊舞及拉美国家各式土风舞的基础上，对此进行了规范和美化，于1925年正式颁布了华尔兹、探戈、狐步、快步4种舞的步伐，统称摩登舞。之后，此种舞蹈首先在欧洲推广并进行比赛，继而又推广到世界各国，受到了许多国家的欢迎和喜爱。

1950年，由英国世界舞蹈组织（ICBD）主办了首届世界性的大赛"Blackpool Dance Festival 1950"（黑池舞蹈节），并把规范后的舞蹈命名为"国际标准交谊舞"。以后每年的5月底，都会在英国的黑池举办一届世界性的大赛。随后，摩登舞中又增加了维也纳华尔兹。

1960年，非洲和拉丁美洲一些国家的民间舞经过规范加工后又增加了拉丁舞的比赛。经过不断发展，"社交舞"逐渐从"社交"发展为"竞技"，将单一的舞种发展为摩登舞、拉丁舞两大系列10个舞种，并在1904年成立了"英国皇家舞蹈教师协会"。这个组织将当时欧美流行的舞姿、舞步、方向等整理成统一标准，并制订了有关舞蹈理论、技巧、音乐、服装等竞技的标准，公布为"国际标准交谊舞舞厅舞"，为世界各国所遵循，英国的黑池甚至成了"国际标准舞"的圣地。

（二）体育舞蹈的锻炼价值

体育舞蹈对人体运动系统、心血管系统、呼吸系统都有十分重要的锻炼意义。它可以改善人体骨骼、肌肉、血液供应及脑细胞的氧供应能力，提高肌肉力量、韧带柔韧性和关节灵活性，是一项极有价值的体育健身运动。经常参加体育舞蹈锻炼，可以改善不良的身体姿态，塑造优美的体形体态，从而在日常生活中表现出一种良好的气质和修养，给人以朝气蓬勃、健康向上的感觉。体育舞蹈在消除疲劳、陶冶情操、康复机体、消除心理障碍、协调人际关系等方面也有着积极的作用。此外，跳舞时参与者通过音乐、动作、表情、姿态表现内心世界，会潜移默化地接受到艺术表演的熏陶，不断地进行感知、情感、想象、理解等审美活动，提高审美能力。

二、体育舞蹈的基础知识

体育舞蹈按照舞蹈风格和技术结构可划分为摩登舞（标准舞）和拉丁舞，其中，摩登舞包括华尔兹、维也纳华尔兹、探戈、狐步和快步舞，拉丁舞包括伦巴、恰恰恰、桑巴、斗牛和牛仔舞。按照比赛项目可分为标准舞、拉丁舞和团体舞。除了了解体育舞蹈的分类，学习者还应了解舞程线、方位、角度等基本概念。

舞程线、方位、角度

（一）摩登舞（标准舞）

1. 华尔兹舞

华尔兹原为德国和奥地利的一种农民舞蹈，16世纪传入法国，成为一种宫廷舞蹈。18世纪末在英国舞厅出现，19世纪末20世纪初流传于美国波士顿。后又传到欧洲大陆，并在英国得到了很好的发展和创新，所以又称"英国华尔兹"，即当代标准华尔兹。华尔兹的舞态雍容华贵，舞步婉转流畅，旋转起伏似行云流水，富于抒情浪漫情调，被称为"舞中之后"。它的音乐是3/4拍，每分钟29小节，华尔兹没有快慢步之分，一般每小节三步，第一拍为重音，第二拍为弱音，第三拍为最弱音。

摩登舞基本技巧

2. 维也纳华尔兹

维也纳华尔兹最早起源于奥地利，由阿尔卑斯地区的农民舞蹈演变而成，19世纪传到欧洲宫廷，并流行于欧美各大城市，历经百年不衰。维也纳华尔兹舞曲轻快明朗，优美动人，动作流畅，典雅大方，热烈活泼，旋转性强，被称为快的华尔兹。它的音乐为3/4拍，每小节3拍，每分钟约56小节，基本节奏同华尔兹。

3. 探戈舞

探戈舞起源阿根廷，后流传于欧美各国。探戈舞不同于其他现代舞，有其独特的风格。探戈舞刚劲顿挫，潇洒奔放，动静交织，有一种阳刚之美，被称为"舞中之王"。它的音乐是2/4拍，每分钟约33小节，基本节奏为慢、慢、快、快、慢。每个慢步占音乐的1拍，而快步只占1/2拍。

4. 狐步舞

狐步舞起源于英国，是一种模仿狐狸行走姿态的舞蹈。舞步平缓舒展，平稳大方，动作严谨，轻松悠闲，舞态洒脱，如行云流水，有一种安详的流动感。它的音乐为4/4拍，每小节4拍，每分钟30小节。基本节奏为慢、慢、快、快、慢。每个慢步用2拍，快步用1拍。音乐的第1、3拍为重音，2、4拍为弱音。

5. 快步舞

快步舞起源于英国，其特点是音乐明亮欢快，动作轻松活泼，跳跃转动洋溢着青春活力，被称为"快乐舞蹈"。由于快步舞的音乐速度快，动作轻盈、飘逸、快速、平稳，因而要求舞者具备良好的基本功和身体素质。它的音乐为4/4拍，每分钟50节左右，基本节奏为慢、慢、快、快、慢，每个慢步用2拍，快步用1拍。音乐的第一、三拍为重音，第二、四拍为弱音。

（二）拉丁舞

1. 伦巴舞

伦巴舞起源于古巴的民间舞，是一种具有独特魅力的舞蹈。它的音乐缠绵，舞蹈风格柔媚而抒情，舞态婀娜多姿，以表达情侣之间的爱情为主题，被称为"拉丁舞之魂"。它的音乐为4/4拍，每分钟29小节左右，基本节奏为快、快、慢，每个快步占1拍，慢步占2拍。而舞者的前进步和后退步都踩在每小节的第二拍（弱拍上）。

2. 恰恰恰舞

恰恰恰舞起源于古巴，是在伦巴舞的基础上发展变化，具有独特风趣的一种快乐舞蹈，其动作是模仿一对企鹅在生活中的各种姿态而创造出来的。恰恰恰舞活泼欢快，热情奔放，舞态花哨利落。它的音乐为4/4拍，每小节4拍，每分钟33小节，基本节奏为慢、慢、快、快、慢。两个慢步占2拍，三个快步占2拍。

3. 桑巴舞

桑巴舞起源于巴西。其风格是活泼自由，动作摇曳好似风吹杨柳，随风摆荡。特点是髋关节的韵律摆动和膝、踝关节的弹性摆动比较突出。桑巴舞的音乐为2/4拍或4/4拍，每小节2拍，每分钟48～56小节，基本节奏是两快一慢，两个快步占1拍，一个慢步占1拍。

4. 斗牛舞

斗牛舞亦称帕索多伯勒，起源于西班牙，是模仿斗牛士的舞蹈。男士好似斗牛士，具有傲岸神气、不可一世、勇猛顽强的英勇气概，女士好似斗牛士手中的红斗篷。斗牛舞动作刚劲有力、威武雄壮，配上激昂有力的音乐，使人精神振奋、斗志昂扬。斗牛舞的音乐为2/4拍，有时也可以是3/4拍和6/8拍，每分钟60～62小节，步法是一步一拍，节奏匀速。

5. 牛仔舞

牛仔舞也称捷舞，源于美国西南部。其特点是步幅较小，频率较快，风格活泼、欢快，舞步多变，有跳跃感，要求腰髋部自然扭摆。音乐为4/4拍，每分钟40～46小节，基本节奏为慢、慢、快、快、慢，一个慢步占1拍，两个快步占1拍。

三、体育舞蹈的基本舞姿与舞步

（一）摩登舞的基本舞蹈姿势

持握姿势是舞者起舞前所组合成的站立姿势、握抱方式和身体姿态。体育舞蹈中，摩登舞（除探戈舞）的握持姿势基本相同。摩登舞和探戈舞的持握姿势见图8-3-1和图8-3-2。

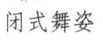
闭式舞姿

散式舞姿

图8-3-1　摩登舞的握持姿势

图8-3-2　探戈舞的握持姿势

（二）华尔兹基本舞步学练

1. 左脚并换步（图8-3-3）

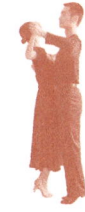
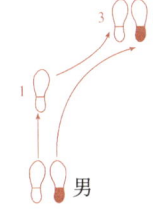

男　　女

图8-3-3　左脚并换步

左脚并换步动作示范

2. 右转步（图8-3-4）

右转步动作示范

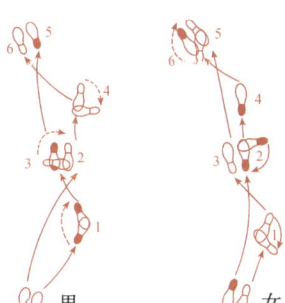
男　　女

图8-3-4　右转步

3. 右脚并换步（图8-3-5）

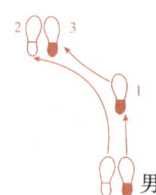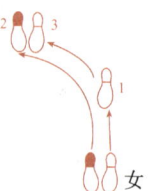

图8-3-5　右脚并换步

4. 左转步（图8-3-6）

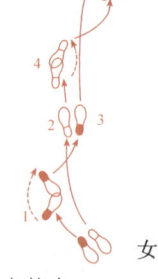

图8-3-6　左转步

5. 叉形步（图8-3-7）

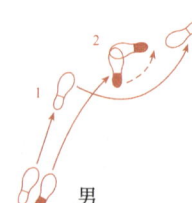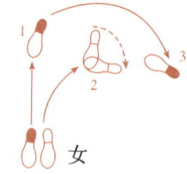

图8-3-7　叉形步

 右脚并换步动作示范

 左转步动作示范

 叉形步动作示范

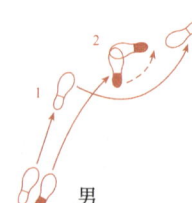

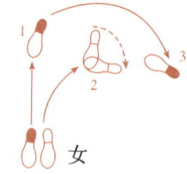

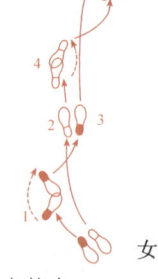

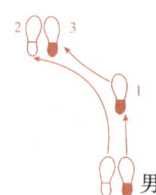

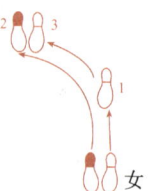

6. 侧行追步（图8-3-8）

男　　　　女

图8-3-8　侧行追步

7. 后退锁步（图8-3-9）

男　　　　女

图8-3-9　后退锁步

8. 后叉形步（图8-3-10）

男　　　　女

图8-3-10　后叉形步

9. 纺织步（图8-3-11）

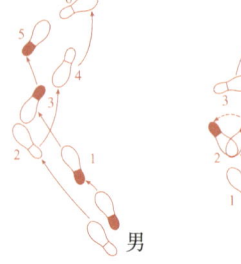

图8-3-11　纺织步

10. 右旋转步（图8-3-12）

图8-3-12　右旋转步

（三）伦巴舞基本舞步学练

伦巴舞基本舞步

（四）其他舞蹈舞步演示

恰恰恰舞演示　　牛仔舞演示　　桑巴舞演示　　斗牛舞演示　　体育舞蹈比赛
　　　　　　　　　　　　　　　　　　　　　　　　　　　　　　　规则简介

第四节　形体训练

一、形体训练文化

追求美是全人类的共同心愿，是人的天性。从古至今，人们一直在为追求形体美、健康美而努力。对于美，每个人都有自己的定义。有的人认为自然最美，有的人认为心灵美最美，有的人认为敢于追求美也是一种难得的美……但不可否认，外表形体的美是最直观的美。

形体美也称人体美，是指人体自然形象和自然形象所表现出的形式美，即人的整体形态的美，包括人体的外形美、身体匀称、比例和谐，表现为发育匀称、骨骼强壮、肌肉发达、肤色健康。形体美是介于自然美和社会美之间的、人的外在美的重要组成部分。人体对称的器官、均衡的比例、流畅的线条、弹性的肌肉、顾盼的眼神，这些都使得人体美成为自然美的最高表现形态。

形体美的三个方面

形体训练是在缓慢、优雅、动听的音乐中通过各种体位的变化及波浪动作和身体转动，以及肢体的屈、伸、展、踢、拉、控、压等基本动作的练习，感受力量在身体运动中对肢体动作的支配，提高身体各部位之间的协调性和动作的感染力，增强肌肉的弹性和灵活性，促进身体正确姿态的形成，从而塑造人的形体美。

人体美应具备哪些条件

二、形体基础训练

（一）基本手位（图8-4-1）

一位手：两臂圆屈下垂，指尖相隔几厘米；二位手：两臂圆屈向前抬起，正对着下肋；三位手：两臂圆屈上举，指尖相隔几厘米；四位手：一臂成三位，一臂成二位；五位手：一臂成三位，一臂向旁打开；六位手：一臂成二位，一臂向旁打开；七位手：两臂圆屈向旁边平举，小臂与肘同高。

基本手位练习
（芭蕾手位）

（二）基本脚位（图8-4-2）

一位脚：两脚完全外开，脚跟紧贴着，站成一条横线；二位脚：由一位两脚分开，相隔一脚距离；三位脚：一脚位于另一脚的前面，脚跟紧贴着另一脚的中央；四位脚：由三位脚前后分开，相距一脚的距离；五位脚：两脚外开，向后紧贴，脚尖与另一个脚的脚跟对齐。

基本脚位练习
（芭蕾脚位）

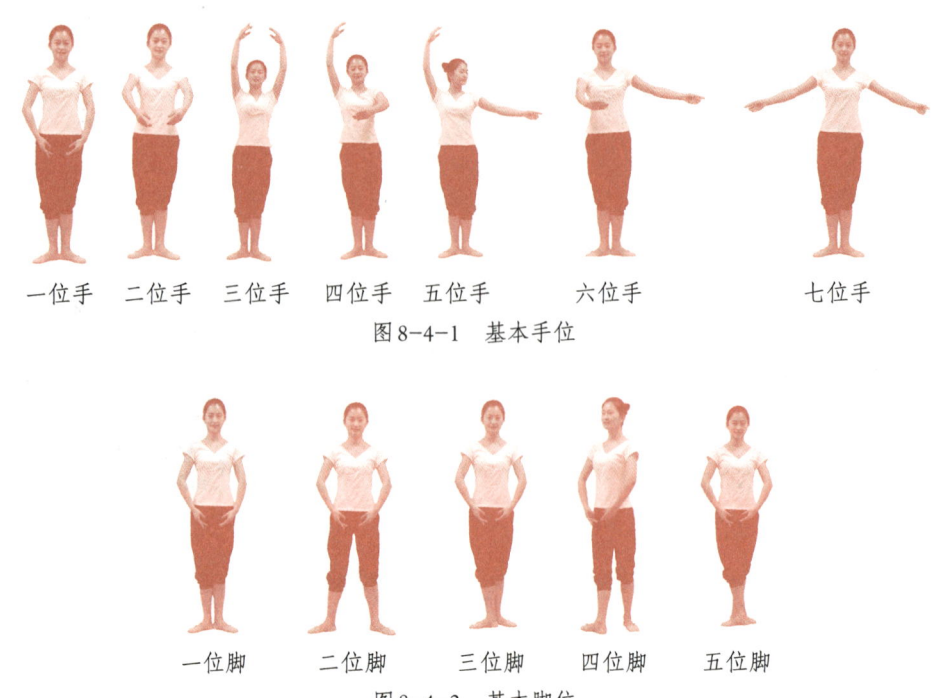

一位手　　二位手　　三位手　　四位手　　五位手　　　　六位手　　　　　七位手

图8-4-1　基本手位

一位脚　　　二位脚　　　三位脚　　　四位脚　　　五位脚

图8-4-2　基本脚位

保持良好的体型

　　体型是对人体形状的总体描述和评定，是由人的生理解剖结构形成的人的外观。它既受遗传因素的影响，也受营养、发育状况，以及体育锻炼、生活方式和环境等综合因素影响。人体胖瘦是可以控制的，体型是可以重塑的。

　　对照一下，你属于何种体型：

　　1. 健壮型

　　身材高大，体格健壮，肌肉发达而结实，轮廓清晰；骨骼、关节粗大，身材比例适中；肩宽胸厚，臀部较发达，四肢粗壮，体重较重。

　　2. 匀称型

　　体质健康，身体各部的肌肉、骨骼、组织发育很好；身体比例协调、和谐；具有一定的曲线度，体型适中，呈倒三角，体重中等。

　　3. 瘦弱型

　　纤细瘦弱，骨骼细小，肌肉不发达，身体各部较为细薄，体质较差，弱不禁风；脸庞消瘦，颈部细长，胸部狭窄，上身较长，腰部细长，身体曲线度不明显；体重较轻，身材较高者，多有鸡胸或驼背。

　　4. 肥胖型

　　脂肪堆积明显，肌肉松弛，行动不便；脖颈短粗，乳房下垂，多有双下巴；腰、腹、臀部堆积较多脂肪，腹部隆起，腰部粗壮；臀部丰满，四肢短而粗，体重较重。

我国成年人身高
与体重对照表

（三）把杆练习

（1）擦地（图8-4-3）。

（2）前擦地（图8-4-4）。

（3）旁擦地（图8-4-5）。

（4）后擦地（图8-4-6）。

（5）一位半蹲（图8-4-7）。

图8-4-3　擦地　　　图8-4-4　前擦地　　　图8-4-5　旁擦地　　　图8-4-6　后擦地　　　图8-4-7　一位半蹲

（四）腿的练习

1. 压腿练习

（1）正压耗腿。正步站立，一腿抬起伸直，脚跟放在把杆上，手三位。上体前屈贴于被压腿，支撑腿伸直站立（图8-4-8）。

（2）侧压耗腿。正步侧对把杆，一腿抬起伸直，脚跟放把杆上，一手向下按掌，一手上举。上体侧屈，屈侧耳和肩触小腿，另侧手头上触把杆上的脚（图8-4-9）。

（3）后压耗腿。正步背对把杆站立，一腿伸直后举，脚面放在把杆上，手三位。上体后振后屈，抬头挺胸，手臂不变（图8-4-10）。

图8-4-8　正压耗腿　　　　　图8-4-9　侧压耗腿　　　　　图8-4-10　后压耗腿

2. 踢腿练习

（1）前踢腿。一腿向前方踢起，可做小踢腿，即与地面平行的踢腿；也可做大踢腿，即踢起至胸部，脚要高于头部（图8-4-11）。

（2）侧踢腿。一腿向侧方踢起，可做小踢腿，即与地面平行的踢腿；也可做大踢腿，即踢起靠近耳侧（图8-4-12）。

（3）后踢腿。一腿向正后方踢起，踢起腿侧的髋打开，支撑腿伸直（图8-4-13）。

图8-4-11　前踢腿　　　　　图8-4-12　侧踢腿　　　　　图8-4-13　后踢腿

（五）柔韧性练习

1. 肩部柔韧性练习

练习一：小八字步直膝站立，面对把杆（或者两人双手搭肩），上体前屈。上体上下振动2×8拍，然后尽量下压，拉伸肩带控制1×8拍。反复练习（图8-4-14）。

练习二：两腿开立，两手体后交叉相握，两臂伸直。1—4拍：上体前屈，双臂慢速后抬至最大限度，振动4拍，控制4拍；5—8拍：还原。反复练习（图8-4-15）。

图8-4-14　肩部柔韧性练习一　　　图8-4-15　肩部柔韧性练习二

2. 胸部柔韧性练习

练习者坐于地板上，双手交叉抱肩，低头含胸。1×8拍：两手体后撑地，仰头挺胸，后仰挺胸到最大幅度（图8-4-16）。控制1×8拍，然后还原。反复练习。

3. 腰部柔韧性练习

练习一：练习者俯卧地板上，双手后伸，辅助者两脚开立于练习者膝关节两侧，双手与练习者互握。1—4拍：辅助者拉起练习者，使其上体离开地面成最大反弓（图8-4-17）；5—8拍：还原成预备姿势。反复练习。

图8-4-16　胸部柔韧性练习　　　　图8-4-17　腰部柔韧性练习一

练习二：两人面对面，练习者跪立（或站立），两臂上举，辅助者成弓步或开立半蹲，双手抱住练习者腰部，练习者向后弯腰至最大幅度（图8-4-18），控制2×8拍，然后还原。两人交替练习。

练习三：两腿开立比肩稍宽，两臂侧平举。1—2拍：上体左转拧腰（图8-4-19）；3—4拍：控制；5—6拍：上体右转拧腰；7—8拍：控制。反复练习。

图8-4-18　腰部柔韧性练习二　　　　图8-4-19　腰部柔韧性练习三

4．腿部柔韧性练习

练习一：分腿（或并腿）坐，上体正直，两手扶于体前两腿间（或身体两侧），脚面绷直。1—2拍：上体前屈，双手沿地面向前做体前屈（图8-4-20）；3—4拍：还原。反复练习2×8拍。然后最大限度做体前屈，控制2×8拍。反复练习。

形体舞欣赏

练习二：练习者平躺于地板上，两臂放于体侧，辅助者跪于练习者侧面。练习者将右腿向正上方抬起，辅助者用手推压练习者左腿使其尽量向身体靠拢，振动2×8拍，然后将腿推到最大限度，控制2×8拍（图8-4-21）。换腿做，反复练习。

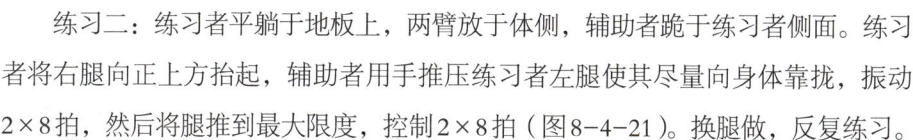

图8-4-20　腿部柔韧性练习一

图8-4-21　腿部柔韧性练习二

三、随时随地的形体练习

形体练习不仅可以带来优美的形体和姿态，还可以充实生活情趣，陶冶情操。只要树立一个保持健美体形的目标，随时随地都可以进行形体练习。大学生可以将形体练习融入自己的日常学习和生活中，如在宿舍内可以做俯卧撑、仰卧起坐、提脚跟（图8-4-22）、后踢腿（图8-4-23）、抬腿（图8-4-24）等练习；在教室、图书馆或其他空阔场地可以做扩胸运动（图8-4-25）、伸展运动（图8-4-26）、体前屈（图8-4-27）或向后屈体（图8-4-28）等练习；等车时，可以做小腿提踵、收腹、收臀（图8-4-29）等练习；乘公共汽车或坐地铁时，可以利用车上的拉环或扶杆，做拉伸肱二头肌（图8-4-30）的练习。

图8-4-22　提脚跟

图8-4-23　后踢腿

图8-4-24　抬腿

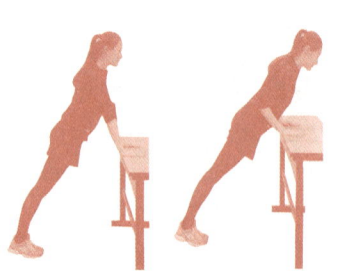

图8-4-25　扩胸运动

图8-4-26　伸展运动

图8-4-27　体前屈

图8-4-28　向后屈体

图8-4-29　等车时的锻炼

图8-4-30　乘公共汽车或坐地铁时的锻炼

<h1 style="text-align:center">第五节　健美运动</h1>

健美运动是一项通过徒手或利用各种器械，运用专门的动作方式和方法进行锻炼，以发达肌肉、增长体力、改善形体和陶冶情操为目的的运动项目。健美运动是集力与美为一体的运动项目，它不仅强调"健"，而且强调"美"，把体育和美育融为一体。

一、健美运动文化

（一）健美运动的起源与发展

健美运动起源于古希腊，是一种强调肌肉健壮与美的运动。古希腊人认为，健美的人体是呼吸宽畅的胸部，灵活而强壮的脖子，虎背熊腰的躯体和块块隆起的肌肉。古希腊人主要是通过体育运动来塑造和培养健美人物的，四年一届的古代奥林匹克运动会的赛场，便是炫耀力量和人体健美的场合。古希腊人还风行裸体艺术，在运动场上从事裸体运动，喜欢欣赏裸体人力量、健康、活泼的形态和姿势；在绘画和雕塑上则极力塑造健、力、美三结合的人体。著名的雕塑《掷铁饼者》，就是这时期的健美代表作，那灵活跳动的肌肉，充满了生命的活力。

现代健美运动的发起人是德国人尤金·山道（Eugen Sandow）。他幼时体弱多病，后被古代角力士雕像的雄健体魄所吸引，每天锻炼身体，并从实践中摸索出一整套锻炼肌肉的方法，终于练就了一身发达的肌肉。此后，他到英国、澳大利亚、新西兰和南美洲等地表演各种健美技艺和力的技巧，演毕即显露其全身发达的肌肉，并塑造各种姿势的人体形象，受到广泛的赞誉。山道还开设体育学校，宣传健美运动，创立健身函授班，向世界各地的健美爱好者传授健美训练方法，并著有《体力养成法》等著作。1901年，他在英国伦敦皇家阿伯特剧院举办了"世界第一

哲学家眼中的健美

著名的古希腊哲学家苏格拉底认为，人的一切活动不能脱离身体，身体必须保持高效率的工作，力量与肌肉的美只有通过身体才能得到。他这样说，也这样做，一生都坚持运动。苏格拉底的学生柏拉图也提出，要为保卫城乡而练就体魄刚健的战士，为造就完美和发展的人而献身。柏拉图的学生、古希腊著名的哲学家亚里士多德更是提出，要养成健美的体格而不是野蛮的、兽性的性格。

场健美比赛"，晚年他还创办了世界上第一所健美运动学校。由于山道为创建和发展现代健美运动所作出的突出贡献，他也被称为"现代健美运动鼻祖"。

尤金·山道

20世纪初期，健美运动在英、美等国得到广泛开展，《肌肉发达法》和《力之秘诀》等专著，以及一些健身杂志的相继出版，促进了健美运动的发展。20世纪中叶，国际健美协会的创建、国际比赛规则的制订及世界健美比赛的举办，进一步促进了健美运动在全球的推广。女子健美运动始于20世纪40年代，由最初的选美逐步演变成真正的肌肉比拼。当前，随着人们对健康美的追求逐渐变强，参与健美运动的男性与女性越来越多。

中国健美运动之
父——赵竹光

（二）健美运动的锻炼价值

健美运动作为一个运动项目，除具有一般体育活动所共有的能锻炼身体、增进健康、增强体质的作用外，尤其能发达全身各部位的肌肉，增强体力，改善体形体态。此外，还有助于调节心理活动，提高神经系统机能，陶冶美好情操，培养顽强的意志品质。

二、发达各部位肌肉的练习方法

健美训练的
方法

人体大肌肉块主要是指斜方肌、背阔肌、三角肌、胸大肌、腹直肌、肱二头肌、臀大肌、股四头肌、股二头肌、股三头肌、肱三头肌、半腱肌、半膜肌和比目鱼肌14块肌肉，参见图3-1-6。发达各部位肌肉可以采用各种徒手练习，如各种徒手健美操、韵律操、形体操及各种自抗力动作。也可采用各色各样轻重不同的运动器械来进行练习，如杠铃、哑铃、壶铃等举重器械，单杠、双杠等体操器械，以及弹簧拉力器、滑轮拉力器、橡筋带和各种特制的综合力量练习器等。

（一）发达胸部肌群的练习

1. 俯卧撑

主要发展胸大肌、肱三头肌和三角肌的肌力。

俯卧位，屈肘撑起，身体前探，尽量拉长胸大肌，用力时要注意胸大肌发力。做前吸气，成直臂俯撑时呼气。

2. 俯卧哑铃飞鸟

主要发展三角肌后部、斜方肌的肌力。

俯卧在长凳上，两脚踏实地面，上背部和臀部着凳面，用哑铃做飞鸟的动作。注意肩、肘、腕始终在一个垂面内（图8-5-1）。

3. 杠铃仰卧推举

主要发展胸大肌、肱三头肌和三角肌前束的肌力。

仰卧在凳上，两手正握杠铃，比肩稍宽；屈臂下放杠铃于胸部，两肘外展；再将杠铃从胸前往上用力推起至两臂完全伸直。上推前吸一口气，憋气上推，两臂伸直后呼气（图8-5-2）。此动作也可用哑铃来完成。

4. 哑铃仰卧屈臂拉

主要发展胸大肌上部和背阔肌、大圆肌的肌力。

上背部仰卧于凳面，头稍露出凳端，两腿弯曲蹬地，动作过程中注意"夹胸"（图8-5-3）。此动作也可用杠铃来完成。

5. 哑铃上斜飞鸟

主要发展胸大肌上部和三角肌前中部肌肉的肌力。

仰卧在上斜板上，高于45°，双手抓住两个哑铃，保持双臂微微弯曲，用哑铃做上斜飞鸟的动作（图8-5-4）。

6. 宽撑双杠

主要发展胸下部肌肉的肌力。

两手握住双杠成支撑，脸朝下，下颌收紧，弓背，脚尖向前，两眼看脚尖，然后慢慢屈臂使身体下降至下颌约与双杠齐平处，再用力将身体撑起。注意伸臂时吸气，放松时呼气（图8-5-5）。

图8-5-1　俯卧哑铃飞鸟

健美体围参照表

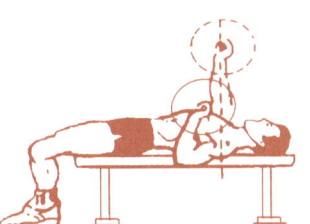
图8-5-2　杠铃仰卧推举

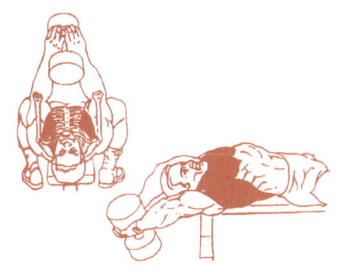

图8-5-3　哑铃仰卧屈臂拉　　　　图8-5-4　哑铃上斜飞鸟　　　　图8-5-5　宽撑双杠

（二）发达肩部肌群的练习

1. 直立提肘上拉

主要发展三角肌侧部肌肉的肌力。

两手握住杠铃下垂，间距比肩略窄，身体直立，用力向上提肘至胸部后慢慢复原。提肘时吸气，复原后呼气。

2. 两臂交替前举

主要发展三角肌前部、中部肌肉的肌力。

双手握哑铃于身体两侧，掌心向后，肘关节微屈，先举起一侧哑铃，在还原的同时举起另一侧哑铃，交替进行。抬臂时吸气，放下臂时短促呼气。

3. 直臂绕环

主要发展三角肌中部、前部肌肉的肌力。

两臂下垂持哑铃在胸前呈十字交叉，做胸前直臂绕环。力求自然，上举时吸气，放下时呼气。

4. 哑铃（杠铃）前平举

主要发展三角肌、胸大肌和前锯肌的肌力。

两手握哑铃自然伸直置于体前，单手持哑铃经体前上举至肘关节高于肩，两手交替上举（图8-5-6）。也可换杠铃做，双手持杠铃前平举。

5. 弓身侧平举

主要发展三角肌、斜方肌、大圆肌的肌力。

弓身成水平状，双手持哑铃于体侧，然后两臂向后上振至与肩同高后慢慢还原。后振时吸气，还原时呼气（图8-5-7）。

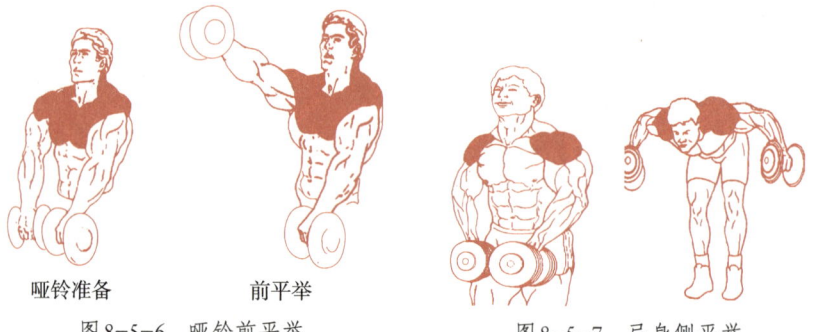

哑铃准备　　　　　　前平举
图8-5-6　哑铃前平举　　　　　图8-5-7　弓身侧平举

（三）发达背部肌群的练习

1. 引体向上

主要发展背阔肌上部、中部的肌力。

两手正握或反握单杠，握距同肩宽，两脚离地，两臂伸直，身体悬垂。引体发力时，身体向上拉至头过杠面，然后身体慢慢垂下来成原来姿势。

2. 坐姿划船

主要发展背阔肌和大圆肌的肌力。

坐在凳上，两腿前伸，两脚踩住前方固定物，两臂伸直，两肩放松。拉动时，两臂屈肘向胸腹部拉引，同时挺胸、抬头，肩胛骨向内收缩，背部肌肉充分收缩（图8-5-8）。

3．杠铃俯立划船

主要锻炼斜方肌、背阔肌、肱二头肌和大圆肌的肌力。

俯立，两脚开立同肩宽，上背部与地面平行，做动作时挺胸、收腹、紧腰，先将杠铃直臂拉至小腿胫骨前，然后屈肘，使横杠沿小腿上拉至小腹前，挺胸、抬头，上体抬起15°~20°，掌心向前（图8-5-9）。

4．单手哑铃俯立划船

主要发展斜方肌、大圆肌、冈下肌的肌力。

两脚开立同肩宽，上背部与地面平行，单手持哑铃于肩关节下方。运动时，使哑铃沿腿外侧上拉至腰部，同时转头翻肩（图8-5-10）。

图8-5-8　坐姿划船　　　图8-5-9　杠铃俯立划船　　　图8-5-10　单手哑铃俯立划船

5．重垂下拉

主要发展背阔肌、三角肌和胸大肌的肌力。

正坐凳上，横杠位于头部正上方，两臂伸直下拉，可分为胸前下拉和后仰下拉（图8-5-11）。向前拉至胸前第3~4根肋骨处，上体稍后仰，抬头挺胸；向后拉至极限，尽量低头，不要用体重借力拉。

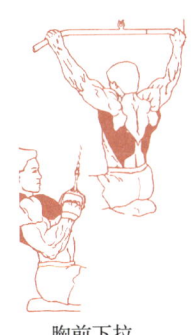 

胸前下拉　　　　　　　　　　后仰下拉

图8-5-11　重垂下拉

（四）发达臂部肌群的练习

1．站立臂屈伸

主要发展肱三头肌的肌力。

两脚自然开立，两手握杠铃（或哑铃），两臂伸直，上臂与地面垂直，两臂持铃向头上伸直举起（图8-5-12）。

2. 坐姿臂屈伸

主要发展肱三头肌外侧肌肉的肌力。

坐在凳上，手握哑铃的一端，肘高抬并向侧展，然后用力向上伸直手臂，使哑铃沿背部滑动至最高位。伸肘前吸气，肘直后呼气（图8-5-13）。

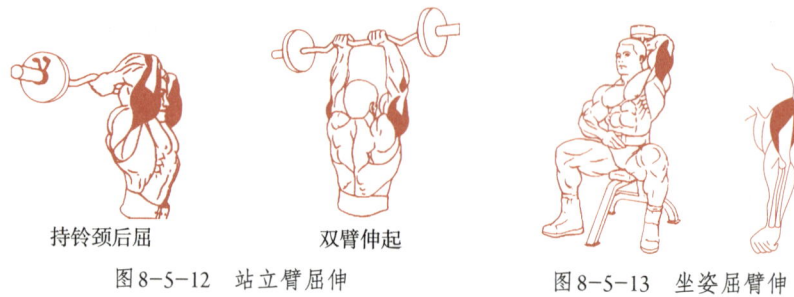

持铃颈后屈	双臂伸起	

图8-5-12　站立臂屈伸　　　　　图8-5-13　坐姿屈臂伸

3. 仰卧臂屈伸

主要发展肱三头肌的肌力。

仰卧在凳上，两手握住在头前的杠铃，两肘高抬，肘尖向上，然后用伸前臂的力量将肘伸直。用力伸臂时吸气，伸直后呼气（图8-5-14）。

持铃颈后屈　　　　　　　　　双臂持铃体前伸

图8-5-14　仰卧屈臂伸

4. 站姿哑铃弯举

主要发展肱二头肌的肌力。

两脚开立，两手握住哑铃下垂，然后将哑铃弯举至胸前，再慢慢放下还原。屈肘时吸气，还原时呼气（图8-5-15）。

5. 俯坐弯举

主要发展肱二头肌的肌力。

坐在凳上，上体前俯，持铃手肘关节顶在同侧大腿内侧上1/3处，前腿与大腿成45°，直接弯起或转腕弯起，与肘关节的最佳角度为50°~55°（图8-5-16）。

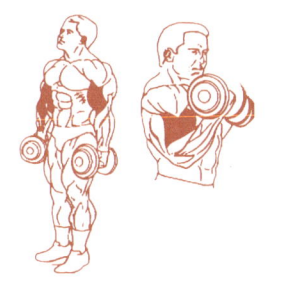

图 8-5-15　站姿哑铃弯举　　　　图 8-5-16　俯坐弯举

（五）发达腰腹肌群的练习

1．仰卧起坐

主要发展上腹肌群的肌力。

仰卧在垫上，低头团身，两手抱头，下肢固定，然后慢慢后倒，当背部快接触到垫时，立即收腹起坐，再慢慢倒体还原。起坐前吸气，还原时呼气。也可以做屈腿仰卧起坐。

2．屈膝两头起

主要发展腹部肌群的肌力。

仰卧在垫上，两手抱头，上体卷起时两膝同时收缩，至两肘触及两膝后还原。做动作前吸气，收缩时呼气。

3．悬垂举腿

主要发展下腹部肌群的肌力。

悬垂在单杠上，双腿伸直上举，超过水平面后，停1~2秒后还原（图8-5-17）。练习时不要借助于身体的摆动力，尽量用腹肌收缩完成动作。

4．仰卧举腿

主要发展下腹部肌群的肌力。

仰卧在地板或地面、斜板上，双手抓住头后的固定物，两腿伸直（或弯曲）上举至极限后还原（图8-5-18）。

　　悬垂　　　　　　　举腿

图 8-5-17　悬垂举腿　　　　　图 8-5-18　仰卧举腿

（六）发达腿部肌群的练习

1．负重深蹲

主要发展股四头肌的肌力。

直立，两手握住放在颈后的杠铃，挺胸紧腰，慢慢下蹲而后起立。用力时吸气，放松时呼气。

2．箭步蹲

主要发展股四头肌的肌力。

肩负杠铃，两腿前后分开成箭步，然后屈膝下压至能承受的深度即伸直两腿，最后收回两腿。成箭步支撑时吸气，起立后呼气。

3．站立起踵

主要发展小腿肌群的肌力。

前脚掌踏于木板上，脚后跟着地，然后尽量提高脚后跟再放下，连续进行。膝关节保持自然伸直状态，脚下垫7~10厘米厚的垫木，用力踮起脚尖使小腿三头肌处于"顶峰收缩"状态。

4．腿屈伸

主要发展股四头肌的肌力。

以股四头肌的收缩力，由小腿将托棍向上举起至两腿完全伸直，然后以股四头肌的张力慢慢放下还原（图8-5-19）。

5．剪蹲

主要发展股四头肌的肌力。

前脚全脚掌着地，脚尖稍内扣。后脚用前脚掌着地，脚跟稍外偏，使前后脚内侧在一条线上，前脚踝关节和膝关节在一条线上（图8-5-20）。

健美锻炼注意事项

图8-5-19　腿屈伸

图8-5-20　剪蹲

第六节　瑜伽

一、瑜伽文化

瑜伽起源于印度，是东方最古老的强身术之一，已有5 000多年的历史，是印度的6大哲学体系之一，被称为"世界的瑰宝"。"瑜伽"由"yoga"音译而来，在梵文里是"融合"的意思，由字根延伸出来的意义是连接、控制、稳定、和谐、统一、平衡等。瑜伽是一项通过身体操练和身心调和及心理意念的导引而达到身心整合的运动，把精神和肉体结合到最完美的状态是瑜伽的最终目的。近年来，瑜伽风靡全世界，逐渐被人们所熟知，在高校中也受到了越来越多学生的喜爱。

瑜伽作为一种全面的健康体系，对大学生身心健康有着显著的好处。它不仅能改善身体形态，塑造完美身材，增强肌肉力量，强化骨骼，改善心血管系统功能，提高身体素质，提高免疫力，还能缓解压力，平衡情绪，提高专注力，培养耐心和内心平和，提升心灵境界。长期坚持瑜伽锻炼，有助于实现个体全面发展，提高生活质量。

二、瑜伽呼吸法

瑜伽呼吸是练习瑜伽的开始，它能调理人的气息，通畅经络，排除废气。

（1）腹式呼吸。以肺的底部进行呼吸，感觉只是腹部在鼓动，胸部相对不动。

（2）胸式呼吸。以肺的中上部分进行呼吸，感觉只是胸部在张缩鼓动，腹部相对不动。

（3）完全呼吸。肺的上、中、下三部分都参与呼吸，腹部、胸部乃至全身都感觉在起伏张缩。

三、瑜伽姿势

古印度人通过观察大自然中的林林总总，发现动植物具有超强的自愈和自治能

力，体现了旺盛的生命力。古印度人通过这种观察，按最初的模仿，创立了8万多个瑜伽姿势。但随着时间的推移，目前仅存留下来历经演变后的几百个动作。以下是一些简单的瑜伽姿势，适合初学者练习。

1．伸臂功

方法：按基本站姿站立，两手于胸前合十。吸气，两手慢慢举至头顶上方，挺胸，收腹，伸展脊柱，头尽量后仰。呼气，慢慢伸直上体，合十的双手放于胸前，低头放松（图8-6-1）。重复此姿势3次。

效果：扩展胸部，伸展颈部、两手臂及整个身体前侧，减除腹部多余脂肪，并使腹肌平滑、有力，增强胸椎、脊椎的弹性，增大肺活量。

2．扩胸式

方法：按基本站姿站好。吸气，两手从旁分开，慢慢上举至头上方，双手合十，尽量伸直肘部。呼气，屈膝，臀部往下坐，身体重心下移，保持自然呼吸30~60秒。吸气，慢慢抬高身体。呼气，两手从旁分开，慢慢放下，放于体侧。重复3次后，闭眼放松全身（图8-6-2）。

效果：扩展胸部，增强胸大肌力量，增加肺活量，提高血液中氧的含量，延缓全身器官的衰老，促进血液循环。女性常做此练习，有丰乳之功效。

3．顶天式

方法：按基本站姿站立。吸气，两手臂前举。呼气，两手臂侧分，在体后十指相交。伸直肘部，手心朝内（如肘部不能伸直，切勿勉强），双肩后收，夹紧背部。抬头，伸展颈部，眼望上方，保持自然呼吸。呼气，放松双肩，双手臂在胸前相抱，微微低头，全身放松。吸气，慢慢恢复到正中位置（图8-6-3）。重复2~3次。

效果：扩展胸部，紧收腹部，缓解肩部疼痛及肩周炎，颈部前侧得到伸展，消除下颌多余脂肪，增强脊柱的弹性。

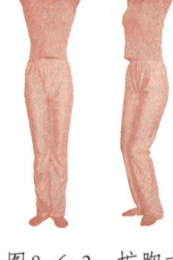
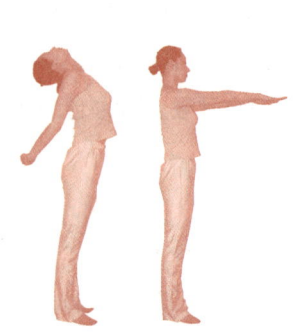

图8-6-1　伸臂功　　　　图8-6-2　扩胸式　　　　图8-6-3　顶天式

4．腰躯摇摆功

方法：按基本姿势站立，双腿分开，屈肘，十指在背后相交。以腰部为支点，身体按顺时针方向转动3~5次，然后按逆时针方向转动3~5次（图8-6-4）。

效果：提高手臂柔韧性，减少上臂、腰、腹部多余脂肪，按摩腹部内脏器官，增强肠胃功能。

5．侧身伸展式

方法：按基本三角式站立。屈右膝，双手侧平举。呼气，以腰为轴，上体右转，右手尽量触及右脚以外的地面，左手指向天空，再继续指向右前方，保持自然呼吸，体会从左脚外侧沿左腰、腋下、手臂到指尖伸展的感觉。吸气，右手离开地面，上体缓缓回到中间。呼气，以腰为轴上体左转，在左侧做同样的练习（图8-6-5）。

效果：加强两腿的力量，消除腰腹部多余脂肪，加强脊柱的柔韧性与弹性，锻炼身体的平衡感。

6．束角式

方法：按基本坐姿坐好，屈膝脚心相对。双手十指交叉，手心抱住脚尖，脚跟向后挪，尽量靠近会阴，伸直脊柱和颈椎，眼望前方。

呼气，以腰部为支点，身体前倾，慢慢使整个身体及前额贴近地面，同时肘部贴近腘窝（膝关节后面的窝），将两膝压向地面，保持自然呼吸20~30秒。吸气，继续以腰部为支点，慢慢抬起整个背部，抬起两肘，伸直脊柱，放松（图8-6-6）。重复此练习3~5次。

效果：按摩腹部内脏器官，预防和缓解坐骨神经痛，预防腿部静脉曲张。

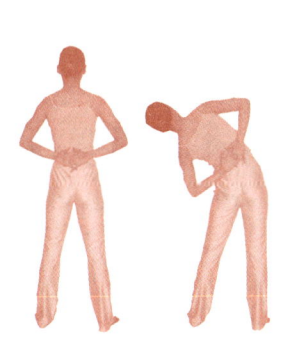  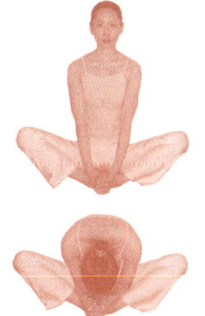

图8-6-4　腰躯摇摆功　　　　图8-6-5　侧身伸展式　　　　图8-6-6　束角式

7．小桥式

方法：仰卧，双手放于体侧，手心朝下，向上稍屈膝。吸气，慢慢抬起臀部，收紧臀部保持此姿势数秒。呼气，慢慢放下所有抬起的部位，自然呼吸（图8-6-7）。重复2~3次。

效果：强壮双腿，强壮腰骶椎和背部，使腹部变得平滑、有力，使臀部变窄并上翘，身体前侧全部得以伸展。

8．后伸展式

方法：俯卧，两手放于体侧，手心向下。双手在臀后十指交叉，伸直肘部。吸气，两肩后收，夹紧背部，手用力向腿的方向伸展，头、颈、胸离开地面，大腿前侧紧紧贴近地面，并自然呼气数秒。呼气，分开十指，将头、颈、胸及双臂轻轻地放落到地面（图8-6-8）。重复3~5次。

效果：增强脊柱的弹性，加强下背部力量，缓解腰背的疼痛，扩张胸部，增强胸肌的弹性，锻炼胸大肌，伸展颈部，延缓衰老。

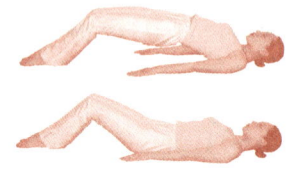 

图8-6-7　小桥式　　　　　　　图8-6-8　后伸展式

9．单腿前伸展式

方法：按基本坐姿坐好，屈左膝，左脚心紧贴右腹股沟处。呼气，上体前移，尽量贴近右腿前侧，双手前抓住右脚尖。吸气，抬头，伸展整个背部（图8-6-9）。换右腿做同样练习。

效果：减少腹部多余脂肪，伸展两腿，预防膝关节疼痛及轻度关节炎，放松两髋及脚踝，矫正扁平足。

图8-6-9　单腿前伸展式

10．鞠躬式

方法：按基本站姿站立，两手臂举至头顶，屈肘，手握另一手的肘部。呼气，以腰部为支点，上体前屈90°，保持30~60秒。吸气，慢慢抬起上体。呼气，两手臂侧分，放于体侧（图8-6-10）。重复此姿势3~5次。

效果：延伸脊柱，对腹直肌和内脏器官有一定的益处，也可缓解腰、背部的疼痛。

11．屈膝站立式

方法：按基本站姿站立。左腿屈膝，左脚心紧靠右大腿内侧，将脚跟移至会阴处，脚尖指向下方左膝向外侧展，双手合十于胸前。用右腿平衡身体，慢慢将双手举至头上方，做几次深呼吸。呼气，慢慢放下双手及左脚（图8-6-11）。换右脚做同样练习。每侧做2~3次，回到基本站立式，放松。

效果：扩张胸部，提高平衡感，增强集中注意力的能力，使脊柱更稳固，体态更好。

12．臀部平衡功

方法：按基本坐姿坐好。吸气，屈膝，两手抓住两脚尖。呼气，两脚慢慢上举，伸直膝关节，身体以臀部着地保持平衡，自然呼吸30~60秒。吸气，屈膝收回腿。呼气，松开两手放于体侧，两腿向前伸直放松（图8-6-12）。重复2~3次。

效果：改善人体的平衡，减少腹部的多余脂肪，强壮腰、背部，拉长双腿韧带。

图8-6-10　鞠躬式　　　　　图8-6-11　屈膝站立式　　　　　图8-6-12　臀部平衡功

13．腰躯转动式

方法：按基本三角式站立。呼气，以腰为轴，上身躯干朝左方转动，左手触摸到右侧腰，右手触摸左肩，右肘部与两肩平齐，保持自然呼吸30~60秒，体会右侧腰部的拉伸。吸气，回到中间。呼气，转右侧做同样练习。吸气，恢复到基本三角式后重复2次（图8-6-13）。

效果：增强脊柱的弹性，同时减轻长时间坐姿给脊椎、腰椎造成的压力，减轻腰部疼痛，放松肩关节。

14．铲斗式

方法：按基本站姿站立，两脚分开。两臂上举，手腕放松，手指自然垂落。深吸一口气，然后呼气，以腰为轴，上体快速垂下，两手臂在两腿中间自然摇摆。吸气，以腰为轴，从下背到中背、上背、颈椎、头，逐渐抬高上体（图8-6-14）。重复此姿势3次。

效果：滋养脊柱神经，安神补气；消除紧张的神经，清醒头脑。

图 8-6-13　腰躯转动式　　　图 8-6-14　铲斗式

15．瑜伽调息

呼吸是联系生理和心理的桥梁，是了解生理状况和心理状况的窗口。正常的呼吸是身心健康的基础，也是瑜伽修炼的灵魂。调息的目的既在身体方面，也在精神方面。

方法：以一种舒适的瑜伽坐姿打坐（图8-6-15）。在做这种练习时，始终要放松，使劲做呼的动作，慢慢吸气，自发地进行。每次呼气之后，只做一刹那的悬息，然后慢慢吸气。在呼气50次之后，再做一次呼气时（即第51次呼气），尽量呼出肺部的气体。悬息，同时一起做收颌收束法、收腹收束法和会阴收束法。在做这种练习时，集中精力意守眉心。尽量长久地悬息，但以感到舒适为宜，然后解除三种收束法，慢慢吸气（图8-6-16）。这样就完成了一个回合。共做26个回合。

效果：调息法可使腹部肌肉、脾、肝和胰活动旺盛，并具有洁净和加强肺的功能。

基本坐姿　　　替换的做法
图 8-6-15　瑜伽坐姿　　　　　图 8-6-16　瑜伽调息

16．瑜伽冥想

瑜伽冥想的目的在于获得内心的平和与安宁，可以与呼吸法同步进行练习。

方法：以一种舒服的姿势静坐，可以闭双眼或部分睁开双眼。做完全呼吸，以感到舒适为限，然后与呼气过程一样长时间诵念瑜伽语音"噢—姆—"10次。在呼气和吸气时，都在心里对自己念"噢—姆—"语音，每次吸气，感到身体每一个细胞都充满了这种平和、宁静和力量。每次呼气，感到无数的"噢—姆—"音节把这平和传播到整个环境、整个宇宙，以至一切生灵中（图8-6-17）。此练习至少做50次。

17. 身体放松

身体放松主要是通过瑜伽的调整姿态（调身）、呼吸（调息）、意念（调心），而达到松、静、自然的放松状态。

方法：练习者静卧，微闭双眼，深沉吸气，慢慢呼气，使精神安宁。注意呼吸节律，使全身放松，体验全身肌肉放松后的无比舒适感（图8-6-18），同时暗示："全身肌肉放松后，精神得到充分放松，四肢不能动了，眼睛睁不开了，脑子也不想了，睡吧！睡吧！睡着了，精神彻底放松解脱了……"

图8-6-17 瑜伽冥想　　　　图8-6-18 身体放松

四、瑜伽入门经典——拜日式

拜日式又叫向太阳致敬式，是经典的瑜伽姿势循环练习方法，也是最好的热身运动。拜日式练习可唤醒身体，使身体精力充沛，同时也能有效伸展、调理整个身体和脊椎。具体做法如下（图8-6-19）：

（1）双腿并拢直立，脊柱伸直，双手胸前合十。

（2）吸气，两臂向上伸展，举过头顶，身体稍后弓，手臂随之后举，掌心相对，两臂靠近耳朵，抬头看手指方向。

（3）呼气，手臂向前向下伸出，上体同时前屈，两手扶地（或抱腿）。

（4）吸气，一腿后撤，成倒新月式。

（5）另一腿后撤，成猫式。

（6）从屈臂抬头逐渐过渡到蛇击式。

（7）吸气，由头开始上体逐渐抬起成眼镜蛇式。

（8）屏气，两脚前脚掌支撑，身体伸展俯撑成上犬式。

（9）呼气，手臂支撑后推，臀部向上，两腿伸直成下犬式。

（10）吸气，一腿向前跨，屈膝支撑，另一腿后伸，上体抬起，成新月式。

（11）后腿收回，两腿伸直成体前屈姿势。

（12）吸气，两臂上举，上体抬起。

（13）呼气，返回双手合十姿势，身体还原。

图8-6-19 拜日式

五、瑜伽练习注意事项

（1）时间和饮食。清晨或傍晚是练习瑜伽的最佳时间。练习瑜伽最好在空腹或待食物完全消化以后（饱餐后3小时）进行，喝流质食物则可在半个小时后练习。日常饮食应尽量避免油腻、辛辣。

（2）衣着要求。练习瑜伽要尽可能穿着简单、宽松的衣服。练习时最好光着脚，并摘掉手表、腰带或其他饰物。

（3）练习场地与环境。练习瑜伽时要选择安静、清洁、空气新鲜的地方，如果在室内要注意保持空气的流通，这对于调息练习尤为重要。瑜伽练习时，必须保持安静，避免交谈和心理活动，可以播放轻松简单的乐曲，以帮助身心专心集中。

（4）女性及某些患病者的注意事项。女性在生理周期期间应避免做腹部过于用力的动作，如用力地呼吸、倒立类动作等。高血压或低血压患者、头部受过伤害者、晕眩者、心衰者应避免做上体往下倒立的姿势，以免头部充血而发生危险。椎间盘突出者应禁止做往前弓背的动作。

（5）练习方法。瑜伽体位法包括弯、叠、折、俯、扭、仰、屈、伸、提和压等，不正确的体位练习会损害健康，扰乱心神。因此，一定要在教师的指导下练习。瑜伽练习的每一步骤都要谨慎进行，不可操之过急。在练习过程中，要逐步增加力度和难度，顺其自然，循序渐进。

（6）休息。瑜伽休息有两种，一是短时间的休息，如体位法中常采取的10～30秒的休息，一般占用练习时间的1/5；二是专门的休息，有时达十几分钟之久，甚至更长时间，如仰卧瑜伽放松术等。这种方法除了能达到放松的目的，还能帮助恢复体内能量和精神。

第七节　普拉提

一、普拉提文化

普拉提是由德国著名运动康复专家约瑟夫·H.普拉提（1883—1967年）创立与推广的一种加强肌肉力量、提高身体柔韧性和协调能力、改善姿态及促进整体健康的锻炼体系。普拉提不仅是一系列的动作练习，还是一种生活方式。它不仅包括练习动作，还涵盖意识、平衡、控制、效率、功能与协调等多个方面，它更深层的作用是将这些方面与身体和意识结合起来，使锻炼者身心受益。

普拉提适合任何年龄段的锻炼者。对于大学生来说，有规律地长期坚持练习普拉提，有助于减脂瘦身、塑形；有助于纠正不良体态，使人体型更匀称、线条更优美，让人更有气质；有助于提高平衡能力和本体感觉，让身体各部位配合得更加协调。此外，练习普拉提还可以舒缓紧张精神、放松和缓解压力、宁心静神，提高专注力，达到身心和谐，使人充满活力。

二、普拉提的锻炼原则

普拉提重视动作的控制力、流畅感和精确度，强调锻炼核心与脊柱关节的分解活动，肢体以骨骼的正确排列与脊柱中立位为基础。除此以外，普拉提锻炼对专注力与呼吸等方面也有要求。

普拉提练习的
基本要素

三、普拉提锻炼方法

（一）一般性锻炼示例

1. 热身部分

动作组合：肋间呼吸—颈椎屈曲—胸椎伸展—脊柱向下卷动—脊柱侧弯—脊柱侧向上下卷动—单腿平衡—单腿平衡扭转。

2. 入门级

动作组合：尾骨卷动—百次拍打预备式—单膝下放—上背部伸展—辅助卷腹抬起—平板支撑—俯身单腿上提—三点支撑鸟式伸展—四点支撑头部扭转—猫式伸展。

3. 初级

动作组合一：行军踏步—骨盆卷动—百次拍击—卷腹抬起—单腿划圈—脊柱旋转—侧卧抬腿—天鹅宝宝—休息姿势。

动作组合二：脊柱前伸—卷腹旋体—长躯席卷—单腿伸展—滚动如球—天鹅宝宝—陆上畅游—侧卧单腿上举—臀肌伸展。

4. 中级

动作组合一：足尖点地—剪刀—十字交叉—半程侧斜卷动—肩桥预备—基本背伸展—单腿上踢—休息姿势。

动作组合二：坐姿脊柱扭转—锯式—双腿朝天—空中瓶塞—引颈前伸—天鹅翘首—游泳式—双腿上踢—休息姿势。

5. 高级

动作组合一：高位俯卧抬腿—超越卷腹—海豹拍鳍—高位穿针引线—侧撑蚌式—侧卧下腿上提—侧卧下腿画圈—臀肌伸展。

动作组合二：康康舞—"V"形悬体—空中折刀—空中剪刀—倒置平衡—仰撑抬腿—美人鱼侧弯—弓形摇摆—天鹅下潜—休息姿势。

（二）功能性锻炼示例

1. 改善脊柱前凸（驼背加腰椎前凸）

动作组合：手颈对抗—颈椎屈曲—胸椎伸展—脊柱向下卷动—尾骨卷动—百次拍打预备式—辅助卷腹抬起—十字交叉—天鹅宝宝—陆地畅游—休息姿势。

2. 改善平背

动作组合：脊柱向下卷动—脊柱侧向上下卷动—尾骨卷动—百次拍击—长躯席卷—单腿划圈—滚动如球—基本背伸展—俯卧双臂I上举—猫式伸展—休息姿势。

3．改善脊柱后凸（圆肩驼背）

动作组合：颈椎屈曲—胸椎伸展—脊柱侧弯—脊柱向前伸展—坐姿脊柱扭转—双腿伸展—基本背伸展—俯卧双臂Ⅰ上举—低位穿针引线—休息姿势。

4．改善脊柱后摆

动作组合：手颈对抗—胸椎伸展—脊柱侧向上下卷动—骨盆卷动—单腿划圈—仰撑抬腿—基本背伸展—双腿后踢—侧卧抬腿—侧卧单腿前抬—臀肌伸展。

5．改善脊柱侧弯

动作组合一：颈椎屈曲—胸椎伸展—脊柱向下卷动—脊柱侧向上下卷动—脊柱侧弯—骨盆卷动—脊柱前伸—锯式—滚动如球—陆上畅游—猫式伸展—休息姿势。

动作组合二：颈椎屈曲—胸椎伸展—脊柱向下卷动—脊柱侧向上下卷动—脊柱侧弯—尾骨卷动—骨盆卷动—脊柱旋转—卷腹抬起—长躯席卷—基本背伸展—猫式伸展—休息姿势。

6．改善过度伸展的膝关节

动作组合：单腿画圈—双腿伸展—空中塞瓶—单腿上踢—侧卧抬腿—侧卧蚌式—侧卧下腿上提—侧卧下腿画圈—臀肌伸展。

改善过度伸展的膝关节动作组合

7．改善O型腿

动作组合：单膝下放—仰卧蛙式—钟摆脚跟—侧卧蚌式—侧卧下腿上提—侧卧下腿画圈—臀肌伸展。

改善O型腿动作组合

8．改善X型腿

动作组合：骨盆卷动—臀桥预备—陆上畅游—休息姿势—侧卧单腿上举—侧卧蚌式—侧卧下腿上提—侧卧下腿画圈—臀肌伸展。

改善X型腿动作组合

（三）锻炼计划示例

制订锻炼计划应考虑身体类型、年龄、性别、既往受伤史、运动水平和能力、锻炼目的等。通常每周练习2~3次，每次练习20~60分钟。基础、中级、高级普拉提锻炼计划示例请扫二维码。

基础、中级、高级普拉提锻炼计划示例

四、普拉提锻炼注意事项

（1）处于生理期的女性练习者，应尽量避免腹部强烈挤压的动作、包含身体倒置步骤的内容及有冲击性的跳跃类动作。

（2）颈椎病患者，谨慎练习或避免头部无支撑地向后伸展，避免做头部绕旋动作。

（3）椎间盘突出症患者，谨慎或避免做脊柱向前抗阻力屈曲的练习，避免做脊柱向前屈曲并同时旋转的练习。

（4）锻炼时，应遵循矢状面（脊柱前弯和后弯）→水平面（脊柱左右旋转）→冠状面（脊柱侧弯）由易到难的顺序。

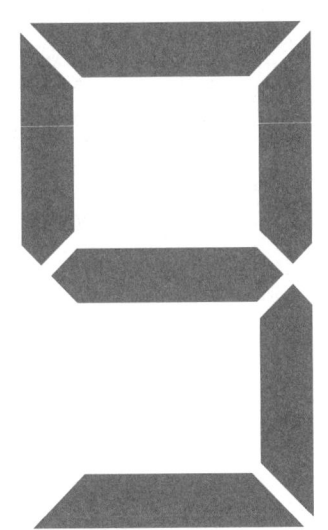

人体欲得劳动，但不当使极尔。动摇则谷气得消，血脉流通，病不得生，譬犹户枢不朽是也。

——（东汉）华佗

第九章　传承文化精髓　演绎中华神韵
——传统体育运动

中华民族有着悠久的体育文化传统，五千年文明孕育了丰富多彩的传统体育运动。中华传统体育运动起源于生产劳动、典礼祭祀、军事战争、娱乐健身等，是经过历代传承、具有浓厚民族文化色彩和东方文化特征的体育活动，蕴含着悠久的民族体育史，展现着华夏民族自古以来追求健康和力量的体育精神。让我们一起走进中华传统体育运动的世界，了解传统体育运动文化，大力弘扬中华体育精神，为建设教育强国、体育强国注入东方智慧。

第一节 武术

一、武术文化

（一）武术的起源与发展

武术是以技击为主要内容，以功法、套路和搏斗为运动形式，注重内外兼修的中国传统体育项目是中华民族传统文化中的瑰宝。

武术在我国历史悠久，源远流长。武术萌芽于原始社会时期。人类祖先在狩猎活动中，逐渐学会了躲闪、跳远、滚翻，以及运用石器、木棒劈、砍、刺等技能。原始社会末期，部落战争频繁发生，因此在战场上搏斗的经验也不断得到总结，人们把战斗中比较成功的一击、一刺、一拳、一腿反复模仿、传授、习练，逐渐形成了武术。武术的发源也与武舞有关。武舞是表现人与兽或人与人搏斗的舞蹈，是狩猎或战争场面的再现。舞者手执各种兵器，做击、刺、劈、砍等动作，这些武舞，既是一种搏杀技能操练的形式，也是一种用以宣扬武威的手段。

商周时期，武术有了新的发展，武舞与练武逐渐分化。武舞中练武的成分增多了，练武则成为教育的一项重要内容，并有了专门的训练时间和内容。周代规定"三时务农，一时练武"。练武内容有射箭、器械攻防等技术。

春秋战国时期是我国封建社会转型的剧烈变化时期。频繁的战争推动了练兵习武的空前盛行，武术开始向多样化发展，手搏、角力在民间广泛开展，剑的制造及剑道都得到了空前的发展。另外，在与文化的交融中，武术逐渐与养生相结合，逐渐形成了注重整体、强调精气、平衡阴阳的保健思想，这对武术的发展产生了重要影响。

秦汉三国时期，武术逐渐由单纯军事技术向竞技方面发展，出现了"角抵""手搏""击剑"等形式的武术竞技。汉代是武术大发展的时期，出现了"武艺"这一名称，并形成了多种艺术风格流派。在宫廷的酒宴中常出现剑舞、刀舞、双戟舞等单人的、对练的或集体舞练的套路运动。徒手的拳术表演和比赛也深受统治者重视。

宋元时期是武术形成与发展的重要时期。这时期的武术有了固定套路，兵器种类繁多，武艺向多元化发展，武术逐渐由军事技术分化成为具有健身、娱乐性质的运动项目。民间武术社团的兴起和武术表演的发展，进一步推动了武术的普及和多样化。

明清时期是武术的繁荣发展时期，其繁荣的一个重要标志是流派林立，不同风格的拳种和器械得到了空前的发展，武术作为军事技术、健身手段及表演技艺的多种价值为人们所认识和利用。

到了近代，国势衰微，有许多爱国志士寻求救国救民的途径，提出了"强种强国"的思想。因此，武术被作为一种尚武强国的重要教育手段推向学校。

中华人民共和国成立后，党和政府十分关心人民健康，高度重视中华优秀传统文化的继承和发展，不仅定期举行武术汇报表演，还在高等师范院校及体育学院开设武术专业，并组织专业人员在继承传统拳术的基础上，广收众家之长，整理出简化太极拳、长拳和器械套路。这些措施极大地推动了武术的普及和研究工作，使武术得到长足发展。

（二）武术的锻炼价值

长期坚持武术练习，能够增强人体肌肉、韧带的伸展性，加大关节的活动度，提高人的反应速度、力量、灵敏、耐力，提高人体的免疫力，对治疗多种慢性病和调节人体内环境平衡均有良好的医疗保健作用。同时，掌握搏斗运动的技法和规律，能促进攻防格斗的意识，既可以增强体质，也可以防身自卫。

武术在长期的发展过程中，继承和发扬了中华民族重礼仪、讲道德的优秀传统。武术十分注重武德，素有"习武先习德"的说法。"尚武"与"崇德"是武术习练过程中的两个重点，可以培养习武者尊师重道、讲礼守信、宽以待人、严于律己、坚韧不拔的良好心理素质和高尚的道德情操。

武术也具有很高的观赏价值。武术套路动迅静定的节奏美，踢、打、摔、拿、跌巧妙结合的方法美，内外合一、形神兼备的和谐美，给人以强烈的视觉震撼和精神冲击，极大地丰富了人们的文化生活。

习近平总书记对传统文化的理解

习近平总书记指出："坚定文化自信，离不开对中华民族历史的认知和运用。历史是一面镜子，从历史中，我们能更好看清世界、参透生活、认识自己；历史也是一位智者，同历史对话，我们能够更好认识过去、把握当下、面向未来。"学习中国传统体育运动，不仅能增强文化素养，还能加深对我国优秀体育文化的理解和把握，增强青年一代的文化自信。深入挖掘民族传统体育文化的精神内涵，汲取传统体育文化的思想精华，并以生动活泼的形式展现出来，才能充分发挥中华民族的文化优势。

资料来源：国家体育总局编写组.深入学习习近平关于体育的重要论述[M].北京：人民出版社，2022：227.

中国武术之武德教育

二、武术基本功和套路学练方法

武术的内容按其运动形成分为两大类：套路运动和搏斗运动。套路运动是根据武术动作的攻守进退、动静疾徐、刚柔虚实等矛盾运动的变化规律编成的整套练习形式，主要内容包括拳术、器械、对练、集体表演；搏斗运动是两人在一定条件下，按照一定的规则进行斗智较力的对抗练习形式。

（一）武术基本功

1．上肢练习

（1）基本手型。

① 拳：四指并拢卷紧，拇指紧扣食指和中指第二指节，握拳时拳面保持平整（图9-1-1）。

拳谚：握拳如卷饼。

② 掌：四指并拢伸直并向后伸张，拇指自然弯曲靠于食指一旁（图9-1-2）。

③ 勾：五指第一指节相撮，屈腕（图9-1-3）。

拳谚：勾手似镰刀。

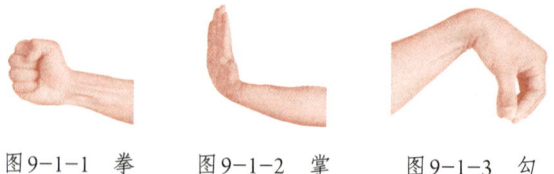

图9-1-1 拳　　　图9-1-2 掌　　　图9-1-3 勾

（2）基本手法。

① 冲拳：两脚左右开立，两拳抱于腰间，拳心朝上。右拳从腰间旋臂向前猛力冲出，力达拳面，拳心朝下，目视前方（图9-1-4）。

拳谚：精练明拳理，苦磨出功夫。

② 架拳：右拳向右上方架起，拳眼向下，目视左方（图9-1-5）。

拳谚：行拳走架需有意，刚柔相济两不偏。

③ 推掌：右拳变掌，以掌外沿为力点向前猛力推出，目视前方（图9-1-6）。

拳谚：一寸长，一寸强；一寸短，一寸险。

④ 亮掌：抖腕亮掌，臂成弧形举于头上，目视左方（图9-1-7）。

拳谚：拳轻掌重肘要命，拳打表皮掌击至里。

2．下肢练习

步型。

① 弓步：前脚微内扣，全脚掌着地，屈膝半蹲，大腿成水平，膝部约与脚面

图9-1-4　冲拳　　　图9-1-5　架拳　　　图9-1-6　推掌　　　图9-1-7　亮掌

垂直；另一腿挺膝伸直，脚尖里扣斜向前方，全脚掌着地，上体正对前方，两手抱拳于腰间（图9-1-8）。

　　拳谚：前腿弓，后腿绷，挺胸沉胯莫晃动。

　　② 马步：两脚左右开立约为脚长三倍，脚尖正对前方，屈膝半蹲，大腿成水平，眼看前方，两手抱拳于腰间（图9-1-9）。

　　拳谚：未学功夫，先学扎马。

　　③ 虚步：后脚尖斜向前，屈膝半蹲，大腿接近水平，全脚掌着地；前腿微屈，脚面绷紧，脚尖虚点地面（图9-1-10）。

　　拳谚：虚步前后分虚实，前进后退任自便。

　　④ 仆步：一腿全蹲，大腿和小腿靠紧，臀部接近小腿，全脚掌着地，膝与脚尖稍外展；另一腿平铺接近地面，全脚掌着地，脚尖内扣（图9-1-11）。

　　拳谚：单叉下仆伏地虎，蹿起下伏任自如。

　　⑤ 歇步：两腿交叉屈膝全蹲，前脚全脚掌着地，脚尖外展；后脚跟离地，臀部外侧紧贴后小腿（图9-1-12）。

　　拳谚：欲学惊人艺，须下苦功夫。深功出巧匠，苦练出真功。

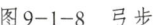    

图9-1-8　弓步　　图9-1-9　马步　　图9-1-10　虚步　　图9-1-11　仆步　　图9-1-12　歇步

（二）五步拳

　　动作顺序：预备姿势—弓步冲拳—弹踢冲拳—马步架打—歇步盖打—提膝仆步穿掌—虚步挑掌—收势（图9-1-13至图9-1-20）。

图9-1-13　预备姿势　　　图9-1-14　弓步冲拳　　　图9-1-15　弹踢冲拳　　　图9-1-16　马步架打

图9-1-17　歇步盖打　　　　　图9-1-18　提膝仆步穿掌

五步拳完整动
作示范

图9-1-19　虚步挑掌　　　　　图9-1-20　收势

（三）二十四式太极拳

二十四式简化太极拳共分8组，本教材只介绍其动作名称，动作演示请扫二维码。

太极拳的动作
要领

二十四式简化太
极拳动作示范

武术比赛规则
与欣赏

组别	动作名称		
第一组	1. 起势	2. 左右野马分鬃	3. 白鹤亮翅
第二组	4. 左右搂膝拗步	5. 手挥琵琶	6. 左右倒卷肱
第三组	7. 左揽雀尾	8. 右揽雀尾	
第四组	9. 单鞭	10. 云手	11. 单鞭
第五组	12. 高探马	13. 右蹬脚	
第六组	14. 双峰贯耳	15. 转身左蹬脚	16. 左下势独立	17. 右下势独立
第七组	18. 左右穿梭	19. 海底针	20. 闪通臂
第八组	21. 转身搬拦捶	22. 如封似闭	23. 十字手	24. 收势

第二节 散打

一、散打简介

（一）散打的起源与发展

散打古称相搏、手搏、卞、白打、手战等，由于以徒手相搏的形式在台子上进行，又称"打擂台"。散打历史悠久。原始社会时期，人们为了获取生活资料，逐渐学会使用拳打、脚踢、绊摔、擒拿等动作"手格猛兽"。私有制萌发后，部落之间战争使人与人的格斗技术不断发展。春秋战国

时期，步兵崛起促进了徒手搏击的发展。秦汉时期，徒手格斗被称为"手搏"，手搏比赛已比较正规。隋唐五代时期，手搏、角抵备受重视，形成了比赛制度。两宋时期，手搏和角抵在民间甚为流行，民间每年都要举行"露台争交"的比赛。明代，手搏多称"白打"，亦称"角拳"或"搏击"，被列入"十八般武艺"之中。清代，伴随着农民运动及秘密结社组织，出现了不少练武的"社""馆"，通过比武较量技艺。民国时期，武术徒手格斗被称为"散手"，这一名称在民间得到广泛使用，并沿用至今。

现代散打是两人按照一定的规则，并运用武术中的踢、打、摔等攻防技法制服对方、徒手对抗的竞技体育项目，它是中国武术的重要竞赛形式。

（二）散打的锻炼价值

学习散打可以健体防身，改善习练者的身体形态和身体机能，提高速度、力量、耐力、协调、灵敏等素质；可以培养习练者勇敢、顽强、机智、果断、灵活等精神，进而形成成熟、稳健、积极向上的优秀品质；可以缓解快节奏给人们带来的紧张情绪，释放压力，融洽人际关系；有助于提升国家文化软实力，向世界展示中国特色的技击技术，传播中国文化。

二、散打技术与学练方法

（一）预备姿势

两脚开步站立（正架为左脚在前，反架为右脚在前），两手握拳，左前右后，左手臂弯曲，肘关节夹角在90°~110°，左拳与鼻同高。右手臂弯曲，肘关节夹角

小于90°，大小臂紧贴右侧肋部，身体侧立，下颌微收。

（二）基本步法

步法是散打技术运用的基础。散打步法的总体要求是"快""灵""变"。"快"是指步法移动要迅速，"灵"是指步法移动要轻灵，"变"是指步法在运用中能随机应变。

1. 前滑步

前脚（左脚）向前进半步，后脚再跟进半步。

2. 后滑步

后脚（右脚）先后退半步，前脚再退回半步。

滑步动作示范

3. 垫步

后脚蹬地向前，脚内侧并拢，同时前腿屈膝提起。

（三）基本拳法

散手拳法主要分为冲拳、掼拳和抄拳。

1. 左冲拳

预备势为正架势。右脚微蹬地，重心微向前脚移动，同时左拳直线向前冲出，力达拳面（图9-2-1）。

2. 右冲拳

预备势开始，右脚微蹬地并向内扣转，转腰送肩的同时，右拳直线向前冲出，力达拳面；左拳回收至右肩内侧（图9-2-2）。

3. 左掼拳

预备势开始，上体微向右转、向前、向里横掼，臂微屈，拳心朝下，力达拳面或偏于拳眼侧；右拳护于右腮（图9-2-3）。

4. 右掼拳

预备势开始，右脚微蹬地并向内扣转，合胯并向左转腰，同时右拳向外、向前、向里横掼，力达拳面；左拳变掌屈臂回收至左腮前（图9-2-4）。

图9-2-1　左冲拳　　　图9-2-2　右冲拳　　　图9-2-3　左掼拳　　　图9-2-4　右掼拳

5. 右抄拳

预备势开始，右脚蹬地，扣膝合胯，微向左转腰的同时，右拳由下向前、向上抄起，大小臂夹角在90°~110°，力达拳面；左拳回收至右肩内侧（图9-2-5）。

6. 左抄拳

预备势开始，重心略下沉，左拳由下向前上方勾起，大小臂夹角在90°~110°，力达拳面（图9-2-6）。

（四）基本腿法

1. 前腿侧踹

（1）预备势开始，重心稍后移，上体保持原来姿势，前腿屈膝提起与胯同高，与上体成90°，小腿外摆，脚尖勾起微向外翻出（图9-2-7①）。

（2）身体继续向侧后仰，同时展髋伸膝向前踹出，脚尖横向，力达脚掌的后2/3处，此时支撑腿的脚后跟斜向前方（图9-2-7②）。

图9-2-5　右抄拳　　图9-2-6　左抄拳　　　图9-2-7　前腿侧踹

2. 前腿正蹬

（1）预备势开始，重心微后移，后腿膝关节微屈，上体微后坐，前腿屈膝正面提起，脚尖勾起（图9-2-8①）。

（2）上动不停，两臂微下落或回收置于头部两侧，两臂自然下垂护住两肋，同时送胯，带动大小腿向正前方水平蹬出，脚前掌下压，力达脚全掌（图9-2-8②）。

3. 后腿正蹬

（1）预备势开始，后脚蹬地，重心前移。后腿迅速向正前方屈膝提起，两臂微下落回收，支撑腿微屈（图9-2-9①）。

（2）上动不停，提膝腿到位后送胯，带动大小腿向正前方蹬出，脚前掌下压，力达脚全掌（图9-2-9②）。

图9-2-8　前腿正蹬　　图9-2-9　后腿正蹬

4．前腿鞭腿

（1）预备势开始，重心后移，上体微向右后转动并向后侧仰，两手臂下落，同时屈膝提腿，并向内扣膝翻胯，大小腿夹角保持在130°左右（图9-2-10①）。

（2）上动不停，由转体翻胯带动大小腿向外侧前上方鞭踢，在击打到物体的瞬间，小腿由于加速甩出与大腿基本成直线（图9-2-10②）。

（3）在翻胯出腿的同时，支撑腿以脚前掌为轴跟着转体，脚跟斜向前。

5．后腿鞭腿

（1）预备势开始，后脚蹬地．重心前移，上体左转，后腿膝关节微外展，收胯带动大小腿向前上方提起（图9-2-11①）。

（2）上动不停，支撑腿以脚前掌为轴随身体转动，同时后腿翻胯，上体继续向左侧后方后仰，大小腿夹角150°左右，随转体向右前方摆踢（图9-2-11②）。

（3）上动不停，鞭踢腿踝关节绷紧，力达踝关节部位及脚背处，当接触到被击打物体的瞬间，由于大腿的摆动使小腿加速与大腿成直线。

图9-2-10　前腿鞭腿　　　　图9-2-11　后腿鞭腿

（五）基本摔法

1．抱腿旋压

甲方右脚蹬地，上左步，身体下潜，重心移至左腿，同时左手包抄乙方大腿内侧，右手抱住其小腿后，以左脚掌为轴，身体向右后方旋转，以右手提、左肩压的合力，将乙方摔倒（图9-2-12）。

抱腿旋压动作示范

图9-2-12　抱腿旋压

2．接侧踹腿摔

（1）甲方接住乙方的左（右）腿，用双手将其固定住，不让其挣脱（图9-2-13①）。

（2）上动不停，甲方左（右）腿往侧后方撤一步，并固定住乙方的腿往怀里带（图9-2-13②）。

（3）上动不停，甲方双手固定住乙方的腿向下、向左（右）、向上做弧形的牵引，将对方摔倒（图9-2-13③）。

接侧踹腿摔动
作示范

甲方	乙方	甲方	乙方	甲方 乙方
①		②		③

图9-2-13　接侧踹腿摔

3．接左鞭腿别腿

（1）甲方接住乙方的左（右）腿，一手将乙方的脚踝关节固定住，另一手搂抱住乙方的膝关节部位（图9-2-14①）。

（2）上动不停，甲方左（右）腿伸至对方支撑腿侧后，别住对方，同时用胸部向外、向下压对方被搂抱的腿，把对方摔倒（图9-2-14②③）。

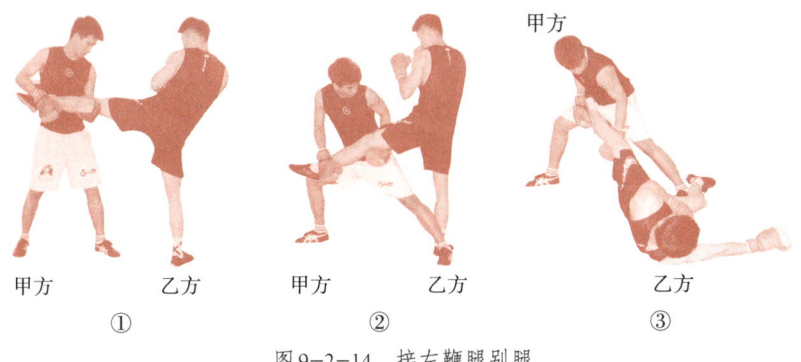

甲方	乙方	甲方	乙方	甲方 乙方
①		②		③

图9-2-14　接左鞭腿别腿

4．接右鞭腿勾踢

乙方用右侧横踢腿，踢甲方肋部。甲方立即顺势用左手抱住乙方右小腿，右手由乙方右肩穿过下压其颈部，同时，右脚向前勾踢乙方支撑腿踝关节处，将其摔倒（图9-2-15）。

散打比赛规则
简介

图9-2-15　接右鞭腿勾踢

第三节　健身气功

一、中国传统养生理论

中国传统养生历史悠久，源远流长，是中华民族的一颗璀璨明珠，隐含着极其深厚的文化内涵和民族特色。在长期的演进中，中国传统养生不仅总结出不少养生保健理论和方法，更是积攒了淡泊名利、天人合一、内外兼修的精神和文化财富。健身气功是中国传统养生功法的重要组成部分。中国传统养生在强身健体、陶冶情操、繁荣民族文化等方面积累了十分丰富的经验，丰富了中医学理论，具有广泛的使用价值。

（一）中国传统养生理论的核心

中国传统养生理论是一种综合性的健康维护体系，它融合了古代哲学、医学和实践经验。其核心在于"天人合一"，即人体内环境系统与外部客观自然环境系统是统一的。人应顺应自然环境、四时气候的变化，"和于阴阳，调于四时"，主动调整自我，保持与自然界的平衡，利用自然变化的规律来进行养生实践活动。

（二）中国传统养生保健原则

1. 阴阳平衡

阴阳是人体互根互用的两大元素，阴阳相合才能保证正常的生命活动，阴和阳偏离则会导致疾病。阴阳的协调平衡是人体健康的表现。但这种平衡和矛盾的统一是暂时的、相对的，而对立是绝对的。这种对立—转化—协调平衡变化的规律，正是身体发展的过程。

静则生阴，可以降低人体的消耗，如静坐、睡眠、闭目养神等；动则生阳，可以增强精力和体力，如走、跑、跳、打球、游泳和登山等。

2. 经络疏通

经络是经脉和络脉的总称。经脉是主干，络脉是分支。经脉大多循行于深部，络脉循行于较浅部，它们纵横交错，周行全身，并联结成一个统一的有机整体。如经络气血不和，可使经络气血阻滞不通，出现气血淤积，酿成实症；如气血运行无力，就会出现肌肤萎软，功能减退，成为虚症。经络不通，可运用按摩、推拿、针灸等手法治疗，以达到驱除阻滞、畅通经络、扶正祛邪的目的。

中国传统养生十分注重保养精、气、神，并称之为"三宝"，认为"三宝"与人体生命息息相关。历代养生家指出，要保护、充盈精、气、神，这是健康长寿的保证。并指出在运动养生时紧紧抓住这三个环节：调意识以养神；以意领气，调呼吸以练气，以气行推动血运，周流全身；以气导行，通过形体、筋骨乃至各关节的运动，使周身经脉畅通，营养整个机体。

3. 顺应自然

顺应自然有两重含义：一是指顺应自然界的阴阳变化以护养调摄生机。人们必须顺乎四季阴阳变化，才能生长化收藏，人才能健康不生病。二是指认识和掌握人与自然界两者的自然规律，才有益于健康。表9-3-1所提供的四季养生原则即是顺应自然的养生总结。

形神兼养，形与神俱

形神兼养为中国传统养生的理论基础。形神兼养可实现生命机能的整体优化，是康强延年的前提和基础。神为形之主，养生首重养神。《黄帝内经·素问》中强调"积精全神"，认为"神"是健康的主宰，有神则生，无神则死，神弱则病，守神则健。形神可分不可离，形俱而神生。"形与神俱"是人的躯体与精神思维活动的高度平衡协调状态，反映了中医学的整体观念和健康观，与世界卫生组织对健康的定义不谋而合。注重形神兼养，保形养神，守神全形，使形神二者互济互用，形与神俱，就能达到"尽终其天年，度百岁乃去"的效果。

表9-3-1　四季养生原则

季节	养生原则	注
春夏养阳，秋冬养阴	春夏阳气渐盛至大盛，为秋冬收藏做准备	强调顺乎自然，人体务必应之
	秋冬阴气渐盛至大盛，为春夏生长做准备	
四季	冬伤于寒，春必温病；春伤于风，夏生飧泄；夏伤于暑，秋必痎疟；秋伤于湿，冬生咳嗽。	

二、健身气功——优秀的中国传统养生法

我们的祖先很早就认识到了人类生命活动具有运动特性，因而积极提倡运动

保健。如《庄子·刻意》指出："吹呴呼吸，吐故纳新，熊经鸟申，为寿而已矣。"《吕氏春秋·尽数》提出："流水不腐，户枢不蠹，动也。"《黄帝内经》提倡"形劳而不倦"，反对"久坐""久卧"，强调"和于术数"（术数，即各种锻炼身体的方法）。在长期的生活实践中，古人摸索总结出许多珍贵的中国传统导引健身法。其中，八段锦、五禽戏、易筋经被列为"三大系统"，通过抻筋拔骨沟通身体内外，吐故纳新，从而强健身心。

（一）八段锦

八段锦的功法特点

八段锦是由8种不同的动作组合而成的，故称八段。因为这种功法可健身益寿、祛病除疾，展示时绚丽多彩，故称锦。"八段锦"之名出自南宋洪迈《夷坚志》："李似矩为起居郎，尝以夜半时起坐，嘘吸按摩，行所谓八段锦者。"南宋曾慥所著的《道枢》一书中论述了八段锦的基本功法。到了明代，八段锦的内涵进一步丰富和完善，并有了"静思""集神"及"行气"等要求。八段锦有南派、北派之分，南派有立式、骑马式、坐式等，动作简易；北派有多行骑马式（动作较复杂）。八段锦还有文、武之分。"文八段锦"多为坐式，强调静息、集神与呼吸吐纳等；"武八段锦"多为立式，侧重于肢体运动。

八段锦动作口诀及图示（表9-3-2）：

八段锦完整套路动作示范

表9-3-2　八段锦动作口诀

组别	动作口诀	组别	动作口诀
第一段	双手托天理三焦	第五组	摇头摆尾去心火
第二段	左右开弓似射雕	第六段	双手攀足固肾腰
第三段	调理脾胃须单举	第七段	攒拳怒目增气力
第四段	五劳七伤往后瞧	第八段	背后七颠百病消

（二）五禽戏

五禽戏是东汉名医华佗根据古代导引、吐纳之术，研究了虎、鹿、熊、猿、鸟5种动物的标志性动作，并结合人体脏腑、经络和气血的功能所创编而成的一套养生功法。五禽戏的问世，使得中医健身术发展到了一个崭新的阶段。其要领与功理见表9-3-3。

（三）易筋经

易筋经的起源可以追溯到中国秦汉时期的导引术，是一种历史悠久的养生方法。"易筋经"的"易"指"阴阳之道""变化之易"；"筋"指"人身之筋络"，人身四肢百骸，无处不是筋，联系周身，通行血脉。"易筋"就是运用各种功法，锻炼自身筋络，使弱者变强的过程。

表9-3-3 五禽戏的要领与功理

戏名	要领与功理	图示
虎戏	要体现出虎之威猛：神发于目，虎视眈眈；威生于爪，伸展有力。神威并重，气势凌人，动作变化，刚柔并济 动作要领：俯撑抬头，两眼平视前看，匍匐向前三步，退后三步，接着身体向左滚动一周，然后重复上述动作 功理： 1. 脊柱前后伸展折叠，牵动任督两脉，能疏通经络、活跃精血 2. 可有效防治腰肌劳损	
鹿戏	要表现出鹿喜挺身眺望、善奔走、运转尾闾的神态 动作要领：轻盈舒展，神态安闲雅静，俯撑匍匐爬行，头部左右转动，两眼前视后望，动作灵活逼真 功理： 1. 增强颈肩肌群，灵活眼珠肌腱 2. 强腰补肾健脑，提高应急机能	
熊戏	要表现出熊憨厚沉稳、安静、顽皮的神态 动作要领： 1. 运势外动内静，体现外刚内柔 2. 以腰为轴慢引，调呼吸意中宫（脐内） 功理： 1. 刺激脊柱督脉，提高气血运行 2. 修炼憨厚沉稳，锻炼涵养功能	
猿戏	要表现出猿性情好动、机智灵敏、善于纵跳的特征 动作要领： 1. 想象攀枝摘果：一臂上举 2. 模仿飞身下地，下蹲团身 功能： 1. 动作快速多变，提高灵敏素质、增强肌力 2. 刺激三阴、三阳（经），增强消化机能	
鸟戏	要表现出鸟既安详、轻盈又昂然挺拔的神态 动作要领： 1. 两臂侧举，腿屈膝抬起，悠然神韵，抑扬机灵 2. 身体重心平稳，手脚协调，翩翩如鸟 功理： 1. 增强气血运行，培养洞察能力 2. 提膝独立，提高人体平衡能力	

五禽戏完整套路动作示范

这里简要介绍易筋经十二式（表9-3-4），基于易筋经功法中"筋挛者易之以舒，筋弱者易之以强，筋弛者易之以和，筋缩者易之以长，筋靡者易之以壮"的传统观点，以"调身""调息""调心"为主要锻炼方式，可以调和五脏六腑，畅通经络气血，实现身体的抻筋拨骨、精力充沛。

表9-3-4 易筋经十二式动作名称及口诀

动作名称	口诀	动作名称	口诀
第一式 韦驮献杵势	立身期正直，环拱手当胸， 气定神皆敛，心澄貌亦恭	第七式 九鬼拔马刀势	侧首弯肱，抱顶及颈， 自头收回，弗嫌力猛， 左右相轮，身直气静
第二式 横胆降魔杵势	足指挂地，两手平开； 心平气静，目瞪口呆	第八式 三盘落地势	上腭坚撑舌，张眸意注牙， 足开蹲似踞，手按猛如拿， 两掌翻齐起，千斤重有加， 瞪睛兼闭口，起立足无斜
第三式 掌托天门势	掌托天门目上观，足尖着地立身端， 力周骸胁浑如植，咬紧牙关不放宽； 舌可生津将腭抵，鼻能调息觉心安， 两拳缓缓收回处，用力还将挟重看	第九式 青龙探爪势	青龙探爪，左从右出， 修士效之，掌平气实， 力周肩背，围收过膝， 两目注平，息调心谧
第四式 摘星换斗势	只手擎天掌覆头，更从掌内注双眸。 鼻端吸气频调息，用力收回左右眸	第十式 卧虎扑食势	两足分蹲身似倾，屈伸左右髋相更； 昂头胸做探前势，偃背腰还似砥平； 鼻息调元均出入，指尖着地赖支撑； 降龙伏虎神仙事，学得真形也卫生
第五式 倒拽九牛尾势	两腿后伸前屈，小腹运气空松。 用力在于两膀，观拳须注双瞳	第十一式 打躬势	两手齐持脑，垂腰至膝间； 头惟探胯下，口更啮牙关； 舌尖还抵腭，力在肘双弯； 掩耳聪教塞，调元气自闲
第六式 出爪亮翅势	挺身兼怒目，推手向当前， 用力收回处，功须七次全	第十二式 掉尾势	膝直膀伸，推手自地； 瞪目昂头，凝神一志； 起而顿足，二十一次； 左右伸肱，以七为志； 更作坐功，盘膝垂眦； 口注于心，息调于鼻； 定静乃起，厥功维备

第四节 舞龙舞狮

一、舞龙舞狮文化

（一）舞龙舞狮的起源与发展

中国是龙狮运动的发源地。舞龙舞狮在中国，原是一种以自发性、娱乐性、随意性为特点的民间传统文体活动。经过 2 000 多年的发展，其形式、种类繁多，风格、流派各异。舞龙是最具有中国特色的一项传统体育活动，在中国传统文化中，中国人常把龙当作吉祥的化身，每逢喜庆节日，各地都有舞龙的习俗。在古代社会，有的地方久旱不雨，民间还有舞龙求雨的风俗。目前

流传下来并且广为人知的舞龙运动是手举舞龙，其形制主要由龙珠和龙体组成，龙体可以分成龙头、龙身和龙尾三部分。其形式可分为火龙、草龙、布龙、纸龙、段龙、筐龙、灯龙等近百种。在我国古代，狮子是外邦进贡的贡品，舞狮运动的形成是东西文化融合交汇的结果，在这过程中，狮子逐渐被人们赋予了多种含义，象征着吉祥安定，并逐渐被发展成一种吉祥物，而舞狮运动正是在这样的条件下逐渐形成的。舞狮有南狮和北狮之分，北狮动作轻巧，以跳跃、翻腾为主，流行于华北中原和中南、华东部分地区；南狮则动作大而威猛，鼓乐雄壮，闻之令人振奋。

舞龙舞狮自问世以来，深受我国各族人民的喜爱，代代相传，经久不衰，并由此形成了丰富灿烂的民族传统文化——龙狮文化。龙狮文化是中国传统文化的代表，它和武术一样都是国家的宝贵遗产。千百年来，舞龙舞狮从一种民间传统文体活动，逐步发展成为一项具有健身功能的体育运动项目，同时也承载着中华民族丰富多元的文化积淀和内涵，体现出一种民族精神，展示出一种团结力量，成为中华民族的象征。

在近代，龙狮运动随着华人的迁移而传播到世界各地。近些年来，东南亚许多国家和地区已将舞龙舞狮发展成为一项体育竞赛活动，国际性的龙狮比赛也逐年增多。现代的舞龙舞狮，已由一般的表演活动，发展成为一项集娱乐、喜庆、竞技和健身多种功能于一体的文化体育活动，它由民间走向官方、走向学校，并开始走上规范化、科学化、竞技化、国际化的发展轨道。

为促进舞龙舞狮运动在国内的普及开展及在世界范围内的推广，国家体育总局于1995年成立了中国龙狮运动协会，并多次举办了国际及国内龙狮赛事。目前，在国际上也成立了"国际龙狮运动联合会"，总部设在北京。

（二）舞龙舞狮的价值内涵

舞龙舞狮作为我国民族传统文化中的瑰宝，既包含多种多样的文明精髓，也在特定历史环境下产生了其独特的价值内涵。

舞龙舞狮运动能联络人与人之间的感情，增强民族认同感，提高民族凝聚力，对参与者的身心发展具有积极意义。它不仅可以提高学生身体素质，培养学生意志品质，而且有助于将中华优秀传统文化发扬光大，将中华民族文化的精髓代代传

承。龙狮精神渗透着中华优秀传统文化，是一种不屈不挠、勇于拼搏、奋发努力、知难而上的精神，更是一种崇尚群体、凝聚合力、敢于创新的精神。而随着国际舞龙舞狮运动交流的日益增多，舞龙舞狮正成为增进各国人民友谊的桥梁和纽带。

二、舞龙基本技术

（一）舞龙的基本方法

1．舞龙珠

舞龙珠者相当于队伍的领导和指挥者。一般姿势："龙珠杆"竖直，简称"举把"，左手持龙珠把下端，在胸前平屈。右手握靠近龙珠位置，两手可换位。执把的基本姿势有并步举把、提膝举把、扣腿斜举、弓步举把、弓步探珠等。与龙头配合表演时，在音乐的配合下可根据情节的需要加以发挥，引导舞龙者完成龙的戏、翻、滚、缠和造型。舞龙珠者本身需要具有一定的武术基础，在场地上能够随机应变，熟悉场地，与龙头保持1米左右的距离，同时要保持龙珠不停地转动。

2．舞龙头

持龙头的基本方法和持龙珠的方法相同，舞龙头的基本动作有"8"字舞龙、游龙、穿越、腾跃等。舞动时，要求龙头以龙嘴方向带动龙身运动，龙头在身体左右绕"8"字，并尽量使龙头在身体两侧成立圆舞动。龙头队员站姿分为两种：一种是与队员同方向，另一种是与队员反方向。舞龙头者要求身材高大、体力好、素质全面、记忆力强，而且要有出众的表现能力，要与龙珠配合默契。

3．舞龙身

龙身也就是我们常说的其他龙节，各龙节的运动方法与龙头的舞法相同。它们必须跟随前面队员的动作顺势舞动，一般是后面队员跟着前面队员的路线跑动，这样龙的效果能够表现出线的流畅性。每个龙节要把自己看作整体的一部分，不能自由发挥，动作过快会破坏整个龙体的运动节奏，更甚者会造成龙体折叠；动作过慢则会影响龙身的幅度和速度，整条龙就没有了流动性和蜿蜒多姿之感。

（二）舞龙的基本动作

● 8字舞龙动作类：是指舞龙者将龙体在人体左右两侧交替做8字形环绕舞动，可快可慢，可定位，可行进也可利用人体的多种姿态、多种方法做8字舞龙。动作要求是龙体运动过程中要圆顺，人体造型姿势要优美。快舞龙要突出速度力度，每次左右舞龙不少于4次。动作主要有单跪、靠背、一蹲一躺、直躺、摇船、绕身舞龙等。

● 游龙动作类：指舞龙者较大幅度地奔跑游走，通过快慢有致、高低、左右

8字类舞龙动作示范

的起伏行进，以展示龙的动态特征。动作要求龙体运动轨迹呈圆、弧线的运动规律，舞龙者随龙体的变化协调配合。动作主要有左右、上下起伏、走圆场、顺逆跑圆场起伏、快速跑斜圆、曲线行进等。

● 穿腾动作类：龙体运动路线呈纵横交叉形式行进。龙珠引导龙头、龙节依次在龙身下钻过称"穿"；龙珠引导龙头、龙节在龙身上越过称"腾"。要求在穿越或腾越时，龙形要饱满，连接紧凑，速度要均匀，动作轻松利索，不碰踩龙体，不脱地，不停顿。动作主要有龙穿身、龙穿尾、龙脱衣、穿尾越龙身、纵向曲线快、慢腾进等。

● 翻滚动作类：龙体呈立圆或斜圆状运动。当龙体做立圆（或斜圆）连续运动时，龙身运动到舞龙者脚下时，队员依次跳过龙身，称"跳龙"；龙体同时或依次做360°翻转，舞龙者利用跨越或滚翻、手翻等技巧作越过龙体，称"滚翻动作"。

● 组图造型动作类：是指在运动中利用龙体组成活动的图案和相对静止的造型。要求活动图案画面清晰，静止造型形象逼真，连接时间紧凑，方法巧妙，解脱利索，无明显停顿感。动作包括大横8字花慢行进、各种平盘造型、塔盘造型。

三、舞狮基本技术

（一）狮头基本手法

● 摇：双手扶头圈，双手交替做上下回旋动作。手的运动路线成立圆。

● 点：双手扶头圈，身体向左侧回旋，与地面的倾角成45°，左右手的运动路线为上下交替运动。右侧动作与左侧动作相同，方向相反。

● 摆：双手扶头圈，上左步时狮头摆至左侧，重心放置左腿。行走时右侧动作与左侧动作相同，方向相反。

● 错：双手扶头圈，然后双手拉至狮头向右侧做预摆动作，右手与右腰侧同时腰、臂齐。

● 叼：一手扶头圈，另一手用小臂托头圈，手伸至狮嘴中央拿绣球。

（二）舞狮基本步法

● 行步：狮头、狮尾队员重心微蹲，迈步时狮头队员先迈左脚，狮尾队员同时迈右脚，节奏一致。

● 跑步：要求同行步相同，节奏要快。

● 盖步：狮头队员向右盖步，左脚经右脚前先向右跳扣步，同时右脚向右跳半步亮相，狮尾队员与狮头队员动作相同；向左盖步，动作相同，方向相反。

● 错步：狮头、狮尾队员同时向身后45°斜后方向先左脚后右脚同时退步。

● 碎步：狮头、狮尾队员同时向左或右小平移，节奏快速、一致。

● 颠步：狮头、狮尾队员按逆时针方向跳步行进，狮头队员迈左脚时，尾队员迈右脚，步法协调一致。

第五节　龙舟运动

龙舟运动是一项集众多划手依靠单片桨叶作为推进方式，运用肌肉力量向船后划水、推动船前进的体育运动项目。标准比赛龙舟配备有龙头、龙尾、舵桨和锣鼓等。龙舟的造型众多，有凤舟、象牙舟、龟舟、虎头舟、牛头舟、天鹅舟和蛇舟等。

一、龙舟运动文化

（一）龙舟的起源与发展

龙舟是"龙舟竞渡"的简称，又叫"赛龙舟""划龙船"等，是一项历史悠久的传统文化活动。赛龙舟是端午节的习俗之一，相传其起源与纪念屈原有关。《隋书·地理志》记载，在屈原投江之后，"土人追至洞庭，不见。湖大船小，莫得济者，鼓棹争归……其迅楫齐驰，棹歌乱响，喧

振水陆，观者如云。"但事实上，赛龙舟的习俗在战国前就已存在于吴越水乡一带。1976年，在宁波鄞县（今鄞州区）云龙镇出土了一件战国时期羽人竞渡纹铜钺，上面就刻有当时南方民族在水上竞渡的场景：四人头戴羽冠，坐成一排，动作整齐地划动着船桨（图9-5-1）。

局部放大图

图9-5-1　羽人竞渡纹铜钺（战国）

2000多年来，龙舟运动经久不衰，深受广大人民群众喜爱。根据各地区的风俗和文化底蕴的不同，龙舟形成了以湖南、湖北长江流域为代表的"长江龙"，以

宁夏、甘肃、内蒙古等黄河流域为代表的"黄河龙"，以广东珠江三角洲地区为代表的"珠江龙"，以及以北京、天津、苏杭等为代表的"京杭运河龙"，并出现了南舟北移、从乡村到城市、从社会到学校的现象。

在长期的发展过程中，龙舟运动在具有广泛的群众性基础上，其竞技性也有了很大程度的提高，经历了由各地域分散到有专门的组织机构管理，由各地域、各民族特色到规则统一、器材规格统一、竞速竞技方式统一的演变，形成了木制龙舟、玻璃钢龙舟或混合材料龙舟等各种材质并存，直道竞速、环绕赛、拉力赛、拔河赛、往返赛等多种竞赛方式并存，大众龙舟赛事与竞技龙舟赛事并存的格局。

1984年，龙舟被国家体委列为全国体育比赛项目。1985年，中国龙舟协会成立。1991年，国际龙舟联合会在中国香港成立，成员包括来自亚洲、欧洲、美洲等洲的众多国家和地区。1995年，由国际龙舟联合会主办的第一届世界龙舟锦标赛在中国湖南岳阳举行，此后每两年举行一届。2010年，赛龙舟成为广州亚运会的正式比赛项目。

龙舟运动蕴含着深厚的文化底蕴和团结拼搏、进取向前的民族精神，具有独特的民族魅力。在我国民间和高校，每年都会举办许多不同形式的龙舟赛事。近年来，各高校为弘扬中国传统文化进校园，积极承办龙舟比赛，这一方面满足了学生多元化的体育需求，另一方面也较好地传承了中国传统体育文化，为高校龙舟运动的发展起到了极大的推进作用，高校也成为我国龙舟运动发展的一股新兴力量。现如今，龙舟运动在东南亚、美洲和欧洲许多国家和地区广泛开展，被世界各国广泛接纳，已成为一项国际运动，这对于大力弘扬中华文化，推动中华优秀文化走向世界，增强民族凝聚力、自信心和自豪感，构建社会主义和谐社会具有重要的作用。

龙舟精神

（二）龙舟运动的锻炼价值

参与龙舟运动，不仅可以强身健体，培养学生吃苦耐劳、勇往直前、坚韧不拔、同舟共济、奋勇争先的意志品质，也可以提高学生的文化素养，培养爱国主义情操，继承和发展传统文化，自觉担当起传承人的责任。

二、龙舟基本动作与学练方法

龙舟划手技术动作方法由坐姿、握桨、入水、拉水、桨出水和前推移桨等技术组成。

（一）坐姿

右排划手的身体保持坐姿：右大腿外侧紧靠船边，腿弯曲，脚掌前撑前排隔板，左腿半屈（左、右腿也可互换）（图9-5-2，图9-5-3）。左排划手的坐姿与右排划手相反。

图9-5-2　基本坐姿

图9-5-3　脚部动作

（二）握桨

握桨是最基本的技术动作。右排的划手左手先放在桨把的上端，四指从外向内并拢，掌心紧贴桨把上端，大拇指从内向外包住桨把（图9-5-4）。右手在桨的下端（桨叶与桨把的交界处），四指从外向内并拢，大拇指从内向外包住桨把（图9-5-5）。划行时要自然放松，不能握得太紧，以免手心起泡。左排坐姿的握桨要领与右排一样，只要左、右手换位就行了。

图9-5-4　上端握桨

图9-5-5　下端握桨

（三）入水

左排划手划水时，身体前倾，转动躯干，右肩前伸（图9-5-6）。背部、肩部发力传给左臂，左肘关节微屈，抬肘，形成高肘动作。在桨入水瞬间，左臂用力向下压桨至拉水完毕。桨入水时右臂向前伸直，桨入水的角度为80°～90°比较合理，桨入水后，右臂后拉，肘关节不能向外伸，整个动作类似蒸汽火车轮的传动臂（图9-5-7）。

图9-5-6　前倾

图9-5-7　入水

（四）拉水

桨入水后，划手马上要拉水，拉水时右臂后拉，左臂向下压桨，右腿（或左腿）前蹬隔板，躯干有后移动作，拉水距离为1~1.2米，拉水时桨要垂直于水面（图9-5-8）。

图9-5-8　拉水

（五）桨出水

出水时，左臂放松，上抬提桨。右腕内扣，上抬提桨，使桨叶御水。

（六）前推移桨

比较常用的有以下两种方法：

（1）左手下压，使桨几乎与水面平行，接着右臂往前推桨，然后入水。这种方法适合风浪较人的比赛场地，运动员身体不高，但手臂力量大。

（2）左、右臂上抬前推。前推过程中桨叶不能碰着水面，以免产生阻力。也不能提得太高，影响向前伸展手臂、入水时间及划行的速度。

第六节　射箭运动

一、射箭运动文化

（一）射箭的起源与发展

射箭是一项极为古老的运动，它起源于人类狩猎和防身自卫的需要。在农业生产出现以前，远古人类主要靠狩猎和采集为生。开始时，人们主要靠棍棒和石头对付野兽，这就必须与野兽进行近距离的搏斗，这样，不仅对人的生命有很大威胁，而且还会引起野兽警觉，从而无法接近它

们。人们在长期的生活经历中发现，竹子及一些柔韧性很好的树枝会产生很大的反弹力，用这种反弹力发射物体，可产生很强的杀伤力。原始人将木条或竹片弯曲，拴上弓弦，然后将竹竿或木棍削尖作为箭，这样，弓箭便发明了。

随着人类争夺战争的展开，弓箭便从一种获取食物的主要手段演变成为一种战争工具。商周时期，战车是战场上的主力，每辆战车除了驾车手，只坐两个人，其

中一个就是弓箭手，可见它在古代战争中的地位是多么重要。西周时期，射箭是贵族教育体系中的六种技能之一，这六种技能分别为礼、乐、射、御、书、数。春秋战国时期，争夺战争越来越激烈、残酷，人们对射箭技术的培养也进一步重视起来。在战国时期，随着骑兵在战争中运用，人们还发明了骑射这种射箭方式。到了近代，随着火药的问世，弓箭在战场上逐渐消失，演变成一种比赛项目和表演项目。

现代射箭运动最早开始于英国，英格兰约克郡自1673年起举行方斯科顿银箭赛。1844年，第1届全英射箭锦标赛在英国举办。1861年，英国射箭协会成立，统一了竞赛规程。在1900年的奥林匹克运动会上，射箭比赛首次出现，并成为1904年、1908年、1920年奥运会比赛项目。第7届奥运会后，射箭项目被取消。缺席了52年后，1972年，第20届奥运会又将射箭运动重新列为正式比赛项目。

（二）射箭运动的锻炼价值

1．射以养德

射箭是修身养性的运动。在中国古代，射箭作为礼的一部分，其中蕴含了礼的大学问，更体现了仁的道理。《射记·射义》有云，"射者，仁之道也。射求正诸己，己正然后发；发而不中，则不怨胜己者，反求诸己而已"，意思是说，行仁之人好比射箭，射箭的人先端正自己的姿态而后放箭；如果没有射中，不埋怨那些胜过自己的人，反躬自问罢了，因此，射箭也被称为"君子之争"。

射箭的德育内涵

2．射以养身

射箭强调端正身体、身体对称用力，符合人体生理养生要求。经常进行射箭练习，可以有效地矫正脊柱、矫正身姿、预防驼背。射箭是非对抗性运动，以战胜自己为目标，对身体不易产生硬性损伤。

3．射以养心

射箭强调练心与练技紧密结合，射箭之前要端正自己的心态，举重若轻，平心静气，长时间科学系统的射箭训练可使人养成平和、耐心、刚毅、胆大心细等品质，特别是对戒除"意气用事"的坏习惯有莫大的益处。

4．射以养神

射箭除技术稳定一致外，非常重要的是要注意力集中，始终将精神集中在自己身上，并全神贯注于目标。长期进行射箭练习，有助于培养人的专注力。

二、射箭基本动作与学练方法

（一）站位

射箭时，通常采用的姿势有侧立式、暴露式、隐蔽式三种。

1. 侧立式

两脚开立，与肩同宽或稍宽于肩，平行分立在起射线两侧，脚尖稍向外展（图9-6-1）。

2. 暴露式

两脚站在起射线两侧，右脚比左脚向前半脚以上，宽度以身体感到舒服为宜，躯干有向右转体的动作（图9-6-2）。

3. 隐蔽式

两脚站立在起射线两侧，右脚比左脚向后约1/3脚（图9-6-3）。

图9-6-1　侧立式　　　　图9-6-2　暴露式　　　　图9-6-3　隐蔽式

（二）手指搭箭

先将箭尾卡入弓弦箭扣的位置，再将箭杆置于箭台或拇指上（中国式传统弓），然后把箭杆压入信号片下（竞技反曲弓）（图9-6-4）。

图9-6-4　手指搭箭

（三）推弓

推弓有三种方法：

高推法：又叫虎口推法，是以虎口为中心的推弓方法（图9-6-5）。

中推法：以大鱼际为中心的推弓方法。

低推法：以掌根为中心的推弓方法（图9-6-6）。

图9-6-5　高推法　　　　　图9-6-6　低推法

（四）勾弦

1. 拇指勾弦

拇指勾弦是中国式传统弓射箭技法的主要特点之一，常被称为"蒙古式射箭

 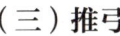 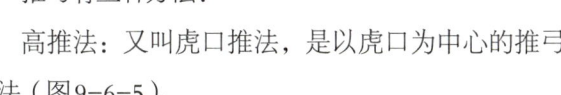 

法"。大拇指放松勾弦，食指用力压拇指，食指侧面轻轻抵在箭杆尾部（图9-6-7）。

2. 三指勾弦（地中海式）

三指勾弦由拉弓手的食指、中指、无名指来完成，大拇指、小指不参与勾弦，大拇指自然弯曲指向掌心，小指可自然弯曲，三指勾弦的位置分别是：食指钩在第一关节偏上处，中指勾在第一关节偏下处，无名指勾在第一关节处，箭尾夹在食指和中指的中间（图9-6-8）。

图9-6-7　拇指勾弦　　　　　图9-6-8　三指勾弦

（五）举弓

左手持弓，右手勾弦，头部自然转向靶的方向，眼睛平视目标。然后两臂从垂直举至水平，弓垂直于地面，箭接近水平并同拉弓臂的前臂连成一条线，两肩自然下沉，调整呼吸，准星对准黄心（图9-6-9）。

（六）开弓

举弓稳定后，利用两肩带肌的力量，采用前撑后拉的方法，沿最短距离将弓拉开。在开弓过程中，除保持两臂沿水平方向用力外，还应保持准星在黄心内（图9-6-10）。

图9-6-9　举弓　　　　　图9-6-10　开弓

（七）靠弦

靠弦是射手勾弦手在下颌定位动作。靠弦方法主要有颌下正中定位法和颌下根部定位法两种。

颌下正中定位法：拉弓手食指靠在颌骨下面，弓弦正对鼻子、嘴和下颌的中央。

颔下根部定位法：拉弓手食指靠在颌骨根部，弓弦靠在鼻子、嘴和下颌右侧中部。这种定位方法可加大拉距。

（八）固势

射手在引弦至靠位点的同时，就形成了射箭的基本姿势，这称为固势。这是射箭基本技术的重要环节，是射箭的基础动作。

如何练就百步穿杨的本领

（九）瞄准与持续用力

1．瞄准

瞄准是指瞄向物体的正中目标。射箭动作中的瞄准是在固势动作形成的同时，眼睛通过弓弦的一侧，使眼睛、准星和靶心连成一条直线，从而形成瞄准基线。

2．持续用力

持续用力是射箭的一个重要环节，具体是指加强持弓臂的内旋和拉弓臂后背肌群的柔和用力。

（十）撒放

推开弓并且瞄准后，后背肌群继续用力同时扣弦的拉弦手手指屈肌放松，完成撒放动作。撒放动作是在瞬间完成的，撒放时，前、后手的动作既不能分先后，也不能分轻重，必须是高度协调统一的。

射箭运动欣赏

（十一）收势

收势，也称后续连贯动作。一支箭起射过程全部结束后，将弓放下，使身体恢复到站立时的姿势，做好起射下一箭的准备。

第七节　其他民族民间体育项目

一、抢花炮——中国式橄榄球

（一）抢花炮简介

抢花炮是流行在侗族、壮族、仫佬族等少数民族的传统体育活动，已有500余年的历史。由于抢花炮是一项身体激烈碰撞的运动，且与西方的橄榄球有许多相似之处，所以也有"东方橄榄球"的美称。抢花炮具有很强的对抗性、娱乐性和浓郁的民族特色，深受广西、贵州、云南、湖南、

广东等省少数民族人民的喜爱。近年来，抢花炮不断专业化，并与现代竞技体育逐渐接轨。如今，抢花炮是全国少数民族传统体育运动会的正式比赛项目之一。

抢花炮具有高强度的对抗性，又具有一定的技巧性，因此也被称为"勇敢者的运动"，深受广大学生欢迎。该项目强调团结、协作、守纪，经常参与这项运动，可以培养学生挑战自我的勇气、吃苦耐劳的品质、随机应变的能力、团结协作的精神，不仅能增强体质，增进健康，也有助于传承民族文化，加强民族团结。

（二）抢花炮基本技术

抢花炮的技术由各种各样的跑、跳、抢截、传递、掩护、集体配合等技术动作组成，它要求参与者在训练和比赛中跑得快、跳得高、力量强、抢截积极、突破能力强、掩护配合等。

1. 抢花炮的进攻技术

（1）持炮。持炮指握炮的方法与技巧，分为单手握炮和双手握炮两种。

（2）传炮。传炮是抢花炮竞赛中运用最多的技术动作之一，传、接时要巧妙地通过假传、假接或真传、真接来分散对手防守的力量，从而发动进攻。

（3）接炮。根据接炮的方式不同，可分为单手接炮和双手接炮两种。

（4）抱摔。抱摔是抢花炮比赛中堵截进攻队员的主要技术之一。通过抱摔，可阻止持炮队员进攻，从而为同伴抢炮创造机会。

2. 抢花炮的防守技术

（1）抢断炮。抢断炮是指防守队员抢断进攻队员之间的传递炮。首先判断攻方队员会向哪一位同伴传炮或炮会飞向哪个方向，以便提前移动，抢占有利位置；然后根据炮的飞行方向跳起，尽量拍打花炮或拍打攻方队员接炮的手，使攻方队员接不住花炮。

（2）抢夺炮。首先判断花炮在哪一位攻方队员手中，然后通知队友协同抢夺，即抱腰、拉手，将花炮硬抢夺过来。在不犯规的前提下以多防少，尽量不让进攻方将炮传出。

（3）拦截。拦截是不让攻方队员进入罚炮区，破坏攻防队员的战术配合。

（4）抱腰。抱腰是防守技术中较难掌握的一个动作，当拦截对方进攻时，只要他持炮进攻，就可抱腰防守，为队友抢花炮创造条件。

二、高脚竞速——如履平地

（一）高脚竞速简介

高脚竞速，又称"高脚马""竹马"，是流行于湖南、湖北、贵州、云南、广东等省的民族传统体育项目，原本是土家族、苗族人在雨季代步、涉水过浅河的工具。后来，人们将这种代步工具发展为高脚竞速，成为一项民族传统体育项目。高脚竞速也是全国少数民族传统体育运动会的正式比赛项目。高脚竞速分为竞速项目和对抗项目，其中，对抗项目的目标是将对方撞倒或打下高脚马，也可进行越野、障碍和竞艺竞赛。

高脚竞速要求参与者双脚踏高脚杆进行奔跑、转身、跳跃和对抗，对参与者的灵活性、协调性和平衡性有较高的要求。经常参与这项运动，对提高参与者的身体平衡、促进肌肉无氧代谢、提高臀部力量和握力、改善心肺功能及神经系统的灵活性有显著效果。此外，参与这项运动还有助于培养参与者勇敢、顽强、坚毅、进取等意志品质。

（二）高脚竞速基本技术

1．握马

高脚马的握法：两脚开立，将高脚马立于体前，两马宽度在40~50厘米，两手虎口向上，四指并拢，两手握紧高脚马，位置高于肘低于肩。

高脚竞速技术讲解

2．上马

原地上高脚马：双手握住高脚马上端，两脚依次踏上高脚马的踏凳，身体重心适当靠后。站稳后，将高脚马下端逐渐向后移动，使身体重心落在高脚马上，从而保持身体平衡。

3．行走技术

当练习者能够控制住自己身体、基本掌握立在高脚马上的平衡、腿和臂协调配合后，就可以进行行走练习。行走时，要握紧高脚马，防止高脚马转动影响身体重心，破坏平衡，同侧腿的上抬和手臂上提要一致，并向前迈出。

4．跑动技术

跑动技术分为起跑、起后加速跑、途中跑和终点跑。

三、珍珠球——融运动之矫健与劳作之优美

（一）珍珠球简介

珍珠球，原名"采珍珠"，起源于满族先人采珍珠的生产劳动，后演变为传统体育项目。1980年，河北省丰宁满族自治县对这项运动进行了发掘整理。1984年，中央民族学院（今中央民族大学）、北京怀柔满族乡、河北丰宁满族自治县联手对这一古老而悠久的传统体育项目进行了进一步的挖掘整理，并为其制订了比赛规

则。1986年，珍珠球在第三届全国少数民族运动
会上首次亮相。在1991年第四届全国少数民族传
统体育运动会上，珍珠球被列为正式比赛项目。

珍珠球比赛规则结合了篮球和手球规则，简单易
行且大众化。其在水区的运动与篮球、手球类似，封
锁区持拍队员兼具守门员和排球拦网员角色，增加了
观赏性。珍珠球对场地要求不高，男女老少皆宜，是综合的集体运动。参与珍珠球项目，
可以强化参与者的拼搏意识，敢于进取，学会尊重规则，尊重对人，使竞争心态更为健
康，实现身体和个性的健康发展。此外，参与这项运动也有助于新时代大学生了解中华
优秀传统文化，树立民族自豪感，增强民族凝聚力，加强民族团结，弘扬民族精神。

（二）珍珠球基本技术

1．持球技术

持球分为单手持球和双手持球两种。以单手持球技术为例：五指自然分开，持
球后用五指的合力拿住球。

2．运球技术

运球是一项最基本的技术，指持球队员在原地或移动中用单手连续拍击从地面
反弹起来的球。

3．传球技术

传球是进攻队员之间有目的地向对方场区转移球的方法。珍珠球比赛中很少运
球，多是用各种传球技术组织进攻和调动防守。

4．接球技术

接球的手法主要有双手接球和单手接球两种。根据来球的部位不同，接球又可
分为接胸部高度的球、接高球和低接球三种。

5．射球技术

射球是一项重要的技术，一个球队射球能力的强弱是衡量该队水平高低的重要
标志。高抛球、中平快球、边线界边跳射等是基本的射球技术。

6．抄球技术

抄球技术包括抄高抛球、抄中平快球和抄边线界外空中球。

四、蹴球——脚上的台球

（一）蹴球简介

蹴球，原称"踢石球"，也曾称"挫球"或"挫石球"，起源于清代，是由我

国古代蹴鞠发展而来的一项民间体育活动，在满、蒙、回等民族中较为流行，有着悠久的历史。20世纪80年代，通过不断规范，传统蹴球运动得到了传承和发展，1987年成为全国民族运动会表演项目，1991年成为全国少数民族传统体育运动会表演项目，1999年成为全国少数民族传统体育运动会正式竞赛项目。

蹴球吸取了古代蹴鞠游戏的文雅的特点，舍弃了蹴鞠激烈对抗的打法，融娱乐性、运动性、智力性、竞赛性为一体，器材设置简便，场地面积较小，易于开展活动，男女老幼皆宜。经常参加蹴球运动，可以促进参与者力量、耐力、平衡等身体素质的提高，提高呼吸系统和心血管系统的机能。参与蹴球运动，还可以陶冶情操。蹴球以智取胜、以技取胜、以巧取胜，而不是凭借体力夺标的特点，让参与者在竞争中强化进取意识和奋斗精神，使人的智、勇、技等方面的竞争与对抗以间接的方式表现出来，帮助人们在进取、拼搏中建立一种理性的态度。

（二）蹴球基本技术

1．准备阶段

准备阶段包括战略战术的准备、运动技术的准备和心理准备，即根据场上随时变化的情况，及时作出蹴球技术判断，确定自己的战略意图和蹴球方向、方法。根据个人情况站在本方球后约50厘米处，蹴球脚与支撑脚成"丁"字形或平行站立，蹴球脚脚尖方向与本方球和目标球瞄成一条直线。

2．支撑脚站位

支撑脚在球侧方约20厘米处，成"丁"字形或平行站立，膝关节微屈，身体重心降低并移至支撑腿上，蹴球脚脚跟提起，脚尖着地，目视本方球。

3．蹴球脚压球与瞄准

支撑脚撑地保持身体平衡，蹴球脚脚跟在球正后方15厘米处着地，脚前掌部分在球后上方距球2厘米左右。方向调正后，用脚掌压球，保持身体的平衡稳定，集中注意力。

4．蹴球

调整情绪，瞄准目标球，蹴球脚向前上方沿目标球方向将球蹴出。

5．维持身体平衡

蹴球结束后，身体重心落在支撑腿上，蹴球腿摆动至膝关节部位时应及时制动，随后放下，形成双脚支撑姿势，保持身体平衡，并注意不要接触其他的球。

阳光、空气、水和运动，这是生命和健康的源泉。

——[古希腊] 希波克拉底

第十章　引领健身潮流　彰显个性魅力
——时尚休闲运动

随着经济社会的快速发展和人们生活水平的日益提高，中国的"休闲时代"已经悄然来临，丰富多彩的休闲体育运动已经成为现代人生活方式中不可或缺的重要内容。人们可以根据自己的兴趣、能力和身体健康状况，选择适合自己的时尚休闲体育运动，不仅能在愉悦的运动中获得身心健康，还能够让生活充满活力。

第一节　飞盘运动

飞盘运动是一项严格要求无身体碰撞的对抗型竞技运动，它将娱乐、教育、运动、审美融为一体，融合了橄榄球、足球和篮球等运动特点，具有新奇、活泼、变化、挑战性、男女差异小、无场地限制等特点，吸引了不同年龄层的人群参与和体验，是一项老少皆宜的健身运动。

一、飞盘运动简介

（一）飞盘运动的起源与发展

飞盘运动的
特点

飞盘的英文为"frisbee"，原拼作"frisbie"，起源于美国。19世纪末，美国面包师 William Russell Frisbie 开了一家叫作 Frisbie 的餐厅，他制作的馅饼深受周边大学生的欢迎。用餐结束后，学生们经常通过相互投掷圆形的馅饼包装盒的方式来娱乐。由于包装盒上印有"Frisbie"的 logo，所以学生们会在投掷时大喊"Frisbie"来提醒其他人注意躲避。"Frisbie（Frisbee）"这个名称也一直沿用至今。

1948年，美国人弗瑞德·莫瑞森制作出了世界上第一个塑料飞盘。随后，这种塑料飞盘在欧美开始流行。2001年，飞盘被列入世界运动会比赛项目。近些年，飞盘作为一项时尚休闲运动在中国快速发展起来，许多城市都有飞盘俱乐部。在高校，飞盘运动也受到了大学生的广泛欢迎。

飞盘比赛项目
及玩法

飞盘运动的玩法很多，主要有极限飞盘、飞盘高尔夫、掷远、掷准、回收计时、飞盘越野赛、花式飞盘、勇气赛、飞盘狗、躲避盘等。不同的玩法使用不同类型的飞盘，其中，传播最广泛的是极限飞盘和飞盘高尔夫。

（二）飞盘运动的锻炼价值

1. 促进身心健康

在玩飞盘的过程中，参与者需要不断地奔跑和快速转身，经常参与飞盘运动，有助于加强心肺功能，提高灵敏素质。从事飞盘运动还需要频繁地跳跃和蹲起，能够很好地训练腿部肌肉和提高爆发力。在练习过程中，投掷者需要调整自己的身体姿势、投掷力度和飞盘的飞行方向，从而使飞盘准确地落到接收者手中。经常参与飞盘运动，有助于提高参与者的手眼协调能力。

2. 塑造良好的品德

学习飞盘有助于青少年在成长阶段塑造良好品德及成年后树立公民道德意识。飞盘运动提倡的公平公正、诚实守信、团队合作、追求卓越等品质，不论在运动场上还是平时学习生活中都尤为重要。

3. 培养拼搏精神

飞盘运动强调"盘不落地，永不放弃"的核心理念，鼓励参与者不放弃每一次机会，这种拼搏精神也适用于面对学习和生活中的困难和挫折。

4. 提高社交能力

飞盘运动是一个很好的社交活动，允许男女同场竞技，使大家更容易在运动中融入集体。人们可以在团队或者个人之间进行比赛或者练习，这不仅可以增进人与人之间的友谊，还可以提高人们的协作能力和团队精神。

二、飞盘运动技巧与学练方法

（一）掷盘

正手投掷时，需要面对接盘者。握住飞盘使其轻微往回离开身体，保持肘部靠近边缘。保持左脚固定的姿势，向一旁移动右脚并且轻微向前。将重心放在右腿上，并且稍弯曲右膝。将手臂带回一点，然后开始向前移动到腰部。继续看着接盘者，确保没将外围带高。以肘部作为主导，前臂随之运动，然后手腕弯折，伴随着一个类似于掷出石头时用的动作。

反手投掷时，站在接盘者的垂直方向，让右肩靠近目标。将重心转移至后脚，转动臀部和躯干，保持飞盘平直并且与地面平行。然后后摆并且开始将飞盘向前移动，通过摆动增加速度。然后将臀部和躯干朝着目标的方向转回。在掷盘出手前，用一个快速的甩腕使手臂加速，飞盘旋转。

（二）接盘

飞盘运动的接盘姿势多种多样，只要能拿住盘就行。双手接盘、低位接盘和高位接盘三种姿势使用较普遍，也比较容易接住盘。接盘时，注意力要高度集中，面对防御压力时适当放松，防止由于注意力不集中或压力过大时而掉盘。

（三）跑位

跑位时，首先要放低身体，保持低位，小碎步调整，尽可能高快地移动双脚。根据接盘的位置，尽可能快地向空位冲刺。

正手握法、掷盘动作示范

反手握法、掷盘动作示范

接盘法动作示范

飞盘运动规则和欣赏

第二节　轮滑运动

轮滑，又称滚轴溜冰、滑旱冰，是穿着带滚轮的特制鞋在较平坦的场地上滑行的运动。轮滑是一项全身性运动，可调节运动量，用具便于携带，技术容易掌握，不受场地年龄、性别的限制，集体、个人皆宜，因而普及程度很高，参与人数众多，在高校中开展得也较普遍。

一、轮滑运动文化

（一）轮滑运动的起源与发展

轮滑运动由滑冰运动转化而来。18世纪初，有位荷兰的滑冰运动员，为了在不结冰季节继续进行训练，尝试把木线轴安在皮鞋底部，试图在平坦的地面上滑行，他的实验在不断失败和改进后终于取得成功，创造了用轮子鞋"滑冰"的历史，轮滑运动由此诞生。1760年，一位伦敦的乐器制造商约瑟夫·梅林决定制造有金属轮子的长靴，并创造出第一款直排轮滑鞋。1863年，美国人詹姆士·普利姆发明了第一双双排溜冰鞋，4个轮子分前后两组，这也是现在广泛使用的旱冰鞋。1892年，国际轮滑联盟在瑞士成立，轮滑运动正式迈向正规化、国际化。1924年4月1日，英、法、德、瑞士4国代表在瑞士蒙特勒成立了国际轮滑联合会。1926年举办了有6个国家参加的第一届欧洲轮滑锦标赛。1992年，双排轮滑组别的轮滑球项目出现在奥运会舞台上，也是唯一在奥运会上出现的轮滑项目。

轮滑运动的
分类

（二）轮滑运动的锻炼价值

轮滑运动是一项融健身、竞技、娱乐、趣味、技巧、艺术、休闲、惊险于一体的体育运动项目。轮滑运动可以全面发展学生的身体素质，有效提高呼吸系统、消化系统、血液循环系统等内脏器官的功能，综合发展速度、力量、耐力、灵敏等各方面素质，改善和提高机体中枢神经系统功能，特别是身体的协调和平衡能力。此外，参与轮滑运动，可以提高学生的运动兴趣，建立良好的体育锻炼意识和习惯，培养勇敢、顽强的拼搏精神和永不放弃、一往无前的意志品质。

轮滑运动锻炼
策略与练习方法

二、轮滑基本技术与练习

（一）站立技术

1．"丁"字站立

脚穿轮滑鞋，扶物成"丁"字站立，前脚跟卡住后脚的脚弓，上体稍前倾，双膝自然弯曲，身体重心落在后脚上。然后两脚交换位置，再成"丁"字站立，直到站稳为止（图10-2-1）。

2．"八"字站立

站立时，两脚跟靠近，脚尖自然分开，上体稍前倾，双膝自然弯曲，身体重心落在两脚之间。重心平衡后，双脚换成平行站立，上体仍前倾，重心落在两脚之间（图10-2-2）。

3．平行站立

两脚分开，与肩同宽。两脚脚尖稍向内扣，保持两脚平行，上体稍前倾，两腿膝关节微屈，身体重心落在两脚中间（图10-2-3）。

  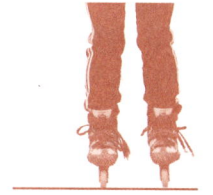

图10-2-1　"丁"字站立　　　图10-2-2　"八"字站立　　　图10-2-3　平行站立

（二）原地技术

1．蹲起

原地站立做半蹲练习，再逐渐过渡到全蹲。要求两脚平行，上体前倾，慢蹲快起，保持重心平衡（图10-2-4）。

2．原地踏步

双脚平行站立，一腿为支撑腿，另一腿屈膝提起。两腿原地交替进行，身体重心在两腿间左右移动。踏步的速度由慢到快，提膝的高度由低到高（图10-2-5）。

图10-2-4　蹲起　　　　　　　图10-2-5　原地踏步

3. 原地单脚支撑

在双脚平行站立的基础上，将身体重心完全移至一条腿上，然后慢慢将腿抬起，脚稍离地即可，停留10~15秒。支撑腿微屈，重心平稳地落到支撑脚上，两脚反复交替练习（图10-2-6）。

4. 两脚原地前后滑动

两脚平行站立，一脚向前、一脚向后来回滑动，两臂随其前后摆动。两脚滑动时始终保持平行，重心保持在两脚中间。这一动作可以提高身体对重心的控制能力和对滑动的适应能力（图10-2-7）。

图10-2-6　原地单脚支撑　　　　　图10-2-7　两脚原地前后滑动

（三）滑行技术

1. 前滑

（1）高姿势交替蹬地滑行。双脚呈"八"字形站立，膝、踝微屈，上体直立，重心移至左脚上，成左腿支撑，右腿蹬地后向左腿靠拢，脚尖稍偏外侧。重心移至右腿上，左脚用内侧轮蹬地，两脚交替进行（图10-2-8）。

（2）低姿势交替蹬地滑行。身体成深蹲姿势，右脚侧蹬地，重心移动到左脚上成左腿支撑滑行，右脚蹬地结束后放松收腿。当右脚靠近左脚时，重心开始回移，左脚开始蹬地，右脚落地后成右脚支撑，两脚交替进行（图10-2-9）。

图10-2-8　高姿势交替蹬地滑行　　　　图10-2-9　低姿势交替蹬地滑行

2. 倒滑

上体正直，两腿弯曲，重心下降，两脚呈内"八"字形开立，两臂放于身体两侧维持平衡。开始时，右脚向侧前用力踏地，重心移动到左腿上，向左后倒滑，右脚蹬地，后脚跟稍抬起收回到左脚内侧，此时重心开始向右侧移动，左脚向左前方用力蹬地，同时右脚后跟外转落地（图10-2-10）。两脚交替进行上述动作。

轮滑锻炼注意事项

3．滑行转弯

前滑左转时，左脚在前，前腿弯曲，后腿伸直，前脚用脚后跟承担身体重量，后脚用脚前掌承担重量。左转时，臀部向左倾倒，上体保持正直或稍向右倒，两肩略向右转，成反向平衡姿势。由于身体的重量都压在左轮上，致使向左急转，弧线滑行（图10-2-11）。

图10-2-10 倒滑 　　　　　　　　　　　　图10-2-11 滑行转弯

（四）停止技术

1．"T"型停止法

当左脚支撑滑行时，上体抬起直立，右脚外翻并横放在左脚后面，左脚呈"T"型，使右脚的轮子横向与地面摩擦。两腿弯曲，重心下降并逐渐转移到右脚，加大摩擦，使之减速而停止（图10-2-12）。

2．双脚急停法

向前滑行时，双脚同时沿顺时针（逆时针）方向转动，与滑行方向成90°，用左（右）脚的外刃和右（左）脚的内刃压紧地面，同时身体向右（左）急转，重心下降并移至右（左）脚上（图10-2-13）。

3．向后滑行停止法

后滑过程中，重心移至前脚，后脚外展横放向后方伸出，与前脚呈垂直方向下落斜放至地面，通过与地面的接触产生摩擦力。随着重心后移，后脚的压力增加，摩擦力增大，直至减速停下。在停止过程中，身体外转，眼看后脚及后方，两手前后自然展开维持平衡（图10-2-14）。

轮滑比赛规则简介

图10-2-12 "T"型停止法　　　图10-2-13 双脚急停法　　　图10-2-14 向后滑行停止法

第三节　跆拳道

跆拳道是一项主要使用手和脚的技术进行格斗或对抗的运动，是现代奥运会正式比赛项目之一。作为一项时尚休闲体育项目，跆拳道深受广大学生的欢迎与喜爱。

一、跆拳道简介

（一）跆拳道的起源与发展

跆拳道起源于朝鲜半岛，距今已有2 000多年的历史。古时，朝鲜民族以农业及打猎为生，在抵御野兽、对抗入侵与祭祀活动的舞艺中，逐渐演变成有意识的攻防技巧及格斗自卫武艺的形式，这种经过时间慢慢磨炼出来的武艺形式（古称跆跟、花郎道），成了一种有目的、有意识的活动，成了古代跆拳道的雏形。

"跆拳道"（TAEKWONDO）一词，是韩国的崔泓熙将军在1955年提出的。其中，"跆（TAE）"指踢击，"拳（KWON）"指拳击，"道（DO）"指方法、技艺和道理，同时也指一种文化，一种精神。1966年，国际跆拳道联合会（ITF）在韩国成立，崔泓熙担任主席。1973年，世界跆拳道联盟（WTF）成立。1975年，世界跆拳道联合会被正式接纳为国际体育联合会的会员。1980年，国际奥委会正式承认了世界跆拳道联合会。跆拳道在1988年作为示范项目首次亮相奥运会，并在2000年悉尼奥运会上成为正式比赛项目。目前，世界上有190多个国家和地区的7 000多万爱好者参与这项运动。

（二）跆拳道的锻炼价值

1. 强身健体，防身自卫

跆拳道是一项全身性运动。经常从事跆拳道训练，可以有效地提高习练者的耐力、速度、力量、柔韧、灵敏和协调等身体素质。经常进行攻防配合练习和实战训练，还能增强习练者的自我保护意识，提高防身自卫能力。

2. 注重礼仪，培养品德

跆拳道训练要求"以礼始，以礼终"，始终在充满"尚礼"和"仁爱"的氛围中进行，除了在训练中要求习练者讲求礼仪，在日常生活中也要求以礼待人。这种严格的礼仪教育模式，使得习练者在训练中不知不觉地受到熏陶，潜移默化将礼仪形式转化为心理动力，有助于习练者养成良好的礼仪风度和优良的道德品质。

跆拳道的精神内涵

3. 激发潜能，磨炼意志

跆拳道的宗旨是"礼义廉耻、忍耐克己、百折不屈"。跆拳道注重实用，技击性强，难度较大，包括许多旋转、腾空、跳跃等动作。要完成这些动作，习练者身体各个部分技能不但要协调、和谐、自然、平衡，还要有敏锐的洞察力、严密的分析能力和精确的判断力。通过这些练习，能激发人的智力、体力和精神的潜能，使人富有创造性。在跆拳道训练中，习练者常常要忍受超乎常人的考验，克服自身惰性和软弱，不断战胜自我，超越自我。经常参与跆拳道运动，有助于培养坚强忍耐、百折不挠、拼搏进取的个性和精神，养成忍耐克己、谦虚宽容的高尚道德品质。

4. 健全人格，塑造精神

练习跆拳道一般在集体中进行，大家一起用力、用声、用意、用神、用每一招一式来表现一个坚不可摧的躯体和勇敢顽强的拼搏精神。习练者之间要相互配合默契，精诚团结，互相友爱。经常参与跆拳道练习，不仅能改善人与人之间的关系，还能增强人的集体主义精神。

二、跆拳道基本技术

（一）准备姿势（实战势）

跆拳道的准备姿势也称实战姿势或预备姿势，是指跆拳道实战训练和比赛中双方开始时的基本站立姿势。

两脚开立与肩同宽，两臂垂于体侧。左脚或右脚向另一脚的前方迈出，两脚相距一步距离前后站立，使身体侧对对方，同时两手半握拳，沉肩，两臂屈肘自然垂放（左脚在后是左架准备姿势，右脚在后是右架准备姿势）。重心落在两脚之间，膝部略弯曲，眼睛平视对方面部，下颌微收。

实战势动作
示范

（二）基本步法

跆拳道基本步法是指在跆拳道运动中脚步的移动方法。它是调整自己与对手之间距离的一种有效形式，也是进攻和防守时必不可少的技术。步法灵活多变，避让得当，会在战斗中赢得主动。因而，学好步法非常重要。

1. 上步

左架准备姿势（以下简称"左架"）站立，右脚向前上一步，成为右架准备姿势（以下简称"右架"）。反之，右架站立亦然。

实战使用：上步常用于逼迫对方后撤或引诱对方进攻，而当对手使用上步时，自己可立即使用进攻技术进攻对方。

2．后撤步

右架站立，左脚向后撤一步，成左架准备姿势。反之，左架站立亦然。

实战使用：后撤步常用在对方使用前旋踢时，当对方准备继续进攻时，可用前腿的侧踢、鞭踢或下压阻击对方。

3．前跃步（前进步）

右架站立，两脚同时向前跃进一步，保持右架准备姿势。反之，左架站立亦然。

实战使用：前跃步常用在快速接近对方以使用旋踢或下压等进攻动作时。当对方前跃步时，可用前腿的劈腿、后踢或后旋踢迎击对方，但有时对方使用前跃步是为了引诱自己，此时要调整重心再进攻得点。

4．后跃步（后撤步）

右架站立，两脚同时向后回撤一步，保持右架准备姿势。反之，左架站立亦然。

实战使用：后跃步常用在对方进攻，自己需要快速与对方拉开距离时。此时由于自己有一个向后撤的惯性，再用进攻的动作就有一定难度，一般可使用迎击动作如后踢或后旋踢等。因此若对方使用后跃步时，自己要防止对方的阻击动作。如果自己使用组合动作，在对方后跃步时，一般可使用侧踢、推踢或外摆下压等动作。

5．原地换步

右架站立，两脚原地前后交换，由右架换成左架。反之，左架站立亦然。

实战使用：原地换步常用在对方与自己是闭式站位，自己为了与对方形成开式站位以更有利于击打对方胸部时；或是为了不让对方的优势腿发挥威力，使对方感到别扭时。而当对方原地换步时，可利用此时机抢攻得点。

6．侧移步

第一种步法是以前脚为轴，后脚向左（右）侧方向移动，用以改变与对手的站位方向；第二种步法是右架站立，右脚先向右（或向左）侧移动一步，随之左脚也迅速向右（或向左）侧移动一步。

实战使用：主动进攻时，对方反应速度快，则使用向一侧移动侧移步，诱使对方来不及调整身体重心而不能很好地反击；或是当对方进攻，自己不向后撤，而使用侧移步与对方贴近使用进攻动作。

7．垫步

右架站立，右脚向左脚内侧上步，同时左腿迅速抬起以便进攻和防守。

实战使用：主要用于主动进攻时，用前腿攻击对方。

（三）基本进攻技术

跆拳道实战的基本进攻技术主要包括拳法和基本踢法，这些技法组成了跆拳道实战的基本形式。

1．拳法

直拳：两脚开立，与肩同宽，两手握拳放于胸前，左脚向前上步成弓步，左手成下格挡，右手迅速直拳从胸前出击，拳低于肩部水平以下，击打护胸。

2．基本踢法

（1）前踢。右架站立，重心移至左脚。右腿提膝时，膝关节朝前，脚面绷直，双手握拳自然垂放在身体两侧。髋关节前送，右大腿向前抬起，当大腿抬至水平或稍高时，向前弹出小腿，用脚面击打目标，脚面绷直。在小腿弹出的一瞬间，要有一个制动的过程，使小腿产生鞭打的效果。击打目标后，向右转髋，使右小腿折叠快收回原位（图10-3-1）。

前踢动作示范

| 1 | 2 | 3 | 4 | 5 |

图 10-3-1 前踢

（2）横踢。右架站立，抬起右腿时，大小腿夹紧，从前方迅速提至腰部。提起右腿后，髋部略左转。为保持重心，躯干稍向左后倾，以配合快速转髋。通过腰腿的力量，将小腿用力由外向内横踢出去。击打时，脚面稍绷直，小腿弹出后，在弹直的一瞬间，要有一个制动的过程，使脚面产生鞭打的效果（图10-3-2）。

横踢动作示范

| 1 | 2 | 3 | 4 | 5 |

图 10-3-2 横踢

（3）侧踢。右架站立，将重心移至左脚，同时左脚外旋。提右腿，大小腿折叠，同时向左转髋，身体右侧侧对对方。勾脚面，右腿平蹬出去，用脚掌外侧攻击对方。击打后，右腿自然下落，并撤回原位（图10-3-3）。

侧踢动作示范

图 10-3-3　侧踢

后踢动作示范

（4）后踢。右架站立，重心移至左腿。以左脚尖为轴，左脚跟外旋，身体向右后方转动，同时提起右腿，大小腿折叠。右腿向后平伸蹬出，蹬直腿前膝关节稍外翻。击打后，右脚自然落下，成右架站立姿势（图10-3-4）。

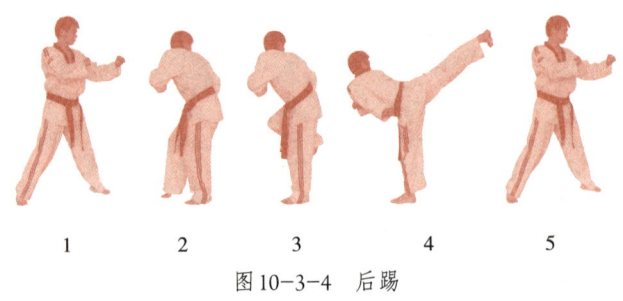

图 10-3-4　后踢

下劈动作示范

（5）下劈。右架站立，重心移至左腿。提起右大腿，同时向左转髋，使右腿膝盖尽量与胸部贴近，身体重心向上。右脚高举过头，右腿伸直靠近胸部，身体保持正直或稍前俯。右脚脚面稍绷直，右腿快速下压，用脚掌或脚后跟下砸对方的头部，身体重心前移至右腿上，身体稍后仰来控制重心。击打后，右脚自然落下，成右架站立姿势（图10-3-5）。

图 10-3-5　下劈

后旋踢动作示范

（6）后旋踢。右架站立，以左脚尖为轴，左脚跟外旋。身体向右后方转，同时提右腿，向斜后方向蹬伸，头部向右后方转动。身体继续旋转，右腿向后划一个水平弧线，快速屈膝，用脚掌击打对方头部。右脚自然落下，还原为右架站立（图10-3-6）。

1　　　　2　　　　3　　　　4

图 10-3-6　后旋踢

（7）双飞踢。右架站立，重心移至左脚，提起右腿使用横踢。在右脚未落地时，立即用左腿横踢，即使用两个连续横踢。击打后，两脚自然落下。两腿交换之间，髋部要快速扭转。小腿弹出后，在弹直的一刹那，要有一个制动的过程，使脚产生鞭打的效果（图 10-3-7）。

双飞踢动作
示范

1　　　　2　　　　3　　　　4

图 10-3-7　双飞踢

（8）鞭踢。右架站立，重心移至左腿，以左脚前脚掌为轴脚跟内旋。身体向左方转动，同时提起右大腿向前，头部向左方转动。右腿膝关节朝左内扣，右小腿由外向内有一定弧度的摆动并伸小腿，身体随之侧倾。突然屈膝，用脚掌向右横着鞭打对方面部。击打后，右脚自然落下，还原成右架准备姿势（图 10-3-8）。

跆拳道比赛规
则与欣赏

1　　　2　　　3　　　4　　　5

图 10-3-8　鞭踢

第四节　登山与攀岩

一、登山——勇攀高峰，挑战自我

登山是一种生存技能。古人为了生存不得不翻山越岭，去寻找食物或往他处迁徙。后来，出于军事对抗、旅行探险和科学考察的需要，登山活动变得更加频繁。现代登山运动始于18世纪80年代。1786年8月8日，法国医生巴卡罗与石匠巴尔玛结伴第一次登上了阿尔卑斯山的最高峰——勃朗峰。次年，青年科学家德·索修尔率领19人的登山队再度登上了勃朗峰，世界登山运动从此诞生。之后，许多国家的登山爱好者向喜马拉雅高山发起了冲击，相继被中、美、英、意、日等多个国家的登山运动员所征服。

我国于1956年组建了第一支登山队。1960年、1975年，我国登山队先后两次成功登上了珠穆朗玛峰，并将一个特制金属测绘砚标竖立在峰顶上，准确测得珠峰的高度为8 848.13米，这是国际登山史上首次确切测量出世界最高峰的高度，充分体现了中国人的意志、胆略和智慧。

（一）登山基本技术

登山技术分为行进技术、保护技术和结绳技术三大类。行进技术又包括攀登、下降和渡河。

1．攀登

可分为攀岩石作业和攀登冰雪作业两大类。

（1）攀登技术。在登山过程中，遇到难攀的岩石峭壁，就需要手脚齐用，协同配合。此刻一定要严格遵守三点固定的原则，即三点固定牢后，再移动第四点。

（2）攀岩石裂缝技术。这种技术适用于攀登宽度不超过1米的裂缝。一般有坐式、剪式、立式、跪式4种攀登技术。

（3）攀登冰陡坡技术。攀登20°以上的冰陡坡时，鞋上要佩戴冰爪，双手要握冰镐置于身前。待冰镐尖扎入冰面且牢固后才能移步。在某些地段，还常用冰镐修筑台阶或使用钢锥。

2．下降

按地形可分为缓坡、中坡、陡坡、峭壁4种下降方法。在40°以下的缓、中坡下降，无须借助专门器材；从陡坡和峭壁下降一般采用器械下降的方法进行，即将主绳一端固定在峭壁顶部，然后将主绳缠绕在下降者身上的下降器械上，左手在上握住主绳，右手在跨台后握住由下降器械穿绕出来的主绳，面向岩壁，两腿分开，身体后坐，右手放绳，利用主绳与下降器械间的摩擦，在身体蹬离岩壁时沿主绳下降。

3．渡河

渡河是一种登山过程中的行进技术。遇到水流不急、水位较浅的河流时，可直接涉水渡河（不应脱鞋，以避免碎石伤脚）；水流较急，可采用绳扎在渡河者身上，另一人在对岸牵绳保护的方法渡河；如遇水深、流急、地势险要的河流时，必须采用绳索渡河技术。具体方法有三种：

（1）牵引渡河。绳索固定拉得要紧，渡河者可用滑轮或攀缘过河。

（2）地锚过河。将绑上铁锚或冰爪的主绳一端抛向对岸，待铁锚在岩石上抓牢后即可按牵引渡河法过河。

（3）吊桥渡河。先将三根主绳两端分别固定于两岸，每根绳间隔1米，拉成中间低两边高的倒立等边三角形，再用辅助将三条主绳按一定间隔连接稳固，使三条主绳受力均匀，下面的主绳供人员通行，上面两条主绳作为护栏。

（二）基本防护方法

1．行进中保护

这是登山运动中重要的安全措施之一。按全队的年龄、性别、体质、体力，以及登山经验、技术水平和处理突发事件的能力等实际情况分成若干结组，用一条主绳将结组成员间隔一定距离联结在一起。行进中一旦有人滚坠，其他组员即可采取紧急措施将自己固定，以免滚落者继续下落。

2．固定保护

固定保护是一人保护行进中的另一人的方法。运用登山器材（钢锥、冰镐、绳索、保护索等），根据地形预先设置各种保护。

3．自我保护

自我保护指出现险情时的自救动作。进行自我保护，必须掌握一定的结绳技术。常用的结绳方法有下列几种：通过结、布林结、平结、交织者、混合结、抓结、双套结（图10-4-1）。

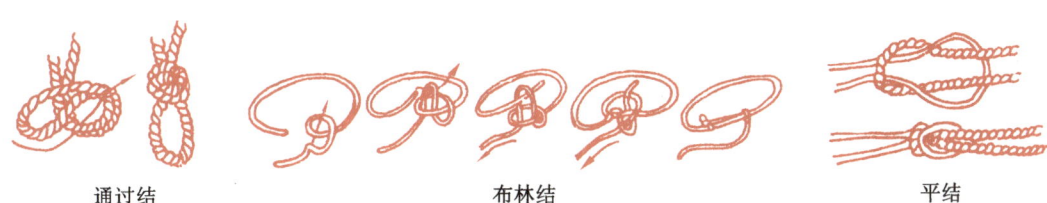

<table>
<tr><td>通过结</td><td>布林结</td><td>平结</td></tr>
</table>

图10-4-1　结绳技术

用于保护和自我保护或固定绳索的通过结：结组中中间数人必须通过铁锁或胸腰保护带或保护绳打通过结，才能进行各种连接和固定；用于保护和自我保护的布林结：一个结组中的第一人和最后一人都打布林结；绳索长度不够时，需运用平结、交织结或混合结与另一绳索相接；在主绳上还需间隔打出供队员固定用的抓结；在攀登陡险地段时，挂在钢绳上作为脚蹬的双套结，俗称"马镫结"。

（三）登山常见的几种险情及应对方法

1. 滚石

山石经风化后从山上滚落称为滚石。如遇到滚石时，首先要镇静，并迅速辨明滚石的方向并躲避到安全处，如因地形限制无处躲藏则应盯住滚石，待滚石接近时伺机躲闪，如果是数量较多的碎滚石，就只能将背包顶在头上防护。

2. 雪崩

山坡上的大量积雪突然朝下崩塌称为雪崩。雪崩有顺坡下滑、大块塌落和巨团滚下等形式。遇到雪崩，首先要将冰镐插入坡面，使身体不被雪流带下，如已被挟带下，双手要尽力向上扒动，力求使身体能处于雪层之上，若已被埋住，也要在口鼻部分将雪挤压出较大空隙，以便能延缓窒息时间。

3. 暴风雪

登山途中遇到大风雪应立即停止前进，选择合适地点避风或挖雪洞暂避。

4. 雷电

有积雨云或浓积云时，会产生雷电。此时应停止活动，下山或进入帐篷内躲避，并迅速远离能导电的金属物体。

登山运动注意事项：

登山过程是运动员不断排除各种困难乃至威胁的过程，登山过程的各个技术过程都是非常重要的，任何一个环节都将影响整体登山运动的进行。

登山要量力而行，结伴前往，事先要对山的情况有所了解，做好充分的思想、物质和组织准备。在具体实施过程中还应请有经验的登山者具体指导，以避免发生意外事故。

二、攀岩——岩壁上的芭蕾

攀岩是从登山运动中衍生出来的运动项目，指利用原始的、本能的攀爬技术，借助各种装备作安全保护，攀登峭壁、裂缝、海蚀岩、大圆石及人工岩壁等。攀岩运动起源可以追溯到18世纪的欧洲。当时的登山者为了克服类似阿尔卑斯山等终年积雪的冰岩地形，发展出一套较为完善的攀登技术。最初，英国登山家埃得瓦特首次用钢锥、铁锁、登山绳索等装备练习攀岩。但直到第二次世界大战前后，由于战争的需要，攀岩才有了今日的雏形。此后，苏联、捷克斯洛伐克、民主法国、意大利等许多国家开展了这项运动，攀岩比赛也日益频繁，组织和比赛规程也日趋完善。1974年，攀岩被正式列为国际体育运动项目。同年，开始举办世界攀岩锦标赛，以后每两年举办一次。进入20世纪80年代，随着攀岩运动的发展和人工岩壁的出现，攀岩发展为既是一项竞技运动，又是一项娱乐运动。

攀岩运动是一项新兴的体育运动，集健身、娱乐、竞技于一体。攀岩者靠双手攀爬，两脚蹬伸，一步步向上攀登，直至预定目标。在攀登的过程中，攀岩者通过岩壁作为支点向上攀爬，看似稳如壁虎、娇似神鹰，却也隐藏着惊险和不测，所以，这项运动特别强调勇敢精神和超越心理障碍的品质，能给人以很强的趣味性和成就感，也表现出极强的观赏性，被人们誉为"岩壁上的芭蕾"。

（一）攀岩运动的分类

（1）自由攀登。不借助保护器械，只靠自身力量攀爬。

（2）器械攀登。借助器械力量攀登，其意义在于运动者完成的目标和活动要求，而不在于攻克多少难度。

（3）顶绳攀登。攀登者在攀登过程中，不需进行器械操作，只以主绳通过保护点进行保护。

（4）先锋攀登。指在线路过程中，攀登者边攀登边将固定在自己身上的保护绳依次挂入保护点的一种攀登方法。

（二）攀岩基本技术

1. 攀登岩石、峭壁技术

（1）三点固定攀登法。利用双手双脚握或趴牢三个支点的条件下，才能够移动第四点向上攀登（图10-4-2）。

① 身体姿势：攀登时面向岩壁，以三点支撑稳住身体重心，并和岩壁保持一定距离，便于观察路线，选择支点。

② 手臂动作：手在攀登中是抓握支点、维持身体平衡的关键，手臂力量的大小会直接影响攀登的质量和效果。因此，一个优秀的攀岩运动员必须有足够的指力、腕力和臂力。而对初学者来说，在不善于充分利用下肢力量的情况下，手臂动作显得尤为重要。

图10-4-2　三点固定攀登法

要根据岩壁的坡度和支点不同采用各种用力手法，如抓、握（图10-4-3）、挂、抠、扒、捏、拉、推、压、撑等稳固身体向上攀登。

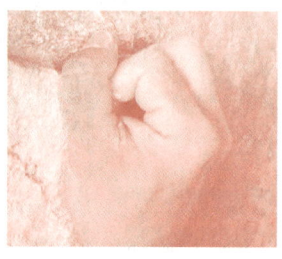 

扣握　　　　　　　　　　　　　紧握

图10-4-3　握法

③脚的动作：攀登技术发挥得好坏，关键要看两足力量是否能充分利用。只靠手臂力量，攀登就不能持久，就不会有节奏、快速度攀登。脚的动作是，两腿微屈外旋，两脚大拇指内侧紧贴岩面，踩稳支点维持身体重量。脚的基本动作有蹬（图10-4-4）、踏（图10-4-5）、跨、挂（图10-4-6）等。

 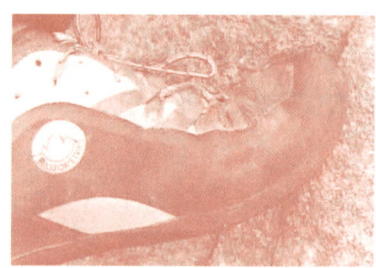 

图10-4-4　蹬　　　　　　图10-4-5　踏　　　　　　图10-4-6　挂

（2）缘绳攀登法。攀登小于90°的岩壁和陡坡时，可利用第一人上方固定好的主绳扔至下方，攀登者可双手抓绳脚蹬岩壁而上。为了安全起见，可打抓结将身体和主绳联结，手推抓结向上攀登。

2.下降技术

下降是登山主要技术之一，是指从岩石峭壁、陡坡、冰雪壁上下来的方法。主要有以下几种：

（1）器械下降。器械下降是指利用绳索同连接在身体上的一定器械，经过特定的缠绕而产生摩擦，从而减缓和控制下滑速度达到下降目的的方法。

（2）下降器下降。将主绳一端在峭壁顶部固定，另一端抛至下方。下降者系好安全带，腹前挂好铁锁，将主绳八字缠绕于下降器上，然后挂在铁锁上。手握绳上端，一手握在胯后从下降器绕出来的主绳。面向岩壁，两腿分开约成80°，蹬住崖棱，松动握住主绳而下降的方法。

（3）单环结下降。单环结下降就是利用铁索和绳索打成的结——单环结相连接而组成下降装置。

下降方法和动作要领同下降器下降法，但要注意单环结要打得正确无误，铁锁一定要拧紧螺扣。

为了消除下降者的恐惧心理，可采用双主绳下降，即一根主绳作为下降用绳，另一根在设上方保护的条件下，将主绳一端与下降者相连接，使之在保护的情况下进行操作。但要注意保护者的放绳动作要和下降者的操作同步。

（4）坐绳下降。坐绳下降是利用绳索与下降者的身体相缠绕而产生摩擦，控制下降速度而下降的一种简单易行、不需要很多装备器材就可实现下降目的的一种方法。

下降方法和动作要领基本同下降器下降法。但要注意的是在下降前一定要将缠绕在身上的绳拉紧，下边握绳的手要虎口朝上，待主绳搭在崖棱之后，两腿伸直。双脚紧蹬岩壁并将两腿上下开立，身体侧倾，右（左）手逐渐松绳，两脚随着向下移步，协调配合操作即可。

这种下降方法，是在只有主绳的条件下才采用的一种方法，其缺点是易磨损衣物，有时会伤着皮肤。采用此法下降，应穿着较厚的衣服。在方法要领上，要掌握好松绳和移动脚步的协调配合，在腿部缠绕的绳索一定要始终保持在大腿根部。维持好身体平衡也很重要。下降速度不宜过快。为了安全起见，可打抓结或采用双主绳保护（一条保护，一条下降），保护方法用单环结下降。

第五节　定向运动

定向运动是一项参赛者借助地图和指北针，在尽可能短的时间内到达若干个被分别标记在地图上和实地中检查点的运动。定向运动有多种类型，其中徒步定向也称为定向越野。

一、定向运动文化

（一）定向运动的起源和发展

"定向"一词最早出现在1886年的瑞典，意思是在地图和指北针的帮助下，穿越未知的地带。地处北欧斯堪的纳维亚半岛的瑞典，国土崎岖不

平，覆盖着一望无际的森林，散布着无数的湖泊、城镇和村庄，人们主要利用隐现在林中湖畔的小径来往于各地。因而，人们必须学会并具备精确辨别方向的能力，否则将会有迷失方向的危险。这样，地图和指北针就成为人们行走和生活的必需品。生活在半岛上的居民、军队，便成了定向运动的先驱者。

最初的定向只是一项军事活动，军人们把在山地里辨别方向、选择道路和越野行进作为军事训练的内容。后来在瑞典（1888年）和挪威（1895年）的军营中，军人利用军用地图先后进行了最初的该类体育竞赛。

1918年，瑞典童子军领袖吉兰特组织了一次名为"寻宝游戏"的活动，他将"宝藏"放在多个地方，并标注在相应的地图位置上，然后让童子军借助地图进行"寻宝"，这次活动引起了参加者的极大兴趣。1919年3月25日，在斯德哥尔摩南部的树林中组织了一次类似的活动，参赛者达217人之多，影响深远。这标志着定向运动作为一项独立的体育项目从此诞生。

1961年，在丹麦首都哥本哈根成立了国际定向运动联合会（IFO），这标志着定向运动趋于规范，并逐步进入了一个崭新的发展时期。1977年，国际定向运动联合会得到国际奥委会承认，定向运动被接纳为奥林匹克体育运动项目。

中国定向运动的发展始于军队。2004年，中国定向运动协会成立。2018年，中国定向运动协会与中国无线电运动协会合并，并于2018年12月更名为"中国无线电和定向运动协会"。

（二）定向运动家族

按照运动模式，国际定向运动联合会将定向运动项目划分为：

1．徒步定向

徒步定向也称为定向越野，是各种定向运动比赛中组织方法最简便、开展最为广泛的定向运动类型，适合各种年龄、性别的人参加。

2．山地车定向

山地车定向是集定向运动和山地车运动于一身的体育运动。在此项运动中，最重要的定向技巧是路径选择和记图。

3．滑雪定向

滑雪定向与定向越野的区别在于选手需要使用滑雪装备，在雪地中完成定向任务。滑雪定向也可以按个人、团体或接力比赛等形式进行。

4．轮椅定向

轮椅定向原来是专为伤残人士特别设计的定向运动形式。现在，它既可以让乘坐轮椅车的伤残人士加入定向运动中来，又可以供新手进行定向基本技术的训练，同样也是一种能让所有参加人都饶有兴趣的专项技能比赛。

（三）定向运动的锻炼价值

健身：获得强身健体、增强体质、放松身心等效果。

益智：消除大脑疲劳，保持头脑清醒、思维敏捷，提高独立思考能力。

育德：培养竞争意识和创新意识，培养进取心、坚韧不拔的毅力和永不言败的精神。

娱乐：定向比赛赏心悦目，参与其中可获得成功、激动、惊喜和满足等心理体验。

交友：参加这一活动能接触不同的人群，从组织者、运动员、裁判员、志愿者、服务员、媒体、记者到国际友人和地区领导人，通过同这些人接触和交流，可锻炼和提高社交能力。

二、定向运动装备

定向运动的基本装备有定向地图、指北针、点标旗和点签计时系统等（图10-5-1）。

定向点签计时
系统介绍

定向地图

指北针

点标旗

点签计时系统

图10-5-1　定向运动装备

一条完整的定向运动路线包括一个起点（用三角形表示）、一个终点（用双圆圈表示）和若干个检查点（用单圆圈表示），这些检查点用数字标明了顺序（图10-5-2）。

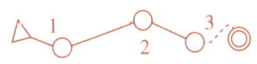

图10-5-2　定向运动路线

三、定向运动技巧

1. 识图

定向地图是为了开展定向运动专门制作的，它要求对读图和选择路线有影响的因素都表示出来，如地貌、地表状况、可奔跑性、水系、建筑群与独立房屋、道路网、其他线状地物，以及对判定方向与确定点位有用的地物等。地面上的各种地物是用形状不同、大小不一、色彩有别的符号表示的。如用面状符号表示大的湖泊、大片森林、沼泽等；用线状符号表示道路、输电线、河流等；用点状符号表示居民点的房屋、小塔形建筑、石块、小树等。用不同的颜色表示质量的差异，如用蓝色表示水系，用绿色表示植物；用同一（或相邻）颜色的深浅表示数量变化，如用深浅不同的绿色表示森林，颜色越深，则表示森林越密，越不易通过。

2. 出发时应做好准备

首先要浏览并熟悉全图，明确方位和方向，然后要分析，最后要选定路线，开始行动。

3. 正确标定地图

指北针和地图的主要作用是辨别方向，使用方法如下：

第一步：用指北针的长尺边相切于磁北方向线，并使指北针的前进方向箭头指向地图北方（图10-5-3之1）。

第二步：转动身体或转动地图（图10-5-3之2）。

第三步：使指北针磁针的北端（红色的一端）与地图的磁北方向线一致（图10-5-3之3）。

1   2   3

图10-5-3 标定地图

4. 选择最佳路线

当了解了地图和指北针后，就必须在两个点标之间选择一条最佳的行进路线。

什么是最佳行进路线？简单地说应该是省体力、省时间、最安全、便于发挥自己的技能或体能优势的路线。

选择路线要遵循下述原则：

有路不越野。应尽量选择沿道路行进，在道路上容易确定站立点，使运动员更具信心；地面相对光滑、平坦，有利于提高奔跑速度。

走高不走低。如果不得不越野，应尽量在高处（如山脊、山背）行进，避免在低处（如山谷、凹地）行进。地势高，展望好，便于确定站立点和保持行进方向；高处通风、干燥，荆棘、杂草、虫害及其他危险少。另外，在山脊这样的地方，常

标定地图基本方法

无线电测向运动

常会有放牧、砍柴的人踏出的小路，利用它，便于提高运动速度。

5．进行中方向明确，头脑清晰

行进阶段可以采用沿线、沿点、分段行进、连续、一次记忆的运动行进法，但要尽量减少在行进途中的停留。比赛时，除了向终点做必要的冲刺，途中应做类似长跑的匀慢加速运动，如上坡稍慢、下坡要快；接近检查点稍慢，离开要快等。在途中运动速度宁可慢一点，也要尽量减少停下来看图、对照地形的次数。走错了路线可采取四头法、登高法或重新确定站立点进行操作。

6．认真对照检查点

关键要做到冷静检查、认真对照，以防找错点，确保图上代号与点标代号相一致。

（1）定点攻击法。当检查点设在明显高大的地物、地貌点上或一侧，运动时先找到这些明显点的实地位置，然后根据检查点与明显地物、地貌点的相对方位距离寻找检查点。

（2）有意偏离法。当检查点设在线状地物上或一侧且运动方向与线状地物的寻找角较适宜时，可有意向左（或向右）偏离检查点，以该线状地物为寻找目标。运动到该地物时，再向右（或向左）沿线状地物寻找检查点。

（3）数步测距法。在地势较平坦、无道路、植被较多、观察不便的地域内寻找检查点，一般采用数步测距法，即先在地图上量出两点间的距离，然后利用步幅准确测量要出走的路程。举例：先量出100米我们所需步行的步数（假设为120步），据此，如果A点到B点的距离是1 500米，便可估算出应走1 800步。为了减少数步的数目，我们可以利用"双步数"，即只数右脚落地的步数。

（4）地貌分析法。地貌有一定起伏，检查点设在低小地物附近时，可采用"地貌分析法"寻找检查点。即根据地图上检查点与地貌的位置关系，分析出与实地相对应的位置关系，并依据这种位置关系来寻找检查点。

在没有指北针的情况下如何定向

可利用带指针的手表。将手表托平，表盘向上，转动手表，将表盘上的时针指向太阳。这时，表的时针与表盘上的12点形成一个夹角，这个夹角的角平分线的延长线方向就是南方。

北极星所在的方向就是正北方向。

在晴朗的白天，用一根直杆，使其与地面垂直，插在地上，在太阳的照射下形成一个阴影。把一块石子放在影子的顶点处，约15分钟后，直杆影子的顶点移动到另一处时，再放一块石子，然后将两个石子连成一条直线，向太阳的一面是南方。

树冠茂密的一面应是南方，稀疏的一面是北方。苔藓的道理与之相同。

另外，通过观察树木的年轮也可判明方向。年轮纹路疏的一面朝南方，纹路密的一面朝北方。

定向运动欣赏

第六节　野外生存

野外生存是指在野外环境中，仅携带有限的食品和装备，充分利用自然条件，在没有外界帮助的情况下进行生存和活动。

一、野外生存文化

（一）野外生存的起源和发展

野外生存起源于第二次世界大战时期的海上生存训练，最初由德国人库尔特·汉恩提议，利用一些自然条件和人工设施，让年轻的海员做一些具有挑战性的活动项目，以训练他们的心理素质，掌握一定的遇险生存技能，以提高他们在身处险境时的生存能力。在现代战争条件下，各国军队都十分重视野外生存训练。这项训练不仅能够培养士兵在野战或困境中的生存能力，更能够有效地在体力、毅力、智慧、沟通、协作等方面全面提升士兵的素质和能力，从而全面提高军队的战斗力。

国内开展野外生存活动的时间比较短，除专业组织和人员需要在野外进行地质、森林、矿藏等科学考察和勘探外，民间很少有专门的群体与组织进行这项活动。20世纪80年代中后期，西方的一些现代休闲娱乐方式逐渐进入我国，其中也包括野外生存活动。

目前，国内已建有许多从事野外生存训练活动的俱乐部、拓展运动公司等，野外生存也已成为高校体育课程的重要内容。

（二）野外生存的锻炼价值

野外生存在江、河、湖、海、森林、山地、草原、雪原、荒原等自然环境中进行活动，是融健身性、娱乐性、教育性为一体的体育项目。

野外生存训练不仅可以达到锻炼身体、增强体质的目的，更重要的还是一个磨炼意志、陶冶情操、放松心境、提高素养的过程。在野外生存训练中，参与者需要背负一定重量的生活用品，爬山、涉水、穿越丛林、山地，不仅要学会寻找食物、生火做饭、搭建帐篷，以及定方向、打绳结、自我救护和救护别人等野外基本技能，还要去拓展、开发人类的头脑和身体内部蕴藏着的巨大能量——潜能，做一些自己从来没做过也从不想做、从不敢做的事情。在这过程中，参与者需要借助一定的专业装备，依靠智慧和力量去克服遇到的各种自然障碍，这对参与者的体力和意志力提出了严峻的挑战。参与野外生存训练，不仅让参与者在体力上得到了锻炼，在智力上也受到了考验，有助于培养独立思考、独立解决问题的能力和坚韧不拔的心理品质。野外是人生最好的课堂。在野外大自然环境中生存生活，可让人的胸怀变得宽阔、大度、包容，危险使人懂得生命的可贵、利益的渺小，恶劣的环境使人明白必须积极、乐观、勇敢地面对，养成乐观、大度、积极、勇敢的性格特征，培养相互协作、战胜困难、共渡难关的团队精神。大自然让人们明白什么叫"物竞天择"，懂得怎样才能"适者生存"，甚至教会人怎样对待工作、怎样对待生活、怎样对待人生。参与野外生存训练，可使人明确本人在团队中的角色定位，在自己或他人遇到困难时主动寻求帮助或帮助同伴，共同保证整个生存过程的顺利进行。通过对体力、毅力、交往、分工、协作等全方位的锻炼，有助于培养人们的社会能力，提高他们今后面临生活、就业等压力时的适应力和竞争力。此外，野外生存体验可以激发人热爱祖国、珍爱生命、珍惜动植物资源、保护环境的热情。

二、野外生存装备

（一）野外生存基本装备

1．着装装备

由于野外生活环境条件的特殊性，对个人装备也有一定的要求。野外生存个人着装装备包括衣服、帽子、鞋子、袜子、雨衣、背包等。

2．宿营装备

帐篷是野外露营的房屋，主要作用是防风霜雨雪、防蚊虫及蛇蝎等。帐篷一般是双层的，外帐用来防雨、防寒、抗风；内帐的门也是双层的，里面是纱帘，用来防止蚊虫、毒虫等入侵。

3．睡袋

睡袋是野外露营的被子，主要作用是保暖。一般有"信封型""混合型"和"人型形"三种款式。

4．防潮垫

防潮垫是野外宿营的褥子，主要用于在野外环境中将潮湿、冰凉的地面与人体隔离，避免受潮。

（二）野外烹调装备和自备食物

1．炊具

在野外环境中，许多地方都禁止使用明火。野外活动应自备燃料和燃料炉。野外生存需备的餐具有碗、杯、盘、热水壶、锅、汤匙、菜刀等。

2．自备食物

食物和水是野外生存不可缺少的备用物。选择食品应根据野外生活的气候环境、生活天数，以及途中是否可以补给等情况来准备自备食物的数量和品种。自备食品可选用罐头食品、饼干、方便面、火腿肠、八宝粥、咸菜、巧克力、奶粉、少量的盐和糖、矿泉水等。

（三）其他装备

（1）GPS。全球卫星定位系统，用于在野外辨别方向和方位。

（2）移动电话。进行野外活动，应向有关电信部门咨询当地移动电话网络覆盖和信号情况。

（3）绳索。应准备直径不小于8毫米、长50米的主绳和直径不小于6毫米、长50米的辅绳数条。主绳用于人身保护，特别是攀岩和岩降时使用，辅绳用于捆扎物品。

（4）放大镜。利用放大镜可以把太阳光聚焦在易燃物上使其点燃。

（5）专用装备。如望远镜、瑞士军刀、当地地图、岩石锤、升降器、救生衣等。

（6）其他较小装备。如指北针、打火机、火柴、蜡烛、塑料袋、笔、缝纫包、抗生素药片、创可贴等。

三、野外生存基本技能

（一）穿越行走技能

1．简易测距离的方法

（1）复步测距法。标准身材的人，其一复步多为0.75米（两步为一复步）。从站立点至目标，量出复步数后乘以1.5，结果即为两点间的距离。

（2）跳眼法。两脚分开与肩同宽，右臂水平抬起，自然向前伸直，竖起右手拇指，闭左眼，通过拇指瞄向目标点A，然后保持姿势不变，再闭右眼、睁左眼，通过拇指瞄向一个新的目标B，估算出A、B两点的间隔，再乘以10，即为站立点至目标的大概距离。

2．团体行进

当团体行进时，应有效地组织好团队，不可散漫。组织形式应固定，不要随意组合，这易于发现有无掉队者，便于帮助遇困者。在白天出发之前，应简便讨论一下行动路线、可能的障碍和某些特殊情况的处理。

分工负责：一名学生负责侦查，选择最佳路线，避开死道、松动岩石的坏路等，同时设法找到通过下坡的最好的路。另一名学生进一步落实侦察结果，并预先通知大家绕开障碍物，保持正确的前进方向。其他学生应经常替换他们，因为引路者的工作尤其辛苦。其余学生可注意搜寻可食性植物及其果实。每个学生都要注意紧跟自己前面的一名成员，不要掉队。

3. 行走的技巧

（1）出发前最好准备一个手杖，这不仅能减少旅途的劳累，还可以作为防身武器，用来驱赶某些野兽。

（2）在平地行走时，应保持匀速。特别是刚开始出发时，应避免走得太快而造成疲劳，使情绪低落，影响后面的行程。保持有规律的休息，平均每走30~45分钟应休息5~10分钟，坐下来与队友说笑，可放松紧张的情绪。必要时，可调整各自的负荷，以便更舒适些。

（3）上坡时，身体前倾，步伐小，可采用外"八"字形步伐，并保持匀速前进。

（4）下坡时，身体后倾，步伐小，可采用内"八"字形步伐，适当加快速度。

（5）上、下陡峭山坡时，可采用侧身走，或采用"之"字形步伐横向行走。必要时，可借助安全绳。

（6）夜间行进。在未知地域夜间行进是非常危险的。夜间往往漆黑一团，由于不能清楚地看清物体，往往很容易偏离方向。此时，可借助指北针指示方向。在夜间，树林中会比开阔地更暗一些，因此，应尽可能沿开阔地行进。夜间观察物体最好观察它的边缘和轮廓，黑暗时物体的中央部分很难看清。

（7）穿越丛林。在野外，穿越丛林是件很困难的事，因为穿越丛林时，人的视线会被茂密的树林所遮挡，很难辨别方向和自己的方位，容易陷入迷路、迷向的困境。因此，穿越丛林时应特别注意两点：一是方向要正确，最好配备指北针和地图，以免走错方向；二是相互之间的联系要频繁，如果有无线电通信系统最好，若没有，可用灯光或声音联络。相互间距离不要拉得太大，不要过于分散。

（8）穿越山地。在山地和多山地区，最好沿高地行走，这样更易于把握方向，也易于前进。可利用山嘴翻越山谷，到达脊岭。沿着山嘴观望，视野会更宽阔。

（9）穿越险坡。通过险坡时，可采用"之"字形路线。在变换方向时，用上坡的脚法，这样可以避免双腿交叉，不会失去平衡。在攀爬险坡起步时，双膝应紧靠，这样可以让腿部肌肉更轻松。

（10）穿越雪地。雪坡行走不是"三点"支撑，而是应靠一只脚支撑身体重量。可以使用冰镐，作为身体平衡的辅助工具。穿越雪地有4种方法：直线攀登、斜线攀登、直线下降、斜线下降。

（11）穿越沼泽。如果不可避免要穿越沼泽地带，应尽量把落脚点选在簇生草木上。陷入泥沼时，别试图向上跳，应迅速采取俯泳姿势，靠向牢固地点。身体贴着地表展开，使身体的承重面积大大增加。

（12）穿越河流。河流上游通常水流湍急，河道狭窄。河道较窄的上游，蹚水过河也许可行，但首先要用撑竿试一试河水的深浅。若河水深应放弃蹚水过河，若河水浅则要找到落脚的岩石，也可人为地放置石块，帮助自己蹚过河。找到适宜过河的地方后，不要在水中浪费时间，要疾步快行，以免发生危险。

（二）穿越攀爬技能

1. 攀登的原则

保存体力，把整个身体重心落于双脚，而不是放在上身或者双臂上，只有这样才能够做到迈步轻松自如，并注意观察脚下迈步的位置。在攀登岩石时，始终要与整个岩石表面保持亲密接触状态。前进步伐应当缓慢而有节奏，保持双脚着地状态。

2. 攀登的技巧

拉：抓住前上方牢固支点后，用力下拉，引体向上。

撑：利用台阶、缝隙或其他地形，以手掌和小臂支撑身体向上或向左右移动。

推：利用侧面、下面的岩石或物体，以手臂推的力量使身体移动。

靠：利用能够容纳身体的裂缝，用背部靠住一侧岩石，用四肢顶住对面岩石，使身体上移。

胀：将手伸进缝隙里，用弯曲手掌或握拳抓住岩石的缝隙并移动身体。

蹬：用前脚掌内侧或脚趾的蹬力把身体支撑起来，减轻上肢的负担。

跨：利用自身的柔韧性，避开难点，以寻求有利的支撑点。

挂：用脚尖或脚跟挂住岩石，维持身体平衡，使身体移动。

踏：利用脚前部下踏较大的支点，减轻上肢的负担，移动身体。

攀爬技能一般有徒手攀登、利用器械攀登、双人结组攀岩、利用器械下降、绳降等。

游泳最大的好处是可以不想事，让大脑很好地休息。吃安眠药、散步、看戏、跳舞都不行，就是游泳可以做到，因为一想事就会下沉，就会喝水。

——毛泽东

第十一章　跨越水上天堑　挑战水上障碍
——水上运动

人类与水息息相关。为了生存，人类学会了征服水域障碍的许多技能。水上运动范围很广，凡利用水域环境开展的体育运动，都可以称为水上运动，如既有娱乐健身的水上运动，也有救生、泅渡、潜水、踩水等实用性游泳。本章在介绍水上运动分类的基础上，着重介绍了游泳和赛艇运动，并对其他水上运动项目进行简要介绍。

第一节　游泳

　　游泳是一种靠自身肢体动作的配合，利用水的自然特性，使身体在水中移动的技能活动。人类的游泳是一种有意识的技能活动，它不是人类天生的本能，而是后天形成的技能。

一、游泳文化

　　游泳是古代人民生活和生产的重要技能之一，起源于原始社会，其起源和发展是与人类社会的生产劳动、生活娱乐等紧密联系的。古人为求生存，在与大自然的斗争中，逐渐学会了游泳。开始，人们只是模仿水栖动物的姿势与动作在水中移动，久而久之，便掌握了在水中行动的技能，学会了漂浮、游动和潜水，产生了

各种游泳姿势，有模仿动物的蛙泳和蝶泳，有人体浮游于水上的仰泳、侧泳和爬泳。随着人类社会的发展和需求的变化，游泳逐渐被用于军事作战、娱乐、竞赛、健身与体疗，游泳姿势也变化为多种多样。但游泳作为一个运动项目得以发展还是近一两百年的事。1828年，英国在利物浦乔治码头修造了第一个室内游泳池，这种泳池在19世纪30年代在英国各大城市相继出现。1837年，在英国伦敦成立了第一个游泳组织，同时举办了英国最早的游泳比赛。1869年1月，在伦敦成立了大城市游泳俱乐部联合会

中国游泳史上闻名中外的"泳坛三杰"

　　吴传玉：1953年，在罗马尼亚举行的第1届国际青年友谊运动会上，他以1分06秒4的成绩荣获男子100米仰泳冠军，使中国的五星红旗第一次飘扬在国际赛场上。

　　戚烈云：1957年5月1日，在广州，他以1分11秒6的成绩打破了100米蛙泳世界纪录，这是继陈镜开（中国举重运动员）之后中华人民共和国第二个打破世界纪录的人。

　　穆祥雄：1958年12月20日，在北京，他以1分11秒4的成绩打破了100米蛙泳世界纪录，接着又以1分11秒3和1分11秒1的成绩再打破世界纪录，成为第一个三破世界纪录的中国人。

（现英国业余游泳协会前身），并把游泳作为一个专门的运动项目正式固定下来。之后，游泳传入英国各殖民地，继而传遍全世界。随着游泳运动的发展，游泳被分为

实用游泳和竞技游泳两大类。实用游泳又分为侧泳、潜泳、反蛙泳、踩水、救护、武装泅渡；竞技游泳分为蛙泳、爬泳、仰泳和蝶泳。

竞技游泳4种泳姿的由来

二、游泳的技术原理

人体在水中游进时，会产生4种力的影响，即重力与浮力、阻力与推进力。会游泳的人，能充分利用好浮力和推进力，以克服人体的重力和水产生的阻力，使人体自由游进。其技术原理有：

（一）减少人体的重力，提高浮力

初学时，人体在水中要尽量放松，切勿紧张，并保持躯体平衡以提高浮力靠近上体，不使下肢下沉。加大人体与水的接触面；移臂路线要合理；吸气要充足，吐气要短促、有力、充分。

初学任何一种游姿时，都要从学习腿部动作开始，以帮助游泳者下肢上浮和平衡身体。

（二）克服水的阻力，提高推进力

为加大向前的推进力，因此在做实效动作时，要争取获得向后最大的阻力面，以加大加速向前的推动力。为克服阻力，要使身体尽力保持流线型，以减少水对人体的阻力面，凡有碍推进速度的动作，应尽力减少。

游进时，要充分发挥手和脚（腿）向前推进的作用，特别要发挥大肌群的力量。

三、熟悉水性

熟悉水性的目的是使初学者了解、体验水的特性，逐步适应水中环境，消除怕水心理，为下一步学习和掌握游泳技术打下基础。

（一）水中移动练习

（1）扶池边向前、侧、后行走。

（2）在浅水中做各种方向的走和跑。

（二）呼吸练习

（1）站在齐腰深的水中，或由同伴牵着或扶池边，吸气后，把头浸入水中，用嘴和鼻在水中呼气，抬头后用嘴吸气。反复练习。

（2）站在齐腰深的水中，深吸气后，把头浸入水中，稍闭气后用嘴和鼻同时呼气，抬头至嘴接近水面时用力将余气呼尽，吹开嘴边的水花，当嘴一露出水面时，迅速用嘴吸气，随即把头浸入水中。连续有节奏地做吸—闭—呼—吸的循环动作。

（三）浮体练习

1. 抱膝浮体

水中原地站立，深吸气后闭气下蹲，低头屈腿抱膝团身，双膝尽量贴近胸部，前脚掌轻蹬池底，身体就会自然漂浮于水中。站立时，两臂前伸下压，抬头，同时两腿下伸，脚触池底站稳，两臂在体侧轻轻拨水维持身体平衡（图11-1-1）。

2. 展体浮体

水中开立，略下蹲，两臂放松自然前伸。深吸气后闭气，身体前倒并低头，两脚轻轻蹬池底后，两腿上摆，自然伸直稍分开，身体成俯卧姿势于水中（图11-1-2）。站立时，先收腹屈膝屈腿，然后两臂下压、抬头，同时两腿下伸，脚触池底站稳，两臂在体侧轻轻拨水维持身体平衡。

图11-1-1　抱膝浮体

图11-1-2　展体浮体

（四）滑行练习

1. 脚蹬池壁滑行

背对池壁，一手拉池槽，另一臂前伸，同时一脚站于池底，另一脚紧贴池壁。深吸气后低头，上体前倾入水成俯卧姿势，然后上收站立腿，支撑腿迅速屈膝上提，将脚贴在池壁上，臀部尽量提高并靠近池壁，随即两臂向前伸直，头夹于两臂之间，两脚用力蹬池壁，使身体成俯卧姿势向前滑行（图11-1-3）。

2. 脚蹬池底滑行

两脚并拢站立水中，两臂向前伸直。深吸气后上体前倒，一腿向前迈出，略屈膝下蹲。当头和肩浸入水中后，两脚掌依次用力蹬池底，两腿随即伸直上浮并拢，使身体成俯卧姿势向前滑行（图11-1-4）

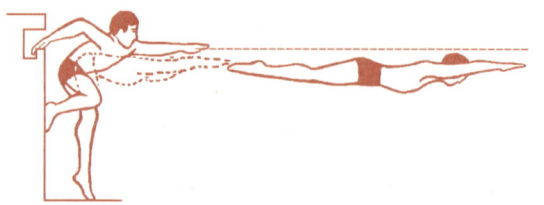

图11-1-3　脚蹬池壁滑行

图11-1-4　脚蹬池底滑行

四、蛙泳基本技术

蛙泳是模仿青蛙游水的泳姿。在游进过程中，身体位置随手腿动作不断变化，两臂和两腿的动作在同一水平面上同时进行。蛙泳既实用又易普及，但动作结构复杂，又较难掌握好。

（一）身体姿势

蛙泳在游进中，身体位置是不固定的，随着手腿动作而不断变化。在一个动作周期结束后，两臂并拢前伸，两腿伸直，身体较水平地俯卧于水面，有一个短暂的滑行瞬间，头略微抬起，身体纵轴与水平面成5°~10°，以维持较好的流线型（图11-1-5）。

蛙泳身体姿势
示范

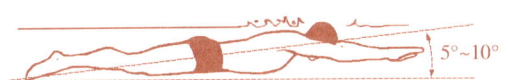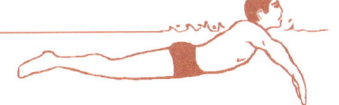

图11-1-5　蛙泳的身体姿势

当划手和抬头吸气时，下颌露出水面，肩部升起，开始收腿动作，这时身体与水平面的夹角增大，约为15°。初学蛙泳的人容易在吸气时抬头过高使身体下沉。

（二）腿部动作

蛙泳腿部动作是推动身体前进的主要动力。腿部的动作分为收腿、翻脚、蹬夹腿和滑行4个阶段，它们是紧密相连的完整动作。

（1）收腿。当开始收腿时，大腿稍放松，屈膝屈髋，小腿和脚跟在大腿和臀部的后面，减少投影面。收腿结束后，大腿与躯干之间成130°~140°，大腿与小腿之间成40°~45°。

（2）翻脚。当脚跟接近臀部时，两脚迅速翻转，勾脚腕，使脚跟相对，脚尖向外，对准蹬水的方向，以加大对水面，此时两脚之间的距离大于两膝之间的距离（图11-1-6）。

蛙泳腿部动作
示范

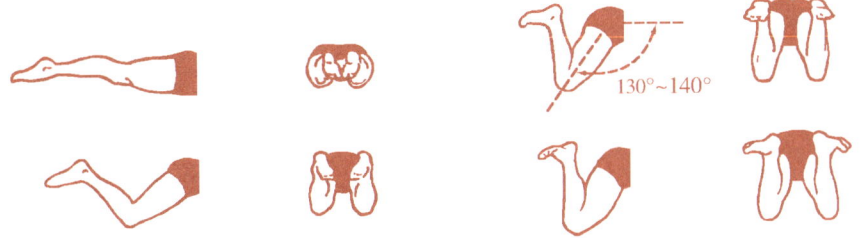

图11-1-6　蛙泳的收腿和翻脚

（3）蹬夹腿。当蹬腿时，由大腿发力，先伸展髋关节，依次伸展膝关节、踝关节，小腿内侧和脚掌做向下和向后的鞭状蹬夹水动作，直至两腿并拢，两脚自然伸直。蹬夹水要用较大力量和较快速度来完成。

蛙泳腿部动作
口诀

（4）滑行。由于蹬腿的惯性作用，有一个短时间的滑行阶段，为下一个周期做好准备。

（三）臂部动作

蛙泳的臂部划水动作可产生较大的推进力。现代蛙泳技术更强调臂的作用。臂部动作分滑下、划水、收手和伸臂4个阶段。划水路线类似画一个"桃子"（图11-1-7）。

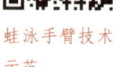

蛙泳手臂技术
示范

（1）滑下。滑下也叫抓水。两手掌转向斜下方勾手，两臂分开向斜下方压水，当感觉到水对手掌和前臂有压力时，抓水结束，两臂分开约成45°。

蛙泳手臂动作
口诀

（2）划水。当划水开始时，手臂向外旋转，同时屈肘、屈腕，随后两臂同时向内、向下和向后屈臂划水。在划水的过程中，应逐渐加速，肘关节保持较高位置以形成有利的划水面。当肘关节屈至约90°时，手位于肩的前下方。

图11-1-7　蛙泳划水路线

（3）收手。当划水结束后，手臂向外旋转，两手同时向内、向上和向前快速转动。当收手结束时，两手掌心相对，肘关节低于手，弯曲成较小的锐角。

（4）伸臂。伸臂是由两臂前移、向前伸肩和伸肘来完成的。

（四）蛙泳的完整配合技术

蛙泳的完整配合技术比较复杂，一般在一个动作周期中呼吸一次。呼吸方法分为早呼吸和晚呼吸两种。早呼吸是当两臂开始划水时吸气，吸气时间较长，当收手和移臂时，开始低头呼气。早呼吸方法适合初学者，易于掌握。晚呼吸是当划水结束收手时才吸气，随移臂低头呼气，吸气时间较短，一般多被高水平运动员采用。

"蛙王"覃海洋

2023年7月，在福冈游泳世界锦标赛上，中国游泳运动员覃海洋创造了历史。在7月24日举行的男子100米蛙泳决赛中，覃海洋以57秒69的成绩，夺得冠军，并刷新亚洲纪录，为中国队夺得了历史上第一枚世锦赛男子蛙泳金牌，填补了这一长久以来的空缺。而在7月26日的男子50米蛙泳决赛中，又以26秒29的成绩夺得金牌。在28日举行的200米蛙泳决赛中，覃海洋一马当先，最终以巨大优势打破世界纪录夺冠（2分05秒48）。在游泳世锦赛的历史上，还从来没有一个选手能在当届赛事拿下同一泳姿50米、100米和200米的金牌。覃海洋做到了，成为历史上第一位在同一届世锦赛上包揽非自由泳3个项目金牌的运动员。此外，他还和队友一起夺得4×100混合泳接力冠军。

蛙泳的臂、腿配合，一般采用当臂划水时，腿保持放松或伸直的姿势，收手时腿自然屈膝，开始伸臂时收腿，并快速蹬腿。在配合中，应避免配合动作不协调或中间停顿现象（图11-1-8）。

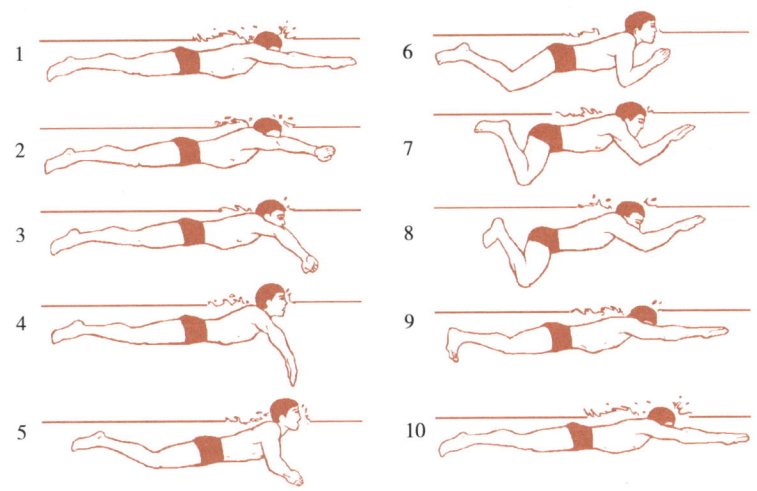

图11-1-8　蛙泳的完整配合技术

五、爬泳基本技术

爬泳也称为自由泳，这是因为竞赛规则允许在自由泳比赛时采用任意姿势，而爬泳的速度是最快的，所以，人们在比赛时几乎全部采用爬泳姿势，因此，自由泳也成了爬泳的代名词。爬泳是俯卧在水中，两腿上下交替打水，两臂轮流划水而使身体向前游进的一种泳式。每一动作周期左、右臂各划水一次，有几种不同的打腿次数组合。比较常用的有6次打腿、4次打腿、2次打腿和2次交叉打腿。这里仅介绍6次打腿组合。

（一）身体姿势

游爬泳时，身体保持水平姿势，髋略低于肩，身体纵轴与水平面构成3°～5°迎角。两眼注视前下方（图11-1-9①）。游进中，躯干围绕身体纵轴自然转动35°～45°。这种转动便于呼吸、手臂出水和空中移臂，同时有助于手臂在水中抱水和划水（图11-1-9②）。

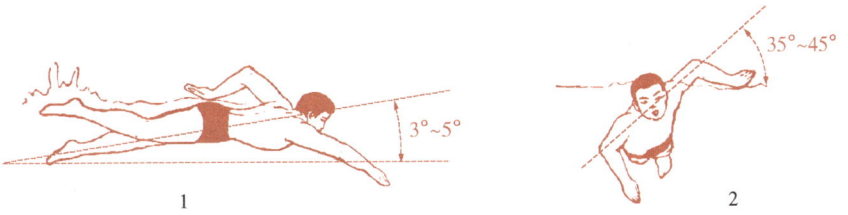

图11-1-9　身体姿势和转动

爬泳腿部技术
示范

爬泳手臂技术
示范

（二）腿部动作

游爬泳时，打腿主要起着维持身体平衡的作用，使下肢抬高保持身体流线型，并协调配合划水动作。爬泳打腿由向下和向上两部分交替进行，向下是屈腿打水，向上是直腿打水。要求两腿自然并拢，脚稍内旋，脚尖相对，以髋关节为轴，由大腿用力，带动小腿到脚部做鞭状打水。动作既有力又有弹性，打水幅度为30~40厘米，膝关节弯曲约160°（图11-1-10）。

（三）臂部动作

爬泳的臂划水动作是推动身体前进的主要动力。一个动作周期分为入水、抱水、划水、出水和空中移臂几个紧密相连的阶段。其中，划水阶段速度最快，其次是出水、入水和移臂，抱水阶段相对最慢（图11-1-11）。

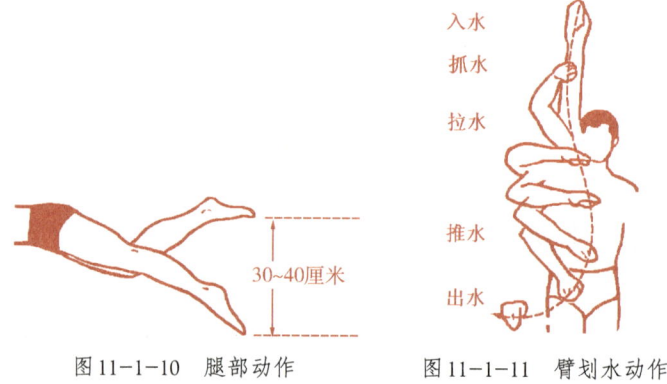

图11-1-10　腿部动作　　　图11-1-11　臂划水动作

（1）入水。臂入水时，肘关节略屈，高于手，大拇指领先向斜下方切插入水，然后，前臂和上臂依次入水，入水点在肩的延长线或身体中线与肩的延长线之间。

（2）抱水。臂入水后，前臂和上臂积极外旋，手臂由直逐渐屈腕，提肘，像抱球一样，使肩带肌群充分拉开，掌心由外侧转为几乎正对后方，成向后对水姿势，为划水创造有利条件。

（3）划水。划水是获得推进力的主要阶段，这个阶段又分为拉水和推水两个部分。拉水是从直臂到屈臂的过程，手同时向内、向上、向后运动，保持高肘，当臂划至肩下方，手在体下靠近身体中线时，屈肘90°~120°，既而转入推水阶段。推水在拉水基础上加速连贯地完成，前臂、手掌要以最大面积对水，从屈肘到伸臂，向后方推水。在手划水全过程中，始终感觉有水的压力，手掌平面像摇橹一样做了一次"S"形的摆动。

（4）出水。划水结束后，肩部和上臂几乎同时出水，由上臂带动肘关节向外上方做屈肘提拉动作，将前臂和手提出水面。手臂出水动作必须迅速、不停顿、柔和而放松。

（5）空中移臂。移臂是由肘关节带动，使落后于肘关节的手移至与肩、肘成一条垂直线，这时手和前臂主动向前伸出，做准备入水的动作。在整个移臂过程中，肘部保持比手高的位置，前臂和手腕放松。

（四）两臂配合

爬泳的两臂配合有三种形式，即前交叉、中交叉和后交叉。前交叉是当一臂入水时，另一臂处于肩前方，与水平面约成30°，这种配合适合初学者，但速度均匀性差。中交叉是当一臂入水时，另一臂处于肩下垂直部位，与水平面约成90°。后交叉是当一臂入水时，另一臂划水至腹部下，与水平面约成150°。后两种方式一般被高水平运动员采用。

（五）呼吸与臂部的配合技术

爬泳的呼吸动作比较复杂，要在水面上吸气，在水面下用口和鼻呼气。

（1）呼吸。爬泳时，一般在两臂各划水一次的过程中做一次完整的呼吸。呼吸时，肩和头向一侧转动，使口在低于水平面的波谷里吸气，吸气后做短暂的憋气，当头复原后，在水中用口鼻呼气。

（2）呼吸与臂部的配合。以右转头吸气为例。当右臂入水时，口和鼻慢慢呼气，右臂划水至肩下，向右侧转头，呼气量加大，当右臂推水即将结束时，呼气量进一步加大并快速将余气吐出。当右臂出水时，张口吸气，移臂至体侧，吸气结束并开始转头复原，做短暂憋气，脸部转向前下方，右臂入水，开始慢慢呼气。

爬泳配合技术
示范

爬泳技术口诀

（六）爬泳的完整配合技术

爬泳配合技术形式很多，其中6∶2∶1是采用较多的一种，也就是打腿6次，两臂各划水1次，呼吸1次（图11-1-12）。

图11-1-12　爬泳6∶2∶1完整配合技术

六、仰泳、蝶泳简介

（一）仰泳

仰泳是人体仰卧在水中游进的一种姿势。最初的仰泳是在游泳中仰卧漂浮作为水中休息，后来发展到利用两臂同时在体侧向后划水，两腿做蛙泳的蹬夹水的动

仰泳完整配合
技术示范

作，也称为"蛙式仰泳"或"反蛙泳"。

现代仰泳技术采用类似爬泳的两腿交替上下打水，两臂轮流划水游进，臂划水是推动身体前进的主要动力。游仰泳时，头部露出水面，呼吸方便，动作简单易学，是人们比较喜欢的一种泳式，浮力较好的初学者更加容易掌握（图11-1-13）。

图11-1-13　仰泳

（二）蝶泳

蝶泳技术是在蛙泳技术的动作基础上演变而来的。在游泳比赛中，有些运动员采用两臂划水到大腿后提出水面，再从空中迁移的技术，从外形看，好像蝴蝶展翅飞舞，所以人们称它为"蝶泳"。蝶泳是仅仅比爬泳慢的泳姿。由于腿部动作酷似海豚，所以又称为"海豚泳"。

蝶泳的身体姿势与其他泳姿不同，它没有固定的身体位置。在游进中，躯干各部分和头不断改变彼此间的相对位置。头和躯干有时露出水面，有时潜入水中，形成波浪式上下起伏的变化位置。

蝶泳是4种竞技游泳姿势中最难掌握的一种姿势。蝶泳节奏性强，体力消耗大，现代蝶泳一般采用小波浪打腿的技术。游蝶泳时，两臂同时向后划水并经水面上向前移臂，这一动作特点决定了蝶泳在一个动作周期中浮力和平衡损失比其他泳式大。由于蝶泳游起来运动负荷较其他泳式大，所以对锻炼身体和增强力量效果显著（图11-1-14）。

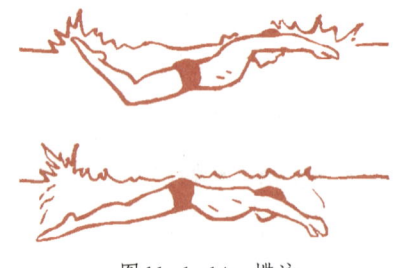

图11-1-14　蝶泳

七、实用游泳

实用游泳是游泳运动的一类，是指为了生产、斗争、国防建设和生活需要进行的游泳活动。现在人们通常讲的实用游泳，是指踩水、反蛙泳、侧泳、潜泳、泅渡和水上救护等。

● 踩水：一种在深水中保持较长的停留时间而采取的使头部始终露出水面的直立式蛙泳技巧。踩水便于识别方向、保存体力，可手持物品通过混浊的水域，既可用于水上运输，又是救护溺水者常用的方法。

● 反蛙泳：一种采用近似蛙泳和仰泳动作，使身体仰卧于水中，然后几乎同时做双腿蹬夹和双划臂动作的非竞技游泳技能。通常在长游一段时间后，采用反蛙泳可以达到暂时休息的目的，也可用于救生、拖带或运送物体。

● 侧泳：一种侧卧于水中，采用两臂交替划水的民间通俗游泳姿势。由于头部露出水面，常被用于武装泅渡、托运物品或拖带溺水者，具有很高的实用价值。

● 潜泳：一种不采取任何器械，徒手憋气潜入水下的游泳技能。通常可分蛙式潜泳和长划臂潜泳。潜泳是一种具有很强实用价值的游泳技能。掌握潜泳后，可以携带氧气设备深入水底救护溺水者，可以打捞沉入水底的物品，可以进行水底作业和海底勘探，还可以用于在战争中渡江侦察敌情等。

● 泅渡：指用游泳的方式游过江河，是一种实用性很强的水上技能，它可以携带各种作业工具，甚至武器装备渡过江河、湖泊。

● 水上救护：一种在水上发生溺水者险情时，为救护遇险者所采取的救护措施，包括自救和他救，他救又可分为间接救护和直接救护两种形式。

神奇的"旱鸭子"教练——谢曼·查伏尔

在1968年第19届墨西哥城奥运会上，美国游泳队男队夺得10项冠军，女队则摘下11枚金牌。最后一个项目结束，队员们兴奋地把他们的教练查伏尔扔进游泳池。查伏尔掉水里后，又是蹬腿又是挥手，拼命地挣扎，看上去就像一个马上要被淹死的人。眼看情况不妙，奥运冠军们纷纷跳下水去，把查伏尔救上岸，并施行人工呼吸。"我，我不会游泳！"查伏尔醒过来第一句话这样说。

查伏尔自己虽然从不会游泳，是个典型的"旱鸭子"，但他的游泳教练却做得极其成功。他先后培养了多名世界级游泳巨星，如在1972年独夺7金的"美国飞鱼"施皮茨等。查伏尔的弟子们先后74次打破奥运会纪录和62次打破世界游泳纪录，创造了80次美国全国游泳纪录，夺得了16枚奥运会游泳项目金牌。

八、大众游泳

大众游泳是以增强体质为宗旨，丰富人们文化生活为目的的游泳活动，如娱乐游泳、水中游戏、康复游泳、健身游泳等。由于大众游泳对技术和速度均无严格要求，且形式简便实用，因而具有相当广泛的群众基础。这里仅简单介绍冬泳。

冬泳是指冬季在自然水域或自然水温下的游泳活动。早在3 000多年前，西周人在青铜器《井人钟》上刻下"永冬于吉"，意即"在冬天游泳是好事"，这大概是有关冬泳的最早记载了。在国外，不少人把冬泳看作一种"四季常春"的健身娱乐项目。

冬泳作为一项大众性的水上锻炼项目，是人们挑战自然、适应自我、返璞归真、磨炼意志、强身健体的有效手段。

冬泳注意事项

九、公开水域游泳

公开水域游泳比赛类型

◇ 长距离游泳比赛，即不超过 25 千米的各类比赛。

◇ 马拉松游泳比赛，即 25 千米以上的各类比赛。

◇ 横渡海峡的极限游泳。

公开水域游泳是在江、河、湖泊等自然水域环境下进行的游泳。在自然水域里进行游泳，距离长、难度大，环境和条件相对于游泳池困难得多，有时还有不测情况的变化。因此，参加公开水域游泳比赛者必须身体健康、训练有素。选手体检由自己负责，并签署协议，禀明如出现意外后果，由自己负责。

十、游泳卫生知识

游泳时，人的脉搏和呼吸频率增加，血压也显著升高。患有心脏病、高血压、感冒发烧病症者和身体衰弱者不宜游泳，否则会加重病情，甚至发生意外。另外，女生生理期也不宜游泳。

用餐一小时后才能下水游泳。刚吃过饭游泳会影响食物的消化和吸收，加重心脏负担，还容易发生呕吐和食物呛进呼吸道等事故。

下水前，要充分做好准备活动，避免抽筋和拉伤。用水冲淋身体，防止温度骤变引起机体不适，也可防止身上皮屑、汗液带入池水。

游泳结束出水时，应该马上擦干身体，特别要擦干肘关节、膝关节、头部，以防感冒和患上关节炎。冬季如在游泳馆游泳，出门时要戴好帽子，注意保暖。

第二节 赛艇运动

赛艇运动是由一名或多名运动员背朝舟艇前进方向，借助全身肌肉力量，以船桨为杠杆，推动舟艇前进的运动。

一、赛艇运动文化

（一）赛艇的起源与发展

赛艇作为最古老的传统运动之一，起源于英国。最初作为商业、救生和战争的工具，日日在泰晤士河上摆渡往来，这也是生活在水边的人们日常最重要的交通工具。由于在水上行驶船只是一件特别消耗体力的事情，那些经常穿梭在河上的人们开始常常打赌谁先可以划到目的地，起初只是为了让日常的劳作多些乐趣，但就是从这样的船友之间的赌约开始，逐渐有了赛艇运动的雏形。

1715年，为庆祝英国国王加冕，伦敦的职业水手首次在泰晤士河上举行赛艇比赛。1775年，英国人制订了最初的赛艇竞赛规则，并于同年成立了赛艇俱乐部。1811年，伊顿公学第一次举行8人赛艇比赛。1829年，牛津大学和剑桥大学开启了校际的赛艇对抗赛，比赛吸引了众多民众在泰晤士河边观赛，这一赛事也成为现代赛艇运动出现的标志。1892年，国际赛艇联合会成立。1896年，赛艇成为首届现代奥林匹克运动会的比赛项目，后因恶劣天气比赛取消。自1900年第2届巴黎奥运会起，男子赛艇比赛持续举办。在1976年第21届蒙特利尔奥运会上，女子赛艇被列为正式比赛项目。

1852年，在上海的黄浦江上就出现了赛艇比赛，因此，上海也可以称为是中国赛艇运动的起锚地。20世纪40年代，哈尔滨出现了一些"水上俱乐部"，其中有赛艇活动，但是这些仅限于一些外国人的娱乐性活动，没有形成群众性活动。中华人民共和国成立后，赛艇逐渐成为广泛开展的群众体育项目。1956年11月，国家体委在杭州西湖举行了全国赛艇表演赛，这是我国第一次举行全国性赛艇比赛。1959年，赛艇被列入第1届全国运动会的比赛项目。此后，赛艇在中国不断发展。在2008年北京奥运会上，由唐宾、金紫薇、奚爱华、张杨杨组成的女子四人双桨组合为中国赛艇队夺得了奥运史上第一枚金牌，实现了重大突破，同时女子双人单桨也获得银牌。在2019年赛艇世界锦标赛上，中国队获得3金1银。

（二）赛艇运动的锻炼价值

现代赛艇运动已经成为世界沿海国家和地区最为普及的体育运动之一，也是各国人民进行体育文化交流的重要内容。经常从事赛艇运动，可以增强体质，锻炼意志，尤其是能够培养大学生在不同风浪条件下的临场反应能力，以及斗智斗勇、奋力拼搏、团结协作、永不放弃的精神。同时，参与这项运动，还可以极大地提升当代大学生与人合作、挑战自我、善用资源的能力。

二、赛艇技术动作与学练方法

赛艇的结构介绍

赛艇作为一项周期性运动，学会并掌握一个周期动作便可进行这一运动，这里仅对一个划桨周期的技术动作进行讲解。赛艇一个完整的划桨周期分为入水、拉桨、出水、回桨4个阶段。

（一）入水

1. 准备姿势

桨手双眼平视前方，双手握桨尽可能前伸，上半身以其髋部为轴，前倾15°~30°，腰背部保持挺直，膝关节弯曲使滑座收至尽量远。完成此姿势后，胸部和大腿靠近，脚后跟处于略微抬起的状态。桨手的身体应正直朝前，双腿自然收拢，肩部放松，双手尽量向前、向外伸展。此时，身体的重心位于滑座与脚蹬板之间，整个身体处于一种向前、向上的趋势（图11-2-1）。

图11-2-1　准备姿势

2. 提桨入水

提桨入水时，眼睛正视前方，身体成准备姿势，在避免身体前趴的同时，向外尽量伸展手臂及肩部，大腿和小腿尽量靠近，为蹬腿蓄力，在此基础上，将桨柄快速上抬10厘米左右，使桨叶轻柔迅捷地垂直入水（图11-2-2）。

图11-2-2　提桨入水

（二）拉桨

1. 拉桨前期（蹬腿）

入水动作完成的瞬间，也就是桨叶恰好完全入水的瞬间，立即蹬腿发力，上身身体姿态保持不变，挺直腰背部，利用背阔肌发力锁住身体框架，双臂伸直放松，像一根绳索一样起到牵拉作用（图11-2-3）。

图11-2-3　拉桨前期（蹬腿）

2．拉桨中期（后倒）

在蹬腿至3/4行程时，上身由前倾姿态后倒15°~20°，背部肌肉发力，肩部固定，手臂仍只起到牵拉作用，手臂的高度保持不变，以保证拉桨轨迹水平（图11-2-4）。

图11-2-4　拉桨中期（后倒）

3．拉桨后期（拉臂）

蹬腿结束时，桨运动到与船体接近垂直的位置，此时逐渐加强手臂的主动牵拉，腿、背、手臂协同发力，此时肘关节弯曲，向后自然打开和身体约成45°，动作与扩胸运动相似。拉桨结束时，桨柄应处于距离胸肋处约10厘米的位置，勿拉桨过高或过低。在拉桨结束瞬间，桨叶仍需有力地在水中支撑，以保证船艇的平衡，切忌过早出水（图11-2-5）。

图11-2-5　拉桨后期（拉臂）

（三）出水

拉桨动作结束时，桨柄被牵拉至胸肋前10~15厘米处，此时两手迅速向下轻按桨柄，用手腕和小臂的力量使桨柄做后下方的弧形运动，桨叶自然出水（图11-2-6）。

图11-2-6　出水

（四）回桨

桨叶出水并完成转桨后，须按照手、身体、腿的顺序依次复位（图11-2-7）。首先双腿伸直不动，双手水平向前将桨推离身体；双臂完全伸直后，带动上身以髋关节为轴复位前倾，当上身呈前述桨叶入水时的正确姿势后，上身框架保持不动，双腿放松屈收并向前匀速移动滑座（图11-2-8）。

图11-2-7　转桨

图11-2-8　上身复位

第三节　其他水上运动项目

凡是在水上进行的体育项目，均可称之为水上运动。随着水上运动项目不断推陈出新，从凭借徒手戏水去征服自然，到借助器材装备来挑战风险，这无疑是水上运动走向成熟、不断发展的标志，也给水上运动注入了新的生命。

一、跳水运动——空中芭蕾

跳水的历史非常久远，从人类掌握游泳技能后，就开始有了简单的跳水活动。公元前5世纪，古希腊花瓶上就有描绘了一群可爱的小男孩正头朝下做跳水状的图案。我国在宋代还流行一种名为"水秋千"的运动游戏，它是现代花样跳水的前身。现代跳水运动起源于20世纪初。1900年，瑞典运动员在第2届奥运会上做了精彩的跳水表演，这被认为是最早的现代竞技跳水。在1904年第3届奥运会上，男子跳水被列为正式比赛项目。在1908年、1912年奥运会上，男子跳板、女子跳水先后被列为奥运会正式比赛项目。

20世纪初，近代竞技跳水传入我国。1979年以来，我国选手在一系列国家重大比赛中取得辉煌成绩，创造许多第一。例如，中国跳水界历史第一人何姿，她拥有47枚金牌；有"跳水皇后"之称的高敏在1986年到1992年间创造了世界杯、世锦赛、奥运会7年全胜神话；郭晶晶、吴敏霞被称为跳水界的"大魔王"，闻名世界；伏明霞在14岁时就成为奥运会冠军，是奥运会历史上最年轻的冠军，还被记入了吉尼斯世界纪录。目前，该项目运动水平较高的国家有中国、美国、俄罗斯、德国、加拿大等。

跳水分为跳台跳水和跳板跳水。根据起跳动作的方向和结构，跳水可分为向前、向后、向内、反身、转体5组。每组均有规定动作和自选动作，每个动作又有不同的难度系数。根据跳水空中姿势，可以分为A（直体）、B（屈体）、C（抱膝）、D（翻腾兼转体）4种。跳水运动根据运动员动作难度系数决定其成绩，根据竞赛项目、器械高度、动作组别、动作姿势、翻转的周数、姿态等因素确定分值。

二、花样游泳——水上芭蕾

花样游泳是一项融入舞蹈和音乐的水上竞技项目，由游泳、技巧、舞蹈和音乐编排而成，由于其动作优美、造型特异、编队组合新颖、引人入胜，素有"水中芭蕾"之称。20世纪20年代，

花样游泳起源于德国、英国等欧洲国家，原为游泳比赛间歇时的水中表演项目。1920年，柯蒂斯将跳水和体操的翻滚动作编排成套在水中表演。1930年后，花样游泳传入北美，在原有的基础上又逐渐配上舞蹈、音乐和节奏。1952年，花样游泳被赫尔辛基奥运会列为表演项目。1956年，花样游泳得到国际业余游泳联合会承认。1984年，花样游泳成为奥运会正式比赛项目，2000年改为双人和集体两个项目。

花样游泳比赛水池不小于12平方米，水深3米，池水透明见底。运动员在水面上或水中完成漂浮、翻腾、转体、跳跃、倒立等动作，表演个人造型和集体编队等艺术动作。比赛由规定动作和自选动作两部分组成，表演具有很强的艺术性和观赏性。花样游泳比赛的裁判员由5~7人组成。最后分数的判定：去掉一个最高分和一个最低分，其余分数总和平均分乘以难度系数。

观看花样游泳比赛，主要观赏运动员动作的难度与新颖度、协调、流畅、整齐、编排组合、体态和气质等。

三、皮划艇运动——速度与耐力的考验

皮划艇分皮艇和划艇两个项目，两种艇都是两头尖不设桨架的船艇。皮艇和划艇的不同之处在于：皮艇桨手坐在艇内，使用两端桨叶互成90°的桨，在艇的两边轮流划水；划艇桨手则后腿半跪，前腿成弓步，两手握一支像铲子状的单面桨，仅在艇的一侧划水。皮艇有舵，通过桨手的两腿操纵；划艇无舵，全靠划桨控制方向。

皮划艇运动历史悠久，皮艇起源于格陵兰岛上的爱斯基摩人所制作的一种小船，这种船用鲸鱼皮、水獭皮包在骨头架子上，用两端有桨叶的桨划动。而划艇则起源于加拿大，因此也被称为加拿大划艇。这两种艇都是从独木舟演变而来的，而独木舟则是人类祖先在原始社会就已广泛使用于渔猎和运输的水上劳动交通工具。现代皮划艇运动产生于1865年，苏格兰人麦克格雷戈以独木舟为蓝图，制造出第一支皮划艇"诺布·诺依"号。1867年，他创建了英国皇家皮划艇俱乐部，并举办了第一次皮划艇比赛。此后，皮划艇运动逐渐兴起，到19世纪末，皮划艇运动已成为欧美各国广泛开展的一项体育活动。但是，它比我国的"龙舟竞渡"晚了将近2 000年。1924年，国际皮划艇联合会在丹麦哥本哈根成立。1936年，皮划艇被列为奥运会正式比赛项目。1938年，在瑞典举办了首届世界皮划艇锦标赛。此后，

皮划艇比赛类别

皮划艇运动在世界范围内得到了广泛的推广和发展。

我国于1974年加入国际皮划艇联合会。1975年，皮划艇被列为全运会正式项目，同年我国开始参加世界皮划艇锦标赛。2004年雅典奥运会，孟关良/杨文军取得男子500米双人划艇金牌，标志中国皮划艇运动已经有部分项目步入世界先进行列。在2008年北京奥运会上，孟关良/杨文军实现卫冕。在2020年东京奥运会上，刘浩/郑鹏飞获得男子1 000米双人划艇亚军，徐诗晓/孙梦雅获得女子500米双人划艇金牌，刘浩夺得皮划艇静水男子1 000米单人划艇银牌。

如今，皮划艇已经成为一项备受人们喜爱的水上运动，不仅在专业比赛中备受关注，也是普通人参与休闲水上活动的重要选择之一。

四、冲浪运动——浪尖之舞

冲浪运动是运动员站立在冲浪板上，或利用腹板、跪板、充气的橡皮垫、划艇、皮艇等驾驭海浪的一项水上运动。冲浪运动起源于太平洋的波利尼西亚群岛。早在1778年，英国探险家詹姆斯·库克船长在夏威夷群岛就曾见过当地居民的冲浪活动，并在其航海日记中记录了下来，从而

让西方世界首次了解到冲浪。20世纪初，冲浪逐渐传入欧美国家，但并未广泛流行。直到连续两届奥运会游泳冠军杜克·卡哈纳莫库公爵向好莱坞明星们推广冲浪运动，冲浪才在美国加利福尼亚和澳大利亚等地开始流行。1962年，第1届世界冲浪锦标赛在澳大利亚的曼利举行。20世纪90年代，新型冲浪板的发明，大大降低了冲浪的难度，极大地推动了全球冲浪运动的流行和发展。如今，冲浪运动在全球拥有8 000多万爱好者，1 500万冲浪手，每年还以12%～16%的速度增长。2020年12月7日，国际奥委会同意将冲浪列为2024年巴黎奥运会正式比赛项目。

现代驾驶的冲浪板长1.7～2.7米，板宽60厘米，板厚7～10厘米。冲浪运动以海浪为动力，依靠练习者腰、臂、腿的力量，控制板的平衡和滑行方向。随着海浪起伏进行着直线、曲线或翻腾、转体等动作。

冲浪运动分为长板和短板两种。比赛由裁判委员会根据海浪和风力决定冲浪次数和比赛时间，最后根据海浪数量、动作难度及躯体的平衡度、身体姿势、操纵板的能力等多种因素判定成绩。

冲浪运动的锻炼价值

冲浪的基本技巧

我只有不到1%的天赋，天分在我的职业生涯中只占很小的一部分，甚至可以忽略不计。它带到我的也许只是起初练滑雪时我比别人学得快一点。

——谷爱凌

第十二章　逆战千里冰雪　感悟生命活力 ——冰雪运动

北国风光，千里冰封，万里雪飘。在地球高纬度、高寒地区，气候寒冷异常。常年生活在这种环境中的人们，为了克服冰雪障碍而发明了滑冰、滑雪运动，以此获取生存物质，并把其作为生活的一种交通方式，运送生产资料，拓宽他们的生活领域。现在，滑冰和滑雪已成为人们娱乐、消遣、健身和竞技的手段。

第一节　冰上运动

冰上运动是人们借助冰刀或其他器材在冰面上进行滑行的运动，主要包括速度滑冰、短道速滑、花样滑冰、冰球和冰壶等。

一、冰上运动文化

人类最早的冰上活动可追溯到远古新石器时代。据考证，冰上运动起源于荷兰。当时人们以木制的爬犁作为冰面上的运输工具，后来使用更易于滑行的兽骨替代木头作为滑行工具。荷兰人将马骨磨成光滑的底面，用皮带将两头钻孔并打磨后的马骨绑在鞋上，借助手杖支撑滑行，这就是人类最原始的冰上滑行工具——骨制冰刀（图12-1-1）。不仅在荷兰，在瑞士、英国和斯堪的纳维亚一些国家11、12世纪的早期文献中，也有将兽骨绑在脚上滑行于冰面的记载。虽然这些活动在当时只是一种游戏或简单的工作方式，但却为现代冰上运动的形成奠定了基础。约在1250年，荷兰人发明了铁制冰刀。由于这种冰刀比兽骨绑在鞋上滑行快很多，所以很快盛行于荷兰和欧洲的其他国家（图12-1-2）。

图 12-1-1　骨制冰刀

图 12-1-2　最初的滑冰

我国的冰上运动同样历史悠久。据史料记载，早在唐代，我国北方地区便已经有了滑冰，《新唐书》《通典》等都描述了猎人将木板绑在脚上在冰上快速滑行追逐猎物的场景；到了宋代，在冰上滑行不仅是交通和狩猎的工具，而且已发展为以"冰嬉"为内容的滑冰运动，开始在宫廷开展，后逐渐普及到民间。当时的"冰嬉"是以"冰床"为主，即人拉冰爬犁，是冰上游戏。元代之后，"冰嬉"更加盛行，且规模更大。明代时有了关于"冰床、冰擦"的记载。清代是中国古代冰嬉发展的黄金时代，这与统治清朝的满族人的风俗习惯有直接的关系。"冰嬉"是清代宫中流行的众多冰上活动的统称，它既是娱乐活动，也是军事操练。清代初期，清太祖努尔哈赤的大将费谷烈的队伍善于滑冰，曾借助于滑冰化解了摩根城之围。清军入关后，由东北到关内，从宫廷到民间，冰嬉大为盛行，故有"国俗"之称。据《满洲秘档》记载，1625年正月初二，清太祖努尔哈赤在盛京附近的冰面上举办了一场别开生面的跑冰鞋比赛，这是中国有文献记载的第一次冰上运动会。《帝京岁时纪胜》中记载有"冰上滑擦者所著之履，皆有铁齿。流行冰上，如星驰电掣，争先夺标取胜"，类似于今天的速度滑冰比赛。该书记载的"冰床""滑擦"是指各种拉冰车、冰爬犁和滑冰趟子等冰上游戏。清代乾隆年间，开设了"技勇冰鞋营"，并有一套专门的管理制度和训练方法。当时皇家每年冬天都要从各地挑选上千名"善走冰"的能手入宫训练，于冬至至三九期间在太液池上（今北京的北海和中南海）表演。《冰嬉图》就是根据当时宫廷冰上表演的盛况而绘制的（图12-1-3）。

图12-1-3 《冰嬉图》（清代）

人生幸福快乐，强身健体十分重要。中国是一个13亿多人口的大国，体育是重要的社会事业，也是前景十分广阔的朝阳产业。我们申办北京冬奥会，一个重要目的就是推动我国冰雪运动快速进步，推动全民健身广泛开展。我们提出，要努力带动更多人参与冰雪运动，北京冬奥会是一个重要推动，对冰雪运动产业也是一个重要导向。

——2017年1月23日，习近平总书记在张家口考察北京冬奥会筹办工作时的讲话

随着社会的发展和人们文化生活水平的不断提高，冰上运动从娱乐到竞技不断发展，形成了项目繁多的现代冰上运动，各项目的规则日趋完善，技术也愈加完美，大众对冰上运动的喜爱程度也逐步提升。

二、速度滑冰——冰面上的速度与激情

（一）速度滑冰简介

速度滑冰，简称速滑，是以冰刀为工具在冰上进行的一种冰上竞速运动（图12-1-4）。速度滑冰是滑冰运动中历史最悠久、开展最广泛的项目，是冰上运动的源头，冰上运动的其他项目都是在速度滑冰的基础上产生和发展起来的。速度滑冰也是目前冬奥会所有比赛中金牌总数最多的项目，共14项。

图12-1-4 速度滑冰

速度滑冰源自北欧，最早记载的速度滑冰活动距今已有800多年的历史。1763年2月4日，在英国首次举行了15千米速度滑冰赛。从19世纪40年代开始，速度滑冰从英格兰和荷兰迅速传入其他国家，滑冰俱乐部也由此纷纷建立。1879年，英国滑冰协会成立，成为世界上第一个全国性的滑冰领导机构。1892年，国际滑冰联盟在荷兰成立，为速度滑冰的国际化和规范化奠定了基础。1893年1月，在国际滑冰联盟的领导下，第1届世界男子速度滑冰锦标赛在荷兰阿姆斯特丹举行。男、女速度滑冰分别于1924年、1960年被列为冬奥会比赛项目。

（二）速度滑冰的基本技术

1. 正确的滑行姿势

上体放松前倾，与冰面平行或略高，腿部深屈，膝关节角度在90°~110°，踝关节角度在50°~70°，两臂放松置于背后，头微抬起。

2. 起跑技术

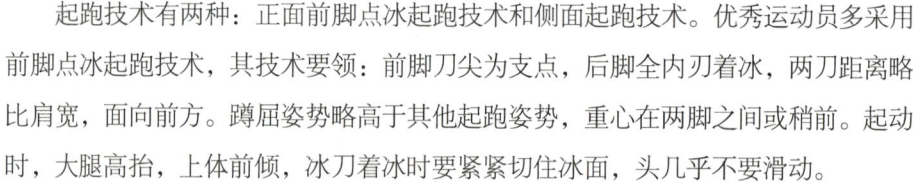

起跑技术有两种：正面前脚点冰起跑技术和侧面起跑技术。优秀运动员多采用前脚点冰起跑技术，其技术要领：前脚刀尖为支点，后脚全内刃着冰，两刀距离略比肩宽，面向前方。蹲屈姿势略高于其他起跑姿势，重心在两脚之间或稍前。起动时，大腿高抬，上体前倾，冰刀着冰时要紧紧切住冰面，头几乎不要滑动。

速度滑冰冰上练习

3. 直道滑行技术

直道滑行的关键在于掌握适宜的蹬冰时间。冰刀切入冰面后，进行蹬冰动作，同时注意收腿和下刀的动作。

4. 弯道滑行技术

弯道滑行时，身体始终向内侧倾斜，使用外侧脚的外刃和内侧脚的内刃蹬冰，同时注意弯道上的平衡和速度维持。

5. 摆臂动作

主要是用于短中距离滑行，可起到协调、加大蹬冰力量的作用。摆臂用力程度较小，摆动方向要与滑行方向一致。短中距离无论采用双摆臂或单摆臂，都要用力，特别要注意向侧前摆动的速度和力量。

初学者练习注意事项

1. 安全常识要掌握，安全用具佩戴好，正确摔倒和起立，不怕受伤保护好。

2. 心理恐惧要克服，技术要领学得好。

3. 陆上训练要认真，冰上基础打得好。

4. 冰鞋、冰刀常检查，不怕麻烦不摔倒。

5. 上冰切记不打闹，反向横穿不得了。

6. 滑行姿势要蹲低，身体过高快不了。

速度滑冰与短道速滑的区别

（三）陆上技术练习

陆上技术练习包括基本姿势练习、侧出腿练习、后引腿练习等，以提高滑冰技能和肌肉控制。

三、短道速滑——风驰电掣的冰上追逐

（一）短道速滑简介

短道速滑全称是短跑道速度滑冰，是在长度较短的跑道上进行的冰上竞速运动。比赛中，多名运动员（通常为4～6人）在长为111.12米的椭圆形冰道上滑行，冰面最小尺寸为60米×30米。

短道速滑起源于加拿大。19世纪80年代，加拿大修建了室内冰球场，于是一些速度滑冰爱好者开始在室内冰球场地进行练习，此后，蒙特利尔、魁北克、温尼伯等城市相继出现室内速度滑冰比赛。1905年，加拿大举行了全国短道速滑锦标赛，此后，短道速滑逐渐在欧洲和美洲国家开展起来。1967年，国际滑冰联盟接纳了短道速滑项目，并于1975年在联盟下成立了短跑道速度滑冰技术委员会。1976年，美国伊利诺伊州的尚佩思首次举办了国际短道速滑赛。自1981年起，国际滑冰联盟开始举办世界短道速滑锦标赛。1988年，短道速滑被列为冬奥会表演项目。1992年，短道速滑成为冬奥会正式比赛项目。

冬奥会短道速滑比赛项目

目前，冬奥会短道速滑比赛项目有男子500米、1 000米、1 500米、5 000米接力，女子500米、1 000米、1 500米、3 000米接力，此外还有混合团体接力。

（二）短道速滑主要技术

短道速滑滑速较快、场地较小、同组滑跑人数较多，所以战术性较强，比赛竞争非常激烈，时常出现追赶、阻截、超越、夹击，以及战术配合等场面，具有很强的观赏性。其主要技术包括起跑技术、直道滑行技术、弯道滑行技术、冲刺技术、超越技术等（图12-1-5）。

1. 起跑技术

起跑技术包括三个动作阶段，即起跑预备姿势、起动和疾跑。

2. 直道滑行技术

短道速滑的直道滑行技术要领同速度滑冰直道滑行，是在直道滑行基本姿势的基础上，两腿交替连续完成蹬冰、收腿、下刀、支撑滑行，并配合摆臂形成完整的直道滑跑动作。

3. 弯道滑行技术

弯道滑行时，既要保持高速滑行，又要扣住8米半径的弯道。在弯道滑行的区段也是运动员体现战术意图的重要区域。

4．冲刺技术

当临近终点且运动员相距较近时，冲刺可以起到决定性的作用。以送刀式冲刺为例，在接近终点的滑行过程中，将重心落在有利于克制对手一侧的腿上，将另一侧腿迅速前伸，保持平衡冲过终点。

5．超越技术

超越技术可以分为主动性超越（包含速度性超越和技术性超越）、非主动性超越、弯道超越、直道超越和冲刺超越。在弯道上，运动员需要紧贴弯道内圆弧雪线的切线，采用左右腿交叉、双腿都向右侧蹬冰的方式前进。

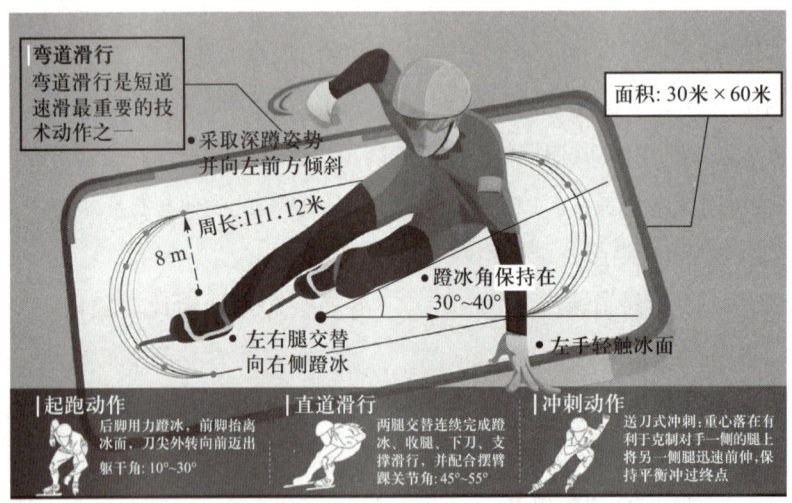

图 12-1-5 短道速滑技术解析

四、花样滑冰——冰上芭蕾

（一）花样滑冰简介

花样滑冰（figure skating）是一项将运动技巧与舞蹈音乐有机融合在一起，把惊险和美丽发挥到极致的滑冰运动，能给观赏者带来高度的艺术享受。德国著名诗人歌德赞美花样滑冰为"运动的诗"。

花样滑冰起源于 18 世纪的英国，后相继在德国、美国、加拿大等欧美国家迅速开展。1772 年，英国皇家炮兵中尉约翰逊（Robert Johnson）撰写的《论滑冰》在伦敦出版，这是世界上第一部介绍花样滑冰的书籍。1863 年，被誉为"现代花样滑冰之父"的芭蕾舞表演艺术家杰克逊·海因斯（Jakson Haines）将滑冰运动与舞蹈艺术融为一体，改变了早期花样滑冰古板正式的风格，极大丰富了花样滑冰的内容与形式。1868 年，美国的丹尼

尔·梅伊（Daniel Mey）和乔治·梅伊（George Mey）首次表演双人滑，这是世界上有记载的最早的花样滑冰表演。1872年，奥地利首次举办花样滑冰比赛。1896年，在俄国彼得堡举行了首届世界男子单人花样滑冰锦标赛。1906年，在瑞士达沃斯举行了首届世界女子单人花样滑冰锦标赛。1924年，花样滑冰被列为首届冬奥会的正式比赛项目。

中国第一个花样滑冰世界冠军

滑冰在我国有悠久的历史。早在宋代，我国已出现类似于花样滑冰的活动——"冰嬉"。元代以后，冰嬉更为盛行。明代《帝京岁时纪胜》中有"冰床、冰擦"的记载，都是指在冰冻的江河湖泊上做滑冰游戏。清代乾隆年间，沈源所画的《冰嬉赋》图中有大蝎子、金鸡独立、哪吒探海等姿势。清末，专为慈禧观赏的北海花样滑冰表演中，已有双飞燕、蝶恋花等双人动作和朝天镫、童子拜佛等单

现代花样滑冰之父——杰克逊·海因斯

美国人杰克逊·海因斯是花样滑冰历史上的一位标志性人物，他在1860年将滑冰和音乐、舞蹈相结合，丰富了花样滑冰的内容和形式，奠定了近代花样滑冰的基础。他还发明了蹲踞旋转。1868年海因斯来到欧洲，先后在维也纳、布达佩斯、柏林、彼得堡等地进行花样滑冰巡演，备受观众喜爱，从而使这项运动迅速在欧洲和北美流行起来。

人动作。那时民间的冰上表演有猿猴抱桃、卧鱼、鹞子盘云、凤凰展翅、摇身晃等动作。这些动作跟现代花样滑冰的动作非常相近。

20世纪90年代，中国花样滑冰开始起步。自1994年陈露获得了日本NHK杯世界花样滑冰邀请赛单人滑冠军后，中国花样滑冰队开始在世界冰坛上崭露头角，经过40年的艰苦奋斗，中国花样滑冰队从无到有、从弱到强。1994年，陈露获得利勒哈默尔冬奥会花样滑冰女单铜牌，这是中国第一枚花样滑冰奥运奖牌。四年后她在长野冬奥会再夺一枚女单铜牌。2002年，申雪/赵宏博在盐湖城冬奥会上获得双人滑铜牌，这是中国的第一枚双人滑奥运奖牌。2006年，张丹/张昊在都灵冬奥会双人滑比赛中获得了中国的第一枚花样滑冰奥运银牌。2010年，申雪/赵宏博在温哥华冬奥会上实现了新的重大突破，为中国队夺得第一枚花样滑冰奥运金牌。近年来，中国队在双人滑项目上持续保持世界一流水准，隋文静/韩聪赢得了2018年平昌冬奥会双人滑亚军。在2022年北京冬奥会上，隋文静/韩聪获得双人滑冠军。

中国花样滑冰40年奋斗历程

目前，花样滑冰项目包括单人滑冰、双人滑冰、冰上舞蹈和集体滑冰四项（冬奥会目前仅设立了前三项）。运动员需要在冰上随音乐节奏而起舞，并完成旋转、跳跃、转体、托举、抛跳等一系列技术动作，最终技术得分和艺术得分之和较高者获胜。这个项目对运动员的节奏感、身体的平衡能力、柔韧性、耐力及协调能力等

要求较高，双人滑冰和集体滑冰项目中还比较考验团队配合能力，是一种兼具力量、技巧与动感的冰上艺术表现形式。

（二）花样滑冰的基本技术

1. 基础滑行

花样滑冰的基础滑行包括直线滑行、曲线滑行和圆形滑行等。在滑行过程中，选手需要保持身体的平衡，控制速度和方向，展现出流畅的滑行技巧。

2. 跳跃

跳跃是花样滑冰中最重要的技巧之一，包括如三周跳、四周跳等多种类型。选手需要在空中完成一系列的转体和姿态控制，然后准确无误地降落在冰面上。跳跃的难度和高度是影响选手得分的重要因素。

3. 旋转

旋转是指在冰面上快速转动的技巧，包括各种姿势和速度的旋转。选手需要掌握各种旋转技巧，如直立旋转、蹲踞旋转等，并能够在比赛中准确无误地完成。旋转的速度和稳定性也是影响得分的重要因素。

4. 步法

步法是指选手在冰面上进行的各种步伐和动作，包括交叉步、并步、前进步、后退步等。选手需要掌握各种步法技巧，并能够根据音乐节奏和动作编排的要求完成。步法的流畅性和协调性是影响得分的重要因素。

5. 编排

编排是指将各种技巧和动作组合在一起的方式和过程。选手需要根据比赛要求和自身特点，选择合适的技巧和动作进行编排，展现出自己的风格和特点。编排的创意性和整体性是影响得分的重要因素。

花样滑冰的评分

比赛中，评委根据选手的表现进行打分，并会对各项技巧和动作进行评价和评估。评分标准包括技术难度、动作完成度、表现力和创意性等多个方面。得分的平均值即为选手的总得分。

得分规则：比赛得分＝技术分＋表现分。

技术分：基础分、完成分。

表现分：滑行技术、步伐连接、完成表现、编排构造、音乐演绎。

五、冰球运动——"冷冰面"上的"热对抗"

（一）冰球运动简介

冰球，亦称"冰上曲棍球"，是以冰刀和冰球杆为工具在冰上进行的一种相互对抗的集体性竞技运动。

现代冰球运动起源于加拿大。在加拿大的英国留学生W.F.罗伯逊擅长滑冰，他把在英国学习期间了解到的曲棍球，移到冰上打，并结合"拉克罗斯球"的特点，于1783年创造了一种新的冰上运动——冰球。到了19世纪中期，每当冬季来临，加拿大金斯顿地区的一些体育爱好者经常集

冰球比赛规则简介

聚在冰封的湖面上，手中拿着曲棍，脚上绑着冰刀，互相追逐击打用木片等物制成的球。1875年3月3日，在加拿大蒙特利尔的维多利亚冰场举办了第一次正式冰球赛。1879年，蒙特利尔麦吉尔大学的罗伯逊教授和史密斯教授共同制订了一份正式比赛规则，将比赛人数限定为每队9人，后改为7人。1910年，第1届欧洲冰球锦标赛在瑞士莱萨旺举行。1920年，冰球被作为正式项目被纳入第7届奥运会，这大大推动了世界冰球运动的发展。1924年，第1届冬奥会在法国夏蒙尼举行，加拿大队赢得了冬奥会冰球比赛的第一枚金牌。1988年，国际冰球联合会决定从1990年开始定期举办世界女子冰球锦标赛。1993年，国际奥委会决定从1998年开始将女子冰球列为冬奥会比赛项目。

（二）冰球主要技术

冰球运动是一项强对抗性运动。比赛中，运动员穿着冰鞋，手拿冰杆，在被界墙围起来的冰球场内按规则运用滑行、运球、传球、射球、身体阻截等技术，在战术配合下相互攻守，力争用冰球杆将球射入对方球门。

冰球的基本技术可分为滑跑技术和攻防技术两大类。

1. 滑跑技术

滑跑是冰球运动员必须熟练掌握的最基本技术，包括起跑、正滑、倒滑、惯性转弯、左右压步转弯、急停等。滑行姿势应为上体抬起，稍前倾，眼睛向前看，两脚蹬冰频率稍快。这种滑行姿势有利于在场骤然起跑，频繁变换方向和频繁急停。

2. 攻防技术

攻防技术包括控制球、传接球、过人、争球、射门等进攻技术和阻截、抢球、合法冲撞及守门员防守等防守技术。射门是各项进攻技术中特别重要的一项技术。射门技术有挑射、拉射、击射、补射等射门方法。这些方法又分正拍和反拍两种方式。现在又发展了弹射和垫拍等射门方法。

（三）冰球主要战术

冰球战术有进攻、防守和以多打少或以少打多等战术。根据战术风格，可分为欧洲型打法和北美型打法。前者强调配合，战术多变；后者偏重个人技术，强调强行突击。

六、冰壶——"冰上国际象棋"

冰壶比赛规则
简介

（一）冰壶简介

冰壶（curling）又称掷冰壶、冰上溜石，是以队为单位在冰上进行的一种投掷性竞赛项目。冰壶比赛看似温文儒雅，实则需要参赛选手在比赛中斗智斗勇，占位、进营、击打、扫冰，选手们展现的是静动之美和取舍的智慧，考验运动员的脑力和体力。

冰壶起源于苏格兰，苏格兰现在还保存着刻有"1511"字样的砥石（即冰壶石）。它最初是人们在冬天结冰的池堤或江河上开展的一种游戏，后经过不断的发展，演变成为现在的冰壶运动。16世纪中叶，最早的冰壶比赛出现。1795年，世界上第一个冰壶俱乐部在苏格兰创立。1807年，冰壶传入加拿大，1820年起在美国等地流行。从此，冰壶作为一项冬季运动在欧洲和北美逐渐开展起来。1838年，苏格兰的冰壶俱乐部为这项运动制订了正式的比赛规则。20世纪初，通过加拿大冰壶爱好者的努力，这项运动的比赛规则和方法日臻完美，并由室外逐渐移入室内。1924年，在英国和法国爱好者的努力下，冰壶作为表演项目被纳入第1届冬奥会。1927年，加拿大举行了首次全国性冰壶比赛。1998年，冰壶正式成为冬奥会比赛项目。

（二）冰壶基本技术

1. 站位与姿势

掷壶时蹲低身子，将身体坐在大腿上，同时伸直胳膊把冰壶石放在前方。肩部要垂直，膝关节要靠拢，身体要端正，并在放松的状态下控制好平衡。

2. 投掷动作

投掷冰壶石时，运动员需先将躯干部分抬起，然后保持伸直的胳膊和垂直的肩部，关键是在抬起躯干的时候，运动员要通过肩部的力量投出冰壶石，并通过肩部的前后摇摆来调节投掷的距离。

3. 脚步动作

运动员要把冰壶石提到前方，然后慢慢地把脚移到冰壶石的后方，此时身体的重心要从后脚移到向前弯曲的前脚上。在投掷的瞬间，运动员的前胸要落到膝关节的内侧，冰壶石随之脱手而出。

4. 刷冰技巧

一名队员掷壶后，由两名本方队员手持冰刷在冰壶石滑行的前方快速左右擦刷冰面，使冰壶石能准确到达营垒的中心。这个动作是基于动量守恒定律，通过减少冰壶石和地面的摩擦力来控制冰壶石的行进距离和角度。

5．策略规划

投掷冰壶石不仅仅是简单的投掷动作，还需要运动员具备策略规划能力。比赛中，双方队员要轮流投掷冰壶石，不仅要努力使自己的冰壶石更接近圆心，还要设法阻碍对方的冰壶石。这需要运动员在投掷每一壶之前都要进行精确的计算和策略规划。

第二节　雪上运动

雪上运动是借助滑雪板或其他器具在雪地上进行滑行的运动，包括高山滑雪、自由式滑雪、单板滑雪、冬季两项、越野滑雪、跳台滑雪、北欧两项、雪车、雪橇等。滑雪运动是雪上运动的主项，所以把雪上运动也习惯地称为滑雪运动。

一、雪上运动文化

滑雪产生于万年之前远古人类利用工具征服自然的过程。中国新疆阿勒泰地区是人类滑雪起源地。据考证，距今1万年以前，古阿勒泰人就开始了滑雪活动，在阿勒泰地区敦德布拉克发现的距今1.2万年的岩画上，绘有一排远古先民手执短杖、脚踩长物、弯腰屈膝、上体前倾的"滑雪"人姿态（图12-2-1），与现代滑雪姿态有着惊人的相似之

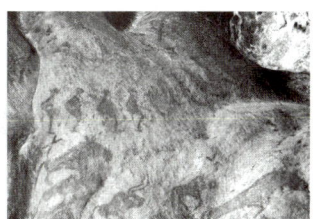

图12-2-1　阿勒泰岩画上的"滑雪"人姿态

处。2007年的1月16日，阿勒泰市正式获得"人类滑雪最早起源地"的殊荣。除中国外，挪威、瑞典、芬兰和俄罗斯等国都曾发现原始先民滑雪活动的证据。

早期人类的滑雪活动是人类适应寒冷多雪的自然环境而必须掌握的一项生存技能。13世纪，挪威人为了抵挡寒冷多雪等恶劣环境，滑雪成为一种必不可少的生活技能，并逐渐融入人们的日常生活、交通运输及狩猎等各项活动中。

滑雪不仅用于生活，还用于军事和战争。14—16世纪，欧洲各国战火频发，滑雪因其隐蔽、迅捷的特点，可以很好地满足军队在冬季严寒时期进行快速行动、发动突袭等需求，因此被广泛用于战争。据资料记载，滑雪曾被用于芬兰、挪威、

波兰、俄国和瑞典的战争，1719年，挪威还组建了世界上第一支滑雪部队。战争进一步推动了滑雪的发展，它不单单在生活的舞台出现，同时也被北欧诸国作为一种必备的军事能力。

18世纪，各国军事训练的日益增多加速了对滑雪这一活动的认识和开发，并从中产生了多种比赛项目。同时，军事训练中的滑雪比赛也开始向民间普及，极大地激发了当地人民参与滑雪的热情，并促使更多的人开始研究滑雪，改进装备和技术。

随着这项运动的广泛开展，滑雪已经从最初为了生存和军事，逐渐演变成了一种兼具表演和竞技特性的运动项目。1861年，挪威成立了世界上最早的滑雪俱乐部，同年在奥斯陆举行了首届全国滑雪比赛。1883年，挪威滑雪联合会成立。同年，在挪威的哈斯白山举行了越野和跳台滑雪比赛。自1891年起，德国、奥地利、瑞士、俄罗斯等国也纷纷建立了滑雪俱乐部，滑雪比赛也由此频繁地举行。19世纪末20世纪初，欧洲各国又以各自创建的滑雪俱乐部为中心相继建立了滑雪协会。1910年，在挪威滑雪协会的倡议下，国际滑雪委员会成立。

经过不断发展，滑雪运动逐步走入正规化和多样化，发展成为包括越野滑雪、冬季两项、跳台滑雪、单板滑雪、自由式滑雪等多个竞技体育项目在内的冬季运动。随着人们生活水平的提高和健身意识的增强，现在，滑雪运动已成为人们休闲活动的重要组成部分，越来越多的人参与到这项运动中。

二、冬奥会雪上项目介绍

1. 高山滑雪——冬奥会皇冠上的明珠

高山滑雪（alpine skiing）是以滑雪板、雪鞋、固定器和滑雪杖为主要用具，从山上向山下，沿着旗门设定的赛道滑下的雪上竞速运动项目，是雪上基础大项之一。

高山滑雪起源于阿尔卑斯山地域，故又称"阿尔卑斯滑雪"。高山滑雪是在越野滑雪基础上逐步形成的，是雪上运动的一个分支。一般认为高山滑雪诞生于1907年，这年第一个高山滑雪运动组织"阿尔卑斯山滑雪俱乐部"创立。20世纪20年代开始，高山滑雪比赛在阿尔卑斯地区纷纷举行，各类高山滑雪学校相继建立。1936年，高山滑雪被列为冬奥会比赛项目，一开始只设有男、女全能的比赛，后来又逐渐加入了速降（1948年）、回转（1948年）、大回转（1952年）和超级大回转（1988年）的比赛。现在，冬奥会高山滑雪设男子项目、女子项目、混合项目。其中，男子项

目和女子项目各设滑降、回转、大回转、超级大回转、全能5个小项，混合项目则为混合团体赛。

高山滑雪的基本动作有犁式滑降、直滑降、犁式斜滑降、双板平行斜滑降和横滑降等。

2. 越野滑雪——雪上马拉松

越野滑雪是借助滑雪用具，运用登山、滑降、转弯、滑行等基本技术滑行于山丘雪原的运动项目。越野滑雪是最基础的雪上传统项目，冬季两项、北欧两项都是在其基础上衍生而来的。

越野滑雪是世界运动史上最古老的运动项目之一，起源于北欧，是北欧等地居民冬季出行、打猎和军事作战中的交通方式，故又称北欧滑雪。据记载，1226年挪威内战时期，两名被称为"桦木腿"的侦察兵，怀藏两岁的国王哈康四世，滑雪翻越高山，摆脱了敌人。现在，挪威还每年举行越野马拉松滑雪赛，距离为35英里，与当年侦察兵所滑路程相同。15—19世纪，越野滑雪作为滑雪项目之一，在欧洲一些国家成为体育比赛的内容。1924年，越野滑雪首次列入冬季奥运会比赛项目，现设男子10公里（1992年列入）、15公里（1924年列入）、30公里（1956年列入）、50公里（1924年列入）、4×10公里接力（1936年列入），女子5公里（1964年列入）、10公里（1952年列入）、15公里（1984年列入）、30公里（1992年列入）、4×5公里接力（1956年列入）。

由于项目发展的原因，越野滑雪的滑行技术分为传统技术和自由技术。传统技术要求运动员将雪板放在压好的雪槽里，两个滑雪板保持与滑行方向平行，运用双腿的前后摆动和雪杖来前进。自由技术对技术动作没有限制，运动员可以采用任何技术动作。根据国际雪联规定，赛会设项也应为传统技术和自由技术各占一半，对接力项目也有相应规定。越野滑雪比赛路线分上坡、下坡、平地，各占全程的1/3。在越野滑雪中，由于雪道崎岖不平且滑行距离较长，运动员脚踩滑雪板、手持雪杖穿梭滑行于山丘雪原，常需要掌握不同的滑行技术并合理分配体力。

3. 冬季两项——"动与静"的完美结合

冬季两项是由越野滑雪和射击两种特点不同的竞赛项目结合在一起进行的运动，要求运动员既要有由动转静的能力，又要有由静转动的能力。

冬季两项起源于挪威，与当地人们的冬季狩猎活动有关，是一种滑雪加射击的比赛。

冬季两项起源于斯堪的纳维亚半岛，由远古时期猎人滑雪狩猎的活动演变而来。挪威对推动冬季两项的发展起到了至关重要的作用。1767年，挪威边防军举办了一次滑雪和射击比赛，这是冬季两项的雏形。1861年，世界上第一个滑雪和射击俱乐部在挪威成立。1921年，挪威军队在奥斯陆举办了滑雪射击比赛。随后，这项运动逐步在欧美国家兴起，并最终成为一项专门的雪上运动项目。在1924年第1届冬奥会上，冬季两项被列为表演项目，在随后的1928年、1936年和1948年冬奥会上，冬季两项也都是表演项目。在1960年第8届冬奥会上，冬季两项被列为正式比赛项目，但只有20公里越野滑雪加4次射击组成的一个竞赛项目。

冬季两项包括越野滑雪和步枪射击两种运动形式，运动员以滑雪板、滑雪杖和步枪为工具在专门的线路上滑行一定距离，并在指定区域按顺序进行不同姿势的射击，是一个综合性竞赛项目，也是目前冬奥会中唯一要求运动员在比赛中迅速由动转静或由静转动的项目。

冬季两项的基本赛制要求运动员在比赛时，要脚穿滑雪板、手持滑雪杖、携带枪支和必要的子弹，沿标记过的滑道，按正确方向和顺序滑完全程，以到达终点用时多少或到达终点的先后顺序排列名次。除滑雪板、滑雪杖及运动员自身之外，不得借助其他推进力。

冬季两项比赛分为个人赛、短距离赛、追逐赛、集体出发赛、接力赛、男女混合接力赛。

4．北欧两项——"选拔最优秀的雪上运动者"的项目

北欧两项也称北欧全能，是由跳台滑雪和越野滑雪组成的混合雪上竞技项目。北欧两项是冬奥会上难度最大的比赛项目，它要求运动员具备精确的身体姿态控制能力和突出的跳跃能力，同时还要有快速越野滑行的能力。

北欧两项起源于北欧的斯堪的那维亚半岛，该地区冬季雪多，适于开展滑雪运动，但因缺乏阿尔卑斯山脉那样的高山，高山滑雪不够普及和发达，反而跳台滑雪和越野滑雪得到较好开展，于是出现了既要求越野滑得快，又要求跳雪跳得远的北欧两项比赛项目。一直以来，北欧几个国家都是这个项目的强者。

比赛时，运动员先进行跳台滑雪，后进行越野滑雪。跳台滑雪根据运动员每一跳的姿势分和距离分计算总分，根据分数进行排名，分数越高者排名越靠前。在之后的越野滑雪中，跳台滑雪排名第一的运动员将第一个出发，再根据跳台滑雪分数的差距，换算成时间，进而决定后续运动员的出发时间。越野滑雪赛属竞速赛，最终先到达终点者就是获胜者。

5. 自由式滑雪——空中舞蹈

自由式滑雪（freestyle skiing）是以滑雪板和滑雪杖为工具，在专门的滑雪场上，通过完成一系列的规定和自选动作而进行的雪上竞技项目。它是在高山滑雪的基础上孕育发展而成的，由空中技巧、雪上技巧和雪上芭蕾三个独立的小项组成。

自由式滑雪起源于20世纪60年代的美国。1992年起被列为冬奥会比赛项目，项目有男、女雪上技巧（1992年列入），男、女空中技巧（1994年列入），男、女雪上芭蕾（于1988年、1992年被列为冬奥会表演项目，2010年温哥华冬奥会首次增设男、女趣味追逐赛）。目前，冬奥会自由式滑雪共设有13个小项，分别为：男、女空中技巧、雪上技巧、U型场地技巧、障碍追逐、坡面障碍技巧、大跳台和空中技巧混合团体。2006年，我国运动员韩晓鹏在都灵冬奥会上获得男子自由式滑雪空中技巧金牌，这是中国选手在冬奥会历史上获得的第一枚雪上项目金牌，也是中国男选手在冬奥会上金牌零的突破。在2022年北京冬奥会上，中国运动员谷爱凌获得自由式滑雪大跳台和自由式滑雪女子U型场地技巧两个项目冠军。苏翊鸣获得单板滑雪男子大跳台的冠军。

6. 跳台滑雪——雪上滑翔机

跳台滑雪（ski jumping）是以滑雪板为工具，在专设的跳台上以自身的体重通过助滑坡获得的速度比跳跃距离和动作姿势的雪上竞技项目。

跳台滑雪起源于挪威。1860年，挪威德拉门地区的两位农民在奥斯陆举行的首届全国滑雪比赛上表演了跳台飞跃动作，后逐渐成为一个独立项目并得到推广。1924年，跳台滑雪被确定为冬奥会项目。

比赛时，运动员从起滑台快速下滑飞山跳台，在空中滑翔，比赛飞行距离和动作姿势。裁判员以运动员的跳跃距离与助滑、起跳、飞行、着陆等姿势分数评定成绩。目前，这一项目的世界纪录是291米。

跳台滑雪的基本技术分为助滑、起跳、空中飞行、着陆、终止区滑行5个部分。

7. 雪车和雪橇——速度与激情的对决

（1）雪车。雪车也称"有舵雪橇"，是乘坐可操纵方向的雪橇在冰道上滑行的运动项目。雪车起源于19世纪后期的瑞士，1897年，世界上第一个有舵雪橇俱乐部在圣莫里茨创立。在1924年冬

奥会上，雪车男子4人座成为正式比赛项目。1998年，女子2人座项目成为冬奥会正式比赛项目。

（2）钢架雪车。钢架雪车是在传统雪车的基础上延伸出来的一项运动，也称卧式雪橇、俯式冰橇，是以雪橇为工具，借助起滑后的惯性从山坡沿专门构筑的冰道快速滑降的一种冬季运动。

钢架雪车起源于19世纪末的瑞士小镇圣莫里茨，是在一种名叫"克雷斯塔"的游戏中衍生出来的。第一次钢架雪车比赛在1884年举行，参赛者在圣莫里茨到塞勒里那结冰的道路上进行比赛。1892年，英国人蔡尔德使用了一架主要以金属为材料制成的新雪橇，后来被正式命名为钢架雪车。因该运动项目速度极快（滑行的速度每小时可达120~135千米），头部朝下，危险性极高，曾两次被冬奥会取消。

（3）雪橇。雪橇是运动员双脚在前仰面躺在雪橇上，通过变换身体姿势来操控雪橇高速回转滑降的运动。雪橇运动起源于瑞士，后逐渐在欧洲、北美和亚洲等地流行。雪橇最初为木制，后发展成用金属制作。1884年，英国举行了首次雪

橇公开赛。1924年，有舵雪橇运动被列为冬奥会正式比赛项目。1964年，无舵雪橇运动被列为冬奥会正式比赛项目。

雪车和雪橇大项都属于冬奥会的滑行类项目，比赛充满速度与激情、勇气和挑战，因此观赏性非常强。

胜固欣然，败亦可喜。

——（宋）苏轼

第十三章　超越身体对抗　启智增慧润心
——智力运动

智力运动是智力类竞技体育项目的总称。目前列入智力运动的项目有围棋、中国象棋、国际象棋、国际跳棋、麻将、桥牌等。智力运动是智慧与艺术的结合，也是文化交融的纽带，看似轻松的对局，却蕴含着无穷的变化和人类文化的精髓。智力运动是人类综合竞技运动的最高形态，超越了传统意义上体育的身体对抗，跨入新的领域，它不仅仅是体能的对抗，更是上升到了精神层面。

第一节　围棋

一、围棋文化

围棋是中华民族发明的迄今最久远、最复杂的智力博弈活动之一，是世界上最古老的棋类游戏之一，流行于中国、日本、韩国等东亚国家。围棋在中国古代称为"弈"，距今已有4 000多年的历史，可以说是棋类之鼻祖。先秦典籍《世本·作篇》中就有"尧造围棋，丹朱善之"的记载。这表明围棋最初可能是由尧发明，作为教育其子丹朱的一种工具。《大英百科全书》和《美国百科全书》也采纳了这种说法，甚至分别将围棋的起源时间确切地定在公元前2356年和公元前2300年。

春秋战国时期，围棋已经在社会上广泛流传了，《论语》《左传》《孟子》中都有关于围棋的记载。到了西汉时期，围棋已传遍全国。东汉时期出现了一批围棋理论的奠基者，围棋逐渐为士大夫所重视，围棋活动渐盛。到了魏晋南北朝时期，围棋之风尤为兴盛。这一时期，围棋的规则和术语开始逐渐统一，各地的围棋玩法也开始趋于一致。同时，围棋的棋具也得到了改进，从最早的竹子或木片做成的棋子，逐渐发展成为用石头作为材料的棋子。此外，围棋开始进入上层阶级，朝廷以棋设官，建立了"棋品"制度。隋唐时期是中国围棋发展的又一个高峰。这一时期，围棋的规则开始有所规范，出现了许多围棋名著和围棋高手，同时也出现了很多围棋题材的艺术作品（图13-1-1）。此时，围棋也通过朝鲜传入日本。宋元明清时期是围棋发展的鼎盛时期，围棋得到长足发展，成为文人墨客的一种雅趣。同时，围棋的规则和术语也进一步得到完善和规范，奠定了现代围棋的基础。围棋的棋艺水平也得到了极大的提高，出现了许多著名的围棋高手和围棋流派。这一时期，围棋不仅在中国得到了更加广泛的推广和发展，在日本和韩国等地也得到了广泛的流传。到了近现代，围棋的发展更加迅速。随着科技的进步和全球化的发展，围棋逐渐成了世界性的文化体育活动。

图13-1-1 《弈棋仕女图》（唐）

围棋的起源和发展历经了数千年的历史，它不仅是中国文化和文明的重要组成部分，也是世界文化体育事业的重要组成部分。围棋不仅是一种游戏，更是一种文化、一种艺术、一种哲学。围棋蕴含着深刻的文化内涵和思想哲理，被视为一种修身养性的方式。它不仅可以培养人们的耐心、智慧、创造力和决策能力，还可以提高人们的思维深度和广度，帮助人们理解和探索人类认知世界的本质规律。

二、围棋基础与初学要旨

（一）棋盘和棋子

围棋的棋盘由纵横各19条线组成，形成361个交叉点，棋子落子的位置即在这些交叉点上。19路盘为普通对弈棋盘。为了便于识别，棋盘上的交叉点有9处标有圆点，称之为"星位"，其中正中央的"星位"又叫"天元"。以"星位"为基础，可以把棋盘分为四个角、四条边和中腹这九个组成部分。考虑到视觉的舒适度，标准的棋盘略显长方形。

围棋盘除了普通比赛用的19路盘，另外还有9路和13路这两种棋盘，适用于初学阶段及趣味比赛，或者运用在官子教学及死活练习的创作上。

围棋子可用各种材料做成，比较常见的是中国的云子、日本的贝壳棋子和韩国的将石棋子等。棋子分为黑白两色，各180子为标准棋子数。

（二）基本规则

围棋的基本规则极其简单，通俗地讲，围棋是将黑白棋子交替落于棋盘上并占取领土的智力运动，围地多的一方即为胜者。大致可以将规则细分为以下三项：

1．行棋规则

黑白双方交替落子于棋盘的交叉点上（图13-1-2），直至双方都确认棋局结束为止。

2．生存规则

棋子的"气"如同人的呼吸，有气则存，无气则亡。一枚棋子在棋盘上与之直线相连的交叉点即为该子的"气"（图13-1-3），当该子的"气"都被对方棋子占据时，就要被从棋盘上拿掉。

3．胜负规则

即围地多者胜。当棋盘上双方无可争之空点时（此时任何一方再继续行棋也都无法改变双方占地的现状），棋局便告结束。为了平衡黑方的先行优势，根据现行的中国围棋规则，执黑一方须贴还白棋3又3/4子。以19路盘为例，终局时，黑方数出185子及以上为胜。相反，白棋数出177子及以上为胜。

"隔手提劫"：双方互提一子的形状称为"劫"，为防止全局反复同型，无法终局，在对方提子后，被提一方不能立刻提回（图13-1-4）。

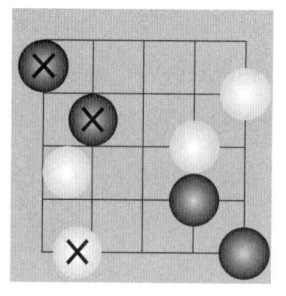

图 13-1-2　落子的位置

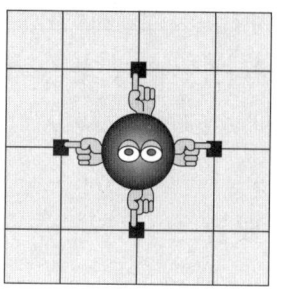

图 13-1-3　棋子的"气"

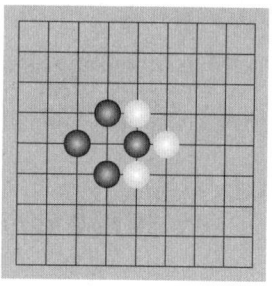

图 13-1-4　打"劫"

（三）初学要旨

1. 两眼活棋

棋盘上被某一方用棋子围成的完整的空白交叉点，称为"眼"。在围棋中，凡是具有两只或两只以上完整的"眼"就是活棋（图13-1-5）。在特殊情况下，还存在"双活"的棋形。

2. 吃子技巧

了解了棋子的"气"与生存规则，下一步，想必已经迫不及待地想去吃子了。但请不要忘了"一子四气"，光用蛮力是不行的，要想吃掉对方的子，就要掌握吃子的技巧。具备吃子可能性的情况主要有以下几种：当己方子力处于绝对优势时；当对方棋形出现破绽时；当对方的子处于边线，出路狭窄时。吃子的方法包括"双叫吃""关门吃""征吃""枷吃""扑吃"等。

3. 金角银边草肚皮

开始布局时，除行棋以"三线、四线"为主之外，围棋中有一个口诀便是"金角银边草肚皮"（图13-1-6）。也就是说，角上的围地效率最高，其次是边上，最后才是中央。

4. 完成一盘完整的对局

对于初学者，9路盘的对局简单而又合适（图13-1-7）。由于9路盘相较于19路盘要小很多，往往短短几十手且用时10~20分钟就能完成一盘对局。如此快速地

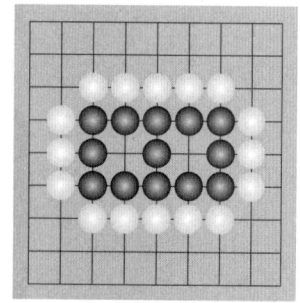

图 13-1-5　两眼活棋

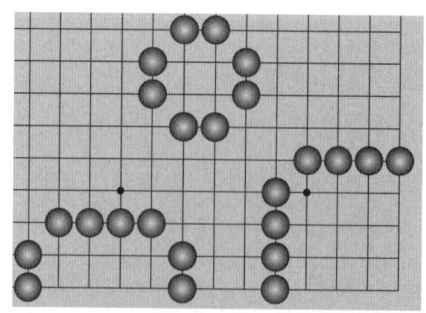

图 13-1-6　金角银边草肚皮

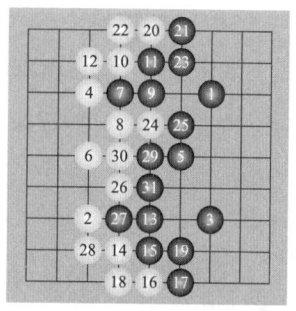

图 13-1-7　9路盘模范对局

进行对弈，在获得棋趣的同时，又能进一步激发初学者学习技术的积极性。更重要的是，在对弈的过程中，可以慢慢体会对每一步棋意义的理解，逐渐把握下棋的规律，如此，完成标准19路盘的对弈也就水到渠成了。

第二节　中国象棋

一、象棋文化

象棋是中国传统棋种，也是国际通行棋种，属于二人对抗性棋类游戏。象棋历史悠久，"象棋"一词最早出现于战国时期。《楚辞·招魂》中对其形制及玩乐方法有专门的记载："蓖蔽象棋，有六簿些；分曹并进，遒相迫些；成枭而牟，呼五白些。"意思是说，用玉石（即蓖）做成的相当于骰子（即"蔽"）大小的象棋，每方共有6颗；比赛的方法是两人或两组对局联赛，相互进攻，逼迫对方于死路；最后成"牟"（指成倍）才算是赢者，才能取胜（春秋时兵制，以5人为伍）。象棋定型于北宋。作为模拟古代战争的智力游戏，每一局都在咫尺棋盘上演绎着金戈铁马、兵戎相见。棋盘上的车、马、炮、兵就是古代的战车、战马、火炮（或者投石车）和士兵的象征（图13-2-1）。相比其他体育运动项目，象棋与古代军事有着最为直接的内在联系，其战略思想和战术特征体现了古代军事思想的影响。

图13-2-1　河南开封出土的宋代象棋拓片

中华人民共和国成立后，象棋进入了一个崭新的发展阶段。1956年1月，国家体委将象棋列为正式体育项目，以后几乎每年都举行全国性的比赛。1962年，中国象棋协会宣布成立后，逐步建立、健全了各种规章制度和等级制度，为象棋的广泛普及与发展创造了良好条件。亚洲象棋联合会（1978年）和世界象棋联合会（1993年）的成立，将象棋的影响扩展到世界其他国家和地区。随之，亚锦赛、世锦赛等竞赛体系逐渐建立并完善。

目前，象棋在国外，尤其是东南亚的侨胞和外籍华人中也广泛流传。许多海外华侨、华人和港澳同胞把象棋看作与祖国联系的桥梁和纽带，把开展象棋活动看作炎黄后裔对自己民族文化的继承和发扬。近几十年来，随着贸易和文化交往的不断发展，象棋在英国、美国、法国、加拿大、德国等国家也发展了不少的爱好者。象棋正从它的发源地逐渐传播到世界各个角落。

象棋集文化、科学、艺术、竞技于一身，不但可以开发智力、启迪思维、锻炼辨证分析能力、培养顽强的意志，而且可以修心养性、陶冶情操、丰富文化生活，深受广大学生和群众的喜爱。

二、象棋基础与初学要旨

（一）棋盘和棋子

棋子活动的场所，叫作"棋盘"。在长方形的平面上，9条平行的竖线和10条平行的横线相交，共有90个交叉点端的中间，也就是两端第四条到第六条竖线之间的正方形部位，以斜交叉线构成"米"字方格的地方，叫作"九宫"（它恰好有9个交叉点），象征着中军帐（图13-2-2）。

整个棋盘以"河界"分为相等的两部分。为了比赛记录和学习棋谱方便起见，现行规则规定：按9条竖线从右至左用中文数字一至九来表示红方的每条竖线，用阿拉伯数字1至9来表示黑方的每条竖线。己方的棋子始终使用己方的线路编号，无论棋子是否"过河"。

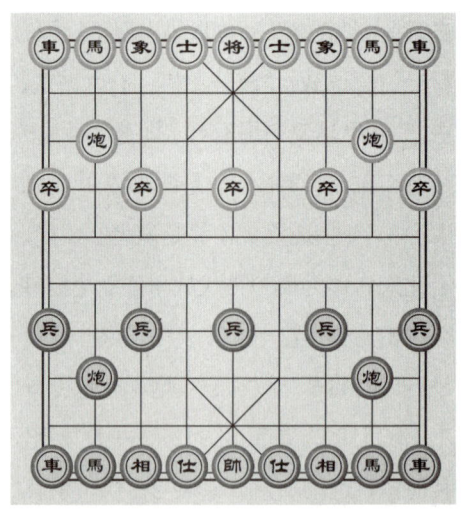

图13-2-2　棋盘与棋子

棋子共有32个，分为红黑两组，各有16个，由对弈的双方各执一组。其中红方为：帅（1个），车、马、炮、相、仕（各2个），兵（5个）；黑方为：将（1个），车、马、炮、象、士（各2个），卒（5个）。

（二）基本规则

象棋是由两人轮流走子，以"将死"或"困毙"对方将（帅）为胜的一种二人对抗性游戏。对局时，执红棋的一方先走，双方轮流各走一招，直至分出胜、负、和，对局即终了。

1. 象棋子法

将行一步九宫内，士止一尖不离宫。象虽二尖有四路，马行一直一尖冲。

炮须隔子打一子，车横直撞任东西。卒子若行惟一步，过河进吉退为凶。

2．胜负与和棋

（1）将死。如果被照将而无法应将，就算被将死。

（2）困毙。轮到走棋的一方，无子力可走，就算被困毙。

（3）出现下列情况之一，为和棋：① 一方提议作和，对方表示同意；② 双方走棋出现循环反复达到三次，符合"不变作和"的规定；③ 符合自然限着的规定，即在60回合中，双方都没有吃过一个棋子。

（三）初学要旨

1．车的价值及运用原则

车是战斗力最强大的棋子，是作战主力的第一位。车的价值最大，用分值来算是9分。开局阶段应尽量出车，所谓的"三步不出车，必定要输棋"。车的运用原则：A. 车要迅速出动；B. 车忌低头；C. 车不落险地；D. 车要通头。

2．马的价值及运用原则

马为曲线型的活动，具有面的控制力，属于中距离的作战兵种，分值为4分。马的运用原则：A. 注意马路的灵活；B. 马忌戍边；C. 注意与其他子力的配合；D. 防止对方渡河兵的威胁。

3．炮的价值及其运用原则

炮是远距离作战兵种，机动性和突击性较强，开局时炮显得比马灵活，分值为4.5分。炮应远慑，不可虚发，残局炮归家。炮的运用原则：A. 不宜轻发；B. 不宜轻易以炮换马；C. 注意炮与其他子力的联合作战；D. 缺象怕炮，有炮需留他家士。

4．兵卒的价值及其运用原则

中兵尤为重要，是中路的屏障，三、七兵对活马起重要作用，记住"兵能制马"的棋谚。兵卒的运用原则：A. 注意保护兵卒；B. 利用兵卒做先锋；C. 老卒无功。

5．士、象的价值及其运用原则

士、象是保卫将帅的防御性兵种，在一定情况下起助攻的作用。"撑起仰角士，不怕马来攻"，象尽量往中间连环，阵容工整。士、象的运用原则：A. 缺士怕车、马；B. 缺象怕炮；C. 注意象的联络；D. 助攻的作用。

6．将帅的价值及其运用原则

将帅是全局的中心，胜负的标志，没有实战能力，在全局中应以"静"为原则。将帅的运用原则：A. 将帅宜少动；B. 助攻的作用。

第三节　国际象棋

一、国际象棋文化

国际象棋英文为International Chess，又称西洋棋，是一种古老的二人对弈智力棋类游戏。古印度是国际象棋诞生的摇篮。公元2—4世纪，印度出现了一种叫"恰图兰加（Chaturaji）"的游戏，有车、马、象、兵4种棋子，象征着印度古代的军制。在当时流传的印度叙事史诗《摩诃婆罗多》中，有"四军将士已安排"的诗句。"四军"即指军队的车、象、马、兵4个兵种。

国际象棋的历史瞬间

大约在10世纪以后，国际象棋经中亚和阿拉伯传到欧洲，先传到意大利，然后是西班牙和法国。11世纪末叶，国际象棋遍及欧洲各国。在当时的文献中，国际象棋被列为骑士教育的"七艺"[①]之一（图13-3-1）。15—16世纪，国际象棋最终定型，成为今日的样式和棋制。文艺复兴时期，国际象棋在欧洲得到了广泛的普及和发展。随着时间的推移，国际象棋的规则变得更加固定和标准化，同时也形成了一些重要的开局理论和战术策略。

图13-3-1　下西洋棋的圣殿骑士

19世纪中期，国际象棋成为正式的比赛项目。1924年曾被列为奥运会的正式比赛项目，同年国际象棋棋联合会（FIDE）成立。目前，国际象棋棋联合会主办或委托成员协会举办的重大世界性比赛有国际象棋奥林匹克赛、世界团体锦标赛、男女个人世界冠军赛、大学生世界团体赛、少年世界冠军赛及各大洲的国际象棋团体赛等。

二、国际象棋基础与初学要旨

（一）棋盘和棋子

国际象棋棋盘是个正方形，由横纵各8格、颜色一深一浅交错排列的64个小方格组成。深色格称黑格，浅色格称白格，棋子就放在这些格子中移动，右下角是白格。白棋皇后置于白格，黑棋皇后置于黑格（图13-3-2）。

[①] "七艺"即骑术、游泳、射箭、击剑、狩猎、赋诗和下棋。

国际象棋共32个棋子，分为黑白两组，各16个，由对弈双方各执一组，兵种是一样的，分为6种：王、后、车、马、象、兵。

棋局由白方先下，对弈双方轮流移动棋盘上既有的己方棋子，一步棋只能移动一个棋子（唯一例外的是"易位"，一步棋同时移动王和车）。棋子只能移动到未被占据的棋格，或占据对方棋子所在的棋格并将对方棋子拿出棋盘（称为"吃子"）

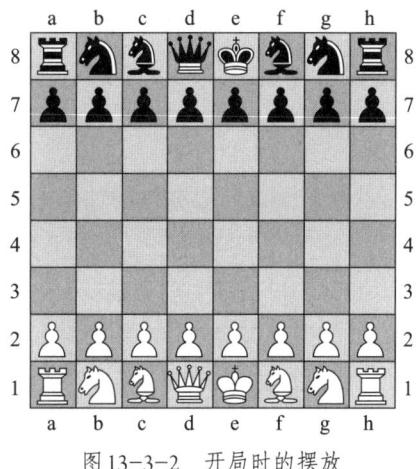

图 13-3-2　开局时的摆放

（一个例外是"吃过路兵"，己方的兵是落在对方被吃兵的后一格）。一个棋格内只能有一个棋子，棋子不可重叠。不允许弃权一手，因此欠行将导致棋局结束。

（二）基本规则

1．棋子走法

（1）王（K）。横、直、斜走均可，但每次限走一格，所走到位置不能是对方控制的格子，吃子与走法相同。

（2）后（Q）。横、直、斜走均可，格数不限，但不能越子。吃子与走法相同。

（3）车（R）。横、竖走均可，格数不限，不能斜走。除王车易位外不能越子。吃子与走法相同。

（4）象（B）。只能斜走，格数不限，不能越子。开局时每方有两象，一个占白格，一个占黑格。吃子与走法相同。

（5）马（N）。走法和中国象棋的马相同，同样是走"日"字，可以越子，但没有中国象棋中"蹩马腿"的限制。吃子与走法相同。

（6）兵（P）。只能向前直走，每次只能走一格。但走第一步时，可以走一格或两格。兵的吃子方法与行棋方向不同，它是直走斜吃。

2．特殊走法

（1）吃过路兵。当一方的兵从原始位置向前一步走两格时，如果所到格同一横线的相同格有对方的兵，则后者可以立即吃掉相邻的前者，但是占据原来位置的斜前方那一格，而不是前者原来占据的那格。"吃过路兵"必须立即进行，否则会丧失权利。

（2）升变。当兵走到对方的底线（即最远离己方的一行）时，必须升变为己方的车、马、象或皇后，但不能升变为国王，也不能选择不变或变为对方棋子。

（3）易位。把国王向车的方向打横移动两格，再把车直接移动到国王的另一侧，放在国王相邻的格。如果国王与车之间有2格的，称为"王翼易位"，又称"短易位"（图13-3-3）；国王与车之间有3格的，称为"后翼易位"，又称"长易位"（图13-3-4）。

图13-3-3　短易位

图13-3-4　长易位

3．胜负与和棋

（1）将死。国际象棋的对局目的是把对方的王将死。比赛规定：一方的王受到对方棋子攻击时，成为王被照将，攻击方称为"将军"，此时被攻击方必须立即"应将"，如果无法避开将军，王即被将死（长将除外）。

（2）出现下列情况之一，为和棋：A.一方提议作和，对方表示同意；B.双方都无法将死对方王时，称为"死局"；C.一方连续不断地将对方的王，且对方无力避免，这被称为"长将和"；D.轮到一方走棋，王没有被将军，但却无路可走，称为"逼和"；E.3次重复同一局面；F.符合自然限着的规定，即在50回合中，双方都没有吃过一个棋子且未移动一个兵。

（三）初学要旨

1．开局基本原则

（1）尽快出子，占领要点。一般马、象类弱子应先出，后、车类强子应后出，避免重复着法或进而复退的着法。

（2）争夺中心或控制中心。

（3）建立巩固的兵防。在没有相应的局面优势或攻势的补偿下，避免在自己一方的阵地内形成弱兵或弱格。

（4）力求子力之间达成战略协同。子力协同包括棋子与兵、棋子与棋子、兵与兵之间的协同，避免互相干扰、堵塞或妨碍。

（5）适时地进行王车易位。

2．中局技巧

当双方子力都调整到理想的位置时，棋局就差不多进入了中局阶段。中局的主要目标是攻击对方，争夺局面优势，想办法获胜。这个阶段是战术发挥最多的时候，容易出现激烈的争斗，往往是一盘棋中最精彩的部分。与开局和残局相比，中局变化最为复杂，一步错可能满盘皆输，对于选手实力有着较大的考验。中局常见战术包括牵制（图 13-3-5）、引入（图 13-3-6）、击双（图 13-3-7）、引离（图 13-3-8）、消除保护、拦截、闪击、闪将、腾挪、封锁、过渡等。

图 13-3-5　牵制

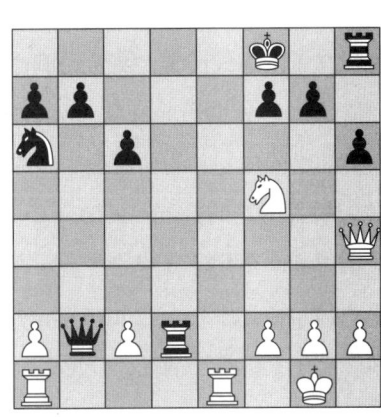

图 13-3-6　引入

图 13-3-7　击双

图 13-3-8　引离

3．残局

国际象棋一般分为开局、中局和残局三个阶段。当双方棋子减少到难以直接攻王成杀，而王可积极出动的局面时，称为残局。学习国际象棋，可从棋子较少的残局开始，由此熟悉各种棋子的特点和棋子之间的相互协调作用。

第四节 桥牌

一、桥牌文化

桥牌起源于欧洲，英文名为bridge，其意为"桥"，是两人对两人的四人纸牌游戏。桥牌的历史可以追溯到16世纪在英国流行的一种称为"凯旋"（Triumph）的牌戏和后来发展的"惠斯特"（Whist）。1925年，美国人哈罗德·斯特灵·范德比尔特创立了定约式桥牌，至今仍流行于世。

桥牌于20世纪四五十年代传入我国，首先在上海、北京等城市流行。1980年中国桥牌协会的成立，对桥牌在中国的发展起到了重要的推动作用，也直接带动了我国校园桥牌运动的开展。2004年中国大学生体育协会桥牌分会的成立，进一步推进了桥牌运动在我国高校的普及，高校培养了大量优秀的桥牌运动员，并在国际比赛中为祖国增光添彩。自2016年8月始，中国桥牌协会连续在全国高校中组织开展"桥牌文化大讲堂"活动，让更多高校学子了解桥牌这一益智、文明、高雅的智力运动项目。

二、桥牌基础与初学要旨

（一）桥牌用具和比赛介绍

桥牌所使用的牌和常见的扑克牌完全相同，只不过打桥牌时去掉了大小王，其余52张牌共分为4门花色，即黑桃（Spade）、红心（Heart）、方块（Diamond）和梅花（Club）。为了书写方便，我们用英文单词的首字母代替这门花色，比如"S3"即代表"黑桃3"这张牌。每门花色都有13张牌，分别是A、K、Q、J、10、9、8、7、6、5、4、3、2，英文单词分别为Ace, King, Queen, Jack, Ten, Nine, Eight, Seven, Six, Five, Four, Three, Two；按由大到小的顺序排列，A最大，2最小。并且桥牌是同花色比较大小，比如SA在黑桃花色中最大，H2在红心花色中最小，SA和H2两张牌无法直接比较大小关系。

桥牌比赛分为叫牌和打牌两个部分，先叫牌再进行打牌。图13-4-1是叫牌时所使用的"叫牌卡"，每一张叫牌卡均被赋予了具体的含义，称之为"叫品"，共计38个叫品。叫牌的内容均与搭档提前约定，叫牌

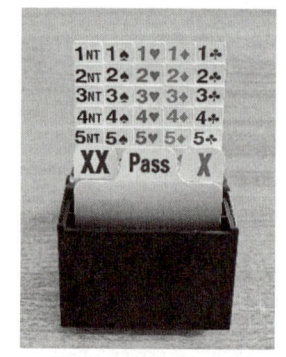

图13-4-1 叫牌卡

时搭档之间按照约定进行叫牌。比赛前，已方所有约定的叫牌内容，需要呈现给对手，供对方查阅，即桥牌没有秘密约定，是在信息公开的情况下进行技战术的博弈。

在正式比赛中，需要使用规范的方桌和屏幕，屏幕安置在对角线位置，并且屏幕下方可以关闭或开启。进行叫牌时，关闭屏幕（图13-4-2）；叫牌结束进入打牌环节时，开启屏幕（图13-4-3），搭档之间互相看不到对方，尽可能防止非法信息的传递，以保证比赛的公平、公正。

图13-4-2　屏幕关闭

图13-4-3　屏幕开启

练习桥牌时，只需4个人就可以进行。按照自然方位分为南、北、东、西4个方位，其中，南北是搭档，东西是搭档。比赛报名时，一般允许报4~6人，即一轮比赛中4人上场参赛，最多允许2名替补在其他轮次中安排上场，每轮比赛中途不能更换运动员。

"团体赛"是常见的桥牌比赛类型，在桥牌团体赛中最少有两张桌子才能构成"复式"比赛，一桌在"开室"，另一桌在"闭室"，开室和闭室的区别是"开室"允许观战，"闭室"不允许观战。两支队伍的座位安排如图13-4-4所示，假如1号队在开室入座南北方向，那么在闭室需入座东西方向；2号队座位安排与1号队相反，在开室入座东西方向，闭室入座南北方向。

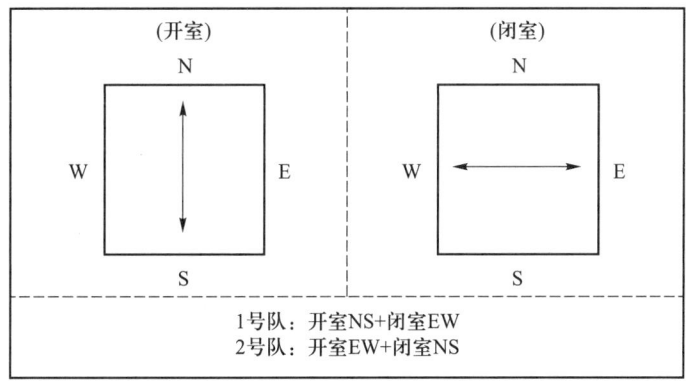

图13-4-4　复式赛座位安排示例

图13-4-5是打桥牌时所使用的牌套，牌套注明南、北、东、西4个方位，前面已介绍桥牌共有52张牌，平均分给4个人，每人13张牌。在正式比赛中，裁判员会提前使用发牌机将牌发好，牌手打牌前拿出自己方位的13张牌，该副牌结束后需把自己方位的13张牌放回牌套原位置，即4个方位的牌未发生变化。该副牌在开室打完后，需拿到闭室再打一遍，即同一副牌打两遍，取消由于随机发牌所产生的运气成分，体现桥牌"公平"的特点。比如第一副牌南北方向的牌"较好"，在开室是1号队的南北拿到"好牌"，在闭室则是2号队的南北拿到"好牌"，考验

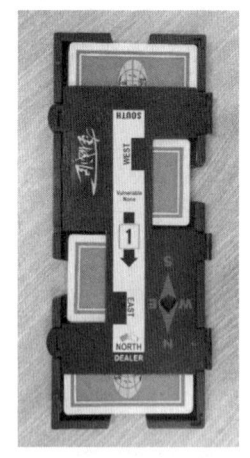

图13-4-5　桥牌牌套

牌手拿同样的牌是否比别人处理得好。取胜的关键不再是运气，而是搭档之间密切的配合、严密的逻辑、精确的计算、合理的判断及良好的牌感。

（二）叫牌、打牌的目的及出牌过程

叫牌的目的是制订目标和确定相应的方位，打牌的目的是努力完成叫牌所制订的目标。制订目标的依据是自己和搭档联手牌的实力，实力越强，制定的目标越高，而目标越高，完成目标的难度和收益都会增加，所以叫牌要量力而行，如果目标和结果相匹配，则实现效益最大化。

叫牌结束后，相应的方位也会确定，叫牌会产生一个庄家，庄家的对面是明手，庄家的下一家是首攻方（顺时针旋转），首攻方即首先攻出第一张牌的人。在打牌过程中，按照顺时针依次出牌，且每人每轮只能出一张牌，4张牌出完后比较牌张大小。

比如通过叫牌确定南家是庄家，那么南家为目标制订者，北家是明手，西家是首攻方。假如西家首攻H5，后续北家、东家、南家依次出牌为H8、HJ、HQ，南家的HQ在这一轮最大，由于南北方是搭档，所以南北方共同赢得了第一轮。第二轮及后面所有轮次的优先出牌权，由上一轮谁的牌最大决定，即谁大谁先出。上述例子中，第一轮南家的HQ最大，第二轮就该南家首先出牌。假如第二轮南家首先出S4，随后西家、北家、东家依次出牌S9、SK、SA，4张牌中东家的SA最大，所以东西方共同赢得第二轮，第三轮则由东家首先出牌（图13-4-6）。按照这种方式出完13轮后，可得出南北、东西方各获胜多少轮，并查看庄家是否完成了叫牌时所制订的目标，即是否完成了定约，把该副牌的结果记录在计分表上，随后开始打下一副。团体赛中，每轮比赛牌副数并不统一，通常为8副、10副、12副、14副、16副等。

需要注意的是，每一轮中首先出牌的人打出一门花色后，后续3个人都必须出该门花色，比如上述过程第一轮西家首先出了H5，那该轮次所有牌手都必须跟出

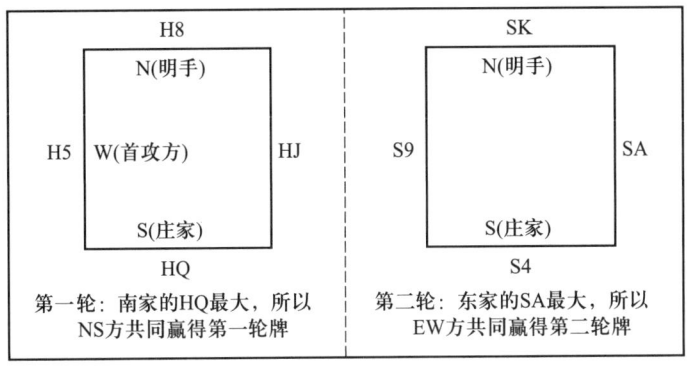

图 13-4-6　前两轮出牌示例

红心，这种出牌方式称为"跟牌"；例外情况是，如果手中的牌没有红心这门花色，则在其他花色中选择一张出牌，称为"垫牌"，垫的任何牌都没有红心大，所以垫牌一般垫无关紧要的小牌（存在将吃机会时除外）。

（三）初学要旨

桥牌叫牌的目的是使用叫牌卡和搭档进行牌情传递、信息沟通，每一个叫牌在不同进程中均被赋予了特定的含义，这些特定的内容构成了"叫牌体系"，因此叫牌的学习必然要涉及"叫牌体系"的学习。叫牌体系种类很多，常见的有美国黄卡体系、精确体系、二盖一逼局体系、蓝梅花体系、波兰梅花体系等，大致可以分为自然体系和人为体系两个大类，其中，自然体系注重叫牌的自然含义，而人为体系包含更多的约定叫。

"叫牌体系"类似一门新语言，初学者的学习记忆量较大并且需要和搭档密切配合，这对于初学者来说比较吃力，也是造成桥牌入门难的主要原因。建议初学者学习较简单的自然体系，减少记忆量，这样也有利于培养叫牌中的逻辑思维。另外值得一提的是，桥牌是团队配合的运动，和搭档一起学习桥牌效果最佳。桥牌中的叫牌及打牌中的防守过程，均需要和搭档密切配合。因此，有一个好的搭档是桥牌学习道路上可遇不可求的事，需要彼此珍惜。如果在打牌过程中出现失误或其他问题，应多从自身找原因，桥牌学习其实也是自我修养的过程。

师傅领进门，修行在个人，一名牌手的成长过程，必然会投入很多心血。由于桥牌术语很多，入门难，精通更难，即使最简单的入门书籍，初次接触桥牌的人也较难理解，因此不建议自学桥牌，尽量在老牌手的帮助下进行学习。虽然桥牌比较难学，但桥牌学习能带给我们更深层次的乐趣，甚至从中体会出很多做人、做事的道理。桥牌的学习过程除了要和搭档、教练沟通交流，也离不开自身看书提高，系统学习坐庄和防守技巧。一名优秀牌手在桥牌成长道路上没有捷径，只有去除浮躁，沉下心来学习、看书、训练，这样才能不断提高。

附录一：
《国家学生体质健康标准》的测试项目与锻炼方法

一、《国家学生体质健康标准》的测试项目

1. 测试项目

大学各年级有8个必测项目：身高、体重、肺活量、1 000米跑（男）、800米跑（女）、坐位体前屈、仰卧起坐（女）、引体向上（男）、50米跑、立定跳远。

2. 评价指标

本标准从身体形态、身体机能和身体素质等方面综合评定学生的体质健康水平，是促进学生体质健康发展、激励学生积极进行身体锻炼的教育手段，是国家学生发展核心素养体系和学业质量标准的重要组成部分，是学生体质健康的个体评价标准。本标准对大学生分为以下组别：大学一、二年级为一组，三、四年级为一组。

本标准的学年总分由标准分与附加分之和构成，满分为120分。标准分由各单项指标得分与权重乘积之和组成，满分为100分。附加分根据实测成绩确定，即对成绩超过100分的加分指标进行加分，满分为20分（附表1-1-1，附表1-1-2）。

根据学生学年总分评定等级：90分及以上为优秀，80~89.9分为良好，60~79.9分为及格，59.9分及以下为不及格（附表1-1-3，附表1-1-4）。

每个学生每学年评定一次，记入《〈国家学生体质健康标准〉登记卡》。学生毕业时的成绩和等级，按毕业当年学年总分的50%与其他学年总分平均得分的50%之和进行评定。

学生测试成绩评定达到良好及以上者，方可参加评优与评奖；成绩达到优秀者，方可获体育奖学分。测试成绩评定不及格者，在本学年度准予补测一次，补测仍不及格，则学年成绩评定为不及格。

学生因病或残疾可向学校提交暂缓或免予执行《标准》的申请，经医疗单位证明，体育教学部门核准，可暂缓或免予执行《标准》，并填写《免予执行〈国家学生体质健康标准〉申请表》，存入学生档案。确实丧失运动能力、被免予执行《标准》的残疾学生，仍可参加评优与评奖，毕业时《标准》成绩需注明免测。

附表1-1-1　单项指标与权重

测试对象	单项指标	权重/%
	单项指标与权重	
	体重指数（BMI）	15
	肺活量	15
	50米跑	20
大学各年级	坐位体前屈	10
	立定跳远	10
	引体向上（男）/1分钟仰卧起坐（女）	10
	1 000米跑（男）/800米跑（女）	20
备注	体重指数（BMI）=体重（千克）/身高²（米²）	

附表1-1-2　加　分　表

加分/分	引体向上/个	仰卧起坐/个	1 000米/秒	800米/秒
		加分表		
10	10	13	−35	−50
9	9	12	−32	−45
8	8	11	−29	−40
7	7	10	−26	−35
6	6	9	−23	−30
5	5	8	−20	−25
4	4	7	−16	−20
3	3	6	−12	−15
2	2	4	−8	−10
1	1	2	−4	−5

注：1. 引体向上、1分钟仰卧起坐均为高优指标，学生成绩超过单项评分100分后，以超过的次数所对应的分数进行加分。
　　2. 1 000米跑、800米跑均为低优指标，学生成绩低于单项评分100分后，以减少的秒数所对应的分数进行加分。

附表 1-1-3　国家大学生体质健康标准（女子）

等级	单项得分	肺活量/毫升 大一/大二	大三/大四	50米/秒 大一/大二	大三/大四	坐位体前屈/厘米 大一/大二	大三/大四	立定跳远/厘米 大一/大二	大三/大四	1分钟仰卧起坐/个 大一/大二	大三/大四	800米 大一/大二	大三/大四	体重等级	体重指数
优秀	100	3 400	3 450	7.5	7.4	25.8	26.3	207	208	56	57	3'18"	3'16"		
	95	3 350	3 400	7.6	7.5	24	24.4	201	202	54	55	3'24"	3'22"	正常100分	17.2~23.9
	90	3 300	3 350	7.7	7.6	22.2	22.4	195	196	52	53	3'30"	3'28"		
良好	85	3 150	3 200	8	7.9	20.6	21	188	189	49	50	3'37"	3'35"	低体重80分	≤17.1
	80	3 000	3 050	8.3	8.2	19	19.5	181	182	46	47	3'44"	3'42"		
	78	2 900	2 950	8.5	8.4	17.7	18.2	178	179	44	45	3'49"	3'47"	超重80分	24.0~27.9
	76	2 800	2 850	8.7	8.6	16.4	16.9	175	176	42	43	3'54"	3'52"		
	74	2 700	2 750	8.9	8.8	15.1	15.6	172	173	40	41	3'59"	3'57"		
	72	2 600	2 650	9.1	9	13.8	14.3	169	170	38	39	4'04"	4'02"		
及格	70	2 500	2 550	9.3	9.2	12.5	13	166	167	36	37	4'09"	4'07"		
	68	2 400	2 450	9.5	9.4	11.2	11.7	163	164	34	35	4'14"	4'12"	肥胖60分	≥28.0
	66	2 300	2 350	9.7	9.6	9.9	10.4	160	161	32	33	4'19"	4'17"		
	64	2 200	2 250	9.9	9.8	8.6	9.1	157	158	30	31	4'24"	4'22"		
	62	2 100	2 150	10.1	10	7.3	7.8	154	155	28	29	4'29"	4'27"		
	60	2 000	2 050	10.3	10.2	6	6.5	151	152	26	27	4'34"	4'32"		
不及格	50	1 960	2 010	10.5	10.4	5.2	5.7	146	147	24	25	4'44"	4'42"		
	40	1 920	1 970	10.7	10.6	4.4	4.9	141	142	22	23	4'54"	4'52"		
	30	1 880	1 930	10.9	10.8	3.6	4.1	136	137	20	21	5'04"	5'02"		
	20	1 840	1 890	11.1	11	2.8	3.3	131	132	18	19	5'14"	5'12"		
	10	1 800	1 850	11.3	11.2	2	2.5	126	127	16	17	5'24"	5'22"		

附表 1-1-4　国家大学生体质健康标准（男子）

等级	单项得分	肺活量/毫升 大一大二	肺活量/毫升 大三大四	50米/秒 大一大二	50米/秒 大三大四	坐位体前屈/厘米 大一大二	坐位体前屈/厘米 大三大四	立定跳远/厘米 大一大二	立定跳远/厘米 大三大四	引体向上/个 大一大二	引体向上/个 大三大四	1000米 大一大二	1000米 大三大四
优秀	100	5 040	5 140	6.7	6.6	24.9	25.1	273	275	19	20	3'17"	3'15"
优秀	95	4 920	5 020	6.8	6.7	23.1	23.3	268	270	18	19	3'22"	3'20"
优秀	90	4 800	4 900	6.9	6.8	21.3	21.5	263	265	17	18	3'27"	3'25"
良好	85	4 550	4 650	7	6.9	19.5	19.9	256	258	16	17	3'34"	3'32"
良好	80	4 300	4 400	7.1	7	17.7	18.2	248	250	15	16	3'42"	3'40"
及格	78	4 180	4 280	7.3	7.2	16.3	16.8	244	246			3'47"	3'45"
及格	76	4 060	4 160	7.5	7.4	14.9	15.4	240	242	14	15	3'52"	3'50"
及格	74	3 940	4 040	7.7	7.6	13.5	14	236	238			3'57"	3'55"
及格	72	3 820	3 920	7.9	7.8	12.1	12.6	232	234	13	14	4'02"	4'00"
及格	70	3 700	3 800	8.1	8	10.7	11.2	228	230			4'07"	4'05"
及格	68	3 580	3 680	8.3	8.2	9.3	9.8	224	226	12	13	4'12"	4'10"
及格	66	3 460	3 560	8.5	8.4	7.9	8.4	220	222			4'17"	4'15"
及格	64	3 340	3 440	8.7	8.6	6.5	7	216	218	11	12	4'22"	4'20"
及格	62	3 220	3 320	8.9	8.8	5.1	5.6	212	214			4'27"	4'25"
及格	60	3 100	3 200	9.1	9	3.7	4.2	208	210	10	11	4'32"	4'30"
不及格	50	2 940	3 030	9.3	9.2	2.7	3.2	203	205	9	10	4'52"	4'50"
不及格	40	2 780	2 860	9.5	9.4	1.7	2.2	198	200	8	9	5'12"	5'10"
不及格	30	2 620	2 690	9.7	9.6	0.7	1.2	193	195	7	8	5'32"	5'30"
不及格	20	2 460	2 520	9.9	9.8	-0.3	0.2	188	190	6	7	5'52"	5'50"
不及格	10	2 300	2 350	10.1	10	-1.3	-0.8	183	185	5	6	6'12"	6'10"

体重等级	体重指数
正常100分	17.9~23.9
低体重80分	≤17.8
超重80分	24.0~27.9
肥胖60分	≥28.0

二、《国家学生体质健康标准》的测试项目的锻炼方法

1．身高标准体重

项目评价。身高是反映人体骨骼生长发育和人体纵向高度的主要形态指标。体重是反映人体横向生长和重量的指标。身高标准体重是将身高和体重综合起来，测试值以每厘米身高的体重分布，直接查表就可以判断学生体形的匀称度，体重是否超重，超了多少千克；是否体重过轻或营养不良，轻了多少千克。该指标对于学生形成正确的身体形态观具有非常直观的教育作用。

2．1 000 米跑（男）、800 米跑（女）

（1）项目评价。1 000 米跑、800 米跑项目，既测试有氧耐力水平，也测试无氧耐力水平。由于耐力是衡量人的体质健康状况和劳动工作能力的基本因素之一，是从事各项运动必不可少的一种运动素质，因此，测试耐力水平对于评价学生的体质健康状况有着非常重要的意义。

中长跑测验既可以反映肌肉耐力，又可以反映呼吸系统和心血管系统的机能水平，测试方法简单易行，具有其他测验项目不可替代的作用。更为重要的是，《标准》把中长跑测试作为一种手段，可以引导学生更多地关注自己的耐力和心肺功能，主动积极地参加长跑等体育锻炼，发展体能，增强耐力，提高体质健康水平。

（2）锻炼方法。

① 匀速跑800~1 500米：全程都以均匀的速度跑。

② 中速跑500~1 000米：要跑得轻松自然，动作协调，放开步子跑。

③ 重复跑：反复跑几个段落，如200米、400米或800米等，中间休息时间较长。跑的距离、重复次数、快慢、强度可根据自己的情况而定，发展速度耐力。

④ 加速跑60~80米：反复跑，中间有较短时间的间歇。

⑤ 变速跑1 500~2 500米：要求快跑与慢跑结合，如采用100米慢跑、100米快跑或100米慢跑、200米快跑等方法交替进行，发展速度耐力。

⑥ 越野跑：利用自然地形条件进行练习，如在公路、田野或山坡上进行跑步练习，可以发展耐力、灵敏、弹跳力等素质。

⑦ 跑台阶、跑楼梯练习。

3．肺活量

（1）项目评价。肺活量是指在不限时间的情况下，一次最大吸气后再尽最大力量所呼出的气体量。肺活量是反映人体生长发育水平的重要机能指标之一。

（2）锻炼方法。经常运动的人比一般人的肺活量要大，呼吸次数、呼吸深度、肺活量和肺通气量这4个指标都会出现良好的变化。长跑、游泳、健美操、

跳绳、跑楼梯、上下台阶、长距离竞走、篮球和足球等项目都是提高人体肺活量的有效方法。

4．50米跑

（1）项目评价。50米跑是国际上通用的测试项目，通过较短距离的高强度跑测试速度素质。

速度素质可以反映人体中枢神经系统的机能状态和神经与肌肉的调节机能，也可以综合地反映人体的爆发力、灵敏和柔韧等素质。

（2）锻炼方法。

① 小步跑：体会前脚掌快速扒地的动作，上下肢放松协调配合。

② 高抬腿跑：提高大腿高抬的幅度，增强腿部力量和动作频率。

③ 小步跑转入加速跑，50~60米。

④ 高抬腿跑转入快速跑，50~60米。

⑤ 顶风跑、顺风跑、上坡跑、下坡跑。

⑥ 30米、50米计时跑。

⑦ 重复跑60~80米：以中等速度反复练习。

50米跑锻炼方法示范

此外，还可采用负重练习，以增强腿部力量。方法参照立定跳远项目的锻炼方法。

5．立定跳远

（1）项目评价。立定跳远是发展下肢肌肉力量、腰腹力量、协调性及跳跃能力的指标之一，是测试爆发力的项目。爆发力要求在最短时间内发挥最大的力量。爆发力的大小不仅取决于力量，而且取决于力量和速度的结合。它在人们的日常生活、劳动中有重要的意义和作用。

立定跳远锻炼方法示范

（2）锻炼方法。采用快速力量的各种跳跃练习及负重练习，能够有效地发展腿部肌肉力量和肌肉速度，提高弹跳能力。

① 深蹲跳：全蹲下去，双脚同时用力向上跳起，连续做。

② 单脚跳：用左脚连续向上或向前跳一定的次数，再换右脚做连续跳。

③ 多级跨步跳：连续以最少的步数，跨出最远的距离。

④ 多级蛙跳：屈膝半蹲，上体稍前倾，双脚同时用力蹬地，充分伸直髋、膝、踝三关节，同时两臂迅速上摆。身体向前跃出，双腿屈膝落地缓冲后再接着向前跳。

⑤ 跳台阶：原地双脚起跳，跃上台阶或其他物体，然后再跳下，反复进行。

⑥ 跳绳：各种方式、方法的跳绳练习。

⑦ 身体负重跳：肩负杠铃或沙包、腰和腿绑沙袋、身穿沙衣等做各种跳跃练习。

6. 坐位体前屈

（1）项目评价。坐位体前屈是反映人体柔韧性的测试项目。柔韧性是指人体完成动作时，关节、肌肉、肌腱和韧带的伸展能力。一个人的韧性程度越好，表示其关节的活动幅度越大，关节灵活性越强。

坐位体前屈锻炼方法示范

柔韧素质与健康的关系极为密切。柔韧性的提高，对增强身体的协调能力，更好地发挥力量、速度等素质，提高技能和技术，防止运动损伤等都有积极的作用。

（2）锻炼方法。

① 正压腿：一腿直立，另一腿举起放于高度适当的高物上，身体正对高腿，上体向前尽量用胸部贴腿，双膝不得弯曲，还原后连续再做。

② 侧压腿：一腿直立，另一腿举起放于高度适当的高物上，身体侧对高腿，上体尽量侧屈，用头的一侧贴腿。不要前倾或后仰，还原后连续再做。

③ 正踢腿：直立，两臂平举，左脚向前迈出一小步，右腿绷脚面伸直，急速有力地向上踢腿，落下时要有控制。两腿交替练习。

④ 并腿体前屈：两腿并立，上体前屈，两手触地，上体与腿尽量贴近，还原后连续再做。

⑤ 两腿左右开立，大于肩宽，上体前屈，臀部自然后移，双膝伸直，两手先向左腿外侧摸地面，还原后再向右腿外侧摸地面，连续做。

⑥ 双腿伸直坐于垫上或床上，上体前屈，两臂向前伸，尽力用双手触脚尖，膝关节不得弯曲，还原后连续再做。

7. 仰卧起坐（女）

（1）项目评价。仰卧起坐是测试腹肌力量和耐力的一个项目。测试方法简单易行，多年来在学校体育的锻炼和测验中一直受到重视。

仰卧起坐锻炼方法示范

（2）锻炼方法。

① 垫上练习：

直腿仰卧起坐：仰卧于垫上，双腿并拢伸直，两臂上举。上腹用力，使上体坐起，两臂前伸用手触脚。还原后连续做。

仰卧团身：两手上举仰卧于垫上，双腿并拢屈膝，大小腿成90°。收腹起上身，同时双膝往上提，臀部随之离地，两臂抱腿，头尽量碰膝，仅腰部贴地。还原后再连续做。

仰卧起坐：两手抱头仰卧于垫上，双腿屈膝大于90°。左膝上提，同时收腹夹肘起上身，尽力用右肘碰左膝。还原后，右膝上提，同时收腹夹肘起上身，尽量用左肘碰右膝。还原后连续做。

仰卧举腿：直体仰卧于垫上，两手抓垫，连续做向上直腿举腿动作。

② 垫上负重和其他器械练习:

斜板仰卧起坐:两臂上举,仰卧在稍有高度的斜板上,脚朝上,头朝下,将双脚固定。当上身起坐时,两手尽量往脚尖伸去。还原后连续做。

支撑举腿:两臂伸直,支撑在双杠或其他物体上,身体保持正直,双腿并拢后,快速收腹举腿,使大腿与上体成90°,保持几秒后,还原再做。

悬垂举腿:双手正握单杠或肋木(背向肋木)呈悬垂,双腿伸直,最大限度地向上举起。还原后连续做。

仰卧双腿举重物:仰卧于垫上,双手抓住固定物体。双脚夹重物或踝关节绑沙袋向上举起后放下。连续做数次或数十次。

负重仰卧起坐:仰卧于垫上,双腿伸直,双手在头后持重物。腹肌迅速收缩,使上体坐起并前屈,然后再慢慢还原。还原后连续做。

8. 引体向上(男)

(1)项目评价。主要测试上肢肌肉力量的发展水平。引体向上是最基本的锻炼背部肌肉的方法,也是衡量男性体质的重要测试项目。

引体向上要求男性有一定的握力、上肢力量和肩带力量,这个力量必须能克服自身的体重才能完成一次。引体向上是一种力量耐力项目,对发展上肢悬垂力量、肩带力量和握力有重要作用。它以按动作规格完成的次数来计算成绩,做得多则成绩好。

(2)锻炼方法。

① 辅助练习:

斜身引体:在较低的单杠进行,双手正握杠,两手距离稍比肩宽,双脚向前伸出,收紧核心及臀部肌肉,使身体呈一条直线。收缩背部肌肉,把身体拉向横杆,还原再做。

直臂悬垂:选择自己能跳起抓握的单杠,悬垂时保持身体自然悬垂,双腿并拢、双脚并齐且绷脚尖;悬垂吊杠至双手抓不住后落地,还原再做。

利用托举协助做引体向上:练习者在教师或同学的推送下完成动作,帮扶者根据练习者的情况用力,还原再做。也可利用弹力带、木箱等器械,让学生在引体向上的过程中减少自重。

② 练习要求:

练习引体向上时,一般每次3~5组,每组8~12次,组间休息1分钟左右。也可以第一组时做到几乎竭尽全力(无论是3个还是4个)。然后再做两组,每组尽力而为,能做多少做多少。下次再做时,尝试每组多做一两个。

当引体向上次数超过12次每组时,即可考虑负重练。一般要做3~8组,每组

引体向上锻炼
方法示范

8~12次，组间休息1~2分钟。休息时间长短因人而异。也可按照规定次数做，例如，第一组采用顶峰收缩法做8次，有余力也不多做，组间休息1分钟，第二组也按规定做8次，直至最后几组，用尽全力，即便借助外力，动作不太规范，也要完成规定的8次，总共做50次左右。

《国家学生体质健康标准》测试的操作方法

附录二：
小型体育赛事的策划与组织

体育竞赛是各种运动项目比赛的总称，它是推动学校群众性体育活动广泛开展、促进运动技术水平提高、实现我国学校体育目标和任务的基本途径之一。高等学校积极开展体育竞赛，可以起到良好的宣传教育作用，激发大学生从事体育锻炼的自觉性，吸引更多的学生参加体育活动；可以检查教学和训练工作，总结和交流经验，有利于发掘和培养体育人才；有助于培养学生勇敢顽强、遵守纪律、服从裁判的优良品质和集体主义精神；此外，体育竞赛对于建设社会主义精神文明，丰富和活跃课余文化生活也有着重要意义。

一、体育竞赛的组织

（一）赛前工作
赛前工作包括根据比赛的种类和规模成立组织机构、拟定竞赛规程、分发报名表、组织裁判工作、编排秩序册和场地器材的准备等。

（二）赛中工作
根据竞赛的性质和规模，切实做好竞赛期间赛程的安排、裁判员队伍的管理和安全保卫工作。

（三）赛后工作
赛后工作包括收集、整理器材，总结竞赛中的经验教训，抓好宣传报道等。

二、竞赛规程

竞赛规程是由竞赛组委会或筹备组制订并实施的某一项比赛的规定，它是体育竞赛的指导性文件，也是参赛者和组织者进行比赛与工作的具体依据。体育竞赛规程一般由下列内容组成：竞赛名称、竞赛的目的任务、竞赛时间、地点和举办单位（或承办单位）、竞赛项目和组别、参加单位及人数、参赛者资格、竞赛办法、竞赛规则、录取名次与奖励、报名办法、抽签日期和地点及其他事项等，也可根据各单项不同取舍与补充。

三、竞赛的方法与编排

竞赛的方法通常采用淘汰赛、循环赛和混合赛制。应根据竞赛目的和任务、竞赛时间的长短、参赛人（对/队）数，以及场地器材条件合理选择竞赛方法。

（一）淘汰制

淘汰制就是在比赛中失败1次（单淘汰）或2次（双淘汰）即失去比赛资格，获胜者继续比赛，直到最后确定优胜者为止。

1．单淘汰比赛轮数

（1）如果参赛的队数是2的乘方数，则比赛次数正好是以2为底的幂的指数。例如，4个参赛者为2^2=2轮，8个参赛者为2^3=3轮，16个参赛者为2^4=4轮。

（2）如果参赛的队数不是2的乘方数，也就是说参加的队数介于上述两队之间，则轮数按下一个数字计算。例如，14个队参加比赛，则按比16个队（4轮）来计算。

2．单淘汰比赛场数

单淘汰赛的比赛场数＝参赛者（队）数−1，如8个参赛者（队）比赛，其场数为8−1=7（场），需进行3轮、7场比赛，其排列如附图2-3-1所示。

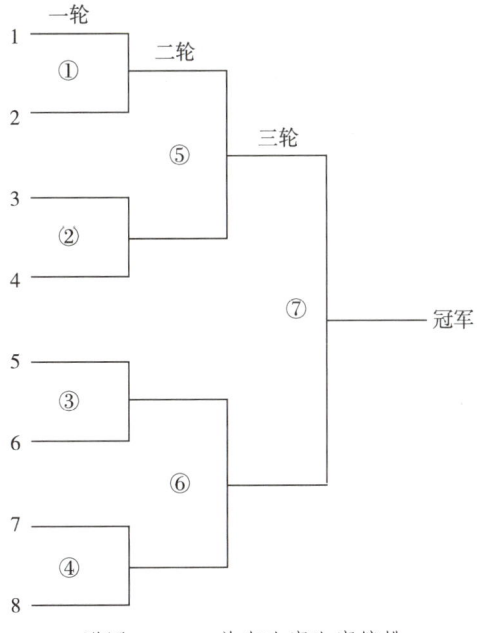

附图2-3-1　单淘汰赛比赛编排

3．比赛秩序表的编排

（1）如果参赛的队数是2的乘方数，开始比赛的第一天所有的队都进行比赛，没有轮空。

只要按照参加比赛的队数，每两队编排一组逐步进行淘汰即可。如8个队参加比赛，即进行3轮7场。抽签后，将队名填入秩序表中，第一轮比赛即1对2、3对4……依次类推。

（2）如果参赛的队数不是2的乘方数，要根据参赛队数，选择最近的、较大的2的乘方数作为号码位置数，轮空数=号码位置数−参赛者（队）人数。例如，13个队参加比赛，应选用16个号码位置数，则有3个队轮空，可以2、15、10为轮空位置号码（第一轮比赛凡与2、15、10比赛的队即为轮空队休息）。轮空队只在第一轮比赛中出现，不能在其他比赛轮次中出现，如有轮空队，首先让强队轮空。

为避免强手或强队过早相遇，可以把他们确定为"种子"。"种子"的数目应根据参赛者人数的多少来确定，一般以4个队设一名"种子"为宜。单淘汰赛的种子应平均分布在各个区内。如16个队参加比赛，设4个种子队，把最强的两个种子队排在两头1、16号位置上，把3、4号种子队排在中间8、9号位置上。

单淘汰比赛表格式秩序：经过抽签排定号码位置后，可编出全部比赛秩序表。秩序表上可写明位置号码、姓名、比赛日期、时间、场地、印发或向参赛者（单位或个人）公布。

（二）循环制

循环制包括单循环、双循环和分组循环三种。

1．单循环

单循环是指所有参加比赛的队在比赛中都要相遇一次，最后各队按在全部比赛中得分多少排列名次。单循环是一种比较公平合理的比赛方法，一般在比赛队数不多，又有足够的竞赛时间时采用。

（1）单循环的轮数和场数的计算。

① 比赛轮数：在循环制比赛中，各队都参加完一场比赛即为一轮。参加队数是奇数时，比赛轮数等于队数；参加队数是偶数时，比赛轮数等于队数减1。

② 比赛场数：单循环比赛场数，可用下面公式计算：比赛场数=队数（队数−1）/2。如6个队参加比赛，则比赛场数为：6（6−1）/2=15（场）。

（2）单循环比赛顺序的编排方法。

① 排出各轮次的比赛表：编排时，将参加单位用数字来表示。如果比赛队数是双数时，把参加队数对半分开，前一半号数由1号自上而下依次写在左侧，后一半号数依次自下而上写在右侧，然后用横线把相对的号数连接起来，即第一轮的比

赛表（附表2-3-1）。将第一轮比赛表中的1号固定不动，其余号码按逆时针方向轮一个位置，即第二轮比赛表，以后各轮次依次类推。

如果参加队数是单数时，在最后一个数后补"0"凑为双数（附表2-3-2），然后按上述循环办法排表，与"0"排在一起的队就是轮空队。

附表2-3-1　6个队参加比赛编排方法

第一轮	第二轮	第三轮	第四轮	第五轮
1—6	5—6	4—6	3—6	2—6
2—5	1—4	5—3	4—2	3—1
3—4	2—3	1—2	5—1	4—5

附表2-3-2　7个队参加比赛编排方法

第一轮	第二轮	第三轮	第四轮	第五轮	第六轮	第七轮
1—0	7—0	6—0	5—0	4—0	3—0	2—0
2—7	1—6	7—5	6—4	5—3	4—2	3—1
3—6	2—5	1—4	7—3	6—2	5—1	4—7
4—5	3—4	2—3	1—2	7—1	6—7	5—6

② 抽签：各队按抽签的号数把队填入轮次表中，然后排出比赛日程表。

③ 编排比赛日程表：根据轮次表编排比赛日程表。编排比赛日程表时，还必须考虑到：各队在规定的各正式比赛场地的机会尽量均等，两次比赛之间的休息时间应大体一样，白天和晚上比赛的次数应尽量相等，一个单位有男、女队时，应尽可能安排在同一场地进行比赛等。

2．分组循环

参加比赛的队较多而竞赛时间较短时，可采用分组循环比赛方法。即把参加的队平均分成若干个小组，在各个小组内进行单循环比赛，然后根据需要和实际情况，再把各组的优胜队或同名次队再进行一次单循环比赛，这样既可排出名次，而且还缩短了比赛时间。

（1）分组循环编排方法。如16个队参加比赛时，可平均分成2个或4个小组分别进行单循环比赛，决定每组的名次。决赛阶段有以下几种比赛方法：

① 将各小组预赛中获相同名次的队编在一起进行比赛，如预赛时4个组的第1名编成一组进行单循环赛，决出1~4名，各小组的第2、3、4名编在一组决出5~8名、9~12名和13~16名。

② 将各小组预赛中第1、2名编在一起，决出1~8名；将各小组预赛中第3、4名编在一起，决出9~16名。

③ 只将预赛各个组前一名或前两名划为一组参加比赛，决定前4名或前8名，

其他队不再比赛。

④ 在预赛阶段已经相遇过的队，比赛成绩依然有效，决赛阶段不再比赛。

（2）分组循环安排种子队的原则。为了比较合理地确定各队的名次，应设种子队，在确定分多少小组之后，先用抽签的方法确定其他各队所在组的位置。种子队的数目一般是分几个组就选出几个种子队。种子队的选定一般是根据过去成绩和现在发展情况经过协商讨论而定，或由有关协会选定。

四、体育竞赛成绩与名次的评定

（一）单项成绩的评定方法

体育竞赛中的单项，既可指一个运动员，也可指一个参赛队，它是从项目意义上讲的。常见的单项成绩评定方法有下述三种：

（1）以客观的时间、距离、高度、重量等实际计量来评定参赛者（或队）的成绩和名次。如田径、游泳、举重等运动项目，按参赛者（队）成绩的优劣，依次排定名次。

（2）按完成规定动作和自选动作的质量来评定。如健美操、跳水、武术等项目，由裁判员根据动作质量和编排好坏等内容来评定分数。评分通常以一定分值为满分进行扣分，最后以裁判组评定的分值高低来确定名次。

（3）根据比赛总积分多少、战胜对手的情况或其他特定因素来评定。如各种球类比赛、击剑比赛等，在单独评价时，以双方的进球多少、胜负局数和得失分来决定成绩和名次。在总体评定时，根据积分多少排列名次。如球类项目常采用胜一场得2分，负一场得1分，弃权得0分，积分多者名次列前，若两个以上队积分相等，则按他们之间的得失分情况排列名次。

（二）团体名次的计算方法

体育竞赛中的团体，是指若干个不同的运动类别或不同项目的综合，也是指较大规模竞赛活动的总体。通常是将各参赛单位的个人或集体队伍的成绩和名次折合成分数，累计起来评定名次。经常采用的办法有：

（1）以团体总分来衡量各队实力的计分方法。取前六名时，采用7、5、4、3、2、1计分；取前八名时，则按9、7、6、5、4、3、2、1计分。以各单位得分总和多少排出名次，分数高者，团体名次列前。也有在竞赛规程上规定集体接力、破纪录等可加倍计算，鼓励创造优异成绩的计分方式。若总分相等时，则可采取第一名多者或破纪录多者，团体名次列前。

（2）乒乓球、羽毛球、网球等项目，还可采用获胜场或盘数多少来决定团体名次。

主要参考文献

[1] 本书编写组. 习近平总书记教育重要论述讲义 [M]. 北京: 高等教育出版社, 2020.

[2] 国家体育总局编写组. 深入学习习近平关于体育的重要论述 [M]. 北京: 人民出版社, 2022.

[3] 孙麒麟, 顾圣益. 体育与健康教程 [M]. 5版. 北京: 高等教育出版社, 2013.

[4] 杨文轩, 陈琦. 体育概论 [M]. 3版. 北京: 高等教育出版社, 2021.

[5] 王健, 马军, 王翔. 健康教育学 [M]. 3版. 北京: 高等教育出版社, 2021.

[6] 张钧, 张蕴琨. 运动营养学 [M]. 3版. 北京: 高等教育出版社, 2022.

[7] 罗时铭, 曹守和. 奥林匹克学 [M]. 3版. 北京: 高等教育出版社, 2016.

[8] 袁守龙. 大学体育与健康 [M]. 2版. 北京: 人民邮电出版社, 2021.

[9] 蔡向阳, 王崇喜. 球类运动——足球 [M]. 4版. 北京: 高等教育出版社, 2021.

[10] 王家宏. 球类运动——篮球 [M]. 3版. 北京: 高等教育出版社, 2015.

[11] 黄汉升. 球类运动——排球 [M]. 3版, 北京: 高等教育出版社, 2015.

[12] 匡小红. 健美操 [M]. 2版. 北京: 高等教育出版社, 2019.

[13] 李育林, 李亚楠. 啦啦操运动 [M]. 北京: 高等教育出版社, 2021.

[14] 樊莲香, 汤海燕, 陈向平. 大学生形体与形象塑造 [M]. 高等教育出版社, 2018.

[15] 张先松. 健身健美运动 [M]. 2版. 北京: 高等教育出版社, 2022.

[16] [美] 瑞尔·艾萨考维兹. 普拉提训练全书 [M]. 张展鹏, 等译. 北京: 人民邮电出版社, 2018.

[17] [美] 伊莎贝拉·艾森. 经典普拉提动作综合指南 [M]. 徐晴颐, 译. 北京: 人民邮电出版社, 2017.

[18] 陕西省体育局. 全运会运动项目文化研究 [M]. 西安: 陕西新华出版传媒集团, 陕西人民出版社, 2021.

[19] 贾立强. 飞盘运动 [M]. 北京: 社会科学文献出版社, 2017.

[20] 沃尔克·诺特. 划得更快——赛艇训练的科学和艺术 [M]. 曹春梅, 等译. 北京: 北京体育大学出版社, 2011.

［21］曹志林，孙远，杜宇峰.大学围棋［M］.上海：上海文化出版社，2011.

［22］金海英.象棋基础：我在北大讲课［M］.北京：人民体育出版社，2006.

［23］杨柏伟.象棋知识［M］.北京：人民体育出版社，2009.

［24］林峰.国际象棋知识［M］.北京：人民体育出版社，2009.

［25］任海.奥林匹克运动的文化价值理念［J］.青少年体育，2022（9）：26－27.

郑重声明

高等教育出版社依法对本书享有专有出版权。任何未经许可的复制、销售行为均违反《中华人民共和国著作权法》，其行为人将承担相应的民事责任和行政责任；构成犯罪的，将被依法追究刑事责任。为了维护市场秩序，保护读者的合法权益，避免读者误用盗版书造成不良后果，我社将配合行政执法部门和司法机关对违法犯罪的单位和个人进行严厉打击。社会各界人士如发现上述侵权行为，希望及时举报，我社将奖励举报有功人员。

反盗版举报电话　（010）58581999　58582371

反盗版举报邮箱　dd@hep.com.cn

通信地址　北京市西城区德外大街4号　高等教育出版社知识产权与法律事务部

邮政编码　100120

读者意见反馈

为收集对教材的意见建议，进一步完善教材编写并做好服务工作，读者可将对本教材的意见建议通过如下渠道反馈至我社。

咨询电话　400-810-0598

反馈邮箱　gjdzfwb@pub.hep.cn

通信地址　北京市朝阳区惠新东街4号富盛大厦1座　高等教育出版社总编辑办公室

邮政编码　100029

防伪查询说明

用户购书后刮开封底防伪涂层，使用手机微信等软件扫描二维码，会跳转至防伪查询网页，获得所购图书详细信息。

防伪客服电话　（010）58582300